Aynur Sarısakaloğlu
Europas Identität und die Türkei

Critical Studies in Media and Communication | Band 22

Editorial

Die Reihe **Critical Studies in Media and Communication** (bis September 2015: »Critical Media Studies«) versammelt Arbeiten, die sich mit der Funktion und Bedeutung von Medien, Kommunikation und Öffentlichkeit in ihrer Relevanz für gesellschaftliche (Macht-)Verhältnisse, deren Produktion, Reproduktion und Veränderung beschäftigen.

Die Herausgeberinnen orientieren sich dabei an einer kritischen Gesellschaftsanalyse, die danach fragt, in welcher Weise symbolische und materielle Ressourcen zur Verfügung gestellt bzw. vorenthalten werden und wie soziale und kulturelle Einschluss- und Ausschlussprozesse gestaltet sind. Dies schließt die Analyse von sozialen Praktiken, von Kommunikations- und Alltagskulturen ein und nimmt insbesondere gender, race und class, aber auch andere Zuschreibungen sowie deren Intersektionalität als relevante Dimensionen gesellschaftlicher Ungleichheit und sozialer Positionierung in den Blick. Grundsätzlich sind Autor*innen angesprochen, die danach fragen, wie gesellschaftliche Dominanzverhältnisse in Medienkulturen reproduziert, aber auch verschoben und unterlaufen werden können.

Medien und Medienpraktiken werden gegenwärtig im Spannungsfeld von Handlungsermächtigung und Handlungsbeschränkung diskutiert – etwa durch neue Formen der (transkulturellen) Artikulation und Teilhabe, aber auch der Überwachung und Kontrolle. In Bezug auf Medienkulturen finden die Konsequenzen transnationalen Wirtschaftens und Regierens beispielsweise in der Mediatisierung von Protest, in der (medial vermittelten) alltäglichen Begegnung von Menschen mit unterschiedlichen Erfahrungshintergründen und in der Konfrontation mit dem Leiden auch in entfernten Regionen ihren Ausdruck. Die Beispiele verdeutlichen, dass Digitalisierung und Medienkonvergenz stets verbunden sind mit der neoliberalen Globalisierung des Kapitalismus. Die Reihe will ausdrücklich auch solchen Studien einen Publikationsort bieten, die transkulturelle kommunikative Praktiken und Öffentlichkeiten auf Basis kritischer Gesellschaftsanalyse untersuchen.

Das Spektrum der Reihe umfasst aktuelle wie historische Perspektiven, die theoretisch angelegt oder durch eine empirische Herangehensweise fundiert sind. Dies kann sowohl aus sozial- wie kulturwissenschaftlicher Perspektive erfolgen, wobei sich deren Verbindung als besonders inspirierend erweist.

Die Reihe wird herausgegeben von Elke Grittmann, Elisabeth Klaus, Margreth Lünenborg, Jutta Röser, Tanja Thomas und Ulla Wischermann.

Aynur Sarısakaloğlu (Dr. phil.) lehrt und forscht an der Fakultät für Kultur- und Sozialwissenschaften der Türkisch-Deutschen Universität in Istanbul. Die Kommunikationswissenschaftlerin promovierte an der Paris Lodron Universität Salzburg. Ihre Schwerpunkte in Lehre und Forschung sind interkulturelle Kommunikation, Identität, Framing in der Kommunikationswissenschaft, neue Medien, europäische Öffentlichkeit und Migration im soziokulturellen Kontext.

Aynur Sarisakaloğlu

Europas Identität und die Türkei

Eine länderübergreifende Framing-Analyse der Mediendebatte über den EU-Beitritt der Türkei

[transcript]

Meiner Familie in Liebe gewidmet

Bibliografische Information der Deutschen Nationalbibliothek
Die Deutsche Nationalbibliothek verzeichnet diese Publikation in der Deutschen Nationalbibliografie; detaillierte bibliografische Daten sind im Internet über http://dnb.d-nb.de abrufbar.

transcript Verlag | Hermannstraße 26 | D-33602 Bielefeld | live@transcript-verlag.de

Umschlaggestaltung: Maria Arndt, Bielefeld
Druck: Majuskel Medienproduktion GmbH, Wetzlar
Print-ISBN 978-3-8376-4626-9
PDF-ISBN 978-3-8394-4626-3
https://doi.org/10.14361/9783839446263

Gedruckt auf alterungsbeständigem Papier mit chlorfrei gebleichtem Zellstoff.
Besuchen Sie uns im Internet: *https://www.transcript-verlag.de*
Bitte fordern Sie unser Gesamtverzeichnis und andere Broschüren an unter: *info@transcript-verlag.de*

Inhalt

Danksagung

Zu Dank verpflichtet bin ich allen, die diese Publikation auf unterschiedlichen Teilstrecken kritisch und ermutigend begleitet haben, um den eingeschlagenen Weg bis zum Ende zu gehen. In diesem Sinne gilt mein Dank zunächst meiner Familie für ihre besondere und umfassende Unterstützung. Sie haben mich mein Leben lang unterstützt und stehen in allen Belangen immer mit Rat und Tat an meiner Seite. Allen voran danke ich von Herzen meinen Eltern Havva und Tekin Sarısakaloğlu für ihre liebevolle Erziehung, beständige Zuwendung, unermüdliche Fürsorge sowie für den bedingungslosen Rückhalt.

Besonders verbunden bleibe ich Frau Prof. Dr. Elisabeth Klaus für ihre wertvolle Unterstützung. Sie hat mich sowohl fachlich als auch menschlich herausragend betreut und den Fortschritt der Arbeit jederzeit konstruktiv unterstützt. Ich danke ihr für die stete Ermutigung auch und gerade in den kritischen Phasen der Untersuchung. Sie war immer eine verständnisvolle Ansprechpartnerin und Ratgeberin während des gesamten Schreibprozesses und hat meine Arbeit mit konstruktiver Kritik begleitet.

Ebenso herzlich bedanken möchte ich mich bei Frau Prof. Dr. Ingrid Paus-Hasebrink für ihre Herzlichkeit, moralische und wissenschaftliche Unterstützung während meiner gesamten Studienzeit und darüber hinaus.

Ein besonderer Dank gebührt Herrn Prof. Dr. Kai Hafez, der mit seinen kritischen Anmerkungen, fachlichem Input und Ermutigungen sehr zum Gelingen der Arbeit beigetragen hat.

Mein Dank gilt auch Frau Prof. Dr. María Isabel Torres Cazorla, deren Lehrveranstaltung die Initialzündung für mein Interesse am Kommunikationsraum Europa war. Als Erasmusstudentin an der Universität Málaga besuchte ich ihre Lehrveranstaltung ›Relaciones Internacionales‹ mit dem Schwerpunkt ›Europäische Union‹ und wurde dazu angeregt, mich intensiver mit der Thematik zu befassen.

Danken möchte ich zudem Kolleginnen und Kollegen auf nationalen und internationalen Konferenzen für ihre Kommentare, Fachgespräche und wertvolle Denkanstöße.

An dieser Stelle möchte ich mich auch bei meinen lieben Freundinnen und Freunden für ihre emotionale Unterstützung und ihren motivierenden Zuspruch bedanken.

Nicht zuletzt danke ich den Mitarbeiterinnen und Mitarbeitern des transcript Verlages für die kompetente Betreuung der Buchherstellung.

Salzburg, im Januar 2019 Aynur Sarısakaloğlu

Vorwort

Der hier vorliegende Band erweitert unser Wissen über die medialen Konstruktionsweisen der europäischen ›imagined community‹ (Benedict Anderson) durch Abgrenzung von der Türkei. Er ist theoretisch wie methodisch bemerkenswert, nicht zuletzt wegen der virulenten politischen Frage nach den Beziehungen zwischen der Europäischen Union beziehungsweise einzelner europäischer Länder und der Türkei.

In theoretischer Hinsicht besteht der Beitrag des Bandes vor allem in einer systematischen und überzeugenden Synthese ausgesprochen vielfältiger interdisziplinärer Literatur zum Thema der Konstruktion Europas, seiner Selbst- und Fremdbeschreibungen mit den dazu gehörigen Differenzierungs- und Abgrenzungsprozessen zwischen ›Eigenem‹ und ›Fremdem‹. Aufgrund der geographischen Offenheit nach Osten erfolgt die europäische Selbstbeschreibung wesentlich über eine historisch gewachsene, kulturelle wie soziale Abgrenzung vom Balkan, dem Orient, dem Islam, auch von Russland. Insbesondere wird darin die Türkei als Schnittstelle von Orient und Okzident und als überwiegend islamisches Land in politischer, sozialer, wirtschaftlicher und geographischer Hinsicht zum konstitutiven ›Anderen‹ Europas. In den heftigen gesellschaftspolitischen Debatten über den Beitritt der Türkei zur Europäischen Union, so arbeitet Aynur Sarısakaloğlu sorgfältig heraus, wurden und werden diese historischen Verbindungen aktualisiert.

Diese Einsicht bildet die Grundlage für die beeindruckende qualitative und quantitative Framing-Analyse der Medienberichterstattung. Konkret untersucht Sarısakaloğlu, die sechs Sprachen beherrscht – darunter insbesondere auch Deutsch und Türkisch – die Berichterstattung über die Gezi-Park-Auseinandersetzungen von acht Boulevard- und Qualitätszeitungen in der Türkei sowie vier weiteren Ländern, Deutschland, Italien, Österreich und Spanien. Sie fokussiert damit ein Ereignis, anhand dessen der Diskurs um die (Nicht-)Zugehörigkeit der Türkei zu Europa und ihr möglicher Beitritt zur Europäischen Union intensiv medial verhandelt wurde. Insgesamt kann die Verfasserin zehn Frames identifizieren, die zeigen, dass die Gezi-Park-Bewegung in den Medien ihre Rahmung durch europäische Identitätsdiskurse erfuhr, in der die Türkei als das ›Andere‹ Europas erscheint. Neben Abgrenzungen wurden in der Medienberichterstattung aber auch Gemeinsamkeiten betont. Ein Beitritt der Türkei zur Europäischen Union erscheint dann nach wie vor als möglich und machbar. Sarısakaloğlu sieht darin eine historische Chance, denn »mit dem Beitritt der Türkei zur Europäischen Union würde sich die Europäische Union nicht nur geographisch und zahlenmäßig verändern, sondern sie würde auch einen Zuwachs an Heterogenität hinsichtlich historischer, kultureller, politischer und wirtschaftlicher Traditionen erfahren«.

Salzburg, im Januar 2019 Elisabeth Klaus

1 Einleitung

> »Wer sich selbst und andere kennt, wird auch hier erkennen: Orient und Okzident sind nicht mehr zu trennen.« (Johann Wolfgang von Goethe 1819, West-östlicher Divan)

Im Jahr 1999 verlieh die Europäische Union den Status eines Beitrittskandidaten an die Türkei. Sechs Jahre später, am 3. Oktober 2005, wurden die Beitrittsverhandlungen mit der Türkei aufgenommen. Damit verbunden stellte sich die Frage, wie Europa sich definiert. Der Diskurs über Europa und seine Identität gestaltet sich dabei sehr facettenreich, je nachdem, aus welcher Perspektive er betrachtet wird und unterschiedliche Auffassungen vertreten werden. Die Bestimmung von Europa und des ›Europäisch-Seins‹ erfolgt dabei in Abgrenzung zu anderen Identitäten in einem kontinuierlichen Prozess. Dass sich Europa gegen verschiedenste ›Andere‹ abgrenzt und seine Identität durch die Differenz zwischen ›Wir‹ und den ›Anderen‹ konstruiert, wird insbesondere in der Debatte, oder wie Siegfried Jäger (2001, 96ff.) darstellt, im sogenannten Diskursstrang zum Beitritt der Türkei zur Europäischen Union ersichtlich, wenn Fragen diskutiert werden, wie: Gehört die Türkei zu Europa? Was ist Europa? Wo hören die Grenzen Europas im Osten auf? Ist Europa die Europäische Union? Kann ein islamisch geprägtes Land einer auf christlicher Kultur basierenden Einheit beitreten? Damit stellt sich auch die Frage, mit welchen Kriterien und Werten eine Zugehörigkeit beziehungsweise Nichtzugehörigkeit der Türkei zu Europa bestimmt werden kann. Die Auseinandersetzung mit diesen und ähnlichen Fragen über den Beitritt der Türkei zur Europäischen Union ermöglicht es Europa, über sein Selbstverständnis zu reflektieren. Dabei wird deutlich, dass die Bedeutungen und die Identität Europas in diesem Diskursstrang neu verhandelt werden.

Die Diskussion über einen möglichen Beitritt der Türkei zur Europäischen Union und die Auseinandersetzung mit Konstruktionen von Vorstellungen, was Europa ausmacht, ist dabei sehr umfangreich. Laut Jäger (2007, 27) kommt den

Medien bei der inhaltlichen Darstellung von Diskursen ein hoher Stellenwert zu, da sie je nach diskursivem Ereignis, den Verlauf der Diskurse wesentlich beeinflussen können, etwa wenn sie das Bild der ›Anderen‹ oder ›Fremden‹ entwerfen und zugleich die eigene Identität konstruieren. Vor dem hier skizzierten Hintergrund bietet sich innerhalb des erwähnten Diskursstranges die Analyse von Konstruktionen europäischer Identität in der Berichterstattung zur Gezi-Park-Bewegung in İstanbul im Jahr 2013 an, durch die sich die Diskussionen über den künftigen Status der Türkei gegenüber der Europäischen Union vor allem nach dem Beginn der Proteste erheblich verschärft haben. Diese Bewegung kann hier somit als ein diskursives Ereignis betrachtet werden, das als Indikator zivilgesellschaftlichen Widerstandes gegen das türkische Regierungssystem erfolgte und auch in den Medien Europas zum Ausdruck kam sowie die Diskussion über Konstruktionen europäischer Identität beeinflusste. Folglich muss die Frage nach europäischen Identitätskonzeptionen vor dem Hintergrund einer möglichen Mitgliedschaft der Türkei in den Medien präziser diskutiert werden. Die in der Mediendebatte befindlichen Annahmen, wie zum Beispiel die kulturelle und religiöse Andersartigkeit, oder dass die Türkei den politischen Werten der Europäischen Union nicht entsprechen und das Zusammengehörigkeitsgefühl innerhalb der Europäischen Union schwächen würde, oder die Türkei liege aus geographischer Sicht nicht in Europa, oder dass die Türkei eine zu große finanzielle Belastung für die Europäische Union sei etc., werden vor dem Hintergrund europäischer Identitätskonstruktionen kritisch hinterfragt.

Studien zu Konstruktionen europäischer Identität florieren schon seit einigen Jahren. Diese Studien widmen sich vor allem theoretischen Auseinandersetzungen über Konstruktionen europäischer Identität. Es gibt eine kaum überschaubare Fülle an Studien, die die Debatte über den türkischen Beitritt zur Europäischen Union untersuchen. Wenige Studien dagegen, ziehen die Debatten zum möglichen Beitritt der Türkei zur Europäischen Union als Ausgangspunkt für die Bestimmung von europäischen Identitätskonzeptionen sowohl aus theoretischer als auch empirischer Sicht heran. Bemerkenswert erscheint dabei, dass trotz umfangreicher und vielfältiger Literatur sowohl zu Beziehungen zwischen der Türkei und der Europäischen Union, als auch den europäischen Identitätskonzeptionen bislang keine Studien zum Thema erstellt wurden, die die Bestimmung von Europa und seiner Identität in europäisch-türkischen Debatten anhand einer qualitativen und quantitativen Framing-Analyse länderübergreifend untersuchen. Daher setzt sich die Arbeit das Forschungsziel, Konstruktionen europäischer Identität in den Debatten zum möglichen Beitritt der Türkei zur Europäischen Union anhand einer Framing-Analyse der alltäglichen Berichterstattung zur Gezi-Park-Bewegung sowohl in Qualitäts- als auch in Boulevardzeitungen aus fünf

Ländern (Deutschland, Italien, Österreich, Spanien, Türkei) zu analysieren. Von diesen Überlegungen ausgehend wurde folgende zentrale Forschungsfrage abgeleitet: *Wie ist die Berichterstattung zum möglichen Beitritt der Türkei zur Europäischen Union beschaffen und wie wird europäische Identität in den Debatten zum Beitritt der Türkei zur Europäischen Union konstruiert?*[1]

Das Ziel des theoretischen Teils besteht darin, ein Schema herauszuarbeiten, das als Ausgangspunkt für die in der Arbeit vorgesehene Framing-Analyse angewendet werden kann. Wie der Abbildung 1 zu entnehmen ist, erfolgt dies durch die Systematisierung von Argumenten aus der Literaturrecherche über Ansätze europäischer Identitätskonstruktionen und Selbstbeschreibungen Europas im Hinblick auf den Beitritt der Türkei zur Europäischen Union. Die Erkenntnisse leiten zur empirischen Erhebung der Framing-Analyse über, die in zwei Phasen durchgeführt wird.

Abbildung 1: Forschungskonzept

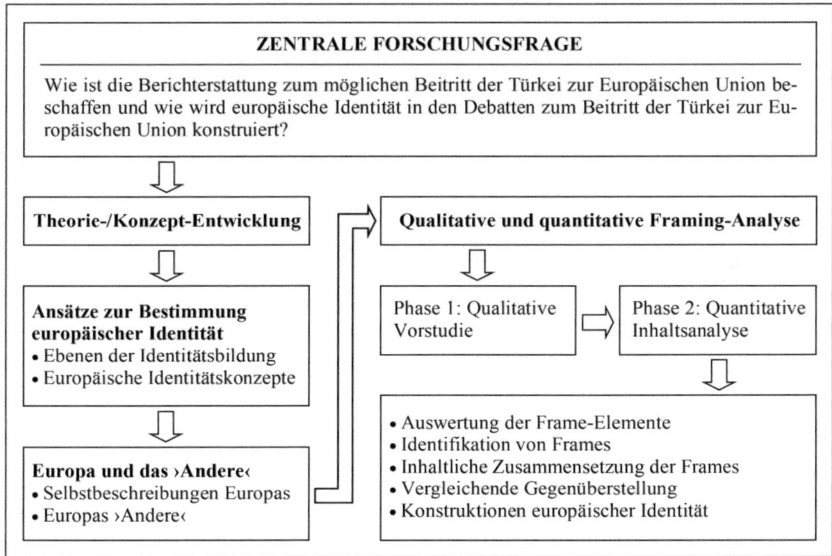

Quelle: Eigene Darstellung

Framing befasst sich mit themenunabhängigen Deutungsmustern, die durch kognitives Wissen intersubjektiv nachvollziehbar gemacht werden können (vgl. Dahinden 2006, 18ff.). Anhand einer Framing-Analyse wird festgestellt, ob in der

1 Für eine Übersicht der forschungsleitenden Fragen dieser Untersuchung siehe Kapitel 7.1 ›Forschungsfragen‹.

Berichterstattung zur Gezi-Park-Bewegung im Hinblick auf den Beitritt der Türkei zur Europäischen Union Frames beziehungsweise Deutungsmuster identifiziert werden können, die europäische Identitätskonzeptionen andeuten. Dabei werden die Frames nicht direkt im Datenmaterial kodiert, sondern mithilfe inhaltsanalytischer Erhebungsinstrumente nach Entmans (1993, 52) Frame-Elementen – Problemdefinition, Ursachenzuschreibung, Bewertung und Handlungsempfehlung – und ihre zugehörigen Variablen sowie deren Ausprägungen bestimmt und in einem Folgeschritt clusteranalytisch zu Frames zusammengefasst.

Ausgehend von der theoretischen Basis erfolgt in der ersten Phase die Frame-Identifikation mittels einer qualitativen Inhaltsanalyse, welche durch eine darauf aufbauende quantitative Inhaltsanalyse (Phase 2) präzisiert wird. So werden in der ersten Phase Frames als Kategorien vorgegeben und deren Gewichtung in den einzelnen Artikeln erfasst. Angenommene Frame-definierende Elemente, die aus dem theoretischen Teil dieser Arbeit abgeleitet sind, werden induktiv anhand einer qualitativen Inhaltsanalyse um weitere bis dato nicht erhobene Frame-Elemente ergänzt und vervollständigt.

In der zweiten Phase werden mithilfe der quantitativen Inhaltsanalyse einzelne Beiträge anhand des Kategoriensystems untersucht und die einzelnen Frame-Elemente ausgewertet, um in einem Folgeschritt mittels einer Clusteranalyse Frames zu identifizieren und ihre inhaltliche Zusammensetzung bestimmen zu können. Durch eine vergleichende Gegenüberstellung der identifizierten Frames der jeweiligen Länder und Zeitungen werden anschließend, Gemeinsamkeiten und Unterschiede in der Berichterstattung festgestellt. Anhand der Identitätsansätze, der Selbstbeschreibungen Europas und der identifizierten Frames können Rückschlüsse auf europäische Identitätskonzeptionen im Hinblick auf Abgrenzungsversuche Europas von der Türkei in der Mediendebatte zur Gezi-Park-Bewegung gezogen werden.

Das theoretische und methodische Vorgehen bestimmt den Aufbau dieses Buches. Nach einer allgemeinen Einleitung (Kapitel 1), die eine Einführung in das Thema, die Zielsetzung, das methodische Vorgehen, den Aufbau der Arbeit und Anmerkungen zu formalen Aspekten beinhaltet, setzt sich das Buch aus folgenden Kapiteln zusammen:

Kapitel 2 stellt eine Hinführung zum Thema dar und beschäftigt sich mit allgemeinen und spezifischen Grundkenntnissen über die Beziehungen zwischen der Türkei und der Europäischen Union. Dieses Kapitel beginnt mit Informationen rund um die Europäische Union, wie den Gründungsmotiven und der Entwicklungsgeschichte. Es wird ein kurzer Einblick in die Erweiterungsrunden und Beitrittsverhandlungen der Europäischen Union gegeben, daran schließt eine Darstellung der Rechtsgrundlagen für einen Beitritt zur Europäischen Union und der Beitrittskriterien der Europäischen Union, aufgrund deren eine Erweiterung verwirklicht werden kann, an. Ausgehend von der Annahme, dass für eine Analyse der Debatte über die Mitgliedschaft der Türkei in der Europäischen Union ein Überblick über die Grundlagen der politischen und wirtschaftlichen Beziehungen hilfreich sein könnte, folgt ein historischer Abriss der europäisch-türkischen Beziehungen, beginnend mit der Antragstellung auf assoziierte Mitgliedschaft über die Bewerbung auf Vollmitgliedschaft der Türkei in der Europäischen Union bis hin zum offiziellen Beginn der Beitrittsverhandlungen. Nach einer allgemeinen Einführung in die Beziehungen der Türkei zur Europäischen Union wird im Kapitel 3 das Untersuchungsthema in einen umfassenden theoretischen Kontext gestellt.

Den theoretischen Rahmen der Arbeit bilden Ansätze zur Bestimmung europäischer Identität. Zunächst erfolgt eine Einführung in den Ursprung der Forschung zum Begriff Identität. Als Grundlage hierfür dienen die Identitätskonzepte nach Stuart Hall (2004) und Jürgen Gerhards (2000), die im ersten Abschnitt des Kapitels 3 präsentiert werden. Darauffolgend wird auf verschiedene Ebenen der Identitätsbildung eingegangen, in denen Ansätze zu Konstruktionen europäischer Identität vorhanden sind. So werden individuelle versus kollektive Identitätskonstruktionen, normierende und rekonstruierende kollektive Identitätsbildungen, kulturelle Identitätskonstruktionen, politische Identitäten und nicht zuletzt Dimensionen nationaler Identitäten untersucht. In weiterer Folge stehen die Begriffe Identität und Europa sowie die verschiedenen Ansatzrichtungen zu Konstruktionen europäischer Identität im Fokus, um daraus eine für diese Arbeit gültige Ausgangsbasis von europäischen Identitätskonstruktionen ableiten zu können. Zudem wird unter anderem ein kurzer Einblick in die Ausprägung europäischer Identität unter der europäischen Bevölkerung anhand der Erkenntnisse der Eurobarometer-Studien gegeben. Das Kapitel 3 endet mit einer Zusammenfassung der verschiedenen theoretischen Konzepte europäischer Identitätskonstruktionen und leitet daraus zentrale Merkmale zu europäischen Identitätskonzeptionen ab.

Im Kapitel 4 wird ein Schema zu Selbstbeschreibungen Europas erstellt, das als Ausgangsbasis für die Framing-Analyse dient. Anhand der vorhandenen Literatur über den Beitrittsdiskurs der Türkei zur Europäischen Union werden identitätskonstruierende Merkmale auf der Grundlage von europäischen Selbstbeschreibungen herausgearbeitet, die eine Abgrenzung Europas von den ›Anderen‹ andeuten. Nach einer allgemeinen Definition des Begriffes Europa werden Konstruktionen von Europa im Rahmen europäisch-türkischer Debatten unter folgenden Stichworten diskutiert: Europa als geographisches Gebilde, Europa als die Europäische Union mit gemeinsamen politischen Werten, Europa als ›Hort der Menschenrechte‹, Europa als gemeinsamer Wirtschaftsraum, Europa als historische Erinnerungsgemeinschaft, Europa als christliche und religiöse Gemeinschaft, Europa als Einheit kultureller Vielfalt und Europa als eine Militärunion. Da Konstruktionen europäischer Identität nicht selbst-generierend sind und in den Selbstbeschreibungen implizit und explizit eine Bestimmung des ›Anderen‹ erfolgt, wird auch auf Europas konstitutive ›Andere‹ eingegangen. Dafür ist der Begriff des ›Anderen‹ bestimmt, um anschließend Europas ›Andere‹ begründen zu können. Als das ›Andere‹ Europas fungieren vor allem der ›Osten‹, die Vereinigten Staaten von Amerika, Russland, der Balkan, der Orient, der Islam und nicht zuletzt die Türkei. Dieses Kapitel schließt mit einer Zusammenfassung, die die wichtigsten Ausführungen resümiert.

Kapitel 5 stellt den Übergang vom theoretischen zum empirischen Teil der Untersuchung dar. In einem kurzen Abriss wird die Entwicklung der türkischen Republik vorgestellt, um zum besseren Verständnis medialer Konstruktionen europäischer Identität in der Mediendebatte über die Gezi-Park-Bewegung beizutragen. Dabei wird die Türkei als ein Staat auf dem Weg nach Europa durch Mustafa Kemal Atatürk präsentiert, dessen Reformen nach europäischem Vorbild geschaffen wurden. Weiter wird auf die politische und wirtschaftliche Entwicklung sowie die gesellschaftliche Entwicklung der Türkei eingegangen. Besonderes Augenmerk gilt dabei den Gezi-Park-Protesten als Indikator des gesellschaftlichen Umbruches und der Rolle der Medien in der Gezi-Park-Bewegung. Auch diesem Kapitel folgt eine Zusammenfassung, bevor auf den empirischen Teil übergangen wird.

Die empirische Grundlage ist Gegenstand des 6. Kapitels, die eigens für diese Arbeit konzipiert und durchgeführt wird. Es beginnt mit einer Einführung in das Framing in der Kommunikationswissenschaft, um einen Überblick über das Forschungsfeld zum Framing-Ansatz zu verschaffen. Dabei werden Ansatzpunkte wie das Framing als ingetrativer Ansatz der Massenkommunikation, der journalistische Framing-Ansatz, Framing und Agenda Setting, Framing und Stereotypenforschung sowie Framing und Kommunikations-/Medieninhalte dargelegt. Fokussiert wird auf das Framing nach Entman (1993), das als theoretische Grundlage der empirischen Datenerhebung dient. Da für die Identifizierung von Frames verschiedene Techniken angewendet werden können, ist es auch erforderlich, auf die für die Untersuchung verwendete Technik der Identifikation von Frames näher einzugehen.

Auf Basis der methodischen Vorüberlegungen wird im Kapitel 7 das Forschungsdesign entwickelt und die Forschungsfragen werden präsentiert. Es folgt die qualitative Vorstudie, die als Ausgangspunkt für die quantitative Inhaltsanalyse als Verfahren der Framing-Analyse dient, um dann die Frames durch eine

Clusteranalyse bestimmen zu können. Nach Bestimmung der Stichprobe, Auswahl des zu analysierenden Textmaterials sowie der Festlegung des Untersuchungszeitraumes schließen sich im Kapitel 8 und 9 die Ergebnisse der Untersuchung an.

Die Ergebnispräsentation umfasst die Beantwortung der Forschungsfragen. Dazu werden die Frame-Elemente einzeln ausgewertet, die Anzahl der Medienframes mithilfe der Clusteranalyse bestimmt, die inhaltliche Zusammensetzung der Medienframes identifiziert und eine vergleichende Gegenüberstellung der Medienframes vorgenommen. Nach einer Zusammenfassung der quantitativen Ergebnisse werden in einem letzten Analyseschritt im Kapitel 9 die erfassten Medienframes vor dem Hintergrund europäischer Identitätskonzeptionen diskutiert.

Im Abschlussteil der Arbeit (Kapitel 10) folgt eine zusammenfassende Diskussion der zentralen Ergebnisse, die Rückschlüsse auf die Mediendebatte über Konstruktionen europäischer Identität zum möglichen Beitritt der Türkei zur Europäischen Union und einen Ausblick ermöglicht.

Anzumerken sei an dieser Stelle, dass keine Empfehlungen für oder gegen eine Mitgliedschaft der Türkei in der Europäischen Union ausgesprochen werden. Die Argumente pro und kontra eines möglichen Beitrittes der Türkei zur Europäischen Union sind in dieser Arbeit ausschließlich der Perspektive der Mediendebatte über die Gezi-Park-Proteste entnommen. Sehr wohl kann jedoch in Anlehnung an die Untersuchungsergebnisse gesagt werden, dass die Aussichten auf einen Beitritt der Türkei zur Europäischen Union steigen, je weniger die Türkei in den Selbstbeschreibungen Europas exkludiert und somit als ›Anderer‹ beziehungsweise ›Fremder‹ betrachtet wird.

Anmerkungen zur Arbeit

Die Literaturrecherche bildet die Grundlage für den theoretischen Teil der Untersuchung. Hauptquellen sind deutsch-, englisch-, italienisch-, spanisch- und türkischsprachige wissenschaftliche Publikationen, Fachbücher, Sammelbände, Umfrageergebnisse, Internetseiten der Institutionen der Europäischen Union, Zeitungsartikel etc. Die kontinuierliche Entwicklung der Beziehungen der Europäischen Union zur Türkei macht es unabdingbar, dabei nach Möglichkeit neue Quellen zu erschließen. Für die Veröffentlichung wurde neue Forschungsliteratur bis November 2018 berücksichtigt. Bei Tabellen ohne Quellenangabe handelt es sich um eigene Darstellungen der Autorin dieses Buches.

Es ist auch darauf hinzuweisen, dass in den Fußnoten auf Zusatzinformationen, Empfehlungen für weiterführende Literatur und auf bestimmte Kapitel im

Buch verwiesen wird. Der Text präsentiert sich allerdings ohne die Vermerke in den Fußnoten als verständlich und geschlossen.

Anzumerken ist, dass Begriffe, die sich beispielsweise aus einem englischen und einem deutschen Wort zusammensetzen, mit einem Bindestrich verbunden werden, wie zum Beispiel Framing-Analyse.

Ferner werden einfache Anführungszeichen zur Hervorhebung bestimmter Wörter oder Textteile verwendet, die einen Begriff beziehungsweise eine gewisse Idee meinen, wie etwa das ›Andere‹, der ›Westen‹ etc. Außerdem sind Zitate in Zitaten durch einfache Anführungszeichen gekennzeichnet. Wörtliche Zitate sind in doppelte Anführungszeichen gesetzt.

Im Buch wird durchgängig sowohl die weibliche als auch die männliche Formulierung verwendet. Wenn dies nicht der Fall ist, wurde aufgrund der besseren Lesbarkeit die männliche oder geschlechtsneutrale Personenbezeichnung für männliche und weibliche Form einer Person verwendet. In Zitaten ohne geschlechtergerechte Formulierung wurden keine Umformulierungen vorgenommen.

Hinsichtlich der türkischen Sprache sei für Leserinnen und Leser, die mit der türkischen Sprache nicht vertraut sind, noch angemerkt, dass sich das türkische Alphabet aus insgesamt 29 Buchstaben zusammensetzt und sich vom deutschen Alphabet wie folgt unterscheidet:

Ââ langes a wie in Waage
Çç tsch wie in Tschechien
Ğğ dehnt den davorstehenden Vokal und wird nicht ausgesprochen
Hh am Wortanfang wie h in Haus, am Silbenende wie ch in Buch
Iı wie unbetontes Endsilben-e in Farbe
İi wie deutsches i
Şş sch wie in Schule
Ûû langes u wie in Blume
Zz stimmhaftes s wie in Sonne

2 Europäische Union und die Türkei

Seit knapp sechs Jahrzehnten strebt die Türkei eine Mitgliedschaft in der europäischen Integrationsorganisation, die 1958 als die Europäische Wirtschaftsgemeinschaft (EWG) mit sechs Gründungsmitgliedern begann und sich mittlerweile zur Europäischen Union mit 28 Mitgliedsländern entwickelt hat, an. Die Anbindung der Türkei an die Europäische Union beginnt mit der Bewerbung der Türkei um die Vollmitgliedschaft in der Europäischen Wirtschaftsgemeinschaft im Juli 1959. Nach 46 Jahren sind am 3. Oktober 2005 die Beitrittsverhandlungen zwischen der Europäischen Union und der Türkei eingeleitet worden. Der offizielle Beginn der Verhandlungen mit der Türkei löste eine breite Reaktion aus. Die Diskussion über einen möglichen Beitritt der Türkei zur Europäischen Union erlebte einen enormen Aufschwung in den Medien und sorgt seither sowohl in der europäischen als auch in der türkischen Öffentlichkeit für große Aufregung.

Das Ziel dieses Kapitels ist es, einen Überblick über die Beziehungen zwischen der Türkei und der Europäischen Union zu verschaffen. Hierfür erfolgt eingangs eine Einführung in die Europäische Union. Von Beginn an war die Europäische Union ein komplexes Gebilde, das seit ihrer Grundsteinlegung viele Entwicklungsstufen durchlaufen und Herausforderungen bewältigt hat. Es werden die Gründungsziele und wichtige Eckpunkte der Entstehung der Europäischen Union vorgestellt. Im Weiteren wird auf die Erweiterungsrunden und Beitrittsverhandlungen der Europäischen Union eingegangen. Darüber hinaus werden die Rechtsgrundlage für einen Beitritt zur Europäischen Union und die Kopenhagener Kriterien dargestellt, aufgrund derer es zu einer Erweiterung der Europäischen Union kommen kann. Hierbei geht es um die Erfüllung der politischen und wirtschaftlichen Kriterien sowie der Übernahme der geltenden Rechtsvorschriften (›acquis communautaire‹). Dieses Kapitel wird abgeschlossen mit einem historischen Abriss der Beziehungen der Türkei zur Europäischen Union. Es wird das Assoziationsabkommen von 1964 näher beleuchtet, mit dem der lange Weg der Türkei zur Europäischen Union begann. Ein zweiter Schwerpunkt liegt auf der Bewerbung der Türkei auf eine Vollmitgliedschaft in der Europäischen Union. Nicht zuletzt wird auf die Verhandlungsaufnahme am 3. Oktober 2005 eingegangen.

2.1 GRÜNDUNGSMOTIVE DER EUROPÄISCHEN EINIGUNG

Die europäische Einigung war von Beginn an »Ausdruck interessenorientierter Politik« der Verständigung und Zusammenarbeit (Weidenfeld 2011, 11). Die Idee einer Vereinigung Europas vor dem Hintergrund eines politisch und kulturell bestimmten europäischen Staatenbundes war jedoch nicht neu. Bereits seit dem Mittelalter befassten sich Politiker und Philosophen mit konkreten Plänen für eine europäische Einigung. So entwickelte schon zu Beginn des 17. Jahrhunderts der französische Herzog Maximilien de Béthune Sully (1560-1641, Berater und Minister des französischen Königs Heinrich IV.) ein Konzept, um das Gleichgewicht Europas zwischen 15 gleich mächtigen Staaten als Friedenswächter sicherzustellen (vgl. Pfetsch 2001, 16). Mit diesem historischen Einigungskonzept sollte eine Föderation im Sinne einer Vereinigung des Christentums und einer Sicherung des Friedens begründet werden, damit gegen die Bedrohungen von außen Widerstand geleistet werden konnte (vgl. ebd., 16; Brunn 2006, 21).

Um eine dauerhafte Friedensordnung in Europa zu errichten, entwarf der französische Denker Abbé de Saint Pierre (1658-1743) das Projekt einer ›Europäischen Republik‹, das aus dem Zusammenschluss souveräner europäischer Staaten entstehen sollte (vgl. Pfetsch 2001, 16). Saint Pierre ging davon aus, dass die europäischen Fürsten von einem sich gegen die absolutistische Vorherrschaft Ludwigs XIV. richtenden Konzept einer ›europäischen Föderation‹[1] überzeugt werden könnten und in der Folge ihre Souveränitätsrechte abtreten würden (vgl. ebd., 16). Von diesem Konzept war auch Jean-Jacques Rousseau (1712-1778) angetan. Allerdings vertrat Rousseau die Meinung, dass eine Herstellung föderativer Strukturen nur allein durch die Motivation der Fürsten, ihre Souveränitätsrechte abzutreten, unmöglich sei, und schlug die Umsetzung einer Revolution vor (vgl. ebd., 17). Ein weiterer französischer Philosoph, der sich mit konkreten Plänen der europäischen Einigung befasste, war Immanuel Kant (1724-1804) der

1 Nähere Information hierzu siehe: Saint Pierre, Abbé Castel de (1922). Der Traktat zum ewigen Frieden 1713. Deutsche Bearbeitung von Friederich von Oppeln-Bronikowski. Berlin: Verlag von Reimar Hobbing.

ebenfalls von einer ›föderalen Organisation Europas mit republikanischen Staaten‹ sprach (vgl. ebd., 17). Zur Sicherung des ewigen Friedens sollte zum einen »die bürgerliche Verfassung in jedem Staat [...] republikanisch« sein; zum anderen sollte das Völkerrecht »auf einen Föderalismus freier Staaten gegründet sein« (ebd., 17).[2]

Im 19. Jahrhundert gilt der französische Schriftsteller und zugleich Politiker Victor Hugo (1802-1885), der im internationalen Friedenskongress 1849 die Gründung der ›Vereinigten Staaten von Europa‹ anstrebte, als Vorläufer der europäischen Idee (vgl. ebd., 17f.). Eine neue Dimension gewannen Konzepte einer europäischen Einigung nach dem Ersten Weltkrieg. Zu erwähnen ist hier die vom österreichischen Graf Coudenhove-Kalergi (1894-1972) initiierte Paneuropa-Bewegung (vgl. ebd., 18). Auch der französische Journalist, Advokat und Politiker, Aristide Briand (1862-1932), bemühte sich um ein vereinigtes Europa, um zukünftige Kriege zu verhindern (vgl. ebd., 18). Besonders nach den Erfahrungen und Auswirkungen des Zweiten Weltkrieges nahm die Einigung Europas eine neue Gestalt an. Auch wenn die Ideen und Vorstellungen der Politiker und Philosophen um die Bemühung einer europäischen Einigung hie und da auseinandergingen, so können grundsätzlich fünf gemeinsame Motive abgeleitet werden, die als wesentliche Anstöße der europäischen Einigung angesehen werden können (vgl. Weidenfeld 2011, 11f.):

1. Das Bemühen um ein neues Selbstverständnis: Die Lage in Europa nach dem Zweiten Weltkrieg trieb die Europäerinnen und Europäer zu neuen Gemeinschaftserfahrungen. Zur Überwindung des Nationalismus sollte ein demokratisch verfasstes Europa angestrebt werden.
2. Die Hoffnung nach Sicherheit und Frieden: Die einzelnen Nationalstaaten konnten den Zweiten Weltkrieg nicht verhindern. Durch die Sicherung des Friedens wurde gehofft, dass ein geeintes Europa weitere Kriege verhindern könnte und zugleich vor der kommunistischen Ausweitung schützen würde. Aus Europa sollte eine Friedensgemeinschaft werden.
3. Die Schaffung eines Raumes der Freiheit und Mobilität: Die freie Bewegung von Personen, Informationen und Waren war durch Kriegsbedingungen nur beschränkt möglich. Im vereinigten Europa sollte ein freier Personen-, Güter- und Kapitalverkehr verwirklicht werden.

2 Siehe hierzu auch: Kant, Immanuel (1795). Zum ewigen Frieden. In: Königlich Preußische Akademie der Wissenschaften (Hrsg.) (1912). Immanuel Kant: Gesammelte Werke. Berlin: Verlag Georg Reimer.

4. Der Wunsch nach wirtschaftlichem Wohlstand: Nach dem Zweiten Weltkrieg sollte die wirtschaftliche Instabilität überwunden werden. Durch die Schaffung eines gemeinsamen Marktes sollten ein intensiver Handel und effizientes wirtschaftliches Verhalten gestärkt werden.
5. Die Hoffnung auf gemeinsame Macht: Die europäischen Staaten nahmen noch vor dem Ersten Weltkrieg eine international dominierende Rolle ein, jedoch hatten sie nach dem Zweiten Weltkrieg an Macht verloren. Als Weltmächte galten nun die Vereinigten Staaten von Amerika und die Sowjetunion. In der Folge sollte durch die Einigung Europas die gemeinsame Rückerlangung der Macht angestrebt werden, um mit internationalen Machtgrößen mithalten zu können. (Vgl. ebd., 11f.)

In Anbetracht dessen kann gesagt werden, dass die Europäische Union ihren Ursprung besonders nach dem Zweiten Weltkrieg nahm und sich von Anfang an die Friedenssicherung zum Ziel setzte, um weitere Kriege und die damit einhergehenden Leiden der europäischen Bevölkerung sowie die materiellen Zerstörungen zu vermeiden.

2.2 ENTWICKLUNGSGESCHICHTE

Nach dem Zweiten Weltkrieg forderte der ehemalige britische Premierminister Winston Churchill in seiner Rede am 19. September 1946 in Zürich die Gründung der ›Vereinigten Staaten von Europa‹. Churchill sprach von einer Union aller beitrittswilligen europäischen Staaten mit dem Ziel der Sicherung eines dauerhaften Friedens in ganz Europa. Unter der Führung der ›Vereinigten Staaten von Europa‹ durch Deutschland und Frankreich wurde als erstes Ziel der Union die Gründung eines Europarates angestrebt. Bereits am 5. Mai 1949 wurde die erste europäische Staatenorganisation des Europarates mit ihrem Sitz in Straßburg gegründet, deren Aufgabe vor allem die Förderung der Demokratie, der Schutz der Menschenrechte und der Rechtsstaatlichkeit war. (Vgl. Weidenfeld 2011, 12; Weidenfeld 2010, 61f.)

Der Europarat galt als der erste Versuch »einen engeren Zusammenschluss unter seinen Mitgliedern zu verwirklichen, um die Ideale und Grundsätze, die ihr gemeinsames Erbe sind, zu schützen und zu fördern und um ihren wirtschaftlichen und sozialen Fortschritt zu begünstigen« (Satzung des Europarates 1949, online). Seit der Gründung des Europarates wurden über 200 Abkommen und Konventionen verabschiedet (vgl. Weidenfeld 2010, 62). Die wohl bedeutendste Konvention ist die 1950 unterzeichnete Europäische Menschenrechtskonvention

(EMRK) zum Schutz der Menschenrechte und Grundfreiheiten (vgl. ebd., 62). Der Europarat ist mit seinen 47 Mitgliedstaaten, zu denen auch Russland, die Länder des Balkans und des Kaukasus sowie die Türkei (seit 1949) gehören, die älteste Nachkriegsorganisation (vgl. ebd., 62; EU-Info.Deutschland 2018e, online).

Nach der Gründung des Europarates ergriff der ehemalige französische Außenminister Robert Schuman am 9. Mai 1950 die Initiative für die Bildung der Europäischen Gemeinschaft für Kohle und Stahl (EGKS, auch Montanunion genannt), um die französischen und deutschen Kohle- und Stahlindustrien unter eine gemeinsame Behörde zu stellen. Im sogenannten Schuman-Plan wurde festgehalten, dass die Europäische Gemeinschaft für Kohle und Stahl als eine überstaatliche europäische Institution einen gemeinsamen Markt schaffen sollte, um die Erbfeindschaft zwischen Deutschland und Frankreich zu beseitigen. Bereits ein Jahr später unterzeichneten neben Deutschland und Frankreich auch die Vertreter der Staaten Belgien, Deutschland, Frankreich, Italien, Luxemburg und der Niederlande in Paris den Vertrag zur Gründung der Europäischen Gemeinschaft für Kohle und Stahl. Dieser Vertrag trat am 23. Juli 1952 für eine Dauer von 50 Jahren in Kraft und wurde im Jahr 2002 in den Vertrag der Europäischen Gemeinschaft (EG-Vertrag) überführt. Das Hauptmotiv der Zusammenlegung von Kohle- und Stahlproduktionen dieser Länder und der damit einhergehenden gemeinschaftlichen Kontrolle dieser kriegswichtigen Rohstoffe war die Verhinderung zukünftiger Kriege. Die Gründungsmitglieder gaben jeweils ihre Rechte über ihre Kohle- und Stahlindustrien auf und übertrugen diese einer ›Höheren Behörde‹, die sowohl die Verwaltungs- als auch die Kontrollinstanz übernahm. (Vgl. Weidenfeld 2011, 13; Weidenfeld 2010, 63; Generaldirektion Kommunikation der Europäischen Kommission 2018c, online)

Aus wirtschaftlicher Sicht strebten die sechs Gründungsmitglieder der Europäischen Gemeinschaft für Kohle und Stahl einen gemeinsamen Markt an. Nicht nur Kohle und Stahl, sondern auch in anderen wirtschaftlichen Bereichen sollte eine Zusammenarbeit möglich werden. So einigten sich die Außenministerien der sechs Mitgliedstaaten im Juni 1955 auf den Beginn der Verhandlungen über die Zusammenführung zweier weiterer Bereiche und unterzeichneten bereits wenige Jahre später, am 25. März 1957, die Römischen Verträge, benannt nach dem Ort der Unterzeichnung, zur Gründung der Europäischen Wirtschaftsgemeinschaft (EWG) und der Europäischen Atomgemeinschaft (EAG/Euratom), die am 1. Jänner 1958 in Kraft traten. Im Rahmen der Europäischen Wirtschaftsgemeinschaft sollte zum einen eine Zollunion eingeführt werden, um Handelshemmnisse zwischen den sechs Gründerstaaten der Europäischen Gemeinschaft für Kohle und Stahl abzubauen und einen gemeinsamen Außenzoll zu ermöglichen. Zum anderen sollte ein gemeinsamer Wirtschaftsmarkt mit Verkehrsfreiheit für Personen, Dienstleistungen und Kapital geschaffen und koordiniert werden, um den Lebensstandard in den Mitgliedstaaten angleichen zu können. (Vgl. Weidenfeld 2011, 15f.; Generaldirektion Kommunikation der Europäischen Kommission 2018c, online)

Die Verwirklichung der Zollunion erfolgte bereits am 1. Juli 1968 (vgl. Weidenfeld 2011, 470). Ab diesem Zeitpunkt konnten Güter zwischen den Mitgliedstaaten zollfrei importiert und exportiert werden. Ein einheitlicher Binnenmarkt wurde jedoch erst am 1. Jänner 1993 eingeführt (vgl. ebd., 475).

Die nach wie vor bestehende Europäische Atomgemeinschaft dient dem Zweck, die Nuklearindustrien der Mitgliedstaaten gemeinsam zu koordinieren und zu verwalten, um eine friedliche Nutzung der Kernenergie zu regeln (vgl. ebd., 15f.). Die Hauptaufgabe der Europäischen Atomgemeinschaft ist es also, »die Voraussetzungen für die Entwicklung einer mächtigen Kernindustrie zu schaffen, welche die Energieerzeugung erweitert, die Technik modernisiert und auf zahlreichen anderen Gebieten zum Wohlstand ihrer Völker beiträgt« (Europäisches Parlament 2015c, online 1).

Die drei Gemeinschaften (Europäische Gemeinschaft für Kohle und Stahl, Europäische Wirtschaftsgemeinschaft, Europäische Atomgemeinschaft) fusionierten am 1. Juli 1967 zur Europäischen Gemeinschaft (EG) (vgl. Generaldirektion Kommunikation der Europäischen Kommission 1967, online 3). Die Funktionsfähigkeit der Europäischen Gemeinschaft wurde im Fusionsvertrag geregelt. Die Konsolidierung der institutionellen Strukturen sollte über die Schaffung eines gemeinsamen Rates, einer gemeinsamen Kommission (vorher ›Hohe Behörde‹), einer gemeinsamen Verwaltung und eines gemeinsamen Haushaltes gewährleistet sein. Neben der Gründung eines gemeinsamen Marktes sollte die Europäische Gemeinschaft eine gemeinsame Agrar-, Verkehrs-, Wettbewerbs- und Außenpolitik verwirklichen. (Vgl. Generaldirektion Kommunikation der Europäischen Kommission 1967, online 7ff.)

Damit ein gemeinsamer Markt gegründet werden konnte, bedurfte es auch der Ergänzung einer gemeinsamen Wirtschafts- und Währungspolitik. Bereits 1969 wurde am Den Haager Gipfeltreffen die Einführung der Wirtschafts- und Währungsunion bis 1980 beschlossen (vgl. Weidenfeld 2011, 18f.). Darüber hinaus wurde am Gipfeltreffen festgelegt, institutionelle Änderungen vorzunehmen, die vor allem den Ausbau der Kompetenzen des Europäischen Parlamentes betrafen (vgl. Brasche 2008, 11f.).

Wenige Jahre später, im Jahr 1974, wurde der Europäische Rat durch die Staats- und Regierungschefs der Europäischen Gemeinschaft begründet. Zudem wurde im Juni 1979 die erste allgemeine Europawahl in den Mitgliedstaaten der

Europäischen Gemeinschaft abgehalten. Die Abgeordneten des Europäischen Parlamentes wurden von den Bürgerinnen und Bürgern der Europäischen Gemeinschaft direkt gewählt. Europa entwickelte sich fortan »zu einem von den Bürgerinnen und Bürgern legitimierten europäischen Einigungswerk« und gewann an demokratischer Struktur (Weidenfeld 2011, 19). (Vgl. ebd., 18f.)

In den Folgejahren bemühten sich die Staats- und Regierungschefs der Mitgliedsländer um die Bildung der Einheitlichen Europäischen Akte (EEA), die am 28. Februar 1986 auf dem Luxemburger Gipfeltreffen unterzeichnet wurde und am 1. Juli 1987 in Kraft trat. Die Einheitliche Europäische Akte bedeutete die Weiterentwicklung der Gründungsverträge. Im Zuge dessen wurden erste große Reformen der Römischen Verträge vorgenommen, die nicht nur das institutionelle System betrafen, sondern auch den rechtlichen Rahmen für die außenpolitische Zusammenarbeit. Die Einheitliche Europäische Akte strebte besonders die Vollendung des Binnenmarktes bis 1992 an. Im Rahmen des europäischen Binnenmarktes sollten die vier Grundfreiheiten des freien Verkehrs von Personen, Waren, Dienstleistungen und Kapital verwirklicht werden. (Vgl. ebd., 26f.)

Weitgehend umgesetzt wurde der Europäische Binnenmarkt am 1. Jänner 1993. Innergemeinschaftliche Grenzen fielen weg und ein zu gleichen Bedingungen geregelter Handel konnte uneingeschränkt über die Grenzen gewährleistet werden (vgl. EU-Info.Deutschland 2018a, online).

Darüber hinaus wurden in der Einheitlichen Europäischen Akte die Erweiterung der Integration sowie die Stärkung und Erweiterung der Kompetenzen der Gemeinschaft in den Bereichen der Umwelt-, der Forschungs- und Technologiesowie der Sozialpolitik festgeschrieben (vgl. Weidenfeld 2011, 26f.).

Eine Entwicklung gab es auch hinsichtlich einer gemeinsamen Wirtschafts- und Währungsunion. Bereits am 27. Juni 1989 wurde der ›Delors-Plan‹, benannt nach dem damaligen Kommissionspräsidenten Jacques Delors, durch die Staats- und Regierungschefs angenommen. Der ›Delors-Plan‹ sah für die Schaffung einer Europäischen Wirtschafts- und Währungsunion (EWWU) ein Dreistufenmodell vor. Die erste Stufe brachte eine Kapitalverkehrsliberalisierung und eine verstärkte Koordinierung der Währungspolitiken mit sich. In der zweiten Stufe wurde das Europäische Währungsinstitut (EWI, Vorläufer der heutigen Europäischen Zentralbank (EZB)) errichtet und in der dritten Stufe wurde der Euro als eine eigenständige Währung anerkannt; im Zuge dessen wurden die Wechselkurse in den Mitgliedstaaten fixiert. (Vgl. ebd., 28f.; EU-Info.Deutschland 2018b, online)

Die zweite wesentliche Reform der Gründungsverträge bildet der Vertrag von Maastricht, auch ›EU-Vertrag‹ oder Vertrag über die Europäische Union genannt, der am 7. Februar 1992 unterzeichnet wurde und am 1. November 1993 in

Kraft trat. Der Maastricht-Vertrag sah zum einen die Integration der Europäischen Gemeinschaft und deren Umbenennung in ›Europäische Union‹ vor; zum anderen bildet der Vertrag die Basis für die Vollendung der Europäischen Wirtschafts- und Währungsunion.[3] Im Rahmen des Maastricht-Vertrages hat sich die auf wirtschaftliche und politische Zusammenarbeit basierende Europäische Gemeinschaft hin zu einer Union entwickelt, die durch den neuen Vertrag der Europäischen Union ebenfalls eine Gemeinsame Außen- und Sicherheitspolitik (GASP) und eine Zusammenarbeit in der Justiz- und Innenpolitik (ZJIP) voraussetzte. Daneben wurden auch in den Bereichen Binnenmarkt, Umwelt- und Verbraucherschutz sowie europäische Verkehrsnetze Gemeinschaftskompetenzen festgelegt. (Vgl. Weidenfeld 2011, 29f.)

So basiert die Europäische Union nach dem Maastricht-Vertrag auf einem Drei-Säulen-Konzept. Die erste Säule setzt sich aus den drei bestehenden supranationalen Gemeinschaften, nämlich der Europäischen Gemeinschaft, der Europäischen Atomgemeinschaft sowie der Europäischen Gemeinschaft für Kohle und Stahl zusammen (vgl. Rossi 2010, online 54). Ergänzt wird diese Säule durch die neuen Politikbereiche der Gemeinsamen Außen- und Sicherheitspolitik sowie der Justiz- und Innenpolitik (vgl. ebd., online 54). Eine dritte Ergänzung der Gründungsverträge erfolgte durch die Unterzeichnung des Vertrages von Amsterdam am 2. Oktober 1997, der am 1. Mai 1999 in Kraft trat (vgl. Weidenfeld 2011, 477).

Grundsätzliches Ziel dieses Vertrages war die Stärkung und Erweiterung der Befugnisse der Europäischen Institutionen. Der Vertrag von Amsterdam trug in folgenden Bereichen zur weiteren Vertiefung der Europäischen Union bei: Vertiefung der Gemeinsamen Außen- und Sicherheitspolitik, Verbesserung der Zusammenarbeit in den Bereichen der Justiz- und Innenpolitik, Stärkung der Handlungsfähigkeit der Europäischen Union, die Einführung von Grundvoraussetzungen der Erweiterung und die Schaffung einer gemeinsamen Beschäftigungspolitik. (Vgl. ebd., 31f.)

Eine Weiterentwicklung gab es auch hinsichtlich der Wirtschafts- und Währungsunion. Bereits am 1. Jänner 1999 wurde der Euro in zunächst elf Mitgliedstaaten (Belgien, Deutschland, Finnland, Frankreich, Irland, Italien, Luxemburg, Niederlande, Österreich, Portugal und Spanien) als bargeldloses Zahlungsmittel für Transaktionen eingesetzt. Als Bargeld wurde der Euro im Jänner 2002 eingeführt. (Vgl. EU-Info.Deutschland 2018d, online)

---

3 Für weitere Informationen über die Europäische Union als Wirtschafts- und Währungsunion siehe Kapitel 4.2.4 ›Gemeinsamer Wirtschaftsraum‹.

Nach dem Gipfeltreffen in Amsterdam wurde auf der nächsten Regierungskonferenz in Nizza am 11. Dezember 2000 ein besonderes Augenmerk auf institutionelle Reformen und auf die Stärkung der Europäischen Union in Bezug auf ihre Erweiterungen gerichtet. Der Vertrag wurde am 26. Februar 2001 unterzeichnet und trat am 1. Februar 2003 in Kraft (vgl. Weidenfeld 2011, 478f.). Um die Funktionsfähigkeit der Europäischen Union für ihre Erweiterungen zu erhöhen, wurden auf institutioneller Ebene weitere Reformen vorgenommen. Diese umfassten insbesondere die Begrenzung der Anzahl der Kommissare und ihre Zusammensetzung, die Änderungen in der Stimmengewichtung im Rat der Europäischen Union und die Ausweitung von Mehrheitsentscheidungen im Rat der Europäischen Union. (Vgl. ebd., 32f.)

So stellte ab 2005 jeder Mitgliedstaat der Europäischen Union nur mehr einen Kommissar. Diese Regelung gilt auch für die großen Länder, die bislang zwei Kommissare ernennen konnten. Die Anzahl der Abgeordneten im Parlament wurde erweitert und eine Neuverteilung der Sitze wurde festgelegt. Die Zusammensetzung des Parlamentes orientiert sich nunmehr an der Bevölkerungszahl der Mitgliedsländer. Durch die Neugewichtung der Stimmen im Rat der Europäischen Union wurde die Anzahl der Stimmen entsprechend der Bevölkerungszahl der Mitgliedstaaten der Europäischen Union neu geregelt. So erhielten bevölkerungsreiche Mitgliedstaaten, wie zum Beispiel Deutschland und Frankreich, mehr Stimmen als bisher, um das Verhältnis zwischen Stimmengewicht und Bevölkerungsgröße der Mitgliedstaaten in der erweiterten Europäischen Union zu gewährleisten. (Vgl. EU-Info.Deutschland 2018f, online)

Noch im selben Jahr der Unterzeichnung des Vertrages von Nizza wurde auf dem Gipfeltreffen im belgischen Laeken am 15. Dezember 2001 ein ›Konvent über die Zukunft Europas‹ beschlossen, dessen Ziel es war, politische und strukturelle Entwicklung der Europäischen Union zu erarbeiten und als Vertragsentwurf über eine Europäische Verfassung vorzulegen. Die Verfassung sollte die Legitimation, Transparenz und Handlungsfähigkeit der Europäischen Union verbessern. Unterzeichnet wurde der Vertrag über eine Verfassung für Europa von allen Staats- und Regierungschefs der Europäischen Union am 29. Oktober 2004 in Rom, jedoch wurde der Verfassungsvertrag in Volksabstimmungen in Frankreich (29. Mai 2005) und in den Niederlanden (1. Juni 2005) aufgrund der Unzufriedenheit der Bevölkerung mit der eigenen Staatsregierung oder der Europäischen Union abgelehnt. (Vgl. Weidenfeld 2011, 37ff.)

Als Alternative zum gescheiterten Verfassungsvertrag sollte ein neuer Reformvertrag durchgesetzt werden. Hierfür wurden wesentliche Inhalte der abgelehnten Verfassung, wie zum Beispiel die Verbesserung der institutionellen Struktur der Europäischen Union, übernommen. Folglich unterzeichneten die

Staats- und Regierungschefs der Mitgliedstaaten auf dem Gipfeltreffen in Lissabon am 13. Dezember 2007 einen neuen Reformvertrag, der die Europäische Union hin zu einer demokratischen, effizienten und bürgernahen Gemeinschaft gestalten und das Selbstverständnis der Europäischen Union stärken sollte. Ursprünglich sollte der Vertrag von Lissabon ab 1. Jänner 2009 in Kraft treten, jedoch kam es zu einer Ablehnung diesmal durch die irischen Bürgerinnen und Bürger. Werner Weidenfeld (2011, 42) zufolge wurden Befürchtungen »von den Iren noch mit dem Vertrag verbunden – von der Gefährdung der irischen Neutralität über den Verlust wirtschaftlicher Standortvorteile bis hin zur Bedrohung der nationalen Souveränität«. Durch leichte Änderungen im Vertrag kam es in einem zweiten Referendum am 2. Oktober 2009 zu einer Zustimmung der irischen Bevölkerung. Darauffolgend trat der Vertrag von Lissabon am 1. Dezember 2009 in Kraft. (Vgl. ebd., 39ff.)

Der Vertrag von Lissabon fasst grundsätzlich die Ziele der vorangegangenen Verträge zusammen. Dazu zählen

> »die Ausweitung der Mehrheitsentscheidungen, die Stärkung der Gemeinsamen Außen- und Sicherheitspolitik, die klarere Kompetenzabgrenzung zwischen der Union und den Mitgliedstaaten, die Stärkung der Rechte des Europäischen Parlamentes, die Rechtsverbindlichkeit der Charta der Grundrechte, die Einführung eines europäischen Bürgerbegehrens sowie die Justierung der Instrumente der differenzierten Integration« (ebd., 43).

Auch heute noch richtet sich die Europäische Union nach dem Vertrag von Lissabon. Ausgehend vom ursprünglichen Hauptziel der Sicherung des europäischen Friedens haben sich die Ziele der Europäischen Union im Laufe des Integrationsprozesses erweitert. Zusammenfassend kann gesagt werden, dass sich die Europäische Union laut Artikel 3 des Vertrages über die Europäische Union folgende Ziele setzt:

1. »Ziel der Union ist es, den Frieden, ihre Werte und das Wohlergehen ihrer Völker zu fördern.
2. Die Union bietet ihren Bürgerinnen und Bürgern einen Raum der Freiheit, der Sicherheit und des Rechts ohne Binnengrenzen, in dem – in Verbindung mit geeigneten Maßnahmen in Bezug auf die Kontrollen an den Außengrenzen, das Asyl, die Einwanderung sowie die Verhütung und Bekämpfung der Kriminalität – der freie Personenverkehr gewährleistet ist.
3. Die Union errichtet einen Binnenmarkt. Sie wirkt auf die nachhaltige Entwicklung Europas auf der Grundlage eines ausgewogenen Wirtschaftswachstums und von Preisstabilität, eine in hohem Maße wettbewerbsfähige soziale Marktwirtschaft, die auf Voll-

beschäftigung und sozialen Fortschritt abzielt, sowie ein hohes Maß an Umweltschutz und Verbesserung der Umweltqualität hin. Sie fördert den wissenschaftlichen und technischen Fortschritt.
Sie bekämpft soziale Ausgrenzung und Diskriminierungen und fördert soziale Gerechtigkeit und sozialen Schutz, die Gleichstellung von Frauen und Männern, die Solidarität zwischen den Generationen und den Schutz der Rechte des Kindes.
Sie fördert den wirtschaftlichen, sozialen und territorialen Zusammenhalt und die Solidarität zwischen den Mitgliedstaaten.
Sie wahrt den Reichtum ihrer kulturellen und sprachlichen Vielfalt und sorgt für den Schutz und die Entwicklung des kulturellen Erbes Europas.

4. Die Union errichtet eine Wirtschafts- und Währungsunion, deren Währung der Euro ist.
5. In ihren Beziehungen zur übrigen Welt schützt und fördert die Union ihre Werte und Interessen und trägt zum Schutz ihrer Bürgerinnen und Bürger bei. Sie leistet einen Beitrag zu Frieden, Sicherheit, globaler nachhaltiger Entwicklung, Solidarität und gegenseitiger Achtung unter den Völkern, zu freiem und gerechtem Handel, zur Beseitigung der Armut und zum Schutz der Menschenrechte, insbesondere der Rechte des Kindes, sowie zur strikten Einhaltung und Weiterentwicklung des Völkerrechts, insbesondere zur Wahrung der Grundsätze der Charta der Vereinten Nationen.
6. Die Union verfolgt ihre Ziele mit geeigneten Mitteln entsprechend den Zuständigkeiten, die ihr in den Verträgen übertragen sind.« (EU-Vertrag 2009b, online)

2.3 ERWEITERUNGSRUNDEN UND BEITRITTSVERHANDLUNGEN

Die Entwicklungsgeschichte der Europäischen Union ist eine Geschichte der kontinuierlichen Entwicklung und Erweiterung. Der Grundstein der Europäischen Union wurde wie eingangs erwähnt mit dem Schuman-Plan vom 9. Mai 1950 und der damit einhergehenden Gründung der Europäischen Gemeinschaft für Kohle und Stahl durch sechs Staaten (Belgien, Deutschland, Frankreich, Italien, Luxemburg und den Niederlanden) im Jahr 1952 gelegt. Von Beginn an war die Gemeinschaft auf Beitritte weiterer Staaten ausgelegt. Bereits bei der Unterzeichnung des Vertrages zur Gründung der Europäischen Gemeinschaft für Kohle und Stahl betonten die Staats- und Regierungschefs der Gründungsstaaten die Möglichkeiten einer Erweiterung durch neue Mitgliedstaaten: »Dieses Europa steht allen europäischen Völkern offen, die frei über sich bestimmen können. Wir hoffen fest, dass andere Länder sich unseren Bestrebungen anschließen werden.« (Europa-Archiv 1951, 4334) Von 1950 bis 2018 hat sich die Europäische

Union in sieben Erweiterungsrunden von sechs auf 28 Mitgliedstaaten erweitert. Die Gesamtbevölkerungszahl der Europäischen Union liegt derzeit bei 512,6 Millionen Einwohnerinnen und Einwohnern (vgl. Statista 2018d, online).

Bereits auf dem Gipfeltreffen in Den Haag 1969 einigten sich die Staats- und Regierungschefs der Mitgliedstaaten auf eine Norderweiterung (vgl. Weidenfeld 2011, 18). So erfolgte im Jahr 1973 die erste Erweiterung der Europäischen Union durch den Beitritt von Dänemark, Irland und dem Vereinigten Königreich (vgl. ebd., 18). Durch diese Norderweiterung vergrößerte sich die Europäische Union auf neun Mitgliedstaaten. Zur ersten Süderweiterung der Europäischen Union kam es im Jahr 1981 durch die Aufnahme Griechenlands (vgl. Generaldirektion Kommunikation der Europäischen Kommission 2018f, online). Die zweite Süderweiterung stellt die dritte Erweiterungsrunde dar, in der Portugal und Spanien der Europäischen Union beigetreten sind (vgl. Weidenfeld 2011, 25). Die Süderweiterung »diente der Unterstützung der neuen politischen Regime nach der Rückkehr der Demokratie in den drei neuen zuvor diktatorisch regierten Mitgliedstaaten und stellte das geographische Gleichgewicht der Gemeinschaft wieder her« (Böttger 2011, 136f.). Nach einer Zeitspanne von 14 Jahren nach der letzten Erweiterungswelle kam es zu einer erneuten Ausweitung der Grenzen der Europäischen Union. Dabei handelte es sich um die Länder der Europäischen Freihandelsassoziation (EFTA) (vgl. ebd., 137). Mit dem Beitritt von Finnland, Österreich und Schweden wuchs die Europäische Union auf 15 Mitgliedstaaten (vgl. Weidenfeld 2011, 28). Die größte Erweiterung in der Geschichte der Europäischen Union wurde zu Beginn des neuen Jahrhunderts durch die Aufnahme von Staaten Mittel- und Osteuropas verwirklicht. Die Zahl der Mitgliedstaaten der Europäischen Union hat sich in der fünften Erweiterungsrunde 2004 mit dem Beitritt von Estland, Lettland, Litauen, Malta, Polen, Slowenien, der Slowakei, der Tschechischen Republik, Ungarn und Zypern um zehn erhöht (vgl. ebd., 35). Mit der Aufnahme von Bulgarien und Rumänien im Jahr 2007 und dem Beitritt von Kroatien als 28. Mitgliedsland konnte die Nord-, Süd- und Osterweiterung der Europäischen Union im Jahr 2013 vollendet werden (vgl. ebd., 35; Generaldirektion Kommunikation der Europäischen Kommission 2018f, online).

Gegenwärtige Beitrittsverhandlungen laufen mit der Türkei (seit 2005), der ehemaligen jugoslawischen Republik Mazedonien (seit 2012), Montenegro (seit 2012), Serbien (seit 2014) und Albanien (seit 2014). Auch mit Island liefen seit 2010 konkrete Verhandlungen, jedoch wurden diese durch die neue Regierung Islands ausgesetzt. Daneben gibt es auch potenzielle Kandidatenländer der Europäischen Union, die bereits auf dem Gipfel in Thessaloniki 2003 als solche ernannt wurden. Dazu gehören die Staaten des ehemaligen Jugoslawiens, wie Bosnien und Herzegowina und Kosovo. (Vgl. Europäische Union 2017, online)

Es können verschiedene Erklärungsansätze festgehalten werden, warum die Europäische Union bestrebt ist, weitere Erweiterungen der Europäischen Union zu verwirklichen. Die Frage nach dem ›Warum‹ wurde insbesondere mit der Erweiterung um die zehn Mitgliedstaaten Mittel- und Osteuropas – aufgrund ihrer Heterogenität in Bezug auf die ›alten‹ Mitglieder – in den Mittelpunkt des öffentlichen Interesses gerückt (vgl. Welter 2005, online). Zusammenfassend kann gesagt werden, dass durch die Erweiterungen der Europäischen Union

- die Stabilität und der Wohlstand der Europäischen Union auf weitere Länder ausgedehnt werden,
- der weltpolitische Einfluss der Europäischen Union erhöht wird,
- die Herausforderungen der Globalisierung leichter bewältigt werden können,
- durch die Stärkung der Stabilität und Sicherheit in den Mitgliedstaaten der Frieden in ganz Europa gesichert werden kann, und
- die Spaltungen in Europa abgebaut werden können, damit das Ziel eines vereinten Europas verwirklicht werden kann. (Vgl. ebd., online)

Die Erweiterungen der Europäischen Union sind ein Zeichen dafür, dass die Europäische Union nach wie vor ihr historisches Ziel der Friedens-, Stabilitäts- und Wohlstandssicherung in Europa anstrebt. Es zeigt sich, dass im Hinblick auf die Mittel- und Osterweiterung die Europäische Union »ihre Bereitschaft zur Erweiterung in erster Linie auf politisch-moralische und zunehmend auch stabilitätspolitische Motive« stützt (Lippert 2004, 21). Wirtschaftliche Interessen spielen somit nur eine zweitrangige Rolle bei der Entscheidung für Erweiterungen der Europäischen Union (vgl. ebd., 21).

2.4 RECHTSGRUNDLAGE UND KRITERIEN FÜR EINEN BEITRITT: KOPENHAGENER KRITERIEN

Die relevanten Bedingungen für einen Beitritt zur Europäischen Union sind im Artikel 49 des Europäischen Vertrages festgehalten. Der Artikel beinhaltet die Bestimmungen für die Neuaufnahme eines Bewerberstaates. Grundsätzlich steht ein Beitritt gemäß Artikel 49 des Europäischen Vertrages allen Staaten Europas auf Antrag offen: »Jeder europäische Staat, der die in Artikel 2 genannten Werte achtet und sich für ihre Förderung einsetzt, kann beantragen, Mitglied der Union zu werden.«[4] (EU-Vertrag 2009c, online) Demzufolge kann ein europäischer Staat, der die in Artikel 2 des Vertrages über die Europäische Union verankerten Grundsätze achtet und sich für ihre Förderung einsetzt, einen Antrag auf eine Mitgliedschaft in der Europäischen Union stellen. Die Grundsätze für zukünftige Erweiterungen der Europäischen Union können wie folgt zusammengefasst werden:

»Die Werte, auf die sich die Union gründet, sind die Achtung der Menschenwürde, Freiheit, Demokratie, Gleichheit, Rechtsstaatlichkeit und die Wahrung der Menschenrechte einschließlich der Rechte der Personen, die Minderheiten angehören. Diese Werte sind allen Mitgliedstaaten in einer Gesellschaft gemeinsam, die sich durch Pluralismus, Nichtdiskriminierung, Toleranz, Gerechtigkeit, Solidarität und die Gleichheit von Frauen und Männern auszeichnet.«[5] (EU-Vertrag 2009a, online)

Diese normativ gesetzten Vorgaben des Artikels 49 der europäischen Zugehörigkeit und freiheitlich-demokratischen Staatsform gelten somit als relevante Beurteilungskriterien für einen Beitritt neuer Mitgliedsländer. Anzumerken ist, dass es sich bei den in Artikel 49 enthaltenen Vorschriften der europäischen Zugehörigkeit um ein Kriterium handelt, welches bereits bei der Zulässigkeit eines Beitrittsantrages eine entscheidungsrelevante Rolle spielt. Im Gegensatz dazu müssen die in Artikel 2 angeführten Aufnahmebedingungen beim Einreichen eines Beitrittsersuchens nicht erfüllt sein, sondern werden erst besonders im Laufe der Beitrittsverhandlungen geprüft (vgl. Dagtoglou 1980, 7f.). Dies bedeutet wiederum, dass die Erfüllung oder Nichterfüllung dieser Beitrittskriterien für die Aufnahme oder Abweisung eines Bewerberstaates ausschlaggebend ist.

Ein Beitrittsersuchen eines ›nichteuropäischen‹ Staates müsste von vornherein kritisch hinterfragt werden, da der Artikel keine näheren Definitionen des ›Europäisch-Seins‹ beziehungsweise ›Nichteuropäisch-Seins‹ aufweist. In der europarechtlichen Literatur wird vor allem von einem religiös-kulturellen oder aber auch von einem geographisch-politischen Europa gesprochen (vgl. Bruha/ Vogt 1997, 479ff.). Konstituierende Elemente der kulturell-religiösen Dimension des Europabegriffes stellen die gemeinsame Kultur (Abstammung, Tradition, Geschichte) und Religion dar (vgl. Dorau 1999, 745ff.). Die geographisch-politische Dimension des Begriffes Europa »versteht Europa hingegen als eine

4 Für eine nähere Ausführung sei auf das Kapitel 4.2.2 ›Politische Wertegemeinschaft‹ verwiesen.

5 Siehe hierzu auch Kapitel 3.5 ›Politische Ziele als Teil europäischer Identitätskonzepte‹ und Kapitel 4.2.2 ›Politische Wertegemeinschaft‹.

Bürgergemeinschaft mit eindeutig juristisch bestimmbarem Statut« (Yazıcıoğlu 2005, 83), welche die freiheitlich-demokratische Grundordnung der Verfassung für das ›Europäisch-Sein‹ bedingt, wie es auch der Artikel 2 des Europäischen Vertrages voraussetzt (vgl. ebd., 83f.). Weisen die Verfassungen der europäischen Völker die gleiche Grundordnung auf, so ist die »Schaffung einer immer engeren Union der Völker Europas« möglich (EU-Vertrag 2014, online). Hinsichtlich der geographischen Dimension ist anzumerken, dass es grundsätzlich nicht möglich wäre, einem Bewerberland seine Zugehörigkeit zu Europa abzusprechen, auch wenn nur ein geringer Teil seines Gebietes auf dem europäischen Kontinent liegt, wie zum Beispiel die Grenzfälle Türkei und Russland (vgl. Ehlermann 1984, 114).[6]

Um der Europäischen Union beizutreten, gilt es jedoch außerdem die Beitrittskriterien, die auch als Kopenhagener Kriterien bezeichnet werden, zu verwirklichen. Die Kopenhagener Kriterien wurden auf dem Gipfeltreffen in Kopenhagen im Jahr 1993 mit Blick auf die Mittel- und Osterweiterung der Europäischen Union in einem Kriterienkatalog zusammengefasst. Auf dieser Tagung am 21. und 22. Juni beschlossen die Staats- und Regierungschefs der Mitgliedstaaten, »dass die assoziierten mittel- und osteuropäischen Länder, die dies wünschen, Mitglieder der Europäischen Union werden können« (Generaldirektion Kommunikation der Europäischen Kommission 2018b, online). Dafür sollten die bis dahin im Vertrag der Europäischen Union allgemein gehaltenen Verpflichtungen für eine Mitgliedschaft der Beitrittskandidaten präzisiert werden. Es wurde vereinbart, dass ein Beitritt nur erfolgen kann, »sobald ein assoziiertes Land in der Lage ist, den mit einer Mitgliedschaft verbundenen Verpflichtungen nachzukommen und die erforderlichen wirtschaftlichen und politischen Bedingungen zu erfüllen« (ebd., online). Diese Voraussetzungen respektive Kriterien gelten seitdem für alle Länder, die eine Mitgliedschaft in der Europäischen Union anstreben (vgl. EU-Info.Deutschland 2018c, online).

Demnach ist eine Zusicherung für einen Beitritt zur Europäischen Union besonders an die Erfüllung der Kopenhagener Kriterien geknüpft. Dabei handelt es sich um folgende Kriterien (vgl. Generaldirektion Kommunikation der Europäischen Kommission 2018g, online):

- Politische Kriterien: institutionelle Stabilität, Demokratie und Rechtsstaatlichkeit, Wahrung der Menschrechte, Achtung und Schutz von Minderheiten

6 Eine detaillierte Auseinandersetzung mit dem Europabegriff erfolgt im Kapitel 4.1 ›Zum Begriff Europa‹.

- Wirtschaftliche Kriterien: funktionierende Marktwirtschaft, Wettbewerbsfähigkeit
- Rechtliche Kriterien: Übernahme des gemeinschaftlichen Besitzstandes (›acquis communautaire‹)

In Anbetracht dessen muss der Beitrittskandidat als Voraussetzung für die Mitgliedschaft in der Europäischen Union eine »institutionelle Garantie für demokratische und rechtsstaatliche Ordnung, für die Wahrung der Menschenrechte sowie die Achtung und den Schutz von Minderheiten verwirklicht haben« (Generaldirektion Kommunikation der Europäischen Kommission 2018b, online). Um beurteilen zu können, ob und inwieweit ein Bewerberland diese Kriterien erfüllt, prüft die Europäische Kommission neben den politischen Institutionen (Legislative, Exekutive und Judikative) auch die Regulierung der Rechte und Freiheiten (vgl. Europäische Kommission 2002, online 10). Hinsichtlich der Menschenrechte wird besonders die Einhaltung der gewährten Rechte geprüft. Es wird untersucht, »inwieweit die Bewerberländer die Bestimmungen der wichtigsten Menschenrechtskonventionen und insbesondere der Europäischen Konvention zum Schutz der Menschenrechte und Grundfreiheiten achten und anwenden« (ebd., online 10f.). Im Bereich Schutz der Minderheiten wird geprüft, ob die Minderheitenrechte geachtet und die »Grundsätze des Rahmenübereinkommens des Europarates zum Schutz nationaler Minderheiten« eingehalten werden (ebd., online 11). Zudem wird kontrolliert, ob die Maßnahmen zur Korruptionsbekämpfung angewandt werden (vgl. ebd., online 11).

Neben den politischen Kriterien muss der Beitrittskandidat die Bedingung einer funktionsfähigen Marktwirtschaft erfüllen und im Stande sein, »dem Wettbewerbsdruck und den Marktkräften innerhalb der Union standzuhalten« (Generaldirektion Kommunikation der Europäischen Kommission 2018b, online). Die Europäische Kommission prüft, ob das Bewerberland über eine funktionierende Marktwirtschaft verfügt. Als Kennzeichen hierfür gelten »die Liberalisierung der Preise und des Handels sowie ein Rechtssystem mit einklagbaren Rechten wie zum Beispiel Eigentumsrechten« (Europäische Kommission 2002, online 11). »Die Leistungsfähigkeit der Marktwirtschaft wird durch makroökonomische Stabilität und einen Konsens in der Wirtschaftspolitik verbessert« (ebd., online 11). In Bezug auf die Wettbewerbsfähigkeit sind »das Vorhandensein einer Marktwirtschaft und ein stabiler makroökonomischer Rahmen« von Bedeutung (ebd., online 11). Ebenfalls wichtig ist zum einen die Verfügbarkeit von Humankapital, materiellen Mitteln und einer guten Infrastruktur; zum anderen »sind auch Faktoren wie die Beeinflussung der Wettbewerbsfähigkeit durch Politik und Rechtsetzung, die Integration des Handels in die Union oder der Anteil der kleinen Unternehmen« maßgebend (ebd., online 11). Sind diese Voraussetzungen gegeben, so kann das Kandidatenland ein konkurrenzfähiges Mitglied des Binnenmarktes sein.

Ferner wird die Übernahme des gemeinsamen Rechtsbestands der Gemeinschaft, der sogenannten ›acquis communautaire‹, von dem Beitrittskandidaten vorausgesetzt. Dieses Kriterium legt die Fähigkeit zugrunde, alle Verpflichtungen der Mitgliedschaft zu erfüllen »und sich auch die Ziele der politischen Union sowie der Wirtschafts- und Währungsunion zu eigen« zu machen, damit die Wahrung der Homogenität der Mitgliedstaaten der Europäischen Union gewährleistet wird (Generaldirektion Kommunikation der Europäischen Kommission 2018b, online). Das bedeutet, dass die Mitgliedstaaten das gesamte Recht und die Politik der Europäischen Union übernehmen müssen. Diesbezüglich führte der Europäische Rat von Madrid im Jahr 1995 »Bedingungen für eine schrittweise, harmonische Integration der (Bewerber-)Länder« ein (Europäisches Parlament 2015a, online 2). Demnach müssen die Gesetze der einzelnen Länder an die Gesetzgebung der Europäischen Union angepasst und diesbezüglich umgesetzt werden. Die ›acquis communautaire‹ ist in insgesamt 35 Verhandlungskapitel unterteilt und umfasst folgende Bereiche (vgl. European Commission 2016a, online):

Tabelle 1: Übersicht der Verhandlungskapitel

Kapitel der ›acquis communautaire‹			
Kapitel 1:	Freier Warenverkehr	Kapitel 19:	Sozialpolitik und Beschäftigung
Kapitel 2:	Freizügigkeit für Arbeitnehmer	Kapitel 20:	Unternehmens- und Industriepolitik
Kapitel 3:	Niederlassungsrecht und freier Dienstleistungsverkehr	Kapitel 21:	Transeuropäische Netze
Kapitel 4:	Freier Kapitalverkehr	Kapitel 22:	Regionalpolitik und Koordinierung der strukturellen Instrumente
Kapitel 5:	Öffentliches Auftragswesen	Kapitel 23:	Judikative und Grundrechte
Kapitel 6:	Gesellschaftsrecht	Kapitel 24:	Justiz, Freiheit und Sicherheit
Kapitel 7:	Rechte an geistigem Eigentum	Kapitel 25:	Wissenschaft und Forschung
Kapitel 8:	Wettbewerb	Kapitel 26:	Bildung und Kultur
Kapitel 9:	Finanzdienstleistungen	Kapitel 27:	Umwelt
Kapitel 10:	Informationsgesellschaft und Medien	Kapitel 28:	Verbraucher- und Gesundheitsschutz
Kapitel 11:	Landwirtschaft und ländliche Entwicklung	Kapitel 29:	Zollunion
Kapitel 12:	Lebensmittelsicherheit, Veterinär- und Pflanzenschutzpolitik	Kapitel 30:	Außenbeziehungen
Kapitel 13:	Fischerei	Kapitel 31:	Außen-, Sicherheits- und Verteidigungspolitik
Kapitel 14:	Verkehr	Kapitel 32:	Finanzkontrolle
Kapitel 15:	Energie	Kapitel 33:	Finanz- und Haushaltsvorschriften
Kapitel 16:	Steuern	Kapitel 34:	Institutionen
Kapitel 17:	Wirtschaft und Währung	Kapitel 35:	Sonstiges
Kapitel 18:	Statistik		

Quelle: Eigene Darstellung in Anlehnung an European Commission (2016a, online)

Die Europäische Kommission fasst in ihren Berichten der einzelnen Kandidatenländer die Fortschritte für jedes der 35 Kapitel des Besitzstandes zusammen und überprüft zum einen, »inwieweit die notwendigen rechtlichen Maßnahmen getroffen wurden, um dessen Anwendung zu ermöglichen, und in welchen Bereichen noch Handlungsbedarf besteht« (Europäische Kommission 2002, online 11). Zum anderen untersucht sie, »in welchem Umfang die einzelnen Mitgliedstaaten die für die Anwendung des Besitzstands erforderlichen Verwaltungsstrukturen aufgebaut haben« (ebd., online 11).

Die Kopenhagener Kriterien wurden im Laufe der Zeit ergänzt. Neben den bereits erwähnten Kriterien beschloss der Europäische Rat 2006 ein weiteres Kriterium, das auf der Aufnahmefähigkeit der Europäischen Union beruht (vgl. Europäisches Parlament 2015a, online 2). Dieses Kriterium legt fest, dass bei einem Beitritt eines neuen Mitgliedstaates »die Stoßkraft der europäischen Integration« erhalten bleiben muss (Generaldirektion Kommunikation der Europäischen Kommission 2018b, online). Im Rahmen der Erweiterung der Europäischen Union passte die Europäische Union »ihre Institutionen und Beschlussfassungsverfahren für die Aufnahme neuer Mitgliedstaaten« an und leistete Gewähr, »dass die Erweiterung nicht zu Lasten einer effizienten, rechenschaftspflichtigen Politikgestaltung erfolgen würde« (Europäisches Parlament 2015a, online 2). Damit wird sichergestellt, dass eine Erweiterung der Europäischen Union »zu einer Vertiefung der europäischen Integration beiträgt« (Generaldirektion Kommunikation der Europäischen Kommission 2018g, online).

Erfüllt ein Bewerberland die politischen Kriterien für einen Beitritt zur Europäischen Union, so kann die Aufnahme von Beitrittsverhandlungen vom Europäischen Rat auf der Grundlage der Stellungnahme der Europäischen Kommission beschlossen werden (vgl. ebd., online). Die Praxis zeigt jedoch, dass die Fortschrittsberichte von manchen Bewerberländern großzügig interpretiert werden, wie zum Beispiel der Bericht der Türkei. Obwohl die Türkei die politischen Voraussetzungen noch nicht vollständig erfüllt, wurden die Beitrittsverhandlungen mit dem Land am 3. Oktober 2005 aufgenommen (vgl. Europäische Kommission 2005, online 50ff.).

2.5 HISTORISCHER ABRISS DER BEZIEHUNGEN DER TÜRKEI ZUR EUROPÄISCHEN UNION

Die Türkei strebt schon seit über fünf Jahrzehnten eine Mitgliedschaft in der damaligen Europäischen Wirtschaftsgemeinschaft (EWG) an. Noch Ende der 1950er Jahre, kurz nach der Gründung der damaligen Europäischen Wirtschaftsgemeinschaft 1958 – am 31. Juli 1959 –, stellte die Türkei einen Antrag auf eine

Mitgliedschaft in der Europäischen Wirtschaftsgemeinschaft, um mit ihr in Verhandlung über ein Assoziationsabkommen zu treten (vgl. Generaldirektion Kommunikation der Europäischen Kommission 2018d, online). Der erste Antrag wurde abgelehnt, jedoch kam es nach einer über vierjährigen Verhandlungszeit zur Einigung. Das Assoziierungsabkommen mit der Vorgängerorganisation der Europäischen Wirtschaftsgemeinschaft wurde am 12. September 1963 in Ankara unterzeichnet und trat am 1. Dezember 1964 als Ankara-Abkommen[7] mit dem Ziel einer Annäherung der Türkei an die Maßstäbe der Europäischen Union – dies betrifft, zum Beispiel die Stärkung der Handels- und Wirtschaftsbeziehungen und die Errichtung einer Zollunion zwischen der Europäischen Wirtschaftsgemeinschaft und der Türkei – in Kraft. (Vgl. European Communities 1973, online 2)

Anlässlich der Unterzeichnung des Assoziationsabkommens hielt der damalige Präsident der Europäischen Union am 12. September 1963 in Ankara eine Ansprache, in der er die Bedeutung der Beziehungen zwischen der Europäischen Union und der Türkei wie folgt beschrieb:[8]

»Wir sind heute Zeugen eines Ereignisses von großer politischer Bedeutung. Die Türkei gehört zu Europa: Das ist der tiefe Sinn dieses Vorganges: Es ist, in der denkbar zeitgemäßesten Form, die Bestätigung einer Wahrheit, die mehr ist als ein abgekürzter Ausdruck einer geographischen Aussage oder einer geschichtlichen Feststellung, die für einige Jahrhunderte Gültigkeit hat. [...] Die Türkei gehört zu Europa: das heißt nach den heute gültigen Maßstäben, dass sie ein verfassungsmäßiges Verhältnis zu der Europäischen Gemeinschaft herstellt. [...] Mit Inkrafttreten des Abkommens werden auch die darin vereinbarten wirtschaftlichen und finanziellen Vorteile, die eine beträchtliche Hilfe darstellen, es der Türkei möglich machen, ihren Export in die Europäische Wirtschaftsgemeinschaft zu verstärken und ihre Produktionskapazitäten auszubauen. Das Abkommen sieht darüber hinaus vor, dass die Türkei in naher Zukunft ihre Beziehungen zur Gemeinschaft noch intensivieren soll und zu einer echten Wirtschaftsunion gelangen kann, in der wir nach wie vor das Zeichen einer echten Integration sehen. So ist die Assoziierung nicht nur für die Türkei von Nutzen, sie kommt auch den Interessen der Gemeinschaft entgegen. Wir stehen also

7 Nähere Information über das Ankara-Abkommen siehe hierzu: Amtsblatt der Europäischen Gemeinschaften (1964). Abkommen zur Gründung einer Assoziation zwischen der Europäischen Wirtschaftsgemeinschaft und der Türkei (64/733/EWG). Online unter: http://eur-lex.europa.eu/legal-content/DE/TXT/PDF/?uri=CELEX: 21964A1229%2801%29&from=DE, abgerufen am 10. November 2018.

8 Für weitere Aussagen von Walter Hallsteins Rede siehe auch Kapitel 5.1 ›Die Türkei auf dem Weg nach Europa durch Atatürk‹.

am Beginn einer Ära enger Zusammenarbeit zwischen der Türkei und der Gemeinschaft.« (Hallstein 1979, online 2f.)

Das Ankara-Abkommen gilt auch heute noch als die rechtliche Grundlage zur Gründung einer Assoziation und bildet die Basis der Beziehung zwischen der Europäischen Union und der Türkei. Das Abkommen wird für eine Bestätigung der Zugehörigkeit der türkischen Republik zu Europa gehalten (vgl. Steinbach 1996, 233).

»Es kann kein Zweifel bestehen, dass damit der letzte Stein in das Gebäude der Eingliederung der Türkei in das westeuropäische Bündnissystem eingefügt werden sollte [...]. Wie weit die Bindung der Türkei an die westeuropäischen Staaten bereits war, ist daran abzulesen, dass kein Mitglied der Europäischen Union Einwände unter Bezug auf die Römischen Verträge von 1958 erhob, in denen ausdrücklich bestimmt worden war, dass nur europäische Länder Mitglied der Europäischen Union werden könnten.« (Steinbach 1996, 233)

Das Abkommen beinhaltet die nötigen Vorbereitungen für den Beitritt in die Europäische Union sowie die geplanten Schritte zur Realisierung der Zollunion zwischen der Türkei und der Europäischen Union, die in drei Phasen innerhalb von maximal 22 Jahren erfolgen sollte: in einer Vorbereitungs-, Übergangs- und Endphase. In der Vorbereitungsphase sollte die Türkei ihre Wirtschaft mit der finanziellen Unterstützung der damaligen Europäischen Gemeinschaft innerhalb von fünf bis maximal zehn Jahren konsolidieren, um die künftigen Verpflichtungen in der Übergangs- und Endphase erfüllen zu können. (Vgl. Europäische Gemeinschaften 1964, online 3ff.)

In der Übergangsphase gingen die Europäische Union und die Türkei »gegenseitige und gegeneinander ausgewogene Verpflichtungen ein« (Amtsblatt der Europäischen Gemeinschaften 1964, online 3). In einer vorgesehenen Dauer von maximal zwölf Jahren sollte in dieser Phase die Errichtung einer Zollunion zwischen beiden Vertragsparteien verwirklicht werden. Die angestrebte Teilnahme an der Zollunion beinhaltete Bestimmungen über den freien Warenverkehr, die Landwirtschaft und über den Handel mit Agrarprodukten (vgl. Amtsblatt der Europäischen Gemeinschaften 1972, online 6ff.). Die Zollunion sieht zum einen die Abschaffung der Beschränkungen der Niederlassungsfreiheit, des freien Dienstleistungs- und des Kapitalverkehrs vor; zum anderen umfasst das Abkommen die Herstellung der Freizügigkeit der Arbeitnehmerinnen und Arbeitnehmer zwischen den Mitgliedstaaten der Europäischen Union und der Türkei (vgl. Amtsblatt der Europäischen Gemeinschaften 1972, online 13ff.). Darüber hinaus sollte die Türkei den gemeinsamen Zolltarif der Europäischen Union übernehmen (vgl. ebd., online 8). Somit ging es in der Übergangsphase um »die Annäherung der türkischen Wirtschaftspolitik und derjenigen der Gemeinschaft, um das ordnungsgemäße Funktionieren der Assoziation und die Entwicklung des dazu erforderlichen gemeinsamen Handelns zu ermöglichen« (Amtsblatt der Europäischen Gemeinschaften 1964, online 3).

Schließlich folgt die Endphase, die auf der Zollunion basieren sollte und deren eigentliches Ziel die Verwirklichung der Vollmitgliedschaft war. Im Rahmen der Assoziation war es in der letzten Phase auch vorgesehen, die Wirtschaftspolitiken beider Vertragsparteien verstärkt zu koordinieren (vgl. ebd., online 3). Ziel der Assoziation war es, dass die Türkei die Bedingungen aus dem Vertrag zur Gründung der Gemeinschaft vollständig erfüllt und ihre Verpflichtungen übernimmt, während die Möglichkeit einer Mitgliedschaft der Türkei seitens der Vertragsparteien geprüft werden sollte (vgl. ebd., online 6). Dies hat zur Folge, dass die Türkei nach der Endphase nicht automatisch Mitglied der Europäischen Union werden kann, sondern es einer politischen Entscheidung aller Vertragsparteien bedarf. Erwähnt sei hier jedoch, dass das Abkommen als Ziel der Beziehung einen eventuellen Beitritt der Türkei zur Europäischen Union erkennen lässt (vgl. Dembinski 2001, 10).

Neben diesen drei Phasen der Assoziation wurde das Ankara-Abkommen am 23. November 1970 durch ein Zusatzprotokoll ergänzt, das offiziell die Übergangsphase entrierte (vgl. Amtsblatt der Europäischen Gemeinschaften 1972, online). Der Grund für die Ergänzung durch ein Zusatzprotokoll lag in der Unzufriedenheit mit der Vorbereitungsphase durch die Vertragsparteien. Das Zusatzprotokoll als eine ergänzende Säule der Assoziation regelte den Ablauf zur Verwirklichung der Zollunion zwischen der Europäischen Union und der Türkei. Darüber hinaus sind im Zusatzprotokoll die grundsätzlichen Ziele zur Stärkung der Handels- und Wirtschaftsbeziehungen angeführt, wie zum Beispiel das Anstreben eines freien Waren- und Dienstleistungsverkehrs, einer Freizügigkeit im Personenverkehr und die Angleichung der türkischen Wirtschaftspolitik an die der Europäischen Union. Damit wurden auch die geplanten Schritte für die Übergangsphase festgelegt. (Vgl. ebd., online; Amtsblatt der Europäischen Gemeinschaften 1964, online 7ff.)

Neben dem Zusatzprotokoll wurde auch ein Finanzprotokoll unterzeichnet. In diesem Protokoll ging es um die finanzielle Förderung der Türkei hinsichtlich der Verwirklichung der Ziele des Assoziierungsabkommens. Die Finanzierung war vor allem davon abhängig, ob die Türkei ihren Verpflichtungen nachkam und Fortschritte in der Erfüllung der Beitrittskriterien machte. (Vgl. ebd., online 9f.)

In den Folgejahren kam es zur Verschlechterung der Beziehungen der Europäischen Union mit der Türkei. Als Grund, warum die Bemühungen einer Annäherung an die Europäische Union in den ersten Jahren schon hinausgezögert wurden, kann besonders die Instabilität der türkischen Demokratie durch bürgerkriegsähnliche Zustände, welche durch das türkische Militär in den Jahren 1960, 1971 bis 1973 und in den Jahren 1980 bis 1983 ausgelöst wurden, genannt werden (vgl. Steinbach 2000, 44ff.).[9] Aufgrund der Militärputsche unterbrach die Europäische Union ihre Beziehung mit der Türkei. Die Mitgliedstaaten der Europäischen Union stellten in Frage, »inwieweit die Beseitigung der Basis des westlichen Staatsverständnisses […] mit der weiteren Mitgliedschaft im westlichen Bündnissystem vereinbar sei« (Grothusen 1985, 117). Das Militär ergriff Maßnahmen, die nicht für eine Vereinigung mit der Europäischen Union sprachen. Zu diesen Maßnahmen gehörten vor allem die Auflösung des Parlamentes durch das Militär, die Außerkraftsetzung der Verfassung, die Entpolitisierung der türkischen Gemeinschaft und die Nichtbeachtung des Verbotes der Folter und Misshandlungen (vgl. Adanır 1995, 88ff.; Steinbach 2002, 14). Darüber hinaus riefen der Einmarsch türkischer Truppen auf Zypern im Jahr 1974 und die Besetzung von Nordzypern internationale Konflikte vor allem mit dem Mitgliedsland Griechenland hervor und stellen heute noch eine der wesentlichsten Hürden eines Beitritts der Türkei dar (vgl. Steinbach 2000, 51).

Die politische Situation in der Türkei normalisierte sich im Jahr 1983, nachdem die ersten Parlamentswahlen nach dem dritten Militärputsch stattgefunden hatten (vgl. Adanır 1995, 107). So beantragte die Türkei 1987 erneut die Vollmitgliedschaft, jedoch wurde dieser Antrag mit der Begründung, dass die Türkei aufgrund hoher Inflation, hoher Arbeitslosigkeit und der Nichtachtung der Menschen- und Minderheitenrechte in der Türkei nicht als europäisches Land eingestuft werden könne, abgelehnt und auf unbestimmte Zeit verschoben (vgl. Commission of the European Communities 1989, online 4ff.). In der Stellungnahme der Europäischen Kommission wurde zum einen auf wirtschaftliche und politische Gründe verwiesen; zum anderen wurde auf die Auswirkungen der Auseinandersetzungen zwischen der Türkei und Griechenland sowie auf den Zypernkonflikt Bezug genommen (vgl. ebd., online 4ff.).

9 Für nähere Informationen zur Militärjunta in der Türkei siehe: Adanır, Fikret (1995). Die Geschichte der Republik Türkei. Mannheim/Leipzig/Wien/Zürich: B.I.-Taschenbuchverlag, 88-115.
Siehe hierzu auch Kapitel 5.2 ›Politische und wirtschaftliche Entwicklung der Türkei nach Atatürk‹.

Die Kommission betonte jedoch, »dass die Gemeinschaft ihre Zusammenarbeit mit der Türkei weiterverfolgen sollte, vorausgesetzt, dass sich das Land allgemein nach Europa öffnet« (ebd., online 8). Weiter vertritt sie die Meinung, dass »die Gemeinschaft ein grundlegendes Interesse daran hat, ihre Beziehungen zur Türkei zu intensivieren und ihr zu helfen, den Prozess der politischen und wirtschaftlichen Modernisierung so bald wie möglich abzuschließen« (ebd., online 8). So bemühte sich die Europäische Kommission zur Stärkung der Beziehungen zwischen der Europäischen Union und der Türkei um die Wiederaufnahme der wirtschaftlichen und finanziellen Zusammenarbeit, die Verwirklichung der Zollunion, die Förderung industrieller und technologischer Kooperation sowie die Förderung in politischen und kulturellen Fragen (vgl. ebd., online 8). Trotz der weiteren Anstrengungen um eine mögliche Mitgliedschaft in der Europäischen Union endete der erste Beitrittsversuch mit einer Niederlage für die Türkei.

Doch kurze Zeit später erhoffte sich die Türkei durch ihre Aufnahme in die Zollunion der Europäischen Union am 1. Jänner 1996 eine Annäherung an die Europäische Union. Durch den Fall der Zollschranken zwischen beiden Seiten und die Anpassung der türkischen Wirtschaftsgesetzgebung an die Europas nahm das Handelsvolumen zwischen der Türkei und der Europäischen Union zu. (Vgl. Steinbach 2000, 116)

Eine wirtschaftliche Integration mit der Europäischen Union sollte der Türkei einen Exportschub bringen, neue Arbeitsplätze schaffen und ihre wirtschaftliche Wettbewerbsfähigkeit stärken (vgl. ebd., 116f.). Durch die Realisierung der Zollunion sollte jedoch nicht nur die Türkei Nutzen daraus ziehen, sondern auch für die Europäische Union ergaben sich wirtschaftliche Vorteile, wie etwa ein erleichterter Marktzugang europäischer Produkte zum großen türkischen Binnenmarkt (vgl. Uygun 2006, 47). Zudem könnte die Türkei als Brücke zu Zentralasien, islamischen Ländern sowie zu den Regionen Kaukasus und Balkan genutzt werden, um den europäischen Unternehmen die Möglichkeit einer wirtschaftlichen Zusammenarbeit mit türkischen Unternehmen in diesen Regionen zu bieten (vgl. Şen 1992, 41). Während die Europäische Union mit der Zollunion die Verbesserung ihrer eigenen wirtschaftlichen Entwicklung anstrebte, erhoffte sich die Türkei die Vollmitgliedschaft in der Europäischen Union und »integraler Bestandteil des Westens zu werden« (Dembinski 2001, 21).

Nach der Aufnahme der Türkei in die Zollunion der Europäischen Union am 1. Jänner 1996 wurde das Thema einer Vollmitgliedschaft auf dem Gipfel von Luxemburg 1997 erneut Tagesordnungspunkt, die Türkei erhielt jedoch nicht den Status eines Beitrittskandidaten (vgl. Europäische Kommission 2013, online 1). Dennoch betonte der Europäische Rat, dass die Türkei beitreten könnte, wenn sie die Beitrittskriterien für einen Beitritt in die Europäische Union erfüllen würde. Demzufolge sieht der Europäische Rat es vor, »eine Strategie zur Vorbereitung der Türkei auf den Beitritt festzulegen, und zwar durch eine Annäherung an die Europäische Union in allen Bereichen« (Europäischer Rat 1997, online). Diese Strategie sollte sich auf folgende fünf Bereiche beziehen: Entwicklung der Möglichkeiten des Ankara-Abkommens, Erweiterung der Zollunion, Durchführung der finanziellen Kooperation, Angleichung der Rechtsvorschriften sowie Übernahme des Besitzstandes der Union und die Teilnahme an gewissen Programmen und Einrichtungen zur Vertiefung des Dialogs und der Zusammenarbeit zwischen der Europäischen Union und der Türkei. (Vgl. ebd., online)

Darüber hinaus betonte der Europäische Rat, dass die Stärkung der Beziehungen mit der Türkei besonders

> »von der Fortsetzung der politischen und wirtschaftlichen Reformen abhängt, die die Türkei insbesondere in folgenden Bereichen eingeleitet hat: Angleichung ihrer Maßstäbe und Praktiken im Bereich der Menschenrechte an die in der Europäischen Union angewandten Maßstäbe und Praktiken; Achtung und Schutz von Minderheiten« (ebd., online).

Innerhalb von zwei Jahren verbesserte sich die Beziehung zwischen der Europäischen Union und der Türkei derart, dass die Türkei auf dem Gipfel von Helsinki am 10. Dezember 1999 den offiziellen Beitrittskandidatenstatus erhielt. Dieser Beschluss kann als der Wendepunkt der Beziehungen der Europäischen Union mit der Türkei gelten, da die Türkei bis dahin formal gesehen in den Erweiterungsprozessen der Europäischen Union nicht beachtet wurde. Der Europäische Rat berief sich besonders auf die positiven Entwicklungen seit dem letzten Gipfel in Luxemburg und auf den Willen der Türkei, die Reformen zur Erfüllung der Kopenhagener Kriterien zu vertiefen. (Vgl. Europäischer Rat 1999, online)

Die offizielle Anerkennung der Türkei als Beitrittskandidat löste eine umfangreiche Debatte in der Wissenschaft, Politik sowie auch in den Medien in den Mitgliedstaaten der Europäischen Union aus (vgl. Wimmel 2005, 472ff.).

Die Einhaltung und die Umsetzung der Aufnahmekriterien wurden beobachtet und in einem Fortschrittsbericht wurde der Europäischen Kommission regelmäßig übermittelt, ob und inwieweit die Türkei Fortschritte machte. Angelehnt an den Fortschrittsbericht von 2002 ging jedoch hervor, dass die politischen Kriterien von Kopenhagen nicht erfüllt sind. Aus diesem Grund entschied der Europäische Rat, die Entscheidung hinsichtlich der Beitrittsverhandlungen auf den Gipfel in Brüssel 2004 zu verschieben. Die Entscheidung über eine Aufnahme in die Europäische Union sollte ausschließlich daran festgemacht werden, ob die Türkei die politischen Kriterien erfüllen würde. Der Rat betonte zudem auch, dass im Falle eines positiven Fortschrittsberichtes die Beitrittsverhandlungen ohne Verzug aufgenommen werden würden. (Vgl. Europäischer Rat 2002, online 16)

In den seit 1998 alljährlich erscheinenden Fortschrittsberichten der Europäischen Union wurden kontinuierliche Entwicklungen des Bewerberlandes Türkei gefordert (vgl. Europäische Kommission 1998, online). Auf der Grundlage dieses Fortschrittsberichtes der Europäischen Kommission kam es im Mai 2003 zur Einigung des Europäischen Rates in Bezug auf die Grundsätze, Prioritäten und Bedingungen der Beitrittspartnerschaft mit der Türkei. Die Grundsätze, die für das Beitrittsland Türkei aufgestellt wurden, betreffen vor allem die Fähigkeit, die Kopenhagener Kriterien[10] zu erfüllen. (Vgl. Amtsblatt der Europäischen Union 2006, online 2)

Auch wenn wiederholt Verbesserungen von der Europäischen Kommission verlangt wurden und die Türkei diesen Forderungen laut Fortschrittsbericht der Europäischen Kommission von 2004 nicht zur Gänze nachkam, erklärte der Europäische Rat auf der Grundlage des Fortschrittsberichtes 2004 der Europäischen Kommission auf dem Gipfel von Brüssel am 16. und 17. Dezember 2004, dass die Türkei die politischen Kriterien von Kopenhagen hinreichend erfülle, und eröffnete die Beitrittsverhandlungen mit der Türkei ab dem 3. Oktober 2005 (vgl. Kommission der Europäischen Gemeinschaften 2004b, online 57):

> »Der Europäische Rat begrüßt die entscheidenden Fortschritte, die die Türkei in ihrem weit reichenden Reformprozess erzielt hat, und bekundet seine Zuversicht, dass die Türkei diesen Reformprozess weiterverfolgen wird [...]. Die Türkei erfüllt die politischen Kriterien von Kopenhagen für die Eröffnung von Beitrittsverhandlungen hinreichend [...]. Er fordert die Kommission auf, dem Rat einen Vorschlag für einen Verhandlungsrahmen mit der Türkei [...] zu unterbreiten, damit die Verhandlungen am 3. Oktober 2005 aufgenommen werden können.« (Kommission der Europäischen Gemeinschaften 2005, online 4).

Der Europäischen Kommission entsprechend ist die Türkei aufgrund der Durchführung der Verfassungs- und Gesetzesänderungen nach europäischen Normen mit den politischen Reformen gut vorangekommen (vgl. Kommission der Europäischen Gemeinschaften 2004a, online 3). Allerdings sollten vor Beginn der Beitrittsverhandlungen noch ein neues Strafgesetzbuch, das Vereinigungsgesetz, Gesetz zur Einrichtung von Berufungsgerichten, Gesetz zur Schaffung einer Justizpolizei, Strafvollzugsgesetz und ein Beschluss über die Strafprozessordnung

10 Siehe hierzu Kapitel 2.4 ›Rechtsgrundlage und Kriterien für einen Beitritt: Kopenhagener Kriterien‹.

in Kraft treten (vgl. ebd., online 3). Wichtige Rechtsreformen sind bereits in Kraft getreten und haben zu strukturellen Veränderungen des Justizsystems geführt (vgl. Kommission der Europäischen Gemeinschaften 2005, online 33). Dem ungeachtet haben sich die Reformfortschritte der Türkei nach dem Beginn der offiziellen Beitrittsverhandlungen verlangsamt (vgl. ebd., online 33). Der Fortgang der Beitrittsverhandlungen hängt jedoch im Wesentlichen von den Fortschritten der Türkei ab. Entsprechend dem Beschluss des Europäischen Rates werden die Beitrittsverhandlungen mit der Türkei »in dem Maße voranschreiten, wie die Türkei Fortschritte bei der Vorbereitung auf den Beitritt erzielt; diese Fortschritte werden unter anderem an der Umsetzung der Beitrittspartnerschaft gemessen, die regelmäßig überprüft wird« (Amtsblatt der Europäischen Union 2006, online 1).

Unter Berücksichtigung der Kopenhagener Kriterien und gemäß den Fortschrittsberichten[11] wurden vom Europäischen Rat Prioritäten für das Beitrittsland Türkei vor allem in den Bereichen Demokratie und Rechtsstaatlichkeit, Menschenrechte und Minderheitenschutz, Bürgerrechte und politische Rechte, wirtschaftliche und soziale Rechte, regionale Fragen und internationale Verpflichtungen und in den Fähigkeiten zur Übernahme der aus der Mitgliedschaft erwachsenden Verpflichtungen formuliert.[12] In den Bereichen Demokratie und Rechtsstaatlichkeit fordert die Europäische Union die Umsetzung von Maßnahmen, eine effiziente und transparente öffentliche Verwaltung, die Verbesserung der Beziehungen zwischen der Zivilgesellschaft und dem Militär, die Stärkung der Effizienz des Justizsystems, die Anpassung der Rechtsvorschriften über Menschenrechte und Grundfreiheiten an die Europäische Menschenrechtskon-

11 Im Folgenden wird nur kurz auf die Fortschritte der Türkei im Allgemeinen eingegangen. Für eine nähere Auseinandersetzung über die Entwicklung der Türkei und Umsetzung der Reformen sowie Problematiken der türkischen Republik hinsichtlich der Kopenhagener Kriterien sei auf die Fortschrittsberichte der Europäischen Kommission zu den Entwicklungen der Türkei verwiesen: Europäische Kommission (2015). Strategiepapiere und Fortschrittsberichte. Online unter: http://ec.europa.eu/enlargement/countries/strategy-and-progress-report/index_de.htm, abgerufen am 10. November 2018.

12 Dies ist nur ein Auszug über die Prioritäten für einen Beitritt der Türkei zur Europäischen Union. Für detaillierte Informationen siehe: Amtsblatt der Europäischen Union (2006). Beschluss des Rates vom 23. Jänner 2006 über die Grundsätze, Prioritäten und Bedingungen der Beitrittspartnerschaft mit der Türkei (2006/35/EG). Online unter: http://eur-lex.europa.eu/legal-content/DE/TXT/PDF/?uri=CELEX:32006D0035&from=EN, 2-17, abgerufen am 10. November 2018.

vention und die Bekämpfung von Korruption auf allen Ebenen. Für die Wahrung der Menschen- und Minderheitenrechte für alle Bürgerinnen und Bürger sollen Maßnahmen unabhängig von Geschlecht, Alter, rassischer oder ethnischer Herkunft, Glaubensbekenntnis, politischer Meinung oder sexueller Orientierung ergriffen werden. (Vgl. ebd., online 2ff.)

In Bezug auf die Wahrung der Bürgerrechte und politischen Rechte fordert die Europäische Union die »Durchführung der im Rahmen der Politik der ›Nulltoleranz‹ getroffenen Maßnahmen gegen Folter und Misshandlungen im Einklang mit der Europäischen Menschenrechtskonvention und den Empfehlungen des Europäischen Ausschusses zur Verhütung von Folter« (ebd., online 4). Darüber hinaus soll auch die Gewährleistung der Meinungs-, Presse-, Vereinigungs- und der Versammlungsfreiheit an die Europäische Menschenrechtskonvention angepasst werden. Maßnahmen hinsichtlich wirtschaftlicher und sozialer Rechte beziehen sich besonders auf die Umsetzung der Rechtsvorschriften über die Frauenrechte, Rechte von Kindern, Gewerkschaftsrechte und kulturellen Rechte sowie auf die Erstellung eines Konzepts »zur Verbesserung der Lage in der Südost-Türkei, mit Blick auf die Förderung der wirtschaftlichen, sozialen und kulturellen Chancen für alle türkischen Bürger, einschließlich türkischer Bürger kurdischer Abstammung« (ebd., online 5). Des Weiteren verlangt die Europäische Union, dass die Türkei regionalen Fragen und internationalen Verpflichtungen nachgeht, wie zum Beispiel der Unterstützung der Bemühungen, um die Konfliktlösung mit Zypern und Griechenland. In den meisten Fällen ist es jedoch nicht der Mangel an Gesetzen zum Schutz der Rechte an sich, sondern deren ungenügende Umsetzung in der Praxis. (Vgl. Kommission der Europäischen Gemeinschaften 2004b, online 170ff.; Europäische Kommission 2005, online 50ff., European Commission 2014, online 5ff.)

Hinsichtlich der wirtschaftlichen Reformen hat sich die Türkei zu einer funktionsfähigen Marktwirtschaft entwickelt. Dem Fortschrittsbericht 2004 und 2018 nach dürfte die Türkei nach wie vor »in der Lage sein, dem Wettbewerbsdruck und den Marktkräften innerhalb der Union standzuhalten, sofern sie ihre Stabilisierungspolitik entschlossen fortsetzt und weitere wichtige Strukturreformen in Angriff nimmt« (Kommission der Europäischen Gemeinschaften 2004b, online 71) (vgl. European Commission 2018a, online 7).

In Bezug auf die Übernahme und Anwendung der aus der Mitgliedschaft erwachsenden Verpflichtungen sind seit Beginn der offiziellen Beitrittsverhandlungen am 3. Oktober 2005 von 35 Kapiteln 16 Kapitel eröffnet und ein Kapitel, ›Wissenschaft und Forschung‹, abgeschlossen. Zu den eröffneten Kapiteln gehören: Freier Kapitalverkehr, Gesellschaftsrecht, Rechte an geistigem Eigentum, Informationsgesellschaft und Medien, Lebensmittelsicherheit, Veterinär- und

Pflanzenschutzpolitik, Steuern, Wirtschaft und Währung, Statistik, Unternehmens- und Industriepolitik, Transeuropäische Netze, Regionalpolitik und Koordinierung der strukturpolitischen Instrumente, Umwelt, Verbraucher- und Gesundheitsschutz, Finanzkontrolle sowie Finanz- und Haushaltsvorschriften. (Vgl. T.C. Dışişleri Bakanlığı – Avrupa Birliği Başkanlığı 2017, online)

Zu einem Beitritt der Türkei kommt es erst dann, wenn alle 35 Beitrittskapitel abgeschlossen sind und der Rat der Europäischen Union nach Bewertung der Europäischen Kommission und nach Befürwortung des Europäischen Parlamentes die Verhandlungen mit der Türkei als erfolgreich bewertet. Doch allein der Abschluss der Beitrittskapitel ist nicht ausreichend für einen Beitritt. Hat der Rat der Europäischen Union die Beitrittsverhandlungen mit der Türkei für erfolgreich erklärt, wird ein Datum für den Beitritt der Türkei zur Europäischen Union festgelegt. In diesem Zeitrahmen erfolgt eine Ratifizierung des Beitrittsvertrages durch die Mitgliedsländer der Europäischen Union. Diese Ratifizierung basiert entweder auf Parlamentsentschlüssen oder auf Volksabstimmungen. Kommt es in nur einem Mitgliedsland zum Scheitern der Ratifizierung, kann der Beitritt der türkischen Regierung nicht vollzogen werden. (Vgl. Bundesministerium für Europa, Integration und Äußeres 2015, online)

Insgesamt kann festgehalten werden, dass sich die Fortschritte der Türkei nach dem Beginn der offiziellen Beitrittsverhandlungen verlangsamt haben. Nach einer Phase intensiver Beziehung zwischen der Europäischen Union und der Türkei in den Jahren 2002 bis 2005 kam es Anfang 2008 zur Stagnation der Beitrittsverhandlungen. Gründe hierfür liegen darin, dass die Fortschritte der Türkei angesichts der Parlaments- und Präsidentschaftswahlen sowie einer allgemein zunehmenden Frustration gegenüber der Europäischen Union ins Stocken gerieten. Die Begeisterung der türkischen Regierung hatte nach dem offiziellen Beginn der Beitrittsverhandlungen abgenommen, da Kontroversen innerhalb der Mitgliedstaaten herrschten und die Regierung folglich den Eindruck hatte, dass die Mitgliedsländer der Europäischen Union kein Interesse mehr an einem möglichen Beitritt der Türkei hatten. (Vgl. Gottschlich 2008, 97f.)

Zu einer weiteren Stagnation der Beitrittsverhandlungen seitens der Europäischen Union kam es im Jahr 2013 aufgrund der Gezi-Park-Proteste in İstanbul.[13] Im Zusammenhang mit den Beitrittsverhandlungen der Europäischen Union mit der Türkei schlugen Kritikerinnen und Kritiker einer möglichen Vollmitgliedschaft der Türkei das Konzept einer ›privilegierten Partnerschaft‹ vor.

13 Siehe hierzu Kapitel 5.4 ›Gezi-Park-Bewegung als Indikator des gesellschaftlichen Umbruches‹.

»Die ›privilegierte Partnerschaft‹ geht weit über die zwischen der EU und der Türkei eingegangene Zollunion hinaus: So könnte eine alle Gütergruppen umfassende Wirtschaftsraum geschaffen werden. Weiterhin könnte die Zusammenarbeit vertieft werden – insbesondere zur Stärkung der Zivilgesellschaft, des Umweltschutzes, des Forschungs- und Innovationspotentials, zur Förderung von Kleinen und Mittleren Unternehmen, im Gesundheits- sowie im Bildungsbereich. Zudem könnte die Türkei verstärkt in die Gemeinsame Außen- und Sicherheitspolitik und in die Europäische Sicherheits- und Verteidigungspolitik einbezogen werden. Schließlich könnte zur Bekämpfung von Terrorismus, Extremismus und Organisiertem Verbrechen die Zusammenarbeit der Behörden und Institutionen im Innen- und Justizbereich sowie der Geheimdienste deutlich intensiviert werden.« (Europa-Manifest der Christlich Demokratischen Union 2004, online 10)

Von der Idee einer ›privilegierten Partnerschaft‹ als Alternative für die Türkei waren vor allem Mitgliedsländer wie Deutschland, Österreich und Frankreich, aber auch die Niederlande, Griechenland und Dänemark überzeugt (vgl. Kramer 2005, online 8).

Um die Kritikerinnen und Kritiker eines möglichen Beitritts der Türkei zu beruhigen, wurde auf Vorschlag der Europäischen Kommission eine Ausstiegsklausel eingeführt. Mit dem Beschluss einer Ausstiegsklausel wurde jedoch aber auch der Türkei signalisiert, dass die Europäische Union nicht nur die Erfüllung der Kopenhagener Kriterien überprüfen wird, sondern auch die Nachhaltigkeit der Reformbestrebungen. Denn die Ausstiegsklausel besagt, dass die Verhandlungen mit der Türkei ausgesetzt werden können, wenn die Türkei ihren Reformbemühungen nicht nachgehen sollte und die Fortschritte der Türkei ins Stocken geraten sollten. Dies tritt vor allem dann in Kraft, wenn ein Drittel der Mitgliedstaaten diese Forderung erhebt. (Vgl. Weidenfeld 2006, 21)

Will die Türkei der Europäischen Union beitreten, so muss sie also die Kopenhagener Kriterien erfüllen. Denn diese bilden die Grundlage für Demokratien nach europäischem Vorbild. Hinsichtlich der Beitrittskriterien ist es bemerkenswert, dass in den offiziellen Rechtsakten kulturelle Gemeinsamkeiten nicht vorausgesetzt werden. In den Beitrittskriterien handelt es sich lediglich um formelle Voraussetzungen, damit ein einheitlicher politischer und wirtschaftlicher Standard in den Mitgliedstaaten der Europäischen Union durchgesetzt werden kann. Wird jedoch über einen möglichen Beitritt der Türkei diskutiert, so ist in den Fortschrittsberichten der Europäischen Kommission festzustellen, dass auch die religiöse und kulturelle Andersartigkeit der Türkei in den Vordergrund der Debatten tritt. Auffällig ist, dass in den Anfängen der Beziehungen der Europäischen Union und der Türkei grundsätzlich politische und wirtschaftliche Unterschiede im Mittelpunkt der Diskussionen um den Beitritt der Türkei zur Europäischen Union standen, während in den späteren Phasen insbesondere ab dem Beginn der offiziellen Beitrittsverhandlungen auch Debatten über die unterschiedliche Kultur und Religion der Türkei in den Vordergrund rückten. Besonders diskutiert wird seither die Frage nach einer europäischen Identität, auf die im folgenden Kapitel näher eingegangen wird.

3 Ansätze zur Bestimmung europäischer Identität

Im Zentrum dieses Kapitels steht die Auseinandersetzung mit Ansätzen zu Identitätsbildungen und deren Relevanz für Konstruktionen europäischer Identität. Der Begriff einer europäischen Identität ist alles andere als ein durchaus kontroversieller Begriff. In wissenschaftlichen Diskussionen wird dem Begriff der Identität eine Vielzahl von Bedeutungen zugeschrieben. Der Identitätsbegriff erscheint in unterschiedlichsten Kontexten und weist verschiedene Denotationen und Konnotationen auf. Je nach Forschungsrichtung und konzeptuellem Zugang wird der Begriff unterschiedlich definiert. Das Ziel dieses Kapitels besteht jedoch nicht darin, eine allgemein gültige Definition zu formulieren, sondern in der Begründung einer für diese Arbeit relevanten Konzeption europäischer Identität. Um den Begriff der Identität greifbar zu machen, wird er aus verschiedenen Perspektiven beschrieben, da unterschiedliche Disziplinen Einfluss auf Konstruktionen europäischer Identität haben.

Anhand zweier Identitätskonzepte wird versucht, sich dem Identitätsbegriff zu nähern. In einem weiteren Schritt werden verschiedene Ebenen der Identitätsbildung unterschieden, in denen Ansätze europäischer Identitätskonstruktionen vorhanden sind. Es wird auf die Bildung individueller, kollektiver, kultureller, politischer und nationaler Identitäten eingegangen, um in weiterer Folge die Bedeutung dieser Ebenen für europäische Identitätskonstruktionen bestimmen zu können. Bei der Auseinandersetzung mit dem Begriff der europäischen Identität stellt sich die Frage, ob er sich auf geographische Konstruktionen des Kontinentes, historische Erfahrungen Europas, politische Ereignisse, Religion oder aber auch auf gemeinsame Werte bezieht. Darüber hinaus erschwert die Heterogenität der europäischen Bevölkerung die Herausbildung einer europäischen Identität, sie wird besonders durch die Erweiterung der Europäischen Union hinsichtlich der kulturellen Vielfalt verstärkt. Damit einher geht auch die Frage, ob ein möglicher Beitritt der Türkei zur Europäischen Union mit dem Verständnis einer europäischen Identität kompatibel ist. Die Beantwortung dieser Frage hängt letztlich davon ab, was unter europäischer Identität verstanden wird.

Aus der Fülle an Literatur zum Identitätsbegriff sowie zur Identitätsbildung wird im Folgenden vor allem auf Stuart Halls theoretische Arbeiten zurückgegriffen. Besonderes Augenmerk legt Hall (1996) dabei auf kulturelle Aspekte. Es wird davon ausgegangen, dass die Herausbildung einer europäischen Identität im Zusammenhang mit dem Beitritt der Türkei zur Europäischen Union nicht nur auf politischer, ökonomischer und historischer Ebene geschieht, sondern vor allem auf kulturellen Differenzen respektive Gemeinsamkeiten beruht. Auf Grundlage dieser theoretischen Ausarbeitung werden abschließend zentrale Merkmale der Identitätsbildung zusammengefasst und Rückschlüsse auf europäische Identitätskonstruktionen gezogen.

3.1 IDENTITÄT: EINE BEGRIFFSBESTIMMUNG

Die Auseinandersetzung mit dem Identitätsbegriff begann erstmals im deutschen Idealismus bei Hegel und Schelling (vgl. Vike-Freiberga 2008, 61). Heutzutage steht der Begriff der Identität insbesondere im Kontext sozialer, psychologischer, kultureller und politischer Fragen im Mittelpunkt der Diskussionen. Der Identitätsbegriff wurde zum einen in der Soziologie der Chicago-Schule von George Herbert Mead eingeführt, der durch sein Konzept ›I‹, ›Me‹ und ›Self‹ eine Identitätstheorie entworfen hatte (vgl. Mead 1934). Zum anderen stammt der Identitätsbegriff in seiner grundlegenden Bedeutung aus dem Bereich der Psychologie, wenngleich er für Sigmund Freud und William James noch nicht von großer Bedeutung war (vgl. Straub 1998, 73). Der Begriff wurde erst eingeführt, als versucht wurde, »Subjekt- oder Selbsttheorien als Identitätstheorien aufzufassen und weiterzuentwickeln« (ebd., 73), wie etwa in der Psychoanalyse von Erik Homburger Erikson. Erikson (1973, 123ff.) umgeht in seiner ›Ich‹-Psychologie das komplexe Verhältnis der Begriffe ›Ich‹ und ›Selbst‹ und führt stattdessen die Verwendung des Begriffes Identität ein.

Hall (1994, 181ff.) unterscheidet drei sehr unterschiedliche Auffassungen von Identität:

1. Konzept des Subjektes der Aufklärung
2. Soziologisches Konzept
3. Konzept des postmodernen Subjektes

Die Idee des Subjektes der Aufklärung (1.) entspricht der philosophischen Sichtweise, die Identität als eine ontologische Größe betrachtet und das Individuum als einheitlich und stabil versteht, dessen Zentrum nur aus einem inneren Kern besteht. Dieser innere Kern des ›Ich‹ ist sozusagen die Identität einer Person, er bleibt ab der Geburt bis zur Existenz des Individuums im Großen und Ganzen derselbe, ist unabhängig von ›Anderen‹ und genügt durch seine bewusste Handlungsfähigkeit sich ›selbst‹. Demnach kann Identität als eine Fähigkeit bezeichnet werden, über einen Zeitraum sowie verschiedene Lebenssituationen hinweg das eigene ›Ich‹ beizubehalten. (Vgl. Hall 1994, 181)

Im soziologischen Konzept (2.) hingegen behält das Subjekt zwar seinen inneren Kern, jedoch benötigt es immer das ›Andere‹. Hierbei bezieht sich Hall (1994, 182) vor allem auf die symbolischen Interaktionisten George Herbert Mead (1934) und Charles Horton Cooley (1902). Das Subjekt entwickelte sich »im Verhältnis zu ›bedeutenden Anderen‹ […], die dem Subjekt die Werte, Bedeutungen und Symbole der eigenen Kultur vermittelten« (Hall 1994, 182). In dieser Konzeption des Subjektes wird Identität in der Interaktion zwischen dem Subjekt und der Gesellschaft und somit in einem kontinuierlichen Dialog mit ›Anderen‹ gebildet und geformt (vgl. ebd., 182). Die Kluft zwischen der persönlichen Innen- und der öffentlichen Außenwelt wird überbrückt, indem sich das Subjekt im Austausch mit ›Anderen‹ entwirft und in der Folge die Zusammensetzung der Identität, nicht nur aus einer, sondern aus mehreren teilweise sich widersprechenden Identitäten konstruiert wird (vgl. ebd., 182). Auch Loth (2002, 94) geht davon aus, dass Identität in einem dialektischen Prozess konstruiert wird. Identität wird als Ergebnis vergangener Identifizierungsprozesse betrachtet; sie formiert sich in einem dialektischen Austauschprozess zwischen sozialen Annahmen und individuellen Bedürfnissen immer wieder neu und verändert sich durch neue Erfahrungen (vgl. ebd., 93f.). Somit wird der Identitätsbegriff als etwas Nicht-Statisches und Nicht-Abgeschlossenes begriffen: Identität ist ein unvollendeter Prozess und »stellt keinen abgeschlossenen Zustand dar, sondern akzentuiert sich in einem fortlaufenden Konflikt- und Differenzierungsprozess zwischen sozialer Erwartung und personaler Einzigartigkeit immer wieder neu« (ebd., 93). Entsprechend ist der Prozess der Identifikation offener und folglich nicht einheitlich (vgl. Hall 1994, 182). Dies führt zum Entstehen des postmodernen Subjektes (3.), das Identität im Gegensatz zum Subjekt der Aufklärung als eine bewegliche Konstruktion versteht, in der das Subjekt beliebige widersprüchliche Identitäten annimmt, »die nicht um ein kohärentes ›Ich‹ herum vereinheitlicht worden sind« (ebd., 183). Hall (1999, 91) schlägt vor, Identität als »einen Prozess der Identifizierung« wahrzunehmen, da Identitäten im Laufe der Zeit, beispielsweise durch gesellschaftliche oder politische Einflüsse, Änderungen unterworfen sein können. Demzufolge ist Identität kein »stabiles Charakteristikum des Individuums, sondern ein Zustand, der sich in jedem räumlichen, zeitlichen und sozialen Kontext verändert« (Angelucci von Bogdandy 2002, 114). In diesem Konzept wird das Subjekt nicht aus biologischer, sondern vielmehr aus historischer Sichtweise definiert. Für Hall (1994, 183) ist

»die völlig vereinheitlichte, vervollkommnete, sichere und kohärente Identität [...] eine Illusion. In dem Maße, in dem sich die Systeme der Bedeutung und der kulturellen Repräsentationen vervielfältigen, werden wir mit einer verwirrenden, fließenden Vielfalt möglicher Identitäten konfrontiert, von denen wir uns zumindest zeitweilig mit jeder identifizieren könnten.«

Auch Vertreter der Postmoderne, wie Michel Foucault (1984) und Jacques Derrida (1979), betrachten Identität als etwas Dynamisches und ›Sich-Veränderndes‹, das beständig in Entwicklung und im Wandel ist. Foucault (1984, 137) zufolge gibt es »kein souveränes und konstitutives Subjekt [...], keine universelle Form des Subjekts, die man überall wiederfinden könnte«, sondern eine Reihe unterschiedlicher Subjektformen. So kommt es zu einer Individualisierung des Subjektes, welches »nicht aus einer einzigen, sondern aus mehreren, sich manchmal widersprechenden oder ungelösten Identitäten zusammengesetzt« ist (Hall 1994, 182).

Jürgen Gerhards (2000, 116ff.; 2003, 467ff.) schlägt ein Konzept vor, dass einige Ähnlichkeiten zu Hall (2004) aufweist und ersetzt den Begriff der kollektiven Identität durch den Identifikationsbegriff, welcher drei Bestimmungselemente enthält:

1. ein Subjekt, das sich mit etwas identifiziert,
2. ein Objekt der Identifikation, und
3. eine spezifische Relation zwischen einem Subjekt und dem Objekt.

Im Vergleich zu Halls Konzept des Subjektes der Aufklärung genügt das Individuum bei Gerhards nicht sich ›selbst‹, sondern identifiziert sich mit etwas in der Welt (1.). Im Hinblick auf die Europäische Union sind die Subjekte von Identifikationsprozessen die Bürgerinnen und Bürger der Mitgliedsländer (vgl. Gerhards 2003, 469). Mit dem Beitritt eines Staates zur Europäischen Union werden die Angehörigen automatisch Bürgerinnen und Bürger der Europäischen Union. Durch die Erweiterungsprozesse der Europäischen Union bilden somit die Angehörigen der Mitgliedsländer der Europäischen Union keine feste Größe (vgl. ebd., 469).

Diese Subjekte des Identifikationsprozesses können sich dabei mit verschiedenen Objekten identifizieren (2.) (vgl. ebd., 468). Identifiziert sich eine Gruppe von Individuen mit gleichen Objekten, so kann von einer kollektiven Identität gesprochen werden. Hinsichtlich möglicher Identifikationsobjekte der Europäischen Union stellt Gerhards (ebd., 468) die räumliche territoriale Kategorie Europas in den Vordergrund. Auf weitere Identifikationsobjekte nimmt er keinen Bezug. Die räumliche Ausdehnung erstreckt sich dabei von ›lokal‹ bis ›global‹. »Die inhaltliche Ausformung eines territorialen Gebietes kann [...] durch soziale Merkmale bestimmt sein, wie durch Familiensippen oder Stämme, die innerhalb des Territoriums siedeln, oder durch einen Herrschaftsverband, wie den Staat.« (Ebd., 468) So wird Europa als Identifikationsobjekt »nach außen durch territoriale Grenzen, nach innen durch inhaltliche Merkmale, die mit dem Territorium verbunden werden, definiert« (ebd., 468).

Das dritte Bestimmungselement, das Gerhards (2000, 117) anführt, entspricht dem soziologischen Konzept nach Hall (1994, 181ff.) und beschreibt Identifikation als die Beziehung zwischen dem Subjekt und dem Identifikationsobjekt (3.). Gerhards empfiehlt jedoch, bei der Bestimmung des Identifikationsprozesses eine Unterscheidung zwischen kognitiver Dimension und affektiv-evaluativer Dimension vorzunehmen (vgl. Fuchs/Gerhards/Roller 1993, 1ff.). Während die kognitive Dimension von Identifikation »die Wahrnehmung eines Einstellungsobjektes als ein spezifisches Einstellungsobjekt« bezeichnet, drückt die affektiv-evaluative Dimension »ein starkes Zugehörigkeitsgefühl mit einem wahrgenommenen Identifikationsobjekt« aus (Gerhards 2000, 117f.). »Identifikation mit Europa bedeutet also nicht, sich mit Europa gleichzusetzen«, sondern »die Wahrnehmung eines territorial begrenzten Raumes als Identifikationsobjekt«, welches durch die Europäische Union definiert ist (Gerhards 2003, 468f.). Folglich kann sich bei den Bürgerinnen und Bürgern der Europäischen Union ein Zugehörigkeitsgefühl zu diesem Raum entwickeln (ebd., 469). Auf diese Art und Weise kann untersucht werden, wie stark sich die Bürgerinnen und Bürger mit der Europäischen Union identifizieren.

3.2 VERHÄLTNIS ZWISCHEN INDIVIDUELLER UND KOLLEKTIVER IDENTITÄT

Ein Individuum besitzt mehrere Identitäten, die sich ergänzen beziehungsweise auch überschneiden. Auf der einen Seite wird von einer individuellen respektive subjektiven Identität gesprochen, wenn es um individuelle Elemente wie »Aussehen, Alter, Geschlecht, Bildung oder bestimmte Formen des Denkens, Fühlens und Handelns« geht (Landwehr/Stockhorst 2004, 196). Die individuelle Identität übernimmt in der Auseinandersetzung des Einzelnen mit der Gesellschaft »Werte, Normen, Traditionen und Rollenerwartungen« und grenzt sich durch orientiertes Handeln von den ›Anderen‹ ab (ebd., 196). Auf der anderen Seite verfügt ein Individuum über mehrere kollektive Identitäten, die von der Zugehörigkeit von Gruppen abhängig sind und gemeinsame Rituale, Symbole und Wertvorstellungen vertreten (vgl. ebd., 197).

Kollektive Identität entsteht innerhalb sozialer Gruppen, wie zum Beispiel der Familie, Klasse, Partei, Minderheit, oder innerhalb regionaler Milieus (Dorf, Stadt, Region, Land, Kontinent) und lässt sich nur wahrnehmen, wenn sie sich innerhalb dieser Gemeinschaft durch die gedankliche Reflexion einer Gruppe auf sich ›selbst‹ bildet. Für die Identitätsbildung innerhalb der Gemeinschaft spielen Voraussetzungen wie kulturelle Faktoren (Werte, Normen, Deutungsmuster) und soziale Formationen, wie zum Beispiel »die gemeinsame Abstammung, Familien- und Dorfgemeinschaften«, das Gefühl der Zugehörigkeit zu einer staatlichen Ordnung oder zu Minderheiten, eine wichtige Rolle (ebd., 198). Obwohl Kollektividentitäten als Konstrukte wahrgenommen werden können, bedeutet dies nicht, dass das Gemeinschaftsgefühl willkürlich erzeugt werden kann. Das Gefühl kultureller Zusammengehörigkeit wird beispielsweise durch gemeinsame Interaktionen, Umgangsformen, Regeln, eine gemeinsame Sprache sowie gemeinsame Wissensbestände gestärkt. Das Vorhandensein dieser Voraussetzungen ist für die Ausbildung einer kollektiven Identität entscheidend, jedoch kommt es erst dann zur Entstehung einer kollektiven Identität, wenn sich einzelne Gruppenmitglieder über sie definieren. (Vgl. ebd., 197f.)

Das Bewusstsein von Gleichheit innerhalb einer Gruppe respektive die Gleichartigkeit mit ›Anderen‹ impliziert die Vorstellung, sich von ›Fremden‹ und Nichtangehörigen dieser Gruppe abzugrenzen (vgl. Wagner 1998, 45). Um die Identität einer Gruppe feststellen zu können, bedarf es somit der Bestimmung der Differenz zu einer anderen Gruppe (vgl. ebd., 56). Auch Meyer (2004, 23) zufolge stehen individuelle und kollektive Identität in einer reziproken Beziehung zueinander. Individuelle Identität als offener Aushandlungsprozess zwischen dem Selbstbild – wie sich die Person selbst sieht – und dem Fremdbild, welche sich die sozialen Handlungspartner von einer Person machen, kann nur im Dialog mit ›Anderen‹ gebildet werden (vgl. ebd., 23). Somit ist es möglich, den Unterschied zu den ›Anderen‹ festzumachen, indem man wahrnimmt, wer diese sind respektive wer sie nicht sind. Erving Goffman (1963, 56) bezeichnet dies als die ›Einzigartigkeit‹ des Individuums. Unter der ›Einzigartigkeit‹ des Individuums versteht er zum einen die Existenz eines Individuums, welches bestimmte besondere Merkmale aufweist; zum anderen bezieht sich die ›Einzigartigkeit‹ des Individuums auf die Unterscheidbarkeit des Individuums von allen ›Anderen‹ (vgl. ebd., 56). Darüber hinaus betont Goffman (1963, 56), dass Individuen auch in ihrem innersten Wesen einzigartig sind. Daraus folgt, dass nicht nur die Gleichartigkeit der einzelnen Personen als Merkmal für die persönliche Identitätsbildung entscheidend ist, sondern ebenso die Anerkennung von Andersartigkeit und Differenzen (vgl. Krappmann 1993, 35). Peter Wagner (1998, 45f.) zufolge wird individuelle Identität

»in den meisten Fällen ›sozial‹ in dem Sinne sein, dass sie Beziehungen zu anderen Menschen und zu einer bedeutsamen Orientierung im eigenen Leben herstellt. Kollektive Identität wiederum kann wohl nur entstehen, wenn eine Mehrzahl Einzelner die für sie bedeutsamen Orientierungen ihrer personalen Identitäten auf dasselbe Kollektiv richten«.

In Anlehnung an Jochen Roose (2007, 128) können die Mitglieder eines Kollektivs jedoch von einer Gemeinschaft zur anderen wechseln und sind wie individuelle Identitäten in ständiger Bewegung. Kollektive Identitäten können sich auf sehr unterschiedlichen Ebenen ausbilden. Von Freizeitvereinen, politischen Parteien, Milieus bis hin zu geographischen Einheiten. So kann eine politische Partei genauso kollektive Identität ausbilden wie beispielsweise eine Nation. Die Zugehörigkeit zu diesen kollektiven Identitäten kann für eine Gruppe von Mitgliedern als Teil ihrer eigenen Identität wichtig sein. Daher bezeichnet Roose (ebd., 128) die Identität Europas als eine Form von kollektiver Identität.

3.3 NORMIERENDE UND REKONSTRUIERENDE KOLLEKTIVE IDENTITÄT

Jürgen Straub (1998, 98f.) unterscheidet zwei Arten kollektiver Identitäten: die normierende und die rekonstruierende kollektive Identität.

»Während der erstere im Hinblick auf die (angeblichen) Angehörigen eines Kollektivs gemeinsame Merkmale, eine für alle ›bindende‹ und ›verbindliche‹ geschichtliche Kontinuität und praktische Kohärenz (bloß) vorgibt oder vorschreibt, […] schließt der zweite Typus an die Praxis sowie die Selbst- und Weltverständnisse der betreffenden Subjekte an, um im Sinne einer rekonstruktiven, interpretativen Sozial- und Kulturwissenschaft zur Beschreibung der interessierenden kollektiven Identität zu gelangen« (ebd., 98f.).

In der rekonstruierenden kollektiven Identität identifizieren sich die Personen mit dem Kollektiv und teilen Erfahrungen, Werte, Normen sowie Orientierungen (vgl. ebd., 102). Das Ziel der normierenden kollektiven Identität ist die Vereinheitlichung von Personen durch die Bestimmung von Grenzen zwischen sich ›selbst‹ und dem ›Anderen‹ (vgl. ebd., 99f.). Durch diesen Vorgang werden »die Etablierten von den Außenseitern, die Zugehörigen von den Fremden, die Freunde von den Feinden, die Helden von den Bösewichten« differenziert (ebd., 100). Der ursprünglich aus dem Lateinischen stammende Identitätsbegriff (›idem‹: derselbe, der Gleiche) bezeichnet »den Zustand des Gleichseins, des Zugehörigseins, die Existenz von Gemeinsamkeiten« (Metzeltin/Wallmann 2010, 41). »Die Tatsache, jemandem zu gleichen, einer Gemeinschaft anzugehören, bestimmte Eigenschaften mit jemandem zu teilen, impliziert aber immer auch, einer anderen Gruppe nicht anzugehören oder sich an Hand verschiedener Charakteristika von jemandem zu unterscheiden.« (Ebd., 41) Folglich können sowohl Gemeinsamkeiten als auch Unterschiede einer Gruppe respektive einer Gemeinschaft festgestellt werden. Werden dabei die Gemeinsamkeiten unterstrichen, wird der ›Andere‹ als Mitglied der Gruppe respektive Gemeinschaft betrachtet; werden jedoch die Unterschiede hervorgehoben, wird der ›Andere‹ vielmehr als ein ›Fremder‹ betrachtet (vgl. ebd., 41).

»Fremdheit und Andersartigkeit sind keine objektiven Eigenschaften, sondern drücken lediglich aus, wie Personen oder Gruppen ihre Beziehung zueinander bestimmen.« (Landwehr/Stockhorst 2004, 195) Dieses Verhältnis entsteht vor allem aus Selbst- und Fremdbildern, die sich neben tatsächlichen Gegebenheiten auch aus Interessen, Vorurteilen und Ängsten gegenüber dem Unbekannten entwickeln (vgl. ebd., 195). Diese Bilder unterstützen bei der Orientierung im Umgang mit dem ›Fremden‹ und konstruieren Stereotype (vgl. ebd., 195f.). Die Begriffe Vorurteile und Stereotype stehen in einem engen Verhältnis zueinander. Oftmals lassen sie sich nur sehr schwer voneinander trennen. Ein wichtiges Merkmal, das Vorurteile auszeichnet, ist der besonders emotionsgeladene Inhalt, während Stereotype hauptsächlich zur Einordnung des Inhaltes dienen, wie etwa das Schubladendenken (vgl. Schäfers 2003, 423). Nach Bernhard Schäfers (2003, 422) haben Vorurteile folgende Funktionen: »Stabilisierung des Selbstwertgefühls, Strukturierung sozialer Situationen, Abgrenzungen und Aufwertung der Eigengruppe gegenüber Fremdgruppen, Projektion verdrängter Triebansprüche, Aggressionsabfuhr«. Soziologisch betrachtet kann der Begriff des Vorurteils definiert werden als:

»Globalurteil, Pauschalurteil, ein verfestigtes, vorgefasstes, durch neue Erfahrungen oder Informationen schwer veränderbares Urteil über Personen, Gruppen, Sachverhalte etc. Es ist emotional gefärbt und enthält meist positive (vor allem gegenüber der eigenen Person und Gruppe) oder negative (vor allem gegenüber Fremden und Fremdgruppen) moralische

Wertungen. Die Informationen, auf die sich ein Vorurteil stützt, sind in der Regel lückenhaft, verzerrt oder sogar falsch.« (Fuchs-Heinritz/Lautmann/Rammstedt/Wienold 1995, 727f.).

Im Vergleich dazu werden unter Stereotypen Verallgemeinerungen verstanden, die verfestigte Überzeugungen beinhalten (vgl. Hahn/Hahn 2002, 22; Roth 1998, 23). Auch Karl-Heinz Hillmann (1994, 842) bezeichnet ein Stereotyp als etwas

»Feststehendes [...] (eine) auf relativ wenige Orientierungspunkte reduzierte, längerfristig unveränderte und trotz neuer oder sogar gegenteiliger Erfahrungen starre, verfestigte Vorstellung über spezifische Wesens- und Verhaltensmerkmale anderer Menschen oder Menschengruppen, Organisations- und sonstiger sozialer Beziehungsformen, Zusammenhänge oder Verursachungsfaktoren«.

Stereotype werden vor allem benötigt, um sich rasch ein Bild vom ›Anderen‹ machen zu können. Straub (1998, 100) zufolge finden sich »Stereotype und normierende Konstruktionen kollektiver Identitäten [...] insbesondere dort, wo die Kollektive groß und unüberschaubar werden«. Als Beispiel hierfür werden anonyme Gruppen, wie Nationen oder Klassen etc., genannt (ebd., 100). Diese Art von Großgruppen fungieren häufig als ›unechte Wir-Gruppen‹, »in denen die Idee der ›nationalen Identität‹ oder auch der ›Klassensolidarität‹ manipulativ eingesetzt wird« (Kreckel 1994, 15). Folglich ist die normierende kollektive Identität eine Ideologie und letztlich die Konstruktion einer stereotypen Pseudo-Identität (vgl. Straub 1998, 100). Stereotypisierungen scheinen besonders vielfältig in jenen Gemeinschaften, wo viele verschiedene Kulturen zusammenkommen. Allerdings sagen diese Stereotype viel mehr über die kulturelle Wirklichkeit des ›Eigenen‹ als über die des ›Fremden‹ aus. Demnach sind Fremdbeschreibungen respektive jegliche Beschäftigung mit dem ›Anderen‹ auch eine Auseinandersetzung mit sich ›selbst‹, weil das ›Fremde‹ und ›Eigene‹ in einem Verhältnis zueinander stehen. (Vgl. Landwehr/Stockhorst 2004, 195)

So entsteht durch die Abgrenzung zum ›Anderen‹ zum einen das Autostereotyp, das durch stereotype Vorstellungen, die sich Personen oder Gruppen von sich ›selbst‹ machen, entsteht; zum anderen steht diesem Selbstbild das Fremdbild, das Heterostereotyp gegenüber, welches sich von der eigenen Persönlichkeit, Gruppe, Kultur oder eigener Nation auf fremde Personen, Gruppen, Kulturen oder fremde Nationen bezieht (vgl. Hahn/Hahn 2002, 28; vgl. Roth 1998, 28f.). Die Abgrenzung gegen Nichtmitglieder des Kollektivs erfolgt allerdings nicht nur durch gemeinsame Fremdbilder, sondern auch durch die Wahrnehmung von Feindbildern. Das Feindbild ist ausnahmslos mit negativen Bildern eines Individuums, einer Gruppe oder eines Staates verbunden (vgl. Spillmann/Spillmann 1989, 21). Kennzeichnend für ein Feindbild ist, dass im ›Anderen‹ der ›Feind‹ gesehen wird. So werden Feindbilder vor allem in Konflikten, Kriegen oder Krisensituationen zwischen zwei Staaten herausgebildet (vgl. Flohr 1991, 15, 100).[1] Die eigene Identität oder ›Wir-Gruppe‹ wird demzufolge durch die Wahrnehmung des ›Anderen‹ respektive der Fremdartigkeit gegenüber ›Anderen‹ erkannt. Es handelt sich um ein Konzept, das in einem Beziehungsgefüge gedacht werden muss. Die Identität als die Übereinstimmung mit sich ›selbst‹ bedarf folglich auch immer des ›Anderen‹, der Alterität, um sich von diesem unterscheiden zu können (vgl. Landwehr/Stockhorst 2004, 195). Das bedeutet, dass die Identität immer die Alterität benötigt und beide Konzepte nur im Verhältnis zueinander existieren. Infolgedessen lautet die Identitätsfrage nicht ›Wer bin ich?‹, sondern ›Wer bin ich im Verhältnis zu den ›Anderen‹?‹ und darüber hinaus: ›Wer sind die ›Anderen‹ im Verhältnis zu mir?‹, um sich von den ›Anderen‹ abgrenzen zu können (vgl. Ruano-Borbalan 1998, 2). Weiter

> »treten Identitäten innerhalb des Spiels von bestimmten Machtformen hervor, was vielmehr ein Effekt der Kennzeichnung von Differenz und Ausschluss denn ein Zeichen einer identischen, natürlichen konstituierten Einheit – eine ›Identität‹ in ihrer traditionellen Bedeutung: eine alles einschließende Gleichheit, bruchlos, ohne innere Unterscheidung – ist« (Hall 2004, 171).

Macht richtet sich generell gegen eine untergeordnete oder nicht dazugehörige Gemeinschaft (vgl. ebd., 144f.). Durch Machthandlungen wird die ausgeschlossene Gemeinschaft anhand von bestimmten Normen als ›anders‹ klassifiziert. Darüber hinaus werden Identitäten »an spezifischen historischen und institutionellen Orten, innerhalb spezifischer diskursiver Formationen und Praktiken wie auch durch spezifische Strategien hergestellt« (ebd., 171). Dabei wird Identität als ein Konstrukt betrachtet, dessen Größe und Zuordnung durch die Vielschichtigkeit menschlicher Wirklichkeit sich weder eindeutig bestimmen lässt noch feststellbar ist (vgl. ebd., 171ff.). Um die Bildung von einzelnen Identitäten nachvollziehen zu können, erfordert es die Rekonstruktion ihrer historischen

1 Für eine ausführliche Darstellung von Vorurteilen, Stereotypen, Feindbilder u.v.m. sei auf folgende Habilitationsschriften verwiesen: Hafez, Kai (2002). Die politische Dimension der Auslandsberichterstattung. Band 1: Theoretische Grundlagen. Baden-Baden: Nomos Verlagsgesellschaft. Thiele, Martina (2015). Medien und Stereotype. Konturen eines Forschungsfeldes. Bielefeld: transcript Verlag.

Entwicklung und Diskurse, die den Vorgang der Identitätsbildung beeinflusst haben (vgl. ebd., 170f.; Landwehr/Stockhorst 2004, 194f.).

Identitäten beziehen sich zwar heute noch »auf einen gemeinsamen Ursprung in der historischen Vergangenheit« (Hall 2004, 170f.), jedoch beruht die Anwendung »von Ressourcen der Geschichte, der Sprache und der Kultur« nicht auf dem ›Sein‹ (ebd., 171), sondern im Wesentlichen auf dem Prozess des ›Werdens‹ mit Fragen wie ›Wer sind wir?‹, ›Woher kommen wir?‹, ›Was können wir werden?‹, ›Wie werden wir repräsentiert?‹ und ›Warum repräsentieren wir uns genau so und nicht anders?‹ (vgl. ebd., 170f.). Identitäten werden also grundsätzlich innerhalb und nicht außerhalb von Repräsentationen bestimmt. Dementsprechend ist Repräsentation auch als ein Prozess zu verstehen, der vor allem »›auf dem Feld des Anderen‹« konstruiert wird (ebd., 173).

Auch nach Manuel Castells (2002, 8) unterliegen Identitäten einem ständigen Wandlungsprozess. Castells (ebd., 8) bezeichnet Identität als »die Quelle von Sinn und Erfahrung für die Menschen« und definiert sie als einen »Prozess der Sinnkonstruktion auf der Grundlage eines kulturellen Attributes oder einer entsprechenden Rolle von kulturellen Attributen, denen gegenüber anderen Quellen von Sinn Priorität zugesprochen wird«. Mit Sinn ist hier »Identifikation des Ziels einer Handlung durch die sozial Handelnden« gemeint (ebd., 8). Er setzt im Weiteren voraus, dass Identitäten »von sozial Handelnden internalisiert werden, die dann ihren Sinn auf diese Internalisierung gründen« (ebd., 9). Identitäten sind daher ein unvollendeter Prozess und werden auf der Grundlage von Veränderungen und Entwicklungen konstruiert.

3.4 KULTURELLE IDENTITÄTSKONSTRUKTIONEN DURCH DIFFERENZ UND GLEICHHEIT ZWISCHEN INNEN UND AUSSEN

Ähnlich wie der Identitätsbegriff wird auch der Begriff Kultur diffus gebraucht. Die Europäische Kommission versteht unter dem Begriff Kultur »eine bestimmte Anzahl unverwechselbarer geistiger und materieller Züge, die eine Gesellschaft und eine gesellschaftliche Gruppe kennzeichnet« (Kommission der Europäischen Gemeinschaften 2007, online 2). Beispiele hierfür wären »Literatur und die Künste, aber auch Lebensweisen, Wertesysteme, Traditionen und Überzeugungen« (ebd., online 2). Demzufolge vertritt die Europäische Union auch eine anthropologische Sichtweise. Kultur »ist die Grundlage für eine symbolische Welt von Bedeutungen, Überzeugungen, Werten und Traditionen, die ihren Ausdruck finden in Sprache, Kunst, Religion und Mythen. Insofern spielt sie eine wesentliche Rolle in der Entwicklung der Menschheit und dem komplexen Geflecht von Identität und Gewohnheiten von Individuen und Gemeinschaften.« (Ebd., online 4)

Die UNESCO schreibt dem Kulturbegriff eine ähnliche Bedeutung zu. »Kultur sollte […] nicht mehr nur die prestigeträchtigen Hochleistungen umfassen, mit denen ›nationale Identitäten‹ gern ihren Anspruch auf politische Außengeltung untermauern und zugleich nach innen auf einen klar strukturierten Wertekanon verweisen.« (Bernecker 2002, online) Unter dem Begriff Kultur soll vielmehr

> »die Gesamtheit der einzigartigen geistigen, materiellen, intellektuellen und emotionalen Aspekte angesehen werden […], die eine Gesellschaft oder eine soziale Gruppe kennzeichnen. Dies schließt nicht nur Kunst und Literatur ein, sondern auch Lebensformen, die Grundrechte des Menschen, Wertesysteme, Traditionen und Glaubensrichtungen« (United Nations Educational, Scientific and Cultural Organisation (UNESCO) 1982, online).

»In den meisten westlichen Sprachen bedeutet ›Kultur‹ gemeinhin ›Zivilisation‹ oder ›Verfeinerung des Geistes‹, und insbesondere die Ergebnisse dieser Verfeinerung, wie Bildung, Kunst und Literatur.« (Hofstede 1993, 18) Diese Definition beschreibt den Kulturbegriff im engeren Sinne, die sogenannte Hochkultur.

Nach Gerhard Maletzke (1996, 16) hat der Begriff Kultur eine viel weiter gefasste Bedeutung: »In der Kulturanthropologie ist Kultur im Wesentlichen zu verstehen als ein System von Konzepten, Überzeugungen, Einstellungen, Wertorientierungen, die sowohl im Verhalten und Handeln der Menschen als auch in ihren geistigen und materiellen Produkten sichtbar werden.« (Ebd., 16)

Eine ähnliche Auffassung des Kulturbegriffes vertreten Reinhold Viehoff und Rien Segers (1999, 9), die sich in ihrer Definition auf Siegfried Schmidt und Jürgen Habermas beziehen. Sie beschreiben Kultur als »ein ›Programm‹ von Werten, Normen und Verhaltensweisen« (Schmidt 1999, 120ff.), das »in einer Gesellschaft tradiert und als ›Kultur‹ sozial in Geltung gehalten« wird, »um die maßgeblichen Ziele dieser bestimmten Gesellschaft im Zusammenleben ihrer Mitglieder – in einem bestimmten Zeitraum unter bestimmten geopolitischen, mentalitätsgeschichtlichen, zivilisatorischen, unter ›lebensweltlichen‹ Orientierungen – zu sichern« (Viehoff/Segers 1999, 9). Dieser Definition zufolge bedingen sich Kultur und Kommunikation gegenseitig: Kultur ist »auf Kommunikation angewiesen« und Kommunikation wiederum »ist die Ausdrucksform von Kultur« (ebd., 9). Sie stellt ein komplexes Konstrukt von Werten, Normen und Verhalten dar, welches eine Gesellschaft vereint und ihren Mitgliedern vermittelt wird.

In Anlehnung an Raymond Williams (1966, 16) ist die Kultur als »a whole way of life«, als die ganze Lebensweise, als ein zusammengehöriger Prozess zu betrachten. Diese Formulierung richtet sich gegen jenen Kulturbegriff, der sich nur auf die Hochkultur bezieht. Für den Kulturwissenschaftler Raymond Williams (1966, 312) ist die Kultur »not only a body of intellectual and imaginative work; it is also and essentially a whole way of life«. Er fasst damit die Gesamtheit einer Lebensweise mit ihren sozialen und kulturellen Praktiken zusammen (vgl. ebd., 16). Demnach ist die gesamte Lebensführung in Bezug auf den kulturellen Hintergrund und hinsichtlich politischer, sozialer Strukturen sowie im Kontext von Machtbeziehungen zu begreifen. So sind die Bereiche des Lebens nicht voneinander zu trennen. Folglich ist mit kultureller Identität vor allem die Identität einer nationalen und regionalen Kultur, die Kultur einer Bevölkerungsgemeinschaft oder die Kultur einer Minorität gemeint (vgl. Fokkema 1999, 50). Kultur kann dabei nur eine interpersonale Erscheinung sein und bedarf somit der Legitimation durch andere Mitglieder einer Gemeinschaft (vgl. ebd., 50). In Europa gibt es diesen Ausführungen nach nicht nur eine einzige kulturelle Identität, die alle europäischen Bürgerinnen und Bürger eint, sondern viele kulturelle Identitäten (vgl. Meyer 2004, 9).

Kulturelle Identitätsbildungen sind durch zwei sich widersprechende Phänomene geprägt. Nach innen bewirken kulturelle Identitäten eine Identifikation mit einer Gemeinschaft oder Kultur (vgl. Collier/Thomas 1988, 113). Da die zunehmende Globalisierung und Überschreitung von staatlichen sowie kontinentalen Grenzen zu immer größerer Migration führt und eine Neubestimmung des ›Eigenen‹ gegenüber dem ›Fremden‹ erfordert (vgl. Landwehr/Stockhorst 2004, 193), wirken kulturelle Identitäten nach außen generell nicht identitätsbildend, sondern sie grenzen von anderen Gemeinschaften oder Kulturen ab, um Unterschiede erkennbar zu machen (vgl. Servaes 1989, 391). Auch Stuart Hall (1996, 3) zufolge wird unter dem Begriff der kulturellen Identität ein Verständnis von Identität verstanden, das die Unterscheidung zu ›Anderen‹ zur Voraussetzung für Identität macht. Demnach kann behauptet werden, dass in einer pluralisierten Gesellschaft Identität das ›Nichtidentische‹ ist und somit die charakteristische Erfahrung eine wesentliche Besonderheit ist, die einen von vielen respektive ›Anderen‹ unterscheidet oder mit einigen wenigen ›Anderen‹ verbindet (vgl. ebd., 3f.). Dies bedeutet jedoch auch, dass kulturelle Identitäten an einer Form der Zugehörigkeit einer Gruppe festgemacht werden. Es ist zum Beispiel die ›österreichische‹ oder die ›türkische‹ Kultur, die Identität ausmacht. Somit gibt es mindestens zwei Positionen, kulturelle Identität zu beschreiben. Die erste verbindet mit kultureller Identität eine Art gemeinsame Kultur. Kulturelle Identität reflektiert gemeinsam historische Erfahrungen und gemeinsam genutzte kulturelle Codes und stellt einen dauerhaften und gleichbleibenden Bedeutungsrahmen zur Verfügung. Dieses Konzept ermöglicht zum Beispiel einer unterdrückten und fragmentierten Gruppe, die sich ihrer eigenen Identität nicht sicher ist respektive ihre eigene Kultur nicht kennt, die Vermittlung von Zugehörigkeit und Integrität durch das Wiedererzählen der Vergangenheit und Repräsentieren von Bildern, die Ähnlichkeiten mit eigenen Schicksalen und Gemeinsamkeiten erkennen lassen. (Vgl. Hall 1994, 27ff.)

Die zweite Sichtweise von kultureller Identität unterscheidet sich vom ersten Konzept dadurch, dass sie neben den Ähnlichkeiten und gemeinsamen Erfahrungen besonders die Differenz aufzeigt, dass nicht mehr über »eine Erfahrung, eine Identität« gesprochen werden kann, ohne das ›Andere‹ anzuerkennen (Hall 1994, 29). Kulturelle Identität ist in diesem Sinne ein Prozess des ›Seins‹ und ›Werdens‹, beheimatet sowohl in der Vergangenheit als auch in der Zukunft und laufenden Veränderungen unterworfen. Um die Formierung dieser kulturellen Identität verstehen zu können, ist es entscheidend, über die Unterschiede des ›Anderen‹ hinaus auch die Gemeinsamkeiten zu erkennen, die nicht unbedingt einen gemeinsamen Ausgangspunkt respektive Ursprung haben müssen. (Vgl. ebd., 27ff.)

Kulturelle Identitäten können demnach anhand folgender Komponenten konstruiert werden: Giesen (1999, 131f.) geht davon aus, dass kulturelle Identitäten »auf der Konstruktion von Grenzen zwischen dem Bereich des kulturell Selbstverständlichen und dem Bereich des Unverständlichen und ›Fremden‹, zwischen einer Gemeinschaft der Gleichen und einer Vielfalt von Außenstehenden, Fremden und Andersartigen« basieren (ebd., 130). Kulturelle Identitäten stützten sich demnach auf die Konstruktion von Differenz und Gleichheit zwischen innen und außen. Diese Abgrenzung erfolgt in der Begegnung mit dem ›Anderen‹ beziehungsweise ›Fremden‹ insbesondere durch primordiale Merkmale, wie zum Beispiel Geburt und Herkunft. Im Falle Europas würde dies bedeuten, dass die Grenzkonstruktion durch das Trennen von Europäern von ›Nichteuropäern‹ erfolgt und somit eine Mitgliedschaft in der europäischen Gemeinschaft nur durch Geburt, Herkunft, Religion, Geschichte etc., erworben werden kann. Eine weitere Möglichkeit für Konstruktionen kultureller Identität in der europäischen Gesellschaft beruht auf der »Überwindung interner Verschiedenartigkeit und der Herstellung von Gleichheit und Gemeinsamkeit« (ebd., 134). Somit sind kulturelle Identitäten nicht von alleine gegeben, sondern es findet immer eine soziale Konstruktion von Gemeinschaftlichkeit statt. Hierfür nimmt die gemeinsame Ausübung von Ritualen, wie zum Beispiel dem Sprechen der gleichen Sprache, dem Singen von Liedern, der Erinnerung der gemeinsamen Erfahrungen und Erlebnisse etc. eine sehr wesentliche Rolle ein. Demzufolge liegt der Fokus nicht auf den individuellen Differenzen, sondern vielmehr auf der gemeinsamen Identität der Individuen. (Vgl. ebd., 130ff.)

Am Beispiel Europa gestaltet sich die Konstruktion von gemeinsamen Ritualen schwierig:

»Keine Revolution und kein großer historischer Konflikt haben die europäische Integration hervorgebracht, keine charismatischen Gründerfiguren und mythischen Plätze geben Europa ein symbolisches Zentrum, keine große historische Erfahrung, kein gemeinsamer Aufstand gegen eine fremde Usurpation, keine Abwehr einer Invasion von außen wird zum Anlass zu einer Erinnerung europäischer Vergangenheit genommen.« (Ebd., 135)

Es sind zwar zum Teil gemeinsame Rituale, wie zum Beispiel eine gemeinsame Hymne, Flagge und auch parlamentarische Rituale vorhanden, jedoch sind diese für die europäische Gesellschaft nicht von großer Bedeutung, zumal eine gemeinsame Sprache fehlt und das Finden einer rituellen Erinnerung gemeinsamer historischer Ursprünge problematisch ist (vgl. ebd., 130ff.).

3.5 POLITISCHE ZIELE ALS TEIL EUROPÄISCHER IDENTITÄTSKONZEPTE

Die Auseinandersetzung mit Fragen nach europäischer Identität wirft grundlegend auch die Frage nach politischer Identität auf, die häufig normativ begründet wird. Als politische Identität werden Konstrukte bezeichnet, die für ein demokratisches Gemeinwesen unabdingbar sind (vgl. Bauböck/Mokre/Weiss 2003, 55). Nur wenn man sich ›selbst‹ als einen Teil eines politischen Ganzen sieht und eine anerkannte ›Wir-Konstruktion‹ vorhanden ist, kann ausreichend Solidarität aufgebracht werden, um politischen Entscheidungen gerecht zu werden, die den persönlichen Interessen nicht entsprechen (vgl. ebd., 55). Während für kulturelle Identitäten Kriterien wie »Werte, Überlieferungen, Praktiken, Orientierungen, Symbole, Erzählungen, künstlerische Hervorbringung und Formen des Alltagslebens« ausschlaggebend sind, anhand derer sich die Mitglieder eines Kollektivs identifizieren, wird mit politischer Identität »nicht nur Aufmerksamkeit, Zuwendung, Sicherheit und Orientierung der ihr Zugehörigen vermittelt, sondern darüber hinaus auch Verantwortung für das für alle unbedingt Verbindliche, eben Politik« (Meyer 2004, 20). Mit politischer Identität ist »das Bewusstsein der Zugehörigkeit zu einer Gemeinschaft, für die die gleichen Verbindlichkeiten unbedingt gelten« gemeint (ebd., 20). Thomas Meyer (2004, 63) zufolge geht es also bei der Frage nach einer gemeinsamen Identität der europäischen Bürgerinnen und Bürger nicht um ein kulturelles, sondern vielmehr um ein politisches Projekt. Es

»ist nicht die Geographie, sondern der gemeinsame Wille zu Rechtsstaatlichkeit, Demokratie und Menschenrechte, was das Fundament des Zusammenlebens ausmacht, das die europäische Kultur im Namen aller Europäer definiert. Die Grenzen Europas im Sinne einer möglichen Mitgliedschaft von Staaten in der Europäischen Union können nicht durch einen Fingerzeig auf die Landkarte gezogen werden, sondern nur durch einen politischen Voluntarismus, der sich an pragmatischen Maximen orientiert. Europa hat also Grenzen, aber nur solche, die es sich politisch selber zieht.« (Ebd., 169)

Politische Identität ist nur dann gegeben, wenn Bürgerinnen und Bürger »in einem politischen Gemeinwesen zusammenleben oder wenigstens eine politische Handlungsform teilen« (ebd., 229). Für europäische Identität soll folglich »nicht die Zugehörigkeit zu einer bestimmten Ethnie, Religion oder Kultur entscheidend sein, sondern eine bestimmte Art des Umgangs mit Religion, Religiosität und Kultur im öffentlichen Leben« (ebd., 229). Demzufolge wäre der Beitritt der Türkei zur Europäischen Union denkbar, wenn eine Einigung nicht auf religiöser oder kultureller Werte gründen würde, sondern vielmehr auf der gemeinsamen politischen Überzeugung, dass die Unterschiede des Landes toleriert werden (vgl. ebd., 147).

Wird davon ausgegangen, dass Europa als eine politische Union wahrgenommen wird, so muss dieses Konstrukt jedoch Grenzen haben, denn eine Inklusion ist nur dann gegeben, wenn es auch eine Exklusion gibt, und »ohne ein Außen kann es kein Innen geben« (Kocka 2004, 193).

Habermas (1994, 13) vertritt die Ansicht, dass die Identität einer politischen Gemeinschaft nicht auf ethnisch-kulturellen Gemeinsamkeiten basieren soll, sondern sie soll in der Ausübung der demokratischen Rechte durch die Staatsbürgerinnen und -bürger konstruiert werden. Nach Peter Wagner (2005, 496) ist die Frage nach europäischen Identitätskonstruktionen ebenfalls eine politische Frage:

»Sie ist die Frage nach dem Gemeinsamen, das unser Handeln leiten kann, und insbesondere die Frage nach dem, was wir gemeinsam haben und was uns von ›Anderen‹ unterscheidet. Wir sehen die handlungsleitende Wirkung der Identität etwa an der Verpflichtung auf Menschenrechte und Demokratie, die die Diskussion über die Osterweiterung der Europäischen Union angeleitet hat. Und wir sehen die unterschiedsetzende Wirkung der Identität an der Verpflichtung zur Solidarität untereinander, die Europa etwa von den USA unterscheidet.« (Ebd., 496)

Wie in Kapitel 2 schon erwähnt, lässt sich bereits eine Basis gemeinsamer europäischer Werte in der Verfassung der Europäischen Union erkennen.[2]

Demnach ist europäische Identität besonders für das demokratische und friedliche Zusammenleben in der Europäischen Union wichtig. Darüber hinaus strebt die Europäische Union eine gemeinsame Außen- und Sicherheitspolitik an und hat Folgendes zum Ziel:

1. »Die Wahrung der gemeinsamen Werte, der grundlegenden Interessen, der Unabhängigkeit und der Unversehrtheit der Union im Einklang mit den Grundsätzen der Charta der Vereinten Nationen;
2. die Stärkung der Sicherheit der Union in allen ihren Formen;
3. die Wahrung des Friedens und die Stärkung der internationalen Sicherheit entsprechend den Grundsätzen der Charta der Vereinten Nationen sowie den Prinzipien der Schlussakte von Helsinki und den Zielen der Charta von Paris, einschließlich derjenigen, welche die Außengrenzen betreffen;
4. die Förderung der internationalen Zusammenarbeit;
5. die Entwicklung und Stärkung von Demokratie und Rechtsstaatlichkeit sowie die Achtung der Menschenrechte und Grundfreiheiten.« (Bruha/Rau 2004, 294)

Diese Ziele können zugleich auch als normative Selbstbeschreibung respektive Kerngehalt europäischer Identitätskonstruktionen betrachtet werden. Hierbei können drei Dimensionen europäischer Identität unterschieden werden: die formale, die materiale und die instrumentelle Dimension (vgl. ebd., 294). Bei der formalen Position geht es um die Wahrung der Unabhängigkeit und Unversehrtheit der Union, die sich insbesondere auf die Mitgliedsländer bezieht (vgl. ebd., 295). In ihrer materialen Dimension wird die Union als eine Wertegemeinschaft angesehen, die die Wahrung von gemeinsamen Werten zum Ziel hat. Dazu gehören folgende Werte: Erhaltung des Friedens und Stärkung der internationalen Sicherheit, Stärkung von Demokratie, Rechtsstaatlichkeit und Achtung der Menschenrechte (vgl. ebd., 296ff.). Außerdem begreift sich die Union auch als eine Interessengemeinschaft. Das grundlegende Interesse ist dabei die Sicherheit der Union in allen ihren Formen (vgl. ebd., 303). Ein weiteres Interesse ist die Förderung der Außenwirtschaftsbeziehungen (vgl. ebd., 304). Durch die Einhaltung der Prinzipien der Freiheit, der Demokratie, der Achtung der Menschenrechte etc. kann der Zusammenhalt der europäischen Bürgerinnen und Bürger gestärkt

2 Auf die europäischen Werte in der Verfassung der Europäischen Union wird im Kapitel 2.4 ›Rechtsgrundlage und Kriterien für einen Beitritt: Kopenhagener Kriterien‹ eingegangen. Siehe hierzu auch Kapitel 4.2.2 ›Politische Wertegemeinschaft‹.

werden, da bei Einhaltung dieser Prinzipien eine relativ homogene europäische Gesellschaft entsteht.

3.6 DIMENSIONEN NATIONALER IDENTITÄTEN

Nach Hall (1994, 199ff.) wird unter nationaler Identität die bewusste Zugehörigkeit zu einer Nation[3] verstanden. Eine Nation ist sowohl ein politisches Gebilde als auch eine symbolische Gemeinschaft, in der die Menschen nicht nur als rechtmäßige Bürgerinnen und Bürger einer Nation gesehen werden, sondern auch als Repräsentantinnen und Repräsentanten ihrer eigenen Kultur. Somit werden nationale Identitäten erst durch Repräsentationen der eigenen Kultur konstruiert, indem die Bedeutungen der eigenen Nation festgehalten werden, mit denen sich die einzelnen Bürgerinnen und Bürger identifizieren. Die Bedeutungen einer Nation werden ähnlich wie bei kulturellen Identitätsbildungen vor allem über bestimmte Merkmale und Symbole, wie zum Beispiel eine gemeinsame Herkunft und Sprache, gemeinsame Rituale, Werte sowie gemeinsame historische Ereignisse, hergestellt, die in öffentlichen Diskursen verbreitet werden. Diese Merkmale und Erzählungen werden in der Öffentlichkeit vielfach hervorgehoben, um das Zugehörigkeitsgefühl eines Individuums zu einer Nation respektive das kollektive Bewusstsein einer Nation zu stärken. Dabei werden die Mitglieder einer nationalen Identität besonders durch Erzählungen über vergangene Ereignisse an das nationale Schicksal gebunden, indem zum Beispiel an eine Geschichte erinnert wird, die die Mitglieder dieser Nation verbindet. Die nationale Zugehörigkeit eines Individuums wird daher vor allem von der Vergangenheit bestimmt. (Vgl. ebd., 199ff.)

Hall (1994, 202f.) nennt folgende fünf Strategien, wie nationale Identitäten konstruiert werden können:

1. Die Erzählung über die Nation erfolgt in öffentlichen Medien, in der Literatur etc. Dabei wird der Zusammenhang von historischen Ereignissen, nationalen Symbolen und Ritualen hergestellt und geteilte Niederlagen, Erfahrungen, Triumphe sowie Sorgen repräsentiert.
2. Die nationale Identität wird als ursprünglich betrachtet. Der Nationalcharakter bleibt in den Diskursen unveränderbar, einheitlich und zeitlos.

---

3 Der Begriff Nation ist hergeleitet aus dem lateinischen Wort ›natio‹ und bedeutet Geburt (vgl. Metzeltin 2010, 107).

3. Die dritte diskursive Strategie ist die Erfindung der Tradition, die für historische Missverständnisse herangezogen wird, um Verwirrungen in der Geschichte verstehbar zu machen.
4. Eine weitere Strategie für die Konstruktion und Erfindung einer nationalen Identität ist der Gründungsmythos. Der Ursprung der Nation und des Volkes liegt in vergangener Zeit. Historische Unordnungen werden durch Mythisierung in Gemeinschaften verwandelt.
5. Die nationale Identität wird aber auch häufig durch das reine, ursprüngliche Volk konstruiert.

Auch Loth (2002, 96) zufolge ist eine gemeinsame historische Vergangenheit für die Bildung einer Nation von großer Bedeutung.[4] Zu einer historischen Gemeinsamkeit sollen jedoch auch Kenntnisse über die Geschichte vorhanden sein, um von einer gemeinsamen Identität sprechen zu können. Darüber hinaus sind auch ethnische Gemeinsamkeiten, gemeinsame Kulturen und Traditionen unabdingbar. Eine gemeinsame Sprache ist Loth (2002, 96) zufolge nicht immer relevant und kann als kulturelle Komponente betrachtet werden. Montserrat Guibernau (2003, 92f.) erwähnt in seiner Auffassung über den Nationenbegriff auch die Wichtigkeit einer gemeinsamen Zukunft und der Selbstregierung der Nationen. Somit ist nach Guibernau (2003, 92f.) unter Nation eine Gruppe von Menschen zu verstehen, die sich bewusst zu einer Gemeinschaft schließen und eine gemeinsame Kultur vertreten, einem bestimmten Territorium angehören, eine gemeinsame Vergangenheit und gemeinsame Zukunft implizieren sowie das Recht auf Selbstregierung fordern. Demzufolge können dem Begriff Nation fünf Dimensionen zugeschrieben werden: eine psychologische (bewusste Bildung einer Gemeinschaft), kulturelle (Zugehörigkeit zum gleichen Kulturkreis), territoriale (Abgrenzung der Gemeinschaft von den ›Anderen‹), historische (gemeinsame Vergangenheit und Zukunft) und eine politische Dimension (Recht auf Selbstregierung) (vgl. ebd., 93).

In diesem Zusammenhang weist Philip Schlesinger (1987, 236f.) darauf hin, dass nationale Identität eine spezifische Form kollektiver Identität ist und auf der Selbstdefinition eines Kollektivs basiert: »All identities are constituted within a system of social relations and require the reciprocal recognition of others.« Die Bildung nationaler Identitäten ist ein »continual process of recomposition rather than a given one, in which the two constitutive dimensions of self-identification and affirmation of difference are continually locked« (ebd., 236f.). So gesehen

4 Für eine nähere Ausführung sei auf das Kapitel 4.2.5 ›Historische Erinnerungsgemeinschaft‹ verwiesen.

bezeichnet Schlesinger (1987, 236f.) Identität als ein »dynamic, emergent aspect of collective action«.

An dieser Stelle soll darauf hingewiesen werden, dass nationale Identität oft als Ausgangspunkt für europäische Identitätskonstruktionen betrachtet wird. Jedoch ist anzumerken, dass sich Konstruktionen europäischer Identität aus anderen Bedingungen entwickelten und sich deshalb von nationalen Identitäten unterscheiden. Kaelble (2007, 169f.) führt folgende Unterschiede an:

1. Europäische Identitätskonstruktionen basieren im Gegensatz zu nationalen Identitäten nicht auf einem militärischen Gründungmythos, sondern entwickelten sich gegen die Weltkriege, um das Zusammengehörigkeitsgefühl unter der europäischen Bevölkerung zu stärken und weitere Kriege zu vermeiden.
2. Europäische Identitätskonstruktionen verfolgen einerseits politische Ziele wie Demokratie, Friedensicherung etc. und andererseits identifizieren sie sich mit kulturellen Aspekten, wie zum Beispiel mit europäischer Literatur, Kunst, Musik und Architektur, während nationale Identitäten vielmehr auf »Symbolen wie Hymnen, Feiertage, Gebäuden, Landschaften«, Mythen und auf historischen Erinnerungsorten beruhen (ebd., 170).
3. Nationale Identitäten in Europa beanspruchen die vorrangige Identität zu sein und verursachen eine Verdrängung regionaler, transnationaler oder binationaler Identitäten. Europäische Identitäten hingegen versuchen trotz der Anlehnung an nationale und regionale Identitäten, die »Feindschaften gegenüber anderen europäischen Identitäten« zu beseitigen (ebd., 170). Nationale Identitäten sichern sich häufig über die Anwendung einer einheitlichen nationalen Sprache ab, da die Nationen in Europa die Sprache als die bedeutendste kulturelle Identifikation betrachten, während europäische Identitätskonstruktionen großen Wert auf eine Vielfalt von Sprachen legen.
4. Nationale Identitäten sehen sich im Gegensatz zur europäischen Identität oft als universales Modell an und identifizieren sich als die höchste Stufe der menschlichen Organisation, die als vorherrschende Organisationsform das internationale politische System tragen.

Demnach kann gesagt werden, dass bei Konstruktionen europäischer Identität Aspekte wie Sprachkultur, religiöse Kultur, nationale sowie politische Kultur eine entscheidende Rolle spielen. Dabei geht es zum einem »um die Bedingungen, die erfüllt sein müssen, damit die Bürger ihre staatsbürgerliche Solidarität über ihre jeweiligen nationalen Grenzen hinaus mit dem Ziel einer wechselseitigen Inklusion erweitern können« (Habermas 2004, 76); zum anderen aber auch um gemeinsame Interessen, um das Zusammengehörigkeitsgefühl der europäischen Bevölkerung zu fördern.

3.7 KONSTRUKTIONEN EUROPÄISCHER IDENTITÄT

Die Diskussion über europäische Identitätskonstruktionen erlebt in den letzten Jahren besonders durch die kontinuierliche Erweiterung der Europäischen Union einen enormen Aufschwung in den Medien. Dabei werden vor allem kulturelle Unterschiede zwischen Mitgliedstaaten der Europäischen Union als Herausforderung hervorgehoben. Die Bemühungen um eine europäische Identität reichen jedoch bis in das Jahr 1973 zurück. Bei Konstruktionen europäischer Identität wird versucht, innerhalb der europäischen Gesellschaft das Gefühl zu erzeugen, zum Kontinent Europa dazuzugehören. Im Folgenden wird auf die Entwicklung von europäischen Identitätskonstruktionen und auf Konstruktionen europäischer Identität durch Abgrenzung zu ›nichteuropäischen‹ Ländern eingegangen. Anhand der Eurobarometer-Studien wird darüber hinaus ein kurzer Auszug zur Ausprägung der Identität Europas unter den Bürgerinnen und Bürgern gegeben, um herauszufinden, inwieweit jenseits identitätsstiftender Faktoren wie Geburtsort, Geschlecht, Alter, Familie, regionaler und nationaler Herkunft von einem europäischen Zusammengehörigkeitsgefühl gesprochen werden kann.

3.7.1 Bemühungen um eine europäische Identität

Die Frage nach einer europäischen Identität wurde erstmals 1973 auf dem europäischen Gipfeltreffen in Kopenhagen thematisiert. Auf diesem Gipfeltreffen wurde das erste europäische Dokument über die europäische Identität – ›Deklaration der europäischen Identität‹ – von den damals neun Mitgliedstaaten der Europäischen Gemeinschaft ausgearbeitet und es wurden die Beziehungen zu anderen Ländern der Welt und ihre Funktionen sowie ihr Platz in der Weltpolitik bestimmt. Dabei wurde die Absicht ausgedrückt, die Grundelemente der europäischen Identität zu definieren. Die Grundsätze der repräsentativen Demokratie, der Rechtsstaatlichkeit, der sozialen Gerechtigkeit und der Menschenrechte sollen durch die Sicherung gemeinsamer rechtlicher, politischer und geistiger Werte, die Erhaltung der Vielfalt ihrer nationalen Kulturen sowie durch die Schaffung einer gemeinsamen Lebensauffassung gewahrt werden. (Vgl. Europäische Gemeinschaft 1973, online 2)

Dieses Dokument gilt als offizieller Start der europäischen Identitätspolitik. Darin wurden Symbole europäischer Zusammengehörigkeit respektive identitätsstiftende Maßnahmen festgelegt, die folgendermaßen zusammengefasst werden können: (Vgl. Schmale 2007, 76f.)

1. Gemeinsame Flagge und Hymne, Europatag
2. Definition der Staatsbürgerschaft der Europäischen Union
3. Euro als gemeinsame Währung
4. Gemeinsame Werte und Europäische Union als Zukunftsprojekt
5. »Gemeinsamer Markt, Gemeinsames Recht, Gemeinsame Sicherheits- und Außenpolitik, Gemeinsamer Bildungs- und Wissenschaftsraum etc.« (ebd., 77)
6. Gemeinsame Geschichtspolitik: Europaausstellungen, Gründung eines europäischen Museums, um die identitätsstiftende Rolle von Geschichte anzuwenden

1995 wurde eine erste Charta der Europäischen Identität verabschiedet (vgl. Charta der Europäischen Identität 1995, online 5). Die Idee dieser Charta ist auf den damaligen tschechischen Staatspräsidenten Václav Havel zurückzuführen, der in seiner Rede vor dem Europäischen Parlament dazu aufrief, die Identität Europas zu bestimmen, um den Bürgerinnen und Bürgern der Europäischen Union ein Heimatgefühl zu geben (vgl. Meyer 2004, 11f.). Die Charta enthält Werte wie »Freiheit, Friede, Menschenwürde, Gleichberechtigung und soziale Gerechtigkeit« (Charta der Europäischen Identität 1995, online 5). Darüber hinaus versucht die Europäische Union unter der Devise ›In Vielfalt geeint‹, gemeinsame Werte »unter Achtung der Vielfalt der Kulturen und Traditionen der Völker Europas sowie der nationalen Identität der Mitgliedstaaten und der Organisation ihrer staatlichen Gewalt auf nationaler, regionaler und lokaler Ebene« zu erhalten und zu entwickeln (Europäischer Konvent 2003, online 49). Hierbei kommt bereits klar zum Ausdruck, dass nationale Sprachen und unterschiedliche Kulturen wichtig für die Identität der Europäischen Union sind. Jedoch kann nicht gesagt werden, dass nur kulturelle Gemeinsamkeiten für den Zusammenhalt innerhalb der Europäischen Union ausreichend sind. Vielmehr ist es wichtig, dass die Bürgerinnen und Bürger der Europäischen Union sich selbst als eine Gruppe verstehen, die die gleichen respektive ähnlichen Werte vertritt. Auf der Suche nach sich ›selbst‹ geht es dabei nicht so sehr um eine geographische Bestimmung, sondern vielmehr um die kulturelle Begründung und folglich um die Frage der Europäerinnen und Europäer nach sich ›selbst‹ (vgl. Weidenfeld 2002, 17). Hierzu führt Werner Weidenfeld (2002, 17) folgende drei Komponenten an, auf denen europäische Identitätskonstruktionen beruhen:

1. Herkunftsbewusstsein: Konzepte europäischer Identität basieren auf dem gemeinsamen Herkunftsbewusstsein und auf dem historischen Bewusstsein der Bürgerinnen und Bürger.
2. Gegenwartsbewusstsein: Europäische Identitätskonstruktionen gründen sich auf gegenwärtige Erfahrungen und Erkenntnisse sozialer, politischer und wertorientierter Ortsbestimmungen sowie der Integration des Kontinentes Europa.
3. Zukunftsbewusstsein: Europäische Identitätskonstruktionen konstituieren sich auch aus Zukunftserwartungen der europäischen Bürgerinnen und Bürger sowie aus den Erfahrungen der erweiterten Union. Das Ziel einer europäischen Identität soll eine gemeinsame Zukunftsvision einer Europäischen Union mit ihren Mitgliedsländern und anderen möglichen Beitrittskandidaten sein.

Weidenfeld (2010, 33f.) nach kann also »von einer europäischen Identität [...] gesprochen werden, wenn die Europäer ein Gemeinschaftsbewusstsein empfinden, das sie als eine gemeinsame Gruppe definiert und sie von anderen Gruppen unterscheidet«. Somit stellt sich die Frage, ob »die Europäer über ein gemeinsames Herkunftsbewusstsein, gemeinsame Interpretation der Gegenwart und gemeinsame Zielprojektionen für die Zukunft« verfügen (ebd., 34). In Anbetracht dessen soll nicht nur die historische Entwicklung berücksichtigt werden, sondern auch die gemeinsamen aktuellen Handlungen sowie gemeinsame Zukunftspläne, die auf die Identität wirken, sollen miteinbezogen werden.

3.7.2 Europäische Identität durch Abgrenzung zu ›nichteuropäischen‹ Ländern

Seit dem offiziellen Beginn der Beitrittsverhandlungen mit der Türkei ist die Auseinandersetzung mit Konstruktionen europäischer Identität nicht mehr wegzudenken. In den politischen Debatten über europäische Identitätskonstruktionen spielt der Aspekt der Abgrenzung eine wesentliche Rolle. Die Suche nach einer europäischen Identität ist folglich auch eine Suche nach einer ›nichteuropäischen‹ Identität und impliziert auch die Frage, was Europa nicht ist. Zugehörigkeit zu Europa wird auch anhand von Grenzsetzungen nach Osten bestimmt. Solche Grenzen markieren, wer innerhalb Europas lebt und wer davon exkludiert ist (vgl. Küçük 2008, 12). Unter Exklusion[5] wird jener Prozess verstanden

5 Im Gegensatz zur Exklusion handelt es sich bei der Inklusion »um einen Prozess, durch den gewährleistet wird, dass Personen, die von Armut und sozialer Ausgrenzung bedroht sind, die erforderlichen Chancen und Mittel erhalten, um am wirtschaft-

»durch den bestimmte Personen an den Rand der Gesellschaft gedrängt und durch ihre Armut beziehungsweise wegen unzureichender Grundfertigkeiten oder fehlender Angebote für lebenslanges Lernen oder aber infolge von Diskriminierung an der vollwertigen Teilhabe gehindert werden« (Kommission der Europäischen Gemeinschaften 2003, online 10). Allein die Diskussion über europäische Identitätskonstruktionen und das Bestimmen von Gemeinsamkeiten in der europäischen Gemeinschaft schließt bereits Länder aus, die als nicht zu Europa gehörend definiert werden.

Vor dem Hintergrund David Campbells (1992, 85) Aussage »a thing is known by what it is not« wird Identität in Relation zum ›Anderen‹ konstruiert. Auch der palästinensische Philologe Edward Said (1979) geht davon aus, dass europäische Identitätskonzeptionen in Relation zur Differenz, insbesondere in der Abgrenzung zum Orient respektive Orientalismus, konstruiert werden. Said (1979, 1ff.) zufolge wurde das Bewusstsein der europäischen Kultur und Identität durch die Abgrenzung zum Orient gestärkt.[6] Ähnlich konstatiert Hall (1994, 137ff.), dass eine europäische Identität vor allem in den Grauzonen zu suchen ist, in denen Europa seiner Externität und somit dem ›Anderen‹ begegnet und infolgedessen sich von diesem ›Anderen‹ durch Erzählungen über sich ›selbst‹ und über das ›Andere‹ abgrenzt. In den Diskussionen über den Beitritt der Türkei zur Europäischen Union kommt diese Abgrenzung besonders zum Ausdruck, da die Türkei als das ›Andere‹ betrachtet wird und dadurch Kennzeichen des ›Europäisch-Seins‹ bestimmt werden (vgl. Küçük 2008, 12). Denn für Westeuropa ist die Türkei ein Land, das weder Osteuropa noch Mittelosteuropa zugeordnet werden kann.[7] Sie wird mehr als eine Grauzone dazwischen respektive als jenes ›Fremde‹ betrachtet, das den Prozess der europäischen Identitätsbildung nicht unwesentlich beeinflusst (vgl. ebd., 12). Somit werden zum einen alle Angehörigen der Europäischen Union trotz der Heterogenität der Mitgliedstaaten mit dem Kollektiv verbunden; zum anderen setzt die Europäische Union als eine Gemeinschaft mit verschiedenen Kulturen zugleich aber eine Grenze gegen die Nichtmitglieder.

---

lichen, sozialen und kulturellen Geschehen voll teilzunehmen und in den Genuss des Lebensstandards und Wohlstands zu kommen, der in der Gesellschaft, in der sie leben, als normal gilt. Sie stellt sicher, dass die Teilhabe dieser Menschen an Entscheidungsprozessen, die Auswirkungen auf ihr Leben und ihren Zugang zu den Grundrechten haben, zunimmt.« (Europäische Kommission 2004, 12)

6 Nähere Ausführung darüber siehe Kapitel 4.3.6 ›Der Orient als konstituierender ›Anderer‹ Europas‹.

7 Siehe hierzu Kapitel 4.2.1 ›Geographisches Gebilde‹.

Es stellt sich nun die Frage, ob in europäischen Identitätskonzeptionen immer von einer Identität gegenüber ›Anderen‹ ausgegangen wird, um sich von diesen respektive von den Nichtmitgliedern der Europäischen Union zu unterscheiden und folglich eine Grenze zwischen Inklusion und Exklusion zu ziehen. Diesbezüglich betont Alexander Wendt (vgl. 1999, 225), dass der Konstruktionsprozess Europa als eine sich selbst generierende Gemeinschaft keine Abgrenzung zum ›Anderen‹ benötigt. »If a process is self-organizing, then there is no particular other to which the self is related.« (Ebd., 225) So auch Ole Wæver (1998), der davon ausgeht, dass die Europäische Union keine eindeutigen Grenzen hat und sich nicht auf die Abgrenzung zum ›Anderen‹ gründet. Länder, die geographisch nicht zu Europa gehören, bezeichnet Wæver (1998) als ›wenig europäisch‹.

3.7.3 Ausprägung europäischer Identität unter der europäischen Bevölkerung – Erkenntnisse der Eurobarometer-Studien

Anhand der Eurobarometer-Umfragen der Europäischen Kommission wird versucht, die öffentliche Meinung der Mitgliedstaaten zu europäischen Fragen sowie die Einstellungen der Bürgerinnen und Bürger in den Mitgliedstaaten und Kandidatenländern[8] zur Europäischen Union zu erfassen. Die Eurobarometer-Umfragen werden seit 1973 mindestens zweimal bis zu fünfmal im Jahr in allen Mitgliedstaaten der Europäischen Union und in den Kandidatenländern durchgeführt. Hierzu werden in allen Ländern identische Fragen gestellt. Auf diese Art und Weise können Unterschiede in den jeweiligen Ländern festgestellt werden. Für die Durchführung der Erhebung werden in jedem Land etwa 1.000 Personen[9] befragt. Die Auswahl der Probandinnen und Probanden erfolgt dabei nach dem Zufallsprinzip. (Vgl. European Commission 2015, online)

Die Einstellungen der Bürgerinnen und Bürger zur Europäischen Union können speziell an den Fragen über das Interesse an der Europäischen Union, am Wissen über die Europäische Union und am Zugehörigkeitsgefühl zur Europäi-

8 Zu den Kandidatenländern der Europäischen Union 2018 gehören Albanien, Die ehemalige jugoslawische Republik Mazedonien, Montenegro, Serbien und die Türkei (vgl. Europäische Union 2018, online). Siehe hierzu auch Kapitel 2.3 ›Erweiterungsrunden und Beitrittsverhandlungen‹.

9 Eine Ausnahme bilden folgende Länder: In Deutschland werden 1.500, im Vereinigten Königreich 1.300, in Luxemburg 500 und in Nordirland 300 Personen befragt (vgl. European Commission 2015, online).

schen Union ermittelt werden. Hierzu werden im Folgenden Fragen behandelt, die explizit auf die Identitätsthematik ausgerichtet sind. Die Ergebnisse der Eurobarometer-Umfragen lassen dabei erkennen, dass seit 1973 hinsichtlich der Einstellungen der europäischen Bürgerinnen und Bürger zu Europa und der Europäischen Union keine großen Unterschiede festgestellt werden können. Die Meinungen und Aussagen der europäischen Bevölkerung weisen vielmehr eine hohe Kontinuität auf. Dies kann insbesondere den Befragungsergebnissen jener Staaten entnommen werden, welche bereits 1973 Mitglied der damaligen Europäischen Gemeinschaft waren. Zu der Frage, ob die Mitgliedschaft des eigenen Landes in der Europäischen Union ›eine gute Sache‹, ›eine schlechte Sache‹ oder ›weder gut noch schlecht‹ sei, fielen beispielsweise die Ergebnisse in den damaligen neun Mitgliedsländern[10] positiv aus. 56 Prozent der Befragten bewerteten die Mitgliedschaft des eigenen Landes im Jahr 1973 als ›eine gute Sache‹. Nur elf Prozent hielten die Mitgliedschaft für ›eine schlechte Sache‹. Ähnliche Ergebnisse können auch 2018 festgehalten werden. Mehr als die Hälfte der Befragten (60 Prozent) der 28 Mitgliedsländer bewertete die Mitgliedschaft als ›eine gute Sache‹. Nur fünf Prozent vertraten die Meinung, dass die Mitgliedschaft ›eine schlechte Sache‹ ist. (Vgl. Kommission der Europäischen Gemeinschaften 1979, online 31; European Parliament 2018, online 37)

Die Einstellungen der Bürgerinnen und Bürger zur Europäischen Union hängen auch mit dem Wissensstand über die Europäische Union ab. Gerhards (2005, 264) zufolge lassen sich die Einstellungen insbesondere durch den Modernisierungsgrad einer Gesellschaft feststellen. »Je höher modernisiert ein Land ist, und je gebildeter seine Bürgerinnen und Bürger sind, umso stärker werden die [...] Vorstellungen« über die Europäische Union unterstützt (ebd., 264). So geben gut informierte Bürgerinnen und Bürger eher an, dass die Europäische Union ›eine gute Sache‹ sei. Die schlecht Informierten hingegen vertreten vielmehr die Ansicht, dass die Europäische Union ›keine gute Sache‹ sei. (Vgl. European Commission 2003b, online 31)

In der Türkei erklärte 2011 eine überwiegende Mehrheit der türkischen Bevölkerung (41 Prozent), dass der Beitritt ihres Landes ›eine gute Sache‹ wäre, während 29 Prozent der befragten Personen die Zugehörigkeit ihres Landes zur Europäischen Union als ›eine schlechte Sache‹ empfanden (vgl. European Commission 2011a, 37). Den Ergebnissen 2018 nach kann festgehalten werden, dass nur mehr knapp ein Drittel der türkischen Bevölkerung (29 Prozent) einen Beitritt seines Landes für ›eine gute Sache‹ hält, während ein weiteres knappes

10 Belgien, Dänemark, Deutschland, Frankreich, Irland, Italien, Luxemburg, Niederlande, Vereinigtes Königreich.

Drittel der Befragten (29 Prozent) der Meinung ist, dass eine Mitgliedschaft für ihr Land ›eine schlechte Sache‹ wäre (vgl. European Commission 2018b, online 80). Dennoch vertritt mehr als ein Drittel der Befragten (42 Prozent) die Ansicht, dass ein Beitritt zur Europäischen Union von Vorteil wäre, während knapp die Hälfte der befragten Personen (46 Prozent) gegensätzlicher Meinung sind (vgl. European Commission 2018b, online 81).

Fragen über die europäische Identitätsproblematik werden in den Eurobarometer-Umfragen seit 1982 gestellt. Im Rahmen des Eurobarometers bezieht sich Identität auf das Gefühl der Zugehörigkeit zu einer Gemeinschaft. Mit diesen Fragen wird versucht, die Zugehörigkeit der Bürgerinnen und Bürger der Europäischen Union zu Europa zu messen. 1982 antworteten auf die Frage, ob ihnen bewusst sei, dass sie eine Bürgerin respektive ein Bürger Europas seien, 16 Prozent der befragten Bürgerinnen und Bürger aus den damals noch zehn Mitgliedsländern[11], dass sie sich ›häufig‹ als Bürgerin respektive Bürger Europas fühlten (vgl. Kommission der Europäischen Gemeinschaften 1982, online 42). 37 Prozent erklärten, dass sie sich nur ›manchmal‹ als Europäerin respektive Europäer fühlten und 43 Prozent gaben als Antwort ›nie‹ an (vgl. ebd., online 42). 36 Jahre später hat sich das Gefühl Europäerin respektive Europäer zu sein, gesteigert. 2018 gaben 29 Prozent der Befragten an, ›voll und ganz‹ eine Bürgerin respektive ein Bürger der Europäischen Union zu sein, 41 Prozent fühlen sich ›manchmal‹ als Europäerin respektive Europäer und 29 Prozent fühlen sich ›eher nicht‹ bis ›überhaupt nicht‹ als Bürgerin respektive Bürger der Europäischen Union. Fasst man die Antworten der Befragten zusammen, die 1982 häufig und manchmal das Gefühl hatten (häufig: 16 Prozent; manchmal: 37 Prozent), Europäerin respektive Europäer zu sein, kann gesagt werden, dass das Zugehörigkeitsgefühl um 18 Prozent angestiegen ist. (Vgl. ebd., online 42; European Commission 2018c, online 29)

Die Ergebnisse variieren jedoch erheblich zwischen den einzelnen Mitgliedstaaten. Luxemburg hat mit 93 Prozent den höchsten Anteil an Bürgerinnen und Bürger, die sich mit Europa identifizieren. Eine hohe Identifikation mit Europa lässt sich auch in Irland (85 Prozent), in Deutschland (84 Prozent), Portugal (83 Prozent), auf Malta und in Spanien (mit jeweils 82 Prozent) sowie in Polen und in der Slowakei (mit jeweils 80 Prozent) erkennen. In Österreich ist die europäische Identifikation leicht überdurchschnittlich (77 Prozent). Die geringste Identifikation mit Europa kann in Griechenland (49 Prozent) und Bulgarien (46 Pro-

11 Belgien, Dänemark, Deutschland, Frankreich, Irland, Italien, Luxemburg, Niederlande, Vereinigtes Königreich, Griechenland.

zent) sowie in Italien (43 Prozent) festgehalten werden. (Vgl. European Commission 2018c, online 30)

Fragen in Bezug auf die europäische Identität werden im Eurobarometer wiederholt gestellt, jedoch auf unterschiedliche Art und Weise sowie in unregelmäßigen Abständen. Anzumerken ist auch, dass diese Fragen über die Jahre hinweg geändert und erweitert wurden. Der Eurobarometer hat über einige Jahre hinweg auch die Frage nach der subjektiven Einstellung zur europäischen Identität gestellt. Dabei ging es darum herauszufinden, ob sich die Befragten als Bürgerinnen und Bürger der Europäischen Union oder als Angehörige respektive Angehöriger der eigenen Nationalität sehen. Während 1982 die Bürgerinnen und Bürger der damaligen Europäischen Gemeinschaft befragt wurden, ob ihnen bewusst sei, dass sie eine Bürgerin respektive Bürger Europas seien, wurde ab 1992 diese Frage in Bezug auf die nationale Identitätsebene erweitert, um eine Kombination von nationaler und europäischer Identität einzuräumen (vgl. Kommission der Europäischen Gemeinschaften 1992, online 51). So lautet die Frage nach der Zugehörigkeit seither wie folgt: »In der nahen Zukunft, sehen Sie sich da nur als ›(Nationalität)‹ [...], als ›(Nationalität) und Europäer‹, als ›Europäer und (Nationalität)‹ oder ›nur als Europäer‹?« (Kommission der Europäischen Gemeinschaften 1992, online 51) Die Ergebnisse zeigen in der ersten Erhebung dieser Frage, dass in der nahen Zukunft 48 Prozent der Europäerinnen und Europäer sich als ›(Nationalität) und Europäer‹ und 38 Prozent der Europäerinnen und Europäer sich nur als ›(Nationalität)‹ sehen (vgl. ebd., online 51). Während die italienische (57 Prozent), griechische (55 Prozent) und französische Bevölkerung (55 Prozent) sich am häufigsten als ›(Nationalität) und Europäer‹ sehen, waren die Länder mit dem geringsten Europabezug (jene, die sich nur als ›(Nationalität)‹ sehen) Großbritannien (54 Prozent) und Irland (52 Prozent) (vgl. ebd., online 51).

Aus den Ergebnissen 2005 ist ersichtlich, dass sich im Durchschnitt nur zwei Prozent der Befragten als reine Europäerinnen respektive Europäer und weitere sieben Prozent als Europäerin respektive Europäer und Angehörige der eigenen Nationalität fühlen (vgl. European Commission 2005, online 45). Diese Werte können mit nur ganz geringem Unterschied auch den Ergebnissen der Eurobarometer-Studie 2018 entnommen werden. Demnach fühlen sich zwei Prozent als reine Europäerinnen respektive Europäer und sechs Prozent als Europäerin respektive Europäer und Angehörige der eigenen Nationalität (vgl. European Commission 2018c, online 37). Die Hälfte der befragten Bürgerinnen und Bürger der Europäischen Union (2005: 48 Prozent; 2018: 55 Prozent) identifiziert und beschreibt sich als Nationsangehörige beziehungsweise -angehöriger und als Europäerin respektive Europäer. Ausschließlich als Angehörige der eigenen Nation sehen sich weniger als die Hälfte der Befragten (2005: 41 Prozent; 2018: 35 Prozent) (vgl. European Commission 2005, online 45; European Commission 2018c, online 37).

Auch hier kann festgestellt werden, dass die Ergebnisse zwischen den einzelnen Ländern sehr unterschiedlich ausfallen. Während sich mehr als die Hälfte der Befragten (65 Prozent) in Luxemburg in der Zukunft als Doppelbürgerinnen und -bürger fühlen, identifizieren sich die Befragten im Vereinigten Königreich mit 51 Prozent nur mit ihrer eigenen Nationalität. Luxemburg hingegen stellt unter den Mitgliedstaaten mit sieben Prozent den höchsten Anteil an reinen Europäerinnen respektive Europäern dar. Dies könnte darauf zurückgeführt werden, dass die Bürgerinnen und Bürger Luxemburgs, welches zu den Gründungsmitgliedern der Europäischen Union zählt, am längsten mit der europäischen Institution vertraut sind. (Vgl. European Commission 2018c, online 37)

Daraus geht hervor, dass eine europäische Identität die nationale nicht ersetzen kann, sondern nur neben den anderen Identitäten bestehen kann, da die Unionsbürgerinnen und -bürger mehrheitlich auch über eine nationale Identität verfügen.

In Anbetracht der Ergebnisse aus den Eurobarometer-Studien lässt sich festhalten, dass die Europäische Union von ihren Bürgerinnen und Bürgern überwiegend als ein politisches Gebilde wahrgenommen wird. Daneben werden auch Merkmale der kulturellen und kollektiven, aber auch der nationalen Identität am häufigsten genannt. Dazu gehören: historische Erfahrungen, gemeinsame Kultur, gemeinsame Rechte und Pflichten, gemeinsamer Wirtschaftsraum etc. Im Jahr 2005 gaben beispielsweise mehr als die Hälfte der Befragten (55 Prozent) an, dass sie es befürworten würden, wenn sich die Europäische Union hin zu einer politischen Gemeinschaft entwickeln würde. (Vgl. European Commission 2005, online 110).

Ähnliche Ergebnisse wurden auch bereits in den ersten Eurobarometer-Umfragen festgestellt. Den Ergebnissen der Erhebung im Jahr 1973 nach waren 54 Prozent der Befragten dafür, dass sich die Europäische Union hin zu einer politischen Union entwickelt (vgl. European Commission 2003a, online 75). Die Frage nach der Einstellung zur Entwicklung einer politischen Identität wird ab 2006 in den Erhebungen nicht mehr gestellt. Vielmehr wird davon ausgegangen, dass eine politische Identität bereits eine Voraussetzung für die Europäische Union ist, denn es werden fortan konkrete Fragen über die Meinungen zu politischen Ereignissen, wie Terrorismus oder Arbeitsmarktsituation, gestellt (vgl. European Commission 2007, 118ff.).

3.8 ZWISCHENFAZIT: EUROPÄISCHE IDENTITÄTSKONSTRUKTIONEN DURCH ABGRENZUNG ZUM ›ANDEREN‹

In diesem Kapitel wurde eingans der Begriff der Identität definiert, um in einem weiteren Schritt eine Bestimmung europäischer Identität vornehmen zu können. Dabei sollte keine endgültige Definition vom Identitätsbegriff gegeben werden, da diese zu umfangreich wäre. Es ging vielmehr darum, den Begriff für diese Arbeit brauchbar zu machen.

Zusammenfassend kann festgehalten werden, dass im Alltagsverständnis unter dem Identitätsbegriff ein Gleichsein mit sich ›selbst‹ verstanden wird. Aus psychologischer Sicht ist Identität nicht etwas, das man von Geburt an besitzt, sondern etwas, das in einem lebenslangen Prozess entsteht. Auch aus soziologischer und kulturhistorischer Perspektive wird Identität als ein dynamischer Prozess des ›Seins‹ und ›Werdens‹ betrachtet. Im Allgemeinen kann gesagt werden, dass Identität auf allen Ebenen (hier: kollektive, kulturelle, politische und nationale Identitätsebene) durch die Abgrenzung zum ›Anderen‹ konstruiert wird. Wie der Abbildung 2 zu entnehmen ist, wird die eigene Identität (Subjekt/Objekt) dabei im dialektischen Austauschprozess mit ›Anderen‹ durch Konstruktionen von Gemeinsamkeiten beziehungsweise Differenzen zwischen ›Wir‹ und den ›Anderen‹ gebildet. Zur Bestimmung des ›Anderen‹ bedarf es daher auch einer Beschreibung der eigenen Identität. So geben Konstruktionen Anlass zu Selbstbeschreibungen. Selbstbeschreibungen wiederum führen zu Differenzierungen, welche die Entstehung von sowohl positiven als auch negativen Auto- und Heterostereotypen bewirken. Folglich können sowohl Gemeinsamkeiten als auch Unterschiede einer Gemeinschaft festgestellt werden. Stehen dabei die Gemeinsamkeiten im Vordergrund des Dialogs mit dem ›Anderen‹, wird der ›Andere‹ als Gruppenmitglied gesehen. Werden jedoch die Differenzen hervorgehoben, wird der ›Andere‹ als Nichtangehöriger dieser Gemeinschaft beziehungsweise als ›Fremder‹ oder ›Externer‹ betrachtet.

Abbildung 2: Identitätsbildung

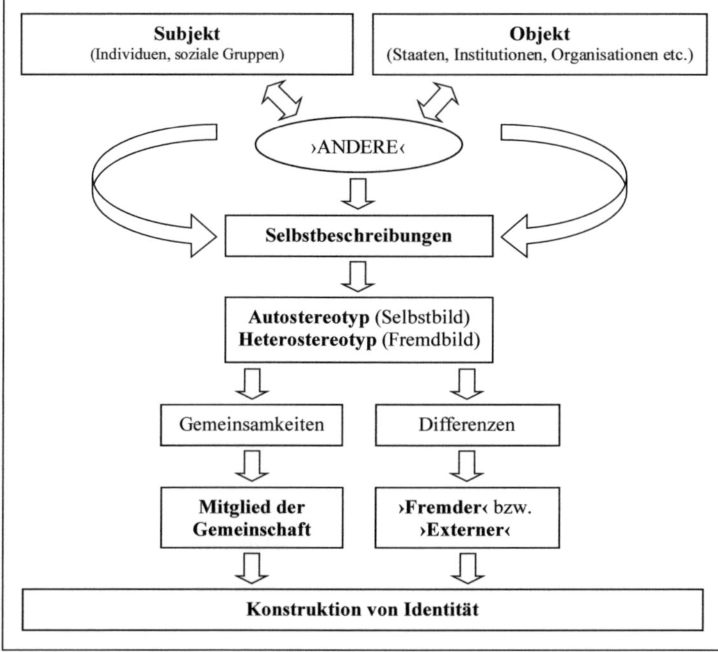

Quelle: Eigene Darstellung

Dass sich Identität aus vielen Merkmalen zusammensetzt und von vielen Faktoren beeinflusst wird, wird vor allem aus den verschiedenen Identitätsansätzen und -konzepten ersichtlich. Ebenso ist die Herausbildung einer europäischen Identität von vielen Einflussfaktoren geprägt. Damit einher geht auch die vieldiskutierte Frage, ob sich europäische Identitätskonzeptionen auf die geographische Gestalt Europas, die kulturellen Gemeinsamkeiten oder auf die politische Einheit Europas beziehen sollen. Es gibt viele Versuche, das ›Europäisch-Sein‹ zu beschreiben, respektive Ansätze, die europäische Identitätskonstruktionen zu erklären versuchen.

Konstruktionen europäischer Identität basieren grundsätzlich auf zwei Dimensionen (siehe Abbildung 3):

1. Europäische Identitätskonstruktionen nach außen
2. Europäische Identitätskonstruktionen nach innen

Die europäische Identitätsdebatte nach außen beschäftigt sich vor allem mit der Konstruktion des ›Anderen‹. Hierbei wird die europäische Identität mit einer außereuropäischen Identität verglichen, um sich von den ›Anderen‹ abgrenzen zu können. Dies zeigt sich besonders bei der Frage der Erweiterung der Europäischen Union um neue, ›nichteuropäische‹ Mitgliedstaaten, die sich in geographischen, kulturellen, historischen, politischen sowie religiösen Aspekten unterscheiden. Dabei wird Identität über das Verhältnis zu ›Anderen‹, die der eigenen Identität fremd oder nah sind und somit als Bezugs- oder Abgrenzungspunkt gelten, definiert. Die europäische Identitätsdebatte nach innen hingegen beschäftigt sich vorrangig mit der nationalen Identität. Im Mittelpunkt der Debatte steht Europa als Nationalstaat, der den europäischen Bürgerinnen und Bürgern trotz innereuropäischer Differenzen einen sozialen Zusammenhalt sichert.

Abbildung 3: Konstruktionen europäischer Identität

Europäische Identitätskonstruktionen nach außen

⇩

Außereuropäische Differenzen

⇩

Verhältnis zu ›Anderen‹

⇩

Europäische Identitätskonstruktionen nach innen

⇩

Innereuropäische Differenzen

⇩

Verhältnis zur nationalen Identität

⇩

Konstruktionen von europäischer Identität

1. Europäisch-kulturelle Identität
2. Europäisch-politische Identität
3. Europäisch-nationale Identität
4. Europäisch-wirtschaftliche Identität

Quelle: Eigene Darstellung

Wird von der wortwörtlichen Bedeutung des Identitätsbegriffes – ›Gleichheit‹ respektive ›derselbe‹ – ausgegangen, würde das im Zusammenhang mit der Identität Europas bedeuten, dass sich die Mitglieder der europäischen Gesellschaft voneinander nicht oder nur sehr wenig unterscheiden und somit untereinander gleich sind respektive sich sehr ähneln. Anhand der theoretischen Ansätze kann allerdings gesagt werden, dass nicht von einer europäischen Identität im engeren Sinne geredet werden kann, da die europäische Gemeinschaft von unterschiedlichsten Faktoren geprägt ist; zum Beispiel verfügen die europäischen Bürgerinnen und Bürger über keine gemeinsame Sprache und ihr Zugehörigkeitsgefühl kann nicht auf geographische, historische, politische, religiöse, wirtschaftliche etc. Gegebenheiten zurückgeführt werden.

Darüber hinaus können grundsätzlich vier Ebenen unterschieden werden, wenn es um europäische Identitätskonstruktionen geht:

1. Europäisch-kulturelle Identität
2. Europäisch-politische Identität
3. Europäisch-nationale Identität
4. Europäisch-wirtschaftliche Identität

Wie für die kulturelle Identität gibt es auch zur europäischen Identitätsbildung zahlreiche Möglichkeiten, damit Individuen einer Gemeinschaft mit den anderen Mitgliedern der Gemeinschaft interagieren und sich entsprechend verhalten können. Das Konzept einer europäischen kulturellen Identität soll jedoch nicht auf einer gemeinsamen kulturellen Tradition, sondern vielmehr auf der Vielfalt der Kulturen basieren. Kulturelle Identität kann somit als eine Voraussetzung für europäische Identitätsbildung betrachtet werden. Die kulturelle Zusammengehörigkeit ist für die europäische Identitätsbildung von großer Bedeutung, denn »je mehr soziale Gruppen vergesellschaftet und miteinander sozial verknüpft werden, umso mehr ist Kultur notwendig, die das Medium dieser Verknüpfung liefert. Dieses Problem stellt sich dann besonders, wenn sich Gesellschaften neu zu konstituieren suchen«. (Eder 1999, 152)

Die zweite Bedeutung von Identität ist die politische. Für europäische Identitätsbildung ist dabei das Interesse an einer gemeinsamen Politik entscheidend. Der Begriff der europäisch-politischen Identität wird zum einen dafür genutzt, um eine außenpolitische Abgrenzung vornehmen zu können; zum anderen wird die Einhaltung politischer Kriterien für ein friedliches Zusammenleben in Europa vorausgesetzt. Aus verfassungsrechtlicher Sichtweise gilt die Achtung der Demokratie und Rechtsstaatlichkeit, die Wahrung der Menschenrechte sowie der Schutz von Minderheiten als Voraussetzung für eine Mitgliedschaft in der Europäischen Union.

Auf der dritten Ebene wird vielmehr davon ausgegangen, dass Europa zwar eine Identität im Sinne von Wertorientierungen anstrebt, jedoch beruht diese grundsätzlich auf gemeinsamer, vielfältiger sowie historischer Erfahrungen und auf deren Deutung. Für die Herausbildung von nationalen Identitäten sind dabei Merkmale wie zum Beispiel die gemeinsame Herkunft, Sprache oder historische Ereignisse und Erfahrungen von großer Bedeutung. Dabei ist es wichtig, dass sich die Angehörigen dieser Gemeinsamkeiten bewusst sind.

Nicht zuletzt kann auch von einer europäisch-wirtschaftlichen Identitätskonstruktion gesprochen werden, da die Europäische Union neben kulturellen, politischen und nationalen Interessen vor allem auch die wirtschaftliche Integration anstrebt. So gründet das europäische Zusammengehörigkeitsgefühl ebenso auf gemeinsamen wirtschaftlichen Interessen.[12]

Wie diesem Kapitel entnommen werden kann, können zum Begriff der europäischen Identität verschiedene Auffassungen festgehalten werden. In der umfangreichen Literatur wird mit unterschiedlichen Begriffsbestimmungen und Konzepten versucht, den Begriff der europäischen Identität zu definieren. Für diese Arbeit wird unter europäischer Identität eine Identifikation der Bürgerinnen und Bürger in den Mitgliedsländern der Europäischen Union mit Europa verstanden. Dabei wird europäische Identität vor dem Hintergrund kultureller, politischer und nationaler Werte durch die Bestimmung der inneren und äußeren Grenzen und somit durch die »Inklusion des ›Eigenen‹ und Exklusion des ›Anderen‹« konstruiert (Klaus/Drüeke 2010, 113). Um Europa von den ›Anderen‹ unterscheiden zu können, bedarf es jedoch vorerst einer Selbstbeschreibung des ›Eigenen‹. Darauf soll im nachfolgenden Kapitel eingegangen werden. Denn nur die Definition des ›Selbst‹ ermöglicht die Beschreibung der ›Anderen‹.

12 Siehe hierzu Kapitel 2.2 ›Entwicklungsgeschichte‹ und 4.2.4 ›Gemeinsamer Wirtschaftsraum‹.

4 Europa und das ›Andere‹

Erweiterungsprozesse der Europäischen Union und die damit einhergehenden Fragen der Erweiterbarkeit der Europäischen Union nötigen die Europäerinnen und Europäer einen Blick auf sich selbst zu werfen und die Werte und die Identität Europas zu hinterfragen. Dass sich die Europäische Union mit Grenzsetzungen befasst, wird insbesondere an der Debatte um einen möglichen Beitritt der Türkei zur Europäischen Union ersichtlich. Das Ziel dieses Kapitels besteht darin, anhand der vorhandenen Literatur über den politischen Diskurs zum Thema Türkei und Europäische Union identitätskonstruierende Merkmale herauszuarbeiten, die für die Abgrenzung Europas von den ›Anderen‹ entscheidend sind. In der Literatur kann eine Vielzahl möglicher ›Anderer‹ festgestellt werden, die aufgrund verschiedener Kriterien aus Europa ausgegrenzt werden. Um bestimmen zu können, welche Merkmale Konstruktionen Europas kennzeichnen, folgt eine Auseinandersetzung mit verschiedenen Selbstbeschreibungen Europas.

Im Folgenden wird unter anderem auf das Selbstverständnis der Europäischen Union als normativen Bezugspunkt für europäische Identitätskonstruktionen eingegangen und aufgezeigt, welches Bild die Europäische Union von sich selbst entwirft. In den einzelnen Selbstbeschreibungen wird versucht, eine gemeinsame Identität zwischen ihren Mitgliedern zu erzeugen, indem Werte bestimmt werden, die für die Europäische Union kennzeichnend sein sollen. Damit werden zugleich auch konstitutive Merkmale eines ›Europäisch-Seins‹ definiert, durch die sich Europa von den ›Anderen‹ unterscheidet. Grundlage dieser Analyse bilden zum einen Publikationen, in denen eine europäische Identität diskutiert wird; zum anderen Vertragstexte der Europäischen Union, weil die in den Verträgen der Europäischen Union festgelegte Werteordnung eine hohe Legitimität beansprucht. Anzumerken sei an dieser Stelle jedoch, dass die festgelegten Normen und Werte der Europäischen Union mit der Realität zum Teil nicht ganz übereinstimmen, zum Teil sogar sehr weit davon entfernt sind.

In den Selbstbeschreibungen Europas wird jeweils diskutiert, welchen Standpunkt die Türkei als mögliches Beitrittsland der Europäischen Union einnimmt. Am Ende dieses Kapitels wird vor dem Hintergrund des politischen und medialen Diskurses ein Schema zu Selbstbeschreibungen Europas vorgestellt, das als Ausgangspunkt für die in dieser Arbeit vorgesehene Framing-Analyse dient.

4.1 ZUM BEGRIFF EUROPA

Der Begriff Europa leitet sich vom semitischen ›(g)ereb‹ aus dem griechisch-phönizischen Raum ab und bedeutet ›eintreten‹ respektive ›untergehen‹ (vgl. Gehler 2005, 11). Damit ist jene Gegend gemeint, »wo die Sonne untergeht, das ›Abendland‹ oder ›Westland‹« (ebd., 11). Europa soll nach Rémi Brague (2002, 26) jedoch nicht nur als jene Richtung bezeichnet werden, in der die Sonne untergeht, und ebenso nicht nur als ein Raum wahrgenommen werden, in dem sich die europäische Gesellschaft befindet, sondern auch als ein Kulturgebilde verstanden werden, dem die europäische Bevölkerung angehört. Eine allgemein gültige Definition für den Begriff Europa gibt es nicht. Europa stellt vielmehr ein facettenreiches diskursives Konstrukt dar, dem kontinuierlich neue Bedeutungen zugeschrieben werden. Je nachdem, aus welcher Perspektive und in welcher Epoche der Europabegriff betrachtet wird, fallen die Definitionen sehr unterschiedlich aus. Die Idee Europa breitete sich vor mehr als 2500 Jahren vom antiken Griechenland aus (vgl. Weidenfeld 2007, 16). In der Antike wurde Europa als ein geographischer Begriff mit wechselnden Grenzen begriffen. Seit der Teilung des Römischen Reiches wurde Europa als Bezeichnung für den westlichen Teil des Reiches verwendet und mit dem westlichen Christentum in Verbindung gebracht (vgl. Wagner 2005, 499). Europa wurde damit als ›christliches Abendland‹ und das Christentum als dessen einigende Kraft verstanden. Damit wurden bereits im Mittelalter Grenzen zum orthodoxen Christentum und zum Islam gezogen (vgl. Wagner 2005, 499), um sich gegen die ›nichteuropäische‹ und ›nichtchristliche‹ fremde Gefahr abzusichern (vgl. Podraza 1998, 49).

In der Neuzeit, um 1500, nahm der Europabegriff eine kulturelle Dimension an (vgl. Landwehr/Stockhorst 2004, 272). Das Bewusstsein kultureller und religiöser Zusammengehörigkeit der europäischen Nationen wurde gestärkt, aufgrund dessen sich die Nationen in der Folge besonders gegen die ›osmanische Gefahr‹ positionierten, obwohl Europa in seiner Entwicklung nicht unwesentlich vom osmanischen Reich beeinflusst wurde (vgl. ebd., 272).

»Von Byzanz hat es die meisten Rituale und Formen übernommen, die Staatlichkeit in Europa symbolisch konstituieren, vom islamischen Gelehrten im Hochmittelalter den Gedanken der Trennung von Glaube und Vernunft, der dann in der Aufklärung, dem Gründungsakt der modernen politischen Kultur Europas, seine Früchte trug.« (Meyer 2004, 34)

Seit dem 19. Jahrhundert wird Europa meist als ein politischer Begriff verstanden. In die politische Alltagssprache ist Europa als eine selbstverständliche Bezeichnung eingeflossen. Politische Institutionen, Binnenmarkt, gemeinsame Währung, Verträge, politische Ziele und Strategien sind nur einige der Schlagwörter, die mit dem Europabegriff in Verbindung gebracht werden. (Vgl. Landwehr/Stockhorst 2004, 264f.)

Da es schwierig ist, Europa zu definieren, werden ›gemeineuropäische Strukturen‹, wie beispielsweise historische Ereignisse, Religion, Mentalitäten, Traditionen, gemeinsame Institutionen etc., herangezogen, um eine Bestimmung vorzunehmen (vgl. ebd., 265). Die Bedeutungen des Europabegriffes haben sich im Verlauf der Geschichte verändert und sind bis heute vielfältig. »Was Europa einschließt und ausschließt, wo und wie seine territorialen Grenzen verlaufen, welche institutionelle Form dieses Europa besitzt und welche institutionelle Architektur es künftig besitzen soll – keiner dieser Punkte ist geklärt.« (Beck/Grande 2004, 16) Die Grenzen Europas wurden durch neue Entdeckungen, Eroberungen und durch Kolonialisierungen über die griechische Halbinsel hinaus in den Norden, Süden und Westen des europäischen Kontinentes gezogen (vgl. Weidenfeld 2007, 16). Für die Bestimmung der Grenzen waren jedoch nicht nur historische Entwicklungen und kulturelle Werte maßgeblich, sondern auch politische Ereignisse (vgl. ebd., 16). Europa weist zwar natürliche Grenzen im Norden, Westen und im Süden auf, jedoch gibt es keine natürlichen Grenzen in Osteuropa (vgl. ebd., 16). Werner Weidenfeld (1985, 21) betont, dass Europa nicht »unter das Prinzip der Einheit zu subsumieren« ist; »nie haben die Europäer eine gemeinsame Sprache gesprochen, nie zur gleichen Zeit unter einheitlichen sozialen Bedingungen gelebt. Nirgendwo sonst prallt Vielfalt auf so engem Raum aufeinander.« Diese Vielfalt fällt vor allem im Rahmen der Erweiterungsprozesse der Europäischen Union aufgrund der wirtschaftlichen, politischen, historischen, kulturellen etc. Heterogenität der einzelnen Mitgliedsländer und der Beitrittskandidaten der Europäischen Union stärker auf.

Zusammenfassend kann gesagt werden, dass eine Definition des Begriffes Europa sehr schwierig ist, da er je nachdem, in welchem Kontext er verwendet wird, unterschiedlich bestimmt wird. In dieser Arbeit wird davon ausgegangen, dass Europa sich über die Werte der Europäischen Union definiert, diese wiederum beziehen sich auf die Selbstbeschreibungen Europas, die in den nachfolgenden Kapiteln vorgestellt werden.

4.2 Selbstbeschreibungen Europas

Damit innerhalb der Europäischen Union die Frage eines möglichen Beitrittes der Türkei gestellt werden kann, muss diese sich selbst definieren. Es gibt eine Vielzahl an Literatur, in der versucht wird, Europa zu bestimmen und daraus Kennzeichen für eine europäische Identität abzuleiten. Besonders ein möglicher Beitritt der Türkei zur Europäischen Union hat zu einer breiten Diskussion auf wissenschaftlicher und politischer Ebene über die Selbstidentifikation Europas geführt. Hinsichtlich der Bestimmung Europas können verschiedene Grundpositionen festgestellt werden, die vor allem auf die geographische Lage, kulturellen Besonderheiten, historischen Ereignisse, Religion, Wirtschaft sowie politische Kultur Bezug nehmen. Vor dem Hintergrund des Analysematerials dieser Arbeit und der Erarbeitung eines Schemas für die Framing-Analyse wird für die Abgrenzung Europas von der Türkei im Folgenden auf jene Selbstbeschreibungen eingegangen, die im Zusammenhang mit einem möglichen Beitritt der Türkei zur Europäischen Union diskutiert werden. Jochen Walter (2008, 20) zufolge implizieren die vielfältigen

> »Konzepte […] ganz unterschiedliche Motive und Interessenslagen, sie sind inhaltlich indifferent, umstritten und anfechtbar. Europa ist so gesehen noch nicht voll und ganz da, es ist ein kommendes Europa, das wir zwar mal mehr, mal weniger erahnen und dann zu fassen bekommen versuchen, da es aber (noch?) in der Zukunft zu liegen scheint, müssen wir es suchen und (er-)finden.«

Walter (2008, 20f.) verweist in diesem Zusammenhang auf das Konzept des Sozialwissenschaftlers Walter Bryce Gallie (1956), dem er das ›essentially contested concept‹ entnimmt, das besagt, dass aufgrund unterschiedlicher Anschauungen und Wertvorstellungen Konzepte unterschiedlich aufgegriffen, interpretiert, in Frage gestellt und letztlich umgedeutet werden. Dies trifft insbesondere auf den Europabegriff zu. In ihrer Studie über ›Konstruktionen von Europa‹ untersucht Gudrun Quenzel (2005, 98ff.) elf Selbstbeschreibungen Europas im Hinblick auf Konstruktionen europäischer Identität und die Kulturpolitik der Europäischen Union. Der Studie zufolge wurde Europa anhand folgender Selbstbeschreibungen analysiert: 1. »Kontinent Europa«, 2. »Zivilisation und technischer Fortschritt«, 3. »Christliches Abendland«, 4. »Ästhetische Einheit«, 5.

»Diskussionskultur und reflexive Wissensgemeinschaft«, 6. »Europa der Nationen«, 7. »Klassen, Schichten, Milieus«, 8. »Arbeitsethik und Wohlfahrtsstaat«, 9. »Wertegemeinschaft und Verfassungspatriotismus«, 10. »Europa als Kommunikationsgemeinschaft« und 11. »Negative Erinnerungsgemeinschaft« (Quenzel 2005, 95ff.). Claus Leggewie (2004, 13f.) bezieht sich in seinen Ausführungen auf fünf Selbstbeschreibungen Europas: 1. »Europa als geographischer Raum in festen, natürlichen Grenzen«, 2. »Europa als historische Erinnerungs- und Schicksalsgemeinschaft«, 3. »Europa als Erbe des christlichen Abendlands«, 4. »Europa als kapitalistische Marktgemeinschaft mit sozialstaatlichen Elementen« und 5. »Europa als Hort von Demokratie und Menschenrechten«.

Im Folgenden wird die Frage nach dem ›Europäisch-Sein‹ und den hier erwähnten Selbstbeschreibungen Europas in Bezug zu den Debatten über einen möglichen Beitritt der Türkei zur Europäischen Union gesetzt. Einen ersten Überblick über die unterschiedlichen Konstruktionen von Europa im Rahmen europäisch-türkischer Debatten liefern folgende Stichworte: Kontinent Europa als geographisches Gebilde (vgl. Kapitel 4.2.1), Europa als die Europäische Union mit gemeinsamen politischen Werten (vgl. Kapitel 4.2.2), Europa als ›Hort der Menschenrechte‹ (vgl. Kapitel 4.2.3), Europa als gemeinsamer Wirtschaftsraum (vgl. Kapitel 4.2.4), Europa als historische Erinnerungsgemeinschaft (vgl. Kapitel 4.2.5), Europa als christliche und religiöse Gemeinschaft (vgl. Kapitel 4.2.6), Europa als die Einheit der kulturellen Vielfalt (vgl. Kapitel 4.2.7) und Europa als militärischer Raum (vgl. Kapitel 4.2.8).

4.2.1 Geographisches Gebilde

Die Trennung von Europa und Asien wurde erstmals durch die Griechen vorgenommen, die das Land vom Ägäischen Meer abgrenzen wollten (vgl. Meier 2004, 32f.). Die Trennung erfolgte vor dem Hintergrund geographischer Kriterien, denn zunächst gab es weder kulturelle noch politische Grenzen (vgl. ebd., 32f.). Aus geologischer Sicht gehört Europa der eurasischen Landmasse an. Der Geograph Alfred Hettner (1893, 188ff.) weist darauf hin, dass nur ein Eurasien existiert, das aus dem Westflügel Europa und dem Ostflügel Asien besteht. Eine eindeutige Grenzziehung zwischen Europa und Asien stellt sich als schwierig heraus. Dennoch kann gesagt werden, dass die geographische Wissenschaft »ganze Erdteile voneinander, vornehmlich Europa, also die Landmasse nördlich der Küsten zwischen Gibraltar und dem Schwarzen Meer, von Asien, dem Land südlich beziehungsweise östlich vom weiteren Küstenverlauf« unterscheidet (Meier 2004, 33). Der Gebirgszug des Urals, der Uralfluss, der Kaukasus, das Kaspische Meer sowie die Manytschniederung werden ebenso als Teile der

Grenze von Europa und Asien betrachtet (vgl. Schultz 2004, 42). Demzufolge gehören Amerika, Australien und Afrika besonders hinsichtlich der geographischen Lage nicht zu Europa.

Während Europa vom asiatischen Kontinent im Süden, Westen und Norden durch das Mittelmeer und den Atlantik, also durch natürliche Grenzen getrennt wird, lässt sich die Grenze nach Osten jedoch nicht eindeutig bestimmen. Die Länder Türkei und Russland erstrecken sich sowohl über Europa als auch über Asien. Die Zugehörigkeit dieser Länder zu Europa wird vor allem im Hinblick auf kulturelle und politische Grenzen Europas diskutiert. David Morley und Kevin Robins (1995, 22) weisen darauf hin, dass »this desire for clarity, this need to know precisely where Europe ends, is about the construction of a symbolic geography that will separate the insiders from the outsiders (the Others)«. Doch aufgrund Europas wechselvoller Geschichte gestalten sich die Suche nach einer gemeinsamen europäischen Identität sowie eine genaue Bestimmung Europas als unmöglich, denn »borders have fluctuated, institutions have waxed and waned, nations have formed, disappeared, re-formed« (Wilson/van der Dussen 1993, 9).

Bezogen auf die Türkei stellt sich die Frage, ob die Türkei zu Europa gehört, da nur ein kleiner Teil auf dem europäischen Kontinent liegt und der viel größere Teil der Türkei sich auf dem asiatischen Kontinent befindet. Anzumerken sei an dieser Stelle, dass Kritikerinnen und Kritiker eines möglichen Beitritts der Türkei zur Europäischen Union, wie zum Beispiel der ehemalige französische Staatspräsident, Valéry Giscard d'Estaing, die Frage nach der Zugehörigkeit respektive Nichtzugehörigkeit der Türkei zu Europa wie folgt beantwortete: »The ›National Geographic Atlas of the World‹ puts it in Asia.« (Giscard d'Estaing 2004, online). Doch auch in Erdkunde-Schulbüchern nimmt die Türkei eine Sonderstellung ein. Im ›Diercke Weltatlas‹ wird auf der Europakarte die Türkei als nicht europäisch eingestuft (vgl. Diercke Weltatlas 2018a, online). Um die Abgrenzung der Türkei von Europa hervorzuheben, ist die Türkei auf der Südosteuropakarte in der Bezeichnung der Karte durch einen Schrägstrich getrennt – ›Südosteuropa/Türkei‹ – dargestellt (vgl. Diercke Weltatlas 2018b, online). Südosteuropa wird oft auch als Balkaninsel oder »›Land des Übergangs vom Abend- zum Morgenland‹« (Schultz 2004, 44) und ›Klein-Asien‹ […] als »›Brückenland‹ zwischen Abend- und Morgenland« (ebd., 46) bezeichnet. Demzufolge kann gesagt werden, dass die Türkei auch nicht zu Südosteuropa gehört, sondern als ein ›Eigenes‹ betrachtet wird, das Südosteuropa jedoch sehr nahe ist. Aber nicht nur im ›Diercke Weltatlas‹, sondern auch im ›Der große illustrierte Atlas‹ wird die Türkei als ein Sonderfall dargestellt. Hier ist die Türkei auf der Europakarte ebenso zu sehen, jedoch ist das Land auf der Karte hellgrau markiert, um die Abgrenzung der Türkei von Europa hervorzuheben (vgl. Der große illustrierte Atlas 2006, online 56).

Es kommt klar zum Ausdruck, dass die geographischen Grenzen Europas im Osten nicht eindeutig bestimmt werden können. Die geographische Grenzbestimmung variiert dabei von Atlas zu Atlas, allen Karten gemeinsam ist jedoch die Sonderstellung der Türkei. Das Land gehört weder gänzlich zu Europa noch zu Asien; es liegt zwischen Europa und dem ›nichteuropäischen‹ Bereich. Demgemäß befindet sich die Republik Türkei an der Schnittstelle der Kontinente Europa und Asien. Mit einer Landfläche von 814.578 km^2 ist sie fast zehnmal so groß wie die Republik Österreich, ist eines der flächengrößten Länder Europas und gleichzeitig eines der eher mittelgroßen Länder Asiens (vgl. Auswärtiges Amt 2017, online). Als eine Schnittstelle zwischen dem Balkan, dem Kaukasus, Zentralasien und dem ›Nahen Osten‹ grenzt sie im Nordwesten an Bulgarien und Griechenland, im Norden wird sie vom Schwarzen Meer umrahmt, im Nordosten grenzt sie an Georgien, im Osten ist die Türkei Armenien und dem Iran benachbart, im Südosten grenzt sie an Syrien, an den Irak, im Süden an das Mittelmeer sowie im Westen an das Ägäische Meer (vgl. Bundeszentrale für politische Bildung 2012a). (Vgl. Kont 1987, 63; Moser/Weithmann 2008, 13).

Darüber hinaus werden die Kontinente Europa und Asien durch die Meerenge des Bosporus zwischen dem Schwarzen Meer und dem Marmarameer sowie die Meeresstraße der Dardanellen zur Ägäis voneinander getrennt (vgl. Moser/Weithmann 2008, 13). Demzufolge liegen drei Prozent der türkischen Landesterritorien auf der europäischen Seite und der überwiegende Teil des Staatsgebiets, nämlich 97 Prozent, liegt auf dem asiatischen Kontinent (vgl. ebd., 13). Der südöstliche Ausläufer der Balkanhalbinsel stellt den europäischen Teil der Türkei dar und wird Thrakien (türkisch: Trakya) genannt. Für den auf dem asiatischen Kontinent liegenden Teil der Türkei hat sich in früher byzantinischer Zeit die Bezeichnung Anatolien, ›Das Land des Sonnenaufgangs‹, eingebürgert (vgl. Kont 1987, 63).

Anzumerken ist, dass sich eine eindeutige Festlegung der natürlichen Grenzen im Süden, Westen und Norden ebenfalls als schwierig erweist, da beispielsweise die Kanarischen Inseln geographisch gesehen zu Afrika, politisch jedoch zu Europa gehören (vgl. Schultz 2004, 42). Ähnlich gestaltet es sich bei den Inseln Island, den Faröern, den Azoren, Madeira etc. (vgl. ebd., 42). Die Zugehörigkeit von Ländern zum europäischen Kontinent wird somit nicht nur durch die geographische Lage bestimmt, sondern auch politische Kriterien sind dafür entscheidend. Da die Grenzen nicht auf einer eindeutigen Geographie beruhen, sondern ebenso politische oder historische, kulturelle und ökonomische Kriterien entscheidend sein können, besteht eine Unschärfe und Uneinigkeit der Bestimmung Europas. Es lassen sich viele Kriterien festlegen, anhand derer die Konstruktionen von Gemeinsamkeiten und Differenzen europäischer Identität bestimmt werden können (vgl. Lepsius 1999, 201). Soll die europäische Identität auf politischen Leitideen, kulturellen Gemeinsamkeiten, wirtschaftlichen Ähnlichkeiten und/oder auf Gemeinsamkeiten in der Sozialstruktur basieren (vgl. ebd., 201)?

4.2.2 Politische Wertegemeinschaft

Eine weitere Art der Selbstbeschreibung erfolgt über die Wahrnehmung Europas als die Europäische Union mit gemeinsamen politischen Werten. Der Politikwissenschaftler Claus Leggewie (2004, 28) bezeichnet Europa als ein »Konglomerat von Interessen, das in der Europäischen Union seinen organisatorischen Ausdruck findet«. Die Europäische Union verfügt über eine Vorstellung davon, durch welche Merkmale die europäische Gesellschaft gekennzeichnet sein soll. Europa wird als eine Wertegemeinschaft präsentiert, die sich vor allem durch politische Werte der Europäischen Union von anderen Staaten unterscheidet. Die in der Verfassung definierten Werte der Europäischen Union beziehen sich grundsätzlich auf säkulare Ziele, wie zum Beispiel »die Achtung der Menschenwürde, Freiheit, Demokratie, Gleichheit, Rechtsstaatlichkeit und die Wahrung der Menschenrechte einschließlich der Rechte der Personen, die Minderheiten angehören«[1] (EU-Vertrag 2009a, online). Diese Werte werden als Voraussetzung für eine europäische Identität betrachtet und »sind allen Mitgliedstaaten in einer Gesellschaft gemeinsam, die sich durch Pluralismus, Toleranz, Gerechtigkeit, Solidarität und Nichtdiskriminierung auszeichnet« (Europäischer Konvent 2003, online 7). In der Verfassung der Grundrechte der Europäischen Union wurden Grundsätze bestimmt, die den Zusammenhalt respektive das Zusammengehörigkeitsgefühl der europäischen Bürgerinnen und Bürger stärken sollen (ebd., online 49). So lautet die Zielbestimmung in der Präambel der Verfassung der Europäischen Union:

»Die Völker Europas sind entschlossen, auf der Grundlage gemeinsamer Werte eine friedliche Zukunft zu teilen, indem sie sich zu einer immer engeren Union verbinden. In dem Bewusstsein ihres geistig-religiösen und sittlichen Erbes gründet sich die Union auf die unteilbaren und universellen Werte der Würde des Menschen, der Freiheit, der Gleichheit und der Solidarität. Sie beruht auf den Grundsätzen der Demokratie und der Rechtsstaat-

1 Siehe hierzu Kapitel 2.4 ›Rechtsgrundlage und Kriterien für einen Beitritt: Kopenhagener Kriterien‹ sowie auch 3.5 ›Politische Ziele als Teil europäischer Identitätskonzepte‹.

lichkeit. Sie stellt den Menschen in den Mittelpunkt ihres Handelns, indem sie die Unionsbürgerschaft und einen Raum der Freiheit, der Sicherheit und des Rechts begründet.« (Ebd., online 49)

So kann davon ausgegangen werden, dass die Europäische Union die erwähnten Grundsätze als gemeinsam geteilte politische Werte propagiert und wahrnimmt. Im Hinblick auf die politischen Werte, die in den meisten Verfassungen Europas festgehalten sind, verweist Habermas (1994, 17f.) auf die Förderung eines europäischen Verfassungspatriotismus. Im Konzept des Verfassungspatriotismus wird zwar ein gemeinsamer politischer Kulturraum vorausgesetzt, eine Assimilation der unterschiedlichen Kulturen innerhalb einer Gemeinschaft wird jedoch unter der Bedingung, dass dieser die politischen Werte der Gemeinschaft entsprechen, nicht verlangt (vgl. ebd., 17f.). Durch die Einhaltung und Verwirklichung der Grundsätze entsteht »eine relative homogene demokratische Gesellschaft Europas, die dem Pluralismus, den Freiheiten, dem Vorrang des Rechtsstaats, den Menschenrechten und dem Schutz der Minderheiten verpflichtet ist«, so Wilfried Loth (2008, 48). Darüber hinaus lassen sich basale geteilte europäische Werte erkennen, die die Europäerinnen und Europäer eint. Dazu zählen die Sicherstellung des »freien Personen-, Waren-, Dienstleistungs- und Kapitalverkehrs sowie die Niederlassungsfreiheit« (Europäischer Konvent 2003, online 49).

Wie bereits im Kapitel 2[2] ausgeführt, kann »jeder europäische Staat, der die in Artikel 2 genannten Werte achtet und sich für ihre Förderung einsetzt, beantragen, Mitglied der Union zu werden« (EU-Vertrag 2009c, online). Demzufolge geht es bei einem Beitritt zur Europäischen Union insbesondere um ein ›Europäisch-Sein‹, denn ein Beitritt steht laut Vertragstext nur europäischen Staaten offen. Allerdings wird auf den Begriff ›europäisch‹ nicht näher eingegangen. Hinsichtlich der Debatte um den Beitritt der Türkei zur Europäischen Union stellt sich folglich die Frage, ob die Türkei ein europäischer Staat ist und die politischen Werte der Europäischen Union achtet. Dabei werden Atatürks laizistische Reformen als unabdingbar für eine europakonforme Staatsordnung betrachtet (vgl. Giannakopoulos/Maras 2005, 22).[3] Die Türkei ist somit das einzige über-

2 Siehe hierzu Kapitel 2.4 ›Rechtsgrundlage und Kriterien für einen Beitritt: Kopenhagener Kriterien‹.

3 Nähere Informationen über die Reformen von Mustafa Kemal Atatürk können dem Kapitel 5.1 ›Die Türkei auf dem Weg nach Europa durch Atatürk‹ und dem Kapitel 5.2 ›Politische und wirtschaftliche Entwicklung der Türkei nach Atatürk‹ entnommen werden.

wiegend islamische Land, welches den Laizismus in seiner Verfassung aufgenommen hat und eine Mitgliedschaft in der Europäischen Union anstrebt.

Die Beitrittsfähigkeit der Türkei wird hauptsächlich an der Verwirklichung der Demokratie gemessen, damit ist jedoch nicht nur die Durchführung regelmäßiger Wahlen gemeint, »sondern auch die Unabhängigkeit der Justiz, ein angemessener Strafvollzug, die Respektierung kultureller Rechte von ethnischen und religiösen Minderheiten sowie der Grund- und Bürgerrechte im Allgemeinen und, nicht zuletzt, die zivile Kontrolle des Militärs« (Leggewie 2004, 15). Ein erster Schritt in Richtung Demokratisierung der Türkei ging insbesondere mit der Ent-Islamisierung durch Atatürk und somit der Schaffung religiöser und kultureller Freiheiten der türkischen Bevölkerung einher (vgl. ebd., 16). In diesem Kontext kritisiert der Historiker August Winkler (2003, 10), dass die Türkei zwar ihre Gesetzbücher den europäischen Gesetzestexten anpasste, eine Umsetzung jedoch kaum erfolgte.

4.2.3 ›Hort der Menschenrechte‹

Die Menschenrechte wurden vor allem nach dem Zweiten Weltkrieg in die Verfassungen der westlichen Länder aufgenommen und werden als die Grundlage für Demokratien betrachtet (vgl. Mühleisen 1998, 7). Im Verständnis von Demokratie spielen Grund- und Menschenrechte eine bedeutende Rolle. Seit der Veröffentlichung der ›Allgemeinen Erklärung der Menschenrechte‹ der Vereinten Nation gelten bestimmte Menschen- und Grundrechte als allgemeingültig (vgl. Vereinte Nationen 1948, online). Insbesondere für die Europäische Union und ihre Bürgerinnen und Bürger ist die Bedeutung der Menschenrechte für ihre eigene europäische Identität von hoher Relevanz (vgl. Mühleisen 1998, 7). Dies geht auch aus den Ergebnissen der Eurobarometer-Umfragen der Europäischen Kommission hervor (vgl. European Commission 2018a, online T147). Auf die Frage nach den drei wichtigsten Werten für die eigene Person wurden folgende Werte genannt: Frieden (45 Prozent), Menschenrechte (42 Prozent) und Respekt gegenüber menschlichem Leben (37 Prozent) (vgl. ebd., online T147). Menschenrechte werden somit von vier von zehn Europäerinnen und Europäern als wichtigster Wert angesehen, wobei am häufigsten in Schweden (59 Prozent) und am seltensten in Ungarn (30 Prozent) Menschenrechte als persönliche Werte genannt werden (vgl. ebd., online T147).

Menschenrechte beziehen sich in der ›Allgemeinen Erklärung der Menschenrechte‹ der Vereinten Nationen vor allem auf individuelle Rechte und beinhalten Anordnungen für ein lebenswertes Leben der Individuen (vgl. Vereinte Nationen 1948, online 2ff.). Die Menschenrechte können in drei Kategorien unterteilt werden: bürgerliche und politische Rechte, wirtschaftliche und soziale Rechte und kulturelle Rechte. Zu den bürgerlichen und politischen Rechten zählen Meinungsfreiheit und freie Meinungsäußerung, Vereinigungsfreiheit, Versammlungsfreiheit etc. Auch wirtschaftliche und soziale Rechte konstituieren einen wesentlichen Bestandteil der Menschenrechte. Hierzu gehören das Recht auf Arbeit, soziale Sicherheit, angemessene Lebensstandards, Schutz von Familie, Freizügigkeit, Bildung u.v.m. Die kulturelle Dimension der Menschenrechte bezieht sich vor allem auf das Teilnahmerecht am kulturellen Leben und das Recht auf Gedanken-, Gewissens- und Religionsfreiheit. Hierbei wird die Religion in der ›Allgemeinen Erklärung der Menschrechte‹ als eine eigenständige Größe verstanden und nicht mit politischen oder sonstigen Überzeugungen gleichgesetzt. Sie wird in Artikel 2 neben der »Rasse, Hautfarbe, Geschlecht, Sprache, [...] politischer oder sonstiger Anschauung, nationaler oder sozialer Herkunft, Vermögen, Geburt oder sonstigem Stand« (ebd., online 2) als ein grundlegendes Menschenrecht erwähnt. In der ›Allgemeinen Erklärung der Menschenrechte‹ werden in Artikel 18 verschiedene Dimensionen der Religionsfreiheit festgehalten (vgl. Vereinte Nationen 1948, online 4). Demnach hat jeder Mensch das Recht, seine Religion zu wechseln, und auch die Freiheit, sich zu seiner »Religion [...] allein oder in Gemeinschaft mit anderen, öffentlich oder privat durch Lehre, Ausübung, Gottesdienst und Kulthandlungen zu bekennen« (vgl. ebd., online 4).[4] (Vgl. ebd., online 2ff.)

In Bezug auf die Türkei kann festgehalten werden, dass für Musliminnen und Muslime eine uneingeschränkte Glaubens- und Religionsfreiheit gilt, für Andersgläubige hingegen ist die Ausübung ihrer Religion in der Türkei eingeschränkt (vgl. Hermann 2004a, 110). Im Hinblick auf die Einhaltung der Menschen- und Minderheitenrechte wird die Türkei stark kritisiert. Ein Mangel an Rechtsstaatlichkeit wurde über Jahrzehnte hinweg vor allem wegen der Ausübung der Todesstrafe sowie von Folterungen und wegen der politischen Gefangenen festgestellt (vgl. Leggewie 2004, 120). Laut dem Jahresbericht der Organisation für Sicherheit und Zusammenarbeit in Europa (OSZE) befanden sich im Jahr 2012 95 Journalistinnen und Journalisten aufgrund der Ausübung der freien Meinungsäußerung in Haft, während es im Jahr 2015 nur 21 waren (vgl. Organization for Security and Co-operation in Europe 2015, online 1ff.). Nach dem gescheiterten Putschversuch im Juli 2016 kam es zu weiteren Verhaftungen. Die ›Türkische Journalistengewerkschaft‹ berichtet im November 2018 von insgesamt 144 inhaftierten Journalistinnen und Journalisten (vgl. Türkiye Gazeteci-

4 Siehe hierzu auch Kapitel 4.2.6 ›Christliche und religiöse Gemeinschaft‹.

ler Sendikasi 2018, online). Darüber hinaus wurden laut ›Reporter ohne Grenzen‹ (2018, online) zirka 150 Medien geschlossen.

Hinsichtlich der Einhaltung der Minderheitenrechte stellen die innertürkischen Konflikte mit der kurdischen Bevölkerung noch immer ein großes Beitrittshindernis dar. Einen Fortschritt in Richtung Liberalisierung machte die Türkei auf dem Kopenhagener Gipfeltreffen im Jahr 2002. Die seit 1983 verbotenen Radio- und Fernsehsendungen in kurdischer Sprache sind nun offiziell erlaubt, weiter ist es gestattet, kurdische Sprachkurse anzubieten, kurdische Vornamen zu vergeben, in Kurdisch zu publizieren und kurdische Musik zu produzieren. (Vgl. Leggewie 2004, 121f.)

4.2.4 Gemeinsamer Wirtschaftsraum

Das Bild Europas wird auch von wirtschaftlichen Fragen geprägt. Das Abkommen zur Gründung des Europäischen Wirtschaftsraumes (EWR) wurde von den damals zwölf Mitgliedsländern der Europäischen Gemeinschaft und den derzeit drei Mitgliedsländern der Europäischen Freihandelsassoziation (EFTA)[5] im Jahr 1992 unterzeichnet und trat im Jänner 1994 in Kraft (vgl. Otto 2012, online 1). Europa strebt als gemeinsamer Wirtschaftsraum die Förderung der gemeinschaftlichen wirtschaftlichen Entwicklung, eine stetige und ausgewogene Stärkung der Wirtschaftsbeziehungen zwischen den Mitgliedsländern, ein beständiges Wachstum, eine Anhebung der Lebensstandards sowie eine Erhöhung des Gemeinschaftsgefühls durch einheitliche Regeln an (vgl. Europäisches Parlament 1994, online 2f.). Diese Ziele sollten durch die Öffnung der Grenzen zwischen den Mitgliedsländern erreicht werden, um die vier Grundfreiheiten des freien Waren-, Personen-, Dienstleistungs- und Kapitalverkehrs des europäischen Binnenmarktes zu fördern (vgl. ebd., online 3). So wurden mit dem Europäischen Wirtschaftsraum-Abkommen die Grundfreiheiten auf die Mitgliedsländer der Europäischen Freihandelsassoziation ausgedehnt. Damit verfügen alle Bürgerinnen und Bürger der Mitgliedsländer des Europäischen Wirtschaftsraumes über das Recht, »sich innerhalb des gesamten Europäischen Wirtschaftsraumes frei zu bewegen, zu wohnen, zu arbeiten, gesellschaftliche Niederlassungen zu gründen, zu investieren und Grundbesitz zu erwerben« (Otto 2012, online 1).

5 Zu den derzeit im Europäischen Wirtschaftsraum vereinigten Mitgliedsländern der Europäischen Freihandelsassoziation gehören Island, Liechtenstein und Norwegen (vgl. Otto 2012, online 1).

Mit insgesamt 30 Mitgliedsländern (27 Mitgliedsländer der Europäischen Union und drei Mitgliedsländer der Europäischen Freihandelsassoziation) und über 500 Millionen Bürgerinnen und Bürgern ist der Europäische Wirtschaftsraum der größte zusammenhängende Binnenmarkt der Welt (vgl. Otto 2012, online 1). Durch die wirtschaftspolitische Zusammenarbeit der Mitgliedsländer im Hinblick auf die Wettbewerbsfähigkeit der europäischen Wirtschaft soll damit ein hohes und nachhaltiges Wirtschaftswachstum der Europäischen Union gewährleistet sein (vgl. ebd., online 2).

Die Einführung des Euro als gemeinsame Währung innerhalb des Europäischen Wirtschaftsraumes war ein bedeutender Durchbruch für den europäischen Binnenmarkt. Eine gemeinsame Währung hat den grenzüberschreitenden Handel erleichtert, das Wirtschaftswachstum angekurbelt und schwankende Wechselkurse und -gebühren beseitigt (vgl. Presse- und Informationsamt der Bundesregierung 2016, online). Zu erwähnen ist jedoch, dass der Euro nicht in allen Mitgliedsländern als offizielle Währung eingeführt worden ist. Das Euro-Währungsgebiet, auch genannt der Euroraum, setzt sich aus insgesamt 19 der 28 Mitgliedsländer der Europäischen Union zusammen (vgl. Generaldirektion Kommunikation der Europäischen Kommission 2018e, online). Europa setzt also als gemeinsamer Wirtschaftsraum den Euro als einheitliche Währung nicht voraus.

In den Diskussionen über einen möglichen Beitritt der Türkei zur Europäischen Union stellt vor allem die wirtschaftliche Entwicklung der Türkei ein wichtiges Argument für eine Aufnahme oder Nichtaufnahme in die Europäische Union dar.[6] Die türkische Ökonomie weist seit der Osmanischen Zeit eine instabile Wirtschaftsentwicklung auf. Der noch aus dem Osmanischen Reich resultierende Staatsbankrott, die Verschuldung an den Internationalen Währungsfonds (IWF), hohe Inflationsraten und Staatsverschuldungen sind nur einige wichtige Punkte, die die wirtschaftlichen Entwicklungen der Türkei stark beeinflussten. Heute weist die türkische Wirtschaft kontinuierliche Verbesserungen auf. Die Zollunion mit der Europäischen Union, eine leistungsfähige Exportwirtschaft, die Verringerung der Staatsschulden, die Kontrolle des Budgets etc. haben die türkische Wirtschaft gestärkt (Vgl. Leggewie 2004, 117f.)

So hat die Türkei als Wirtschaftspartner Europas eine bedeutende Rolle. Die Türkei verfügt über eine dynamische Wirtschaft und ist bereits für viele Länder in Europa ein wichtiger Handelspartner. Nach dem Verständnis eines Europas als kapitalistischer Marktgemeinschaft mit sozialstaatlichen Elementen nach

6 Detaillierte Informationen über die wirtschaftliche Entwicklung der Türkei können dem Kapitel 5.2 ›Politische und wirtschaftliche Entwicklung der Türkei nach Atatürk‹ entnommen werden.

Leggewie (2004, 13), würde die Türkei zu Europa gehören, da sie wirtschaftliche Fortschritte macht. Vor allem in den Wirtschaftsbereichen wie zum Beispiel in der Bauwirtschaft, Textilbranche sowie im Fremdenverkehr zählt die Türkei zu einer der stärksten Volkswirtschaften der Welt (vgl. Plattner 1999, 18). Bei den Warenausfuhren der Mitgliedsländer der Europäischen Union gehört die Türkei als ein wichtiger Absatzmarkt zu den drittwichtigsten Handelspartnern (vgl. Eurostat 2016, online). Dabei ist Deutschland mit 9,6 Prozent aller Warenexporte der bedeutendste Handelspartner der Türkei (vgl. Turkish Statistical Institute 2017a, online). Die meisten Importe in die Türkei kommen aus China (10,0 Prozent), Deutschland (9,1 Prozent) und Russland (8,3 Prozent) (vgl. Turkish Statistical Institute 2017b, online).

Zudem forcierte der Internationale Währungsfonds seit 2001 die Verbesserung der wirtschaftlichen Entwicklung der Türkei, damit diese auch die wirtschaftlichen Voraussetzungen der Kopenhagener Kriterien[7] erfüllen konnte. Der Internationale Währungsfonds verlangte insbesondere eine funktionierende Marktwirtschaft, weniger politischen Einfluss auf die wirtschaftliche Entwicklung, Wettbewerbsfähigkeit und Reformen zur Beseitigung struktureller Schwächen. Ebenfalls bestätigte die Europäische Kommission die Fortschritte bei der Entwicklung einer funktionierenden Marktwirtschaft (vgl. European Commission 2018a, online 7). (Vgl. Hermann 2004b, 126ff.)

Demnach könnte ein möglicher Beitritt der Türkei zur Europäischen Union in wirtschaftlicher Hinsicht ein großer Vorteil für die Europäische Union, aber auch für die Türkei selbst sein.

4.2.5 Historische Erinnerungsgemeinschaft

Das Bewusstsein einer gemeinsamen historischen Vergangenheit stärkt den Zusammenhalt und die kollektive Identität. Nationalstaaten sind meist über Kriege entstanden. Besonders »die Erinnerung an Blut, Sieg oder Niederlage, an Triumphe und Katastrophen« spielte für die kollektive Identitätsbildung Europas eine wichtige Rolle (Kocka 2004, 191). Jürgen Kocka (2004, 191) zufolge haben insbesondere

> »Krieg und Kriegsgefahr […] bereits kräftig zur Herausbildung eines europäischen Selbstverständnisses, eines europäischen Zusammenhalts beigetragen. In der Aggression der Kreuzzüge schloss sich die abendländische Christenheit fester zusammen. In der Ab-

7 Siehe hierzu Kapitel 2.4 ›Rechtsgrundlage und Kriterien für einen Beitritt: Kopenhagener Kriterien‹.

wehr der türkischen Bevölkerung bildete sich europäische Gemeinsamkeit und ergaben sich praktische Gelegenheiten, den Begriff ›Europa‹ zu verwenden und zu verbreiten.«

Anzumerken ist jedoch, dass der innere Zusammenhalt meist nicht auf Kriegserfahrungen mit ›Anderen‹ beruht, sondern vielmehr durch gemeinsame Kriegsleiden innerhalb Europas gestärkt wird (vgl. ebd., 191).

Nach Bernhard Giesen (2002, 67f.) wird das Bild Europas unter anderem über die kollektive Schuld der Vergangenheit konstruiert. Seit dem Zweiten Weltkrieg basiert die kollektive Identität Europas nicht »auf der Erinnerung triumphaler Gründungsereignisse« (ebd., 67), sondern vielmehr auf traumatischen Erinnerungen. So werden beispielsweise die beiden Weltkriege und der Kalte Krieg als gemeinsame Leiderfahrungen dargestellt, die für die Bevölkerung in Europa mit negativen und schmerzhaften Erfahrungen verbunden sind (ebd., 79ff.). Folglich gründet sich die kollektive Identität weniger auf heroische Revolutionserinnerungen als vielmehr auf Erinnerungen an die Opfer: Es wird nicht der Heldinnen und Helden gedacht, sondern der Opfer, wie zum Beispiel der gefallenen Soldatinnen und Soldaten vergangener Kriege und Aufstände, oder es stehen tragisch scheiternde Heldinnen und Helden im Vordergrund (vgl. ebd., 79). Demzufolge wird die kollektive Identität Europas zunehmend über die Schuld der Vergangenheit gebildet, die beispielsweise durch Politikerinnen und Politiker als öffentliches Schuldbekenntnis aufgenommen wird (vgl. ebd., 80). Durch die Gründung der Europäischen Union und die Erweiterungen wurde das Zusammenwachsen und somit der Versuch, aus dem Getrennten und Zersplitterten wieder eine Einheit zu machen, gefördert, um die kollektiven Traumata von Krieg und Teilungen vergessen zu machen. Die Selbstbeschreibung Europas als eine negative Erinnerungsgemeinschaft gilt jedoch nicht für alle Nationen. Giesen (ebd., 81) verweist hier zum Beispiel auf die türkische Regierung, die »jede nationale Verantwortung für den Genozid an den Armeniern während des Ersten Weltkrieges« abwehrt. Dieser Ansatz würde somit eine Mitgliedschaft der türkischen Republik zur Europäischen Union ausschließen.

4.2.6 Christliche und religiöse Gemeinschaft

Eine weitere europäische Selbstbeschreibung umfasst die Konstruktion Europas als christliche und religiöse Gemeinschaft. Seyla Benhabib (2004b) nach werden Fragen und Ungewissheiten der eigenen und fremden Kultur und Identität über Religionen beantwortet. Die Selbstbeschreibung und Bestimmung der kollektiven Identität auf nationaler und europäischer Ebene erfolgt folglich über Religionen und Kulturen.

Die Europäische Union als säkulare Wertegemeinschaft präferiert keine religiöse Orientierung und ist dementsprechend religiös ungebunden (vgl. Gerhards 2005, 60). An keiner Stelle der Verfassung der Europäischen Union finden sich Verweise, die die Europäische Union an eine Religionsorientierung binden (vgl. Europäischer Konvent 2003, online). Neben dem Schutz individueller Freiheitsrechte verweist die Europäische Union im Europäischen Verfassungsentwurf, wie im Kapitel 4.2.3 ›Hort der Menschenrechte‹ bereits erwähnt, unter anderem auf die Religionsfreiheit (vgl. Europäischer Konvent 2003, online 51). Die Europäische Union erklärt in der Charta der Grundrechte der Europäischen Union alle Religionen als gleichwertig und unterstützt die Vielfalt an Religionen (vgl. ebd., online 54). Entsprechend wird betont, dass »Diskriminierungen insbesondere wegen […] der ethnischen oder sozialen Herkunft, […] der Religion oder der Weltanschauung […]« untersagt sind (ebd., online 53). Demzufolge kann davon ausgegangen werden, dass ein Beitritt von Ländern, die muslimisch oder andersgläubig sind, den Wertekriterien der Europäischen Union nicht widerspricht.

Für viele Wissenschaftlerinnen und Wissenschaftler, wie etwa für Karl-Josef Kuschel (2004, 89), Heinrich August Winkler (2004, 157) u. a. gilt die überwiegend christliche Religion jedoch als Voraussetzung für eine Mitgliedschaft in der Europäischen Union. Huntington (2002, 252) schließt dabei nicht nur die islamischen Länder aus dem gemeinsamen Kulturraum Europas aus, sondern auch die orthodoxen Christen. Obwohl jedoch die Bevölkerungen Rumäniens und Bulgariens mehrheitlich orthodox-christlichen Glaubens sind, wurden diese Länder 2007 in die Europäische Union aufgenommen (vgl. Gerhards 2005, 28). Die Religionsfreiheit gilt aber nicht nur für die orthodoxen Christen, sondern auch für Andersgläubige, wie zum Beispiel für die islamische Bevölkerung, da die Europäische Union grundsätzlich die Religionsfreiheit von Bürgerinnen und Bürgern garantiert und alle Religionen als gleichwertig erklärt (vgl. Europäischer Konvent 2003, online 51). Damit gemeint ist auch die Freiheit, eine Muslimin oder ein Muslim zu sein (vgl. Gerhards 2005, 28).

Nach dem Zerfall des Römischen Reiches trug die christliche Religion zum Zusammenhalt der Kontinente Afrika, Europa und Asien bei. Durch die Spaltung der christlichen Kirche in eine römisch-katholische und eine griechisch-orthodoxe Kirche verbreitete sich die christliche Religion ab dem frühen Mittelalter (1054) nicht mehr nur im römischen Reich, sondern vielmehr in ganz Europa. Dies bewirkte die Europäisierung des Christentums und somit die Abgrenzung zu Andersgläubigen. (Vgl. Waswo 2000, 22f.)

Wolfgang Burgdorf (2004, 80) macht darauf aufmerksam, dass die ersten christlichen Konzile in der heutigen Türkei stattgefunden haben und die Türkei noch heute der Sitz eines christlichen Patriarchen ist. Weiter betont Burgdorf

(2004, 81), dass der Apostel Paulus in der heutigen Türkei aufgewachsen ist. So könnte die Türkei »als eine der Wiegen Europas« bezeichnet werden (ebd., 81). Karl-Josef Kuschel (2004, 89) hält dem entgegen, dass ein muslimisch geprägtes Land nicht Teil von Europa sein könne, da Europa »(neben der griechischen und römischen Antike) in seiner Geschichte und seinem jetzigen kulturellen Profil vor allem durch die Geschichte der christlichen Kirchen und die Werteordnung des Christentums geprägt« worden wäre (ebd., 89). Europa wird in religiöser Hinsicht als ein christlicher Kontinent betrachtet, der durch Organisationen wie »römischen Katholizismus, lutherische Landeskirchen, reformierte Landeskirchen, Kirche von England, Orthodoxie, Gallikanismus« bestimmt wird (Adam 2004, 95). Europa weist »eine Renaissance, eine Reformation, eine Gegenreformation, eine Aufklärung, eine industrielle Revolution« auf (Leggewie 2004, 27). Somit basiert die Selbstbeschreibung Europas als eine christliche Gemeinschaft auf gemeinsamen Erfahrungen, die vor allem mit christlicher Kultur in Verbindung gebracht werden. Alles Nichtchristliche wird exkludiert und als fremd oder gar als gefährlich betrachtet (vgl. ebd., 27). Demzufolge würde die Türkei mit ihrer muslimisch geprägten Geschichte und Kultur diese Integration ausschließen, da sie »weder durch das Christentum noch durch die Aufklärung geistig kulturell geformt wurde« (Kuschel 2004, 89). Anzumerken ist jedoch, dass Europa auch durch die jüdische und islamische Kultur mitgeprägt worden ist (vgl. ebd., 92). Die Assimilations- oder Vernichtungspolitik gegenüber dem Judentum beeinflusste die gesamteuropäische Geschichte entscheidend (vgl. ebd., 92).

Der Philosoph Rémi Brague (1996, 45) zieht zur Abgrenzung Europas in erster Linie die Religion heran. »Die europäische Identität bezieht [...] ihren spezifischen Charakter direkt und indirekt aus jener Religion, durch die Europa als kulturelle Einheit geformt wurde, nämlich das Christentum.« (Ebd., 45) Auch andere Autoren wie zum Beispiel René Rémond (1998), Denys Hay (1968) oder Heinz Schilling (1999) gehen davon aus, dass die Religion eines der wichtigsten Merkmale ist, um Europa von den ›Anderen‹ zu differenzieren.

Parallel zur Selbstbeschreibung Europas als christlichem Abendland und der damit einhergehenden Trennung von Christen und Andersgläubigen ist für das europäische Selbstverständnis auch die Trennung von Staat und Kirche von großer Bedeutung. Meyer (2004, 229) zufolge basiert

»der europäische Gedanke [...] auf der Trennung von Kirche und Staat, auf der Toleranz der Religionen und Konfessionen füreinander und für die nichtreligiösen Weltanschauungen sowie auf dem Schutz von Menschenrechten und der Gewährung von Bürgerrechten unabhängig von der religiösen Zugehörigkeit der Bürgerinnen und Bürger. Europäische Identität ist daher vor allem eine politische Kultur des Umgangs mit Kulturen und nicht der Glaube an den besonderen Wert von einzelnen Religionen, Kulturen und Weltanschauungen.«

In den Debatten um den Beitritt der Türkei zur Europäischen Union wird vor allem auf die Bedeutung der Trennung von Staat und Kirche verwiesen, obwohl bereits nach Ausrufung der türkischen Republik eine Säkularisierung stattgefunden hat.[8] Im Hinblick auf die Religion und Kultur der türkischen Bevölkerung sowie die Säkularisierung der türkischen Republik ergibt sich somit die Frage, ob die Türkei als ein islamisch geprägtes Land europakonform ist, da der Großteil der türkischen Bevölkerung dem Islam zugehörig ist. Von den derzeit 80.810.525 Millionen türkischen Staatsbürgerinnen und Staatsbürgern gehören über 99 Prozent dem Islam an (vgl. Turkish Statistical Institute 2017c, online; Auswärtiges Amt 2017, online). Dazu zählen auch die Kurdinnen und Kurden, die sich selbst als eigene Ethnie verstehen (vgl. Auswärtiges Amt 2017, online). Darüber hinaus leben in der Türkei verschiedene kleine religiöse Minderheiten, wie Christen unterschiedlicher kirchlicher Ausprägung oder Orthodoxe griechischer und syrischer Abstammung, katholische Armenierinnen und Armenier, die jüdische Minderheit u. a. (vgl. ebd., online).

Die Präsenz des Islam in Europa ist geprägt von kontroversen Ansichten, Auseinandersetzungen und medialen Debatten. Dabei wird der Islam »häufig als Widerspruch und Bedrohung europäischer Werte gesehen und symbolisch weitgehend aus Europa ausgegrenzt« (Klaus/Drüeke 2010, 124). Anzumerken ist jedoch, dass die Idee eines vereinten Europas die Nichtbeachtung des Religiösen voraussetzt. Europa wird vielmehr als ein durch Kommunikation bestimmter Friedensraum definiert und impliziert per se keine christliche Idee (vgl. Adam 2004, 96). Auch das Gründungsmotiv der europäischen Einigung nach dem Zweiten Weltkrieg war die dauerhafte Sicherung von Frieden und Wohlstand in Europa.[9] So gesehen sollte ein möglicher Beitritt der Türkei zur Europäischen Union nicht durch die islamische Religionszugehörigkeit der Mehrheit der Bevölkerung verhindert werden.

Die Pluralisierung der Religionen in Europa tritt vor allem in der zweiten Hälfte des 20. Jahrhunderts durch die Zuwanderung der damaligen türkischen Arbeitsmigrantinnen und -migranten hervor. Der Islam stellt mit 25.770.000 (4,9

8 Detaillierte Information über die Säkularisierung siehe Kapitel 5.1 ›Die Türkei auf dem Weg nach Europa durch Atatürk‹.

9 Nähere Informationen dazu siehe auch Kapitel 2.1 ›Gründungsmotive der europäischen Einigung‹.

Prozent) Musliminnen und Muslimen nach dem Christentum die zweitgrößte Religionsgruppe in Europa dar (vgl. Pew Research Center 2017, online 4).

Innerhalb der Staaten der Europäischen Union lassen sich jedoch hinsichtlich der Anzahl der Musliminnen und Muslime Unterschiede festhalten: Während ihre Zahl in Polen und Malta 10.000 beträgt, liegt sie in Österreich bei 600.000, in Spanien bei 1.180.000 und in Italien bei 2.870.000. Die größte muslimische Bevölkerungszahl europaweit hat Frankreich mit 5.720.000 Musliminnen und Muslimen, gefolgt von Deutschland mit 4.950.000 und dem Vereinigten Königreich mit 4.130.000 Musliminnen und Muslimen. (Vgl. Pew Research Center 2017, online 29)

Thomas Meyer (2002, 86) zufolge lassen sich unterschiedliche Formen des Religiösen differenzieren:

> »Erstens: islamische Religiosität als persönliche Angelegenheit. Zweitens: islamische Religiosität als Mittel kollektiver kultureller Abgrenzung in Konkurrenz zu anderen Kulturen. Und drittens: die politische Verwendung islamischer Religiosität als Verbindung von Religion und Machtpolitik mit dem Ziel der Ausbreitung des Geltungsbereichs dieser Kultur und der Errichtung einer Vormacht gegenüber konkurrierenden Kulturen.« (Meyer 2002, 86)

Der Türkeiexperte und Politikberater Heinz Kramer (2004, 142) weist darauf hin, dass die europäische Kulturgrenze nicht eindeutig bestimmt werden kann, »wenn sie nicht als religiöse Abgrenzung gegenüber islamischen Staaten und Gesellschaften definiert wird«.

Es können zahlreiche Argumente genannt werden, mit denen Differenzen und Gemeinsamkeiten Europas begründet werden können. Neben den bereits erwähnten Beschreibungen Europas ist auch der Verweis auf die gemeinsame Kultur von zentraler Bedeutung. Doch nicht nur die Gemeinsamkeiten, sondern auch die zahlreichen kulturellen Unterschiede innerhalb Europas sind wichtige Elemente für Europa als kulturelle Wertegemeinschaft. (Vgl. Kocka 2004, 193f.)

Zusammenfassend kann gesagt werden, dass Religion ein zentraler Bestandteil der Kultur und Gesellschaft ist.

4.2.7 Einheit kultureller Vielfalt

Europa wird in Verbindung mit der Europäischen Union auch als Einheit kultureller Vielfalt konstruiert.[10] Der Europäischen Kommission nach ist die kulturelle Vielfalt der Europäischen Union geprägt durch folgende Merkmale: »diversity of climate, countryside, architecture, language, beliefs, taste and artistic style« (Commission of the European Communities 1983, online 1). Diese Vielfalt müsse gefördert werden, denn nur so könne eine europäische Identität gestärkt werden (vgl. ebd., online 1). Kultur ist also die Grundlage für eine Europäische Union, die nicht nur das Ziel der ökonomischen und sozialen Integration verfolgt (vgl. Commission of the European Communities 1987, online 1). Europas kulturelle Identität »is one of the prerequisites for that solidarity which is vital if the advent of the large market, and the considerable change it will bring about in living conditions within the Community, is to secure the popular support it needs« (ebd., online 6). Auch Morley und Robins (1995, 50) zufolge weist Europa eine kulturelle Vielfalt auf, die von den einzelnen Nationen und Regionen mit ihrer jeweiligen Kultur geprägt wird. Europa wird dementsprechend als eine Union von Nationen und Völkern wahrgenommen, die sich durch Diversität auszeichnet und der Europäischen Union Vielfalt verleiht.

Die Europäische Union ist nicht nur von kultureller Vielfalt geprägt, sondern auch von Vielsprachigkeit. Auf dem Territorium der Europäischen Union mit einer Bevölkerungszahl von 512,6 Millionen Einwohnerinnen und Einwohnern herrscht eine große Sprachenvielfalt mit derzeit 24 Amtssprachen[11] (vgl. Statista 2018d, online; Europäische Kommission 2017, online). Durch diese Sprachenvielfalt ist somit auch die Zahl der sprachlich fundierten Identitäten groß.

In Bezug auf die Türkei merkt Gerhards (2005, 266) an, dass die Türkei aus kultureller Sicht nicht zur Europäischen Union passe, weil die kulturellen Unterschiede zwischen der Türkei und den Mitgliedstaaten sehr groß seien. Folgt die

---

10 Für weitere Ausführungen über die kulturelle Vielfalt und kulturelle Identität der Europäischen Union siehe auch Kapitel 3.4 ›Kulturelle Identitätskonstruktionen durch Differenz und Gleichheit zwischen innen und außen‹.

11 Mit der Erweiterung der Europäischen Union um neue Mitgliedsländer erhöhte sich jedes Mal die Zahl der Amtssprachen. Die Europäische Union verfügt über folgende 24 Amtssprachen: Bulgarisch, Dänisch, Deutsch, Englisch, Estnisch, Finnisch, Französisch, Griechisch, Irisch, Italienisch, Kroatisch, Lettisch, Litauisch, Maltesisch, Niederländisch, Polnisch, Portugiesisch, Rumänisch, Schwedisch, Slowakisch, Slowenisch, Spanisch, Tschechisch und Ungarisch (vgl. Europäische Kommission 2017, online).

Europäische Union ihrem Grundsatz ›In Vielfalt geeint‹, dann wäre »die Nichtaufnahme der Türkei in die Europäische Union, wenn sie denn alle Kopenhagener Kriterien erfüllt, [...] mehr als eine bloße Zurückweisung, sie wäre, da der Gast die Räume des Gastgebers nun schon seit längerem betreten hat, eine Art ›Rausschmiss‹« (Meyer 2004, 159).

In Bezug auf die Türkei wird die kulturelle Vielfalt Europas meist ignoriert und stattdesson von einer ›europäischen Kultur‹ ausgegangen, die die türkische ausschließt. So betrachten Angelos Giannakopoulos und Konstadinos Maras (2005, 7) die Türkei als eine »›symbolische Grenze‹ des ›Europäischen‹«, zumal die politischen und kulturellen Ordnungsvorstellungen der Türkei »nicht mit den europäischen Ordnungsvorstellungen im Sinne von gemeinsamen gesellschaftskulturellen Merkmalen der nationalen Gesellschaften« der Europäischen Union kompatibel sind. Demzufolge kann sich ein ›Wir-Gefühl‹ der Zusammengehörigkeit nur dann entwickeln, wenn gemeinsame historische und kulturelle Erfahrungen vorherrschen, so Winkler (2004, 158). Er schlägt eine privilegierte Partnerschaft vor, in der Europa und die Türkei unabhängig voneinander kulturelle Werte entwickeln und ihre Gemeinsamkeiten ausbauen können (vgl. ebd., 158). Dies würde der europäischen und türkischen Bevölkerung erlauben sich näherzukommen, ohne die eigene europäische beziehungsweise ›türkische Identität‹ aufzugeben (vgl. ebd., 158). Denn Gemeinschaften bilden sich vorrangig auf der Basis gleicher Kulturen mit gemeinsamen Werten, gleicher Religion und Sprache etc.[12]

4.2.8 Militärunion

Europa wird im Zusammenhang mit der Europäischen Union auch als eine Militärunion beschrieben. Bereits im August 1950 forderte Winston Churchill eine europäische Armee (vgl. Churchill 1950, online 1ff.). Seit Jahren diskutieren Politikerinnen und Politiker die Idee einer europäischen Armee, zu einer Umsetzung ist es bislang jedoch nicht gekommen.[13] Der frühere Präsident der Europäischen Kommission Jean-Claude Juncker und die deutsche Verteidigungsministe-

12 Siehe hierzu auch Kapitel 3.4 ›Kulturelle Identitätskonstruktionen durch Differenz und Gleichheit zwischen innen und außen‹.

13 Für ausführliche Informationen über die Idee einer europäischen Armee und ihre Vor- und Nachteile siehe: Major, Claudia (2012). Viele europäische Soldaten, aber keine europäische Armee. Genshagener Papiere Nr. 10. Online unter: http://www.stiftung-genshagen.de/fileadmin/Dateien/Publikationen/Genshagener_Papiere/Genshagener_Papiere_2012_10.pdf, abgerufen am 10. November 2018.

rin Ursula von der Leyen sprachen sich für gemeinsame Sicherheitskräfte der Europäischen Union aus (vgl. Straubhaar 2015, online). Auch die deutsche Bundeskanzlerin Angela Merkel unterstützt die Idee einer gemeinsamen europäischen Armee (vgl. ebd., online). Eine Zusammenlegung der einzelnen nationalen Streitkräfte zu einer gemeinsamen europäischen Streitmacht würde vor allem ökonomische Vorteile mit sich bringen, »zugleich wären die 28 gemeinsam agierenden Staaten militärisch schlagkräftiger und politisch besser legitimiert als jeder einzelne Staat es sein kann« (Major/Mölling 2015, online). Zu einer Umsetzung könnte es aber nur dann kommen, wenn die einzelnen Mitgliedsländer der Europäischen Union einen Teil ihrer Souveränität an die Institutionen der Europäischen Union abtreten würden (vgl. Euractiv mit Agence France Press (AFP) 2015, online). Dies würde jedoch den Verzicht auf nationale Vorrechte der einzelnen Mitgliedsländer bedeuten (vgl. Major/Mölling 2015, online). Die Idee einer gemeinsamen Armee kann als ein »symbolisches Bekenntnis zu einem Mehr an Europa« betrachtet werden, dessen Umsetzbarkeit umstritten ist (ebd., online).

Da die Europäische Union nicht über eine eigene Armee für ihre Mitgliedsländer verfügt, wird im Rahmen der ›Gemeinsamen Sicherheits- und Verteidigungspolitik‹ (GSVP) stattdessen auf Streitkräfte zurückgegriffen, die von den Mitgliedsländern der Europäischen Union für folgende Zwecke eingesetzt werden: »gemeinsame Abrüstungsmaßnahmen, humanitäre Aufgaben und Rettungseinsätze, militärische Beratung und Unterstützung, Konfliktverhütung und Friedenserhaltung, Krisenmanagement, zum Beispiel friedensstiftende Maßnahmen oder Stabilisierung nach Konflikten« (Generaldirektion Kommunikation der Europäischen Kommission 2018a, online). Obwohl die Europäische Union nicht über ein stehendes Heer verfügt, soll sie eine bedeutende Rolle als ›Garant für Sicherheit und Frieden‹ spielen (vgl. ebd., online). Die Europäische Union als Militärunion ist auch in der Verfassung für Europa konstitutionell festgeschrieben, in der es nach Artikel 42 Absatz 2 (Amtsblatt der Europäischen Union 2012, online) heißt: »Die Gemeinsame Sicherheits- und Verteidigungspolitik umfasst die schrittweise Festlegung einer gemeinsamen Verteidigungspolitik der Union. Diese führt zu einer gemeinsamen Verteidigung, sobald der Europäische Rat dies einstimmig beschlossen hat.« Somit ist das Ziel der ›Gemeinsamen Sicherheits- und Verteidigungspolitik‹ der Aufbau militärischer Verteidigungskapazitäten innerhalb der Europäischen Union.

Für militärische Konflikte beruft sich die Europäische Union nach wie vor auf die Streitmacht des ›Nordatlantikpakts‹ (NATO), bei dem auch die Türkei als NATO-Mitglied eine bedeutende Rolle spielt (vgl. Euractiv mit Agence France Press (AFP) 2015, online). Das türkische Heer ist dem Parlament unterstellt und nach den USA (1.308.000 Soldaten) mit rund 387.000 Soldaten das zweitstärkste Heer im Nordatlantikpakt (NATO) (vgl. Statista 2018f, online). Bereits im Osmanischen Reich wurde dem türkischen Militär eine sehr große Bedeutung beigemessen. Militärakademien waren schon immer zentrale Bildungseinrichtungen für die ländliche türkische Bevölkerung. Dass dem türkischen Militär eine besondere Rolle zukommt, wurde auch bereits im Jahr 1961 im ›Türkischen Gesetz zum Verhalten im Inneren Dienst‹ Artikel 35 festgehalten, in dem die Rolle des türkischen Militärs als Wächter, Schützer und Verteidiger der Republik Türkei und ihrer Bevölkerung beschrieben wird (vgl. Türkiye Büyük Millet Meclisi 1961, online 3456). Zu erwähnen sei an dieser Stelle jedoch, dass die Europäische Union den großen politischen Einfluss des Militärs in der Türkei kritisch sieht. Eine Einmischung des Militärs in die Politik würde negative Auswirkungen auf die Beitrittsverhandlungen mit der Europäischen Union mit sich bringen (vgl. Sezer 2007, online).[14]

4.3 KONSTITUTIVE ›ANDERE‹ EUROPAS

Neben den im vorangegangenen Kapitel aufgeführten Selbstbeschreibungen Europas gibt es noch viele weitere. In Bezug auf einen möglichen Beitritt der Türkei zur Europäischen Union stehen jedoch vor allem die diskutierten Selbstbeschreibungen im Mittelpunkt. In den Selbstbeschreibungen findet implizit und explizit eine Definition des ›Anderen‹ statt. Georg Elwert (1989, 23) zufolge ist für eine stabile kollektive Identität eine Selbstbeschreibung erforderlich, die durch eine dazu gegensätzliche Fremdbeschreibung bestimmt wird.

Das Problem der europäischen Identitätsformation kommt vor allem in den Debatten zum Ausdruck, in denen es um Beziehungen zur Türkei, zum Balkan, zu Russland und zu den USA geht. Von Afrika und Asien unterscheidet sich Europa insofern, als es eine auf Kultur basierende kollektive Identität konstruiert hat (vgl. Pagden 2002, 53f.). In der derzeitigen Debatte über den Türkeibeitritt spielen beide Kontinente nur eine untergeordnete Rolle.

Es sind vor allem ›der Osten‹, die USA, Russland, der Balkan, der Orient, der Islam und nicht zuletzt die Türkei, die das ›Andere‹ darstellen. Während im Hinblick auf Russland die Frage nach den Gründen für eine Abgrenzung respektive Einbeziehung diskutiert wird, geht es im Falle der USA nicht um eine Mitgliedschaft in der Europäischen Union, sondern um die Beziehung sowie die

14 Siehe hierzu auch militärische Interventionen in der Türkei im Kapitel 5.2 ›Politische und wirtschaftliche Entwicklung der Türkei nach Atatürk‹.

Differenz zweier politischer Akteure und ihrer politischen Grundwerte (vgl. Meyer 2004, 48ff.). Des Weiteren haben auch der Orient sowie der Islam eine Rolle als Außenseiter Europas inne. Da die Türkei als das ›Andere‹ Europas im Mittelpunkt der empirischen Untersuchung steht, wird die Auseinandersetzung mit der Türkei im Ergebniskapitel dieser Arbeit präsentiert.[15] Um im nachfolgenden Kapitel Europas ›Andere‹ betrachten zu können, wird zunächst auf den Begriff des ›Anderen‹ eingegangen.

4.3.1 Der Begriff des ›Anderen‹

Bernhard Giesen (1999, 130) zufolge beruht der Prozess der kollektiven Identitätsbildung »auf der Konstruktion von Grenzen zwischen dem Bereich [...] einer Gemeinschaft der Gleichen und einer Vielfalt von Außenstehenden, Fremden und Andersartigen«. Die kollektive Identitätsbildung in einer Gemeinschaft erfolgt dabei meist durch die Konstruktion von geographischen und kulturellen Grenzen, die eine Abgrenzung von den ›Anderen‹ mit sich bringt und somit die eigene Gemeinschaft von den ›Anderen‹ unterscheidet (vgl. Pieterse 2000, 35ff.). Auch Julia Kristeva (1991, 13) merkt an, dass »living with the other, with the foreigner, confronts us with the possibility or not of ›being an other‹«. In diesem Sinne wird die eigene Gemeinschaft in der Begegnung mit dem ›Anderen‹ oder ›Fremden‹ konstruiert. Dies betonen auch Ernesto Laclau und Chantal Mouffe (1985, 128), die davon ausgehen, dass »to be something is always not to be something else«. Während dabei dem konstruierten ›Wir‹ positive Merkmale zugeschrieben werden, dominieren bei den ›Anderen‹ grundsätzlich negative Merkmalszuschreibungen (vgl. Bauböck/Mokre/Weiss 2003, 13).[16]

Gemeinsam ist diesen Annäherungen, dass die Formierung des ›Eigenen‹ und die des ›Anderen‹ eng miteinander verbunden sind. Dabei ist die Abgrenzung gegen das ›Fremde‹ beziehungsweise gegen das ›Andere‹ ein wesentlicher Bestandteil in der Formierung von Identitäten (vgl. Neumann 1999, 35f.). James Donald (1988, 32) weist darauf hin, dass die ›eigene‹ Kultur »by differentiating it from other cultures, by marking its boundaries« definiert wird, »because the ›us‹ on the inside is itself always differentiated«. Diese Situation macht es unabdingbar, auch auf den Begriff Grenzen näher einzugehen und diesen zu bestimmen (vgl. Neumann 1999, 35f.).

---

15 Siehe hierzu Kapitel 8 ›Medienframes in der internationalen Berichterstattung‹ und Kapitel 9 ›Medienframes und Konstruktionen europäischer Identität‹.

16 Vergleiche hierzu auch die Ausführungen von Edward Said, die dem Kapitel 4.3.6 ›Der Orient als konstituierender ›Anderer‹ Europas‹ entnommen werden können.

Entsprechend einer Vielzahl von Beschreibungen Europas wird auch eine Vielzahl ›Anderer‹ zu Europa konstruiert. Dabei wird der ›Osten‹ (Asien, Russland, Türkei etc.) als das wichtigste ›Andere‹ Europas gesehen und Europa als ›der Westen‹ betrachtet (vgl. Delanty 1995, 30ff.). Zu erwähnen ist jedoch, dass durch die ungenaue Definition des Europabegriffes das ›Andere‹ Europas auch in Europa aufzufinden ist. So erfolgt der Prozess der Abgrenzung, wie in der Arbeit im Kapitel 3[17] festgehalten ist, nicht nur nach außen, sondern auch nach innen. Basierend auf den Schlussfolgerungen des erwähnten Kapitels werden Identitäten in diesem Sinne nach außen hin durch die Bestimmung eines Gegenübers und besonders durch die Abgrenzung gegen andere Nationen konstruiert. Dabei werden die eigenen kulturellen Merkmale und Besonderheiten in den Vordergrund gestellt und die anderen Kulturen und Nationen an diesen gemessen (vgl. Liebhart/Menasse/Steinert 2002, 17).

Die Betonung der eigenen Besonderheiten wird dabei generell als Ethnozentrismus bezeichnet (vgl. Weiss 2002, 26). Der Begriff des Ethnozentrismus bezeichnet eine kollektive Gemeinschaft und grenzt diese von den nicht dazugehörigen Gemeinschaften ab (vgl. Fuchs/Gerhards/Roller 1993, 1). Im Rahmen des Ethnozentrismus werden somit die Eigengruppe und die Fremdgruppe voneinander unterschieden. Die Grenzziehung erfolgt dabei auf kognitiver und evaluativer Ebene. Die ›Anderen‹ werden von der Eigengruppe sowohl als andersartig (kognitiv) als auch geringer wertig (evaluativ) betrachtet. Als Merkmale zur Abgrenzung der Eigengruppe von der Fremdgruppe werden vor allem Rasse, Glaubensbekenntnis, Sprache, Tradition und kulturelle Gebräuche sowie Nationalität genannt. (Vgl. ebd., 1)

Das ›Fremde‹ wird dabei je nach eigener Kultur, Tradition und Politik durch individuelle sowie kollektive Bilder und Stereotype bestimmt.[18] Hierbei können jedoch individuelle Erfahrungen die Klischeebilder und ethnischen und nationalen Stereotype korrigieren, widerlegen oder sogar neue produzieren. (Vgl. Liebhart/Menasse/Steinert 2002, 7)

4.3.2 ›Westen‹ versus ›Osten‹

In erster Linie drücken die Begriffe ›Westen‹ und ›Osten‹ Bezeichnungen des Ortes und der Geographie aus. Darüber hinaus werden dieselben Begriffe auch benutzt, wenn beispielsweise über eine bestimmte Entwicklungsstufe oder einen Gesellschaftstyp eines Landes diskutiert wird. Hall (1994, 137ff.) zufolge ent-

17 Kapitel 3 ›Ansätze zur Bestimmung europäischer Identität‹.

18 Vergleiche hierzu Kapitel 3.3 ›Normierende und rekonstruierende kollektive Identität‹.

stand der Begriff des ›Westens‹ in Westeuropa. Mit dem Begriff ›Westen‹ wird ein historisches Konstrukt mit einem geographischen verbunden. Damit ist eine Art Gesellschaftstyp gemeint, dem Eigenschaften wie zum Beispiel »entwickelt, industrialisiert, städtisch, kapitalistisch, säkularisiert und modern« zugeschrieben werden können (ebd., 138). Gesellschaften mit diesen Kennzeichen gehören demzufolge zum ›Westen‹, egal ob sie in Europa liegen oder nicht. Mit dieser Charakterisierung wird eine Klassifizierung von Gesellschaftstypen in verschiedene Kategorien und somit eine Abgrenzung dahingehend vorgenommen, welche Gesellschaften und Kulturen ›westlich‹ beziehungsweise ›nichtwestlich‹ sind. Die Bezeichnung ›Westen‹ erfasst somit nicht ganz Europa. »Osteuropa gehört nicht (noch nicht? noch nie?) richtig zum ›Westen‹, während die nicht in Europa liegenden Vereinigten Staaten definitiv dazugehören.« (Ebd., 138) Im 18. Jahrhundert galten die europäischen Gesellschaften als der modernste und fortschrittlichste Gesellschaftstyp weltweit. Die Identität des ›Westens‹ formierte sich besonders durch den Vergleich mit anderen Gesellschaften, und durch das Bewusstsein einer vermeintlichen Andersartigkeit von anderen Kulturen und Nationen. (Vgl. ebd., 137ff.)

Der Literat Milan Kundera (1984, 95) fügt hinzu, dass die Bevölkerung Zentraleuropas ihre eigene Identität im Hinblick auf die ›westliche Zivilisation‹ und das ›westliche Erbe‹ definiert. So werden der Europabegriff und auch die USA als Synonym zum ›Westen‹ verwendet (vgl. ebd., 95; Hall 1994, 137ff.). In der Türkei, insbesondere in der Westtürkei, wird unter dem Begriff des ›Westens‹ grundsätzlich Fortschritt, Demokratie und Wohlstand verstanden (vgl. Küçük 2008, 73).[19] Wird die Türkei in der Öffentlichkeit mit dem ›Westen‹ in Verbindung gebracht, so wird damit eine ›moderne‹ türkische Identität assoziiert (vgl. ebd., 73). Als ›modern‹ werden also jene Türkinnen und Türken bezeichnet, die meist Anhängerinnen beziehungsweise Anhänger des ›Kemalismus‹ sind und europäische Werte unterstützen. Dass der ›Osten‹ als konstitutiver ›Anderer‹ Europas betrachtet wird, zeigt sich vor allem in der Studie von Iver Brynild Neumann (1999) über die Bedeutung des ›Ostens‹ für die Konstruktion von europäischer Identität.

4.3.3 Amerika als externer ›Anderer‹ Europas

Für Konstruktionen europäischer Identität und für die Bestimmung der Grenzen Europas werden die Vereinigten Staaten von Amerika als konstituierendes ›An-

19 Nähere Informationen über die Bedeutung des Begriffes ›Westen‹ für die Türkei siehe hierzu Kapitel 5.1 ›Die Türkei auf dem Weg nach Europa durch Atatürk‹.

deres‹ betrachtet. In der Studie ›Europäische Identitätsbildung in Abgrenzung von den USA?‹ wird festgestellt, dass in europäischen Mediendiskursen Europa in Abgrenzung zu den USA konstruiert wird (Fehl 2005).[20] Kocka (2004, 193) hält die Abgrenzung Europas von Amerika »zur Befestigung europäischer Identität und gesamteuropäischer Handlungsfähigkeit« von bedeutend,

»auch wenn in Bezug auf grundsätzliche Werte Übereinstimmung besteht. An relevanten amerikanisch-europäischen Unterschieden fehlt es keineswegs. Europa hat auf dem Weg zu seiner Einheit mit erheblich mehr eingeschliffener und institutionalisierter Vielfalt von Nationen und Traditionen zurechtzukommen. Anders als in Amerika ist der europäische Einigungsversuch durch die Erfahrung vorangegangener Katastrophen geprägt. Er ist der Versuch, daraus zu lernen. Das Verhältnis von individueller Freiheit und Solidarität, von Konkurrenz und Wohlfahrt wird in Europa anders bestimmt als in den USA.«

Die Abgrenzung Europas von den USA wurde im Jahr 2003 durch den US-amerikanischen Krieg gegen den Irak sichtbar. Dieses Ereignis trug zur Abstrahierung der Abgrenzung bei. In mehreren Städten Europas (London, Paris, Madrid, Rom, Berlin) fanden Demonstrationen gegen den Irakkrieg statt, auf denen der Zusammenhalt Europas und die Suche nach einer gemeinsamen europäischen Identität klar zum Ausdruck kamen (vgl. Sedmak 2010, 152). Dennoch weist die Betrachtung der USA als das ›Andere‹ Europas nur wenige Konnotationen auf.

»Vielmehr beruht die Andersartigkeit der Vereinigten Staaten gerade auf einer gleich mehrfachen historisch-kulturellen Nähe zu Europa. Die USA haben historisch einen klaren europäischen Hintergrund und begründeten sich doch in der Absatzbewegung zu den damals dominanten europäischen Mächten wie Frankreich und Großbritannien, aus deren Bevölkerungen doch ein Großteil der amerikanischen hervorging.« (Walter 2008, 51)

Somit erfolgt bei der Abgrenzung Europas von den Vereinigten Staaten von Amerika im Hinblick auf eine gemeinsame ›westliche‹ Identität zugleich auch eine positive Identifikationszuschreibung Europas zu den Vereinigten Staaten (vgl. Hedetoft 1998; Mikkeli 1998). Dies zeigt sich vor allem in den wirtschaftlichen und politischen Beziehungen Europas zu den Vereinigten Staaten von

20 Für ausführliche Informationen über diese Studie siehe: Fehl, Caroline (2005). Europäische Identitätsbildung in Abgrenzung von den USA? Eine Untersuchung des deutschen und britischen Mediendiskurses über das transatlantische Verhältnis. Münster: Lit Verlag.

Amerika (vgl. Europäische Kommission o. J., online 3ff.). Doch die Vereinigten Staaten und die Europäische Union sind nicht nur in wirtschaftlicher und politischer Sicht miteinander verflochten, sondern auch auf sozialer Ebene pflegen sie enge Beziehungen. Da die amerikanische Bevölkerung unter anderem von Einwanderinnen und Einwanderern der jetzigen Staaten der Europäischen Union abstammt, weisen die amerikanische und europäische Kultur Gemeinsamkeiten auf, die sich vor allem in ihren transnationalen Beziehungen widerspiegeln (vgl. ebd., online 3). Zusammenfassend kann gesagt werden, dass am Beispiel der USA, je nach Kontext, das ›Eigene‹ und das ›Andere‹ beziehungsweise ›Fremde‹ variieren.

4.3.4 Russland als ›Gegenidentität‹ Europas

Neben den Vereinigten Staaten von Amerika wird Russland eine große Rolle bei der europäischen Identitätsbildung zugeschrieben. Bedrohungen befinden sich grundsätzlich an den Grenzen, und solange Russland als Grenzfall betrachtet wird, stellt das Land vor allem in Bezug auf seine Größe und geographisch-räumliche Nähe eine Gefahr für Europa dar (vgl. Neumann 1999). Insbesondere nach dem Zweiten Weltkrieg und während des Kalten Krieges war die Sowjetunion das konstitutive gefährliche ›Andere‹ Europas (vgl. ebd., 60f.). Heute wird Russland in Verbindung mit Europa zwar immer noch meist als eigenständige ›Gegenidentität‹ präsentiert, jedoch wird die russische Bevölkerung auch als ein »liminary case of European identity« (ebd., 67) betrachtet (vgl. ebd., 226ff.). Auffallend ist, dass Russland jedoch nicht nur als Gegenidentität wahrgenommen wird, sondern zu manchen Zeiten auch als innerhalb der europäischen Grenzen oder zumindest als auf der Grenze liegendes Land betrachtet wird. In der Zeit des Kalten Krieges galt die Sowjetunion als ein barbarisches und unzivilisiertes Land (vgl. ebd., 103). Der Zusammenbruch der Sowjetunion stellte fortan keine Bedrohung mehr für Europa dar. Dennoch geht aus der Studie von Neumann (1999) hervor, dass Russland grundsätzlich bei der Bestimmung von Europa als die ›Gegenidentität‹ Europas dargestellt wird, die sich vor allem nach dem Zerfall der Sowjetunion immer mehr und mehr nach Europa ausrichtet.

4.3.5 Der Balkan als interner ›Anderer‹ Europas

Eine weitere bedeutende Gegenidentität Europas ist der Balkan. Der Begriff Balkan wurde ursprünglich aus dem Türkischen abgeleitet und bedeutet ›steile Gebirgskette‹ oder ›Gebiet/Berg mit vielen Wäldern‹ (vgl. Türk Dil Kurumu 2016, online); er bezeichnet das Faltengebirge in Südosteuropa – auf Serbisch

›Stara Planina‹ –, eine Fortsetzung der karpatischen Gebirgskette, die Bulgarien von Osten nach Westen teilt (vgl. Stojentin 1836, online 242). Heute wird der Balkan als ein Sammelbegriff für die Staaten auf der südosteuropäischen Halbinsel Europas, »üblicherweise Ungarn, Rumänien, Bulgarien, Kroatien, Bosnien und Herzegowina, Slowenien, Serbien und Montenegro, Makedonien, Albanien, Griechenland; gelegentlich auch die Türkei«, verwendet (Schubert/Klein 2016, online). Der Balkan wird oft auch als ›Hinterhof Europas‹ oder »in seiner Wahrnehmung als seit Jahrhunderten von kulturell-religiösen Krisen und Kriegen geschüttelte Region innerhalb Europas« gar als »die dunkle Seite Europas« (Walter 2008, 50) bezeichnet. Geographisch und kulturhistorisch symbolisiert der Balkan Mehrdeutigkeit, hervorgerufen durch die nicht eindeutige Bestimmbarkeit der Grenzen zwischen Europa und Asien und durch den Einfluss von westlichem Christentum, muslimischer Welt und der griechischen Orthodoxie (vgl. Todorova 1999). Der Studie der bulgarischen Historikerin Maria Todorova ›Die Erfindung des Balkans‹ (1999, 267) zufolge wird der Balkan insbesondere mit der Brutalität des jugoslawischen Bürgerkrieges in den 1990er Jahren in Verbindung gebracht. Der Balkan habe »als ein Müllplatz für negative Charakteristika gedient, gegen den ein positives und selbstbeweihräucherndes Image des ›europäischen Europäers‹ und des ›Westens‹ konstruiert worden ist«, so Todorova (1999, 267). Zu erwähnen sei an dieser Stelle auch, dass in den Selbstbeschreibungen Europas der ›Westen‹ und ›Osten‹, der Orient und das Abendland als Gegenpole dargestellt werden, während der Balkan als ein Bindeglied zwischen Europa und dem Mittleren Osten oder als eine Brücke beziehungsweise Kreuzung zwischen diesen wahrgenommen wird (vgl. ebd., 34ff.).

4.3.6 Der Orient als konstituierender ›Anderer‹ Europas

Auch der Orient gilt als konstituierender ›Anderer‹ Europas. Der Orient ist nicht nur Europas Nachbar, sondern auch die Region »of Europe's greatest and richest and oldest colonies, the source of its civilizations and languages, its cultural contestant, and one of its deepest and most recurring images of the Other« (Said 1979, 1). Demgemäß wird der Orient als ein Ort dargestellt, der zum Ursprung der Zivilisation und Sprachen Europas wurde und an dem Europas größte und reichste Kolonien lagen (vgl. ebd., 1). Der Orient ist hierbei jedoch nicht als eine Region oder eine existierende geographische sowie kulturelle Einheit zu betrachten, sondern als ein Ergebnis wissenschaftlicher Diskurse anzusehen (vgl. ebd., 2). Edward Said (1979, 2) zufolge ist der Orientalismus eine Denkweise, welche auf der Annahme und Konstruktion der Andersartigkeit von Orient und Okzident beruht. Im Rahmen der Diskurse über den Orientalismus wird der Orient Europa beziehungsweise dem ›Westen‹ gegenübergestellt (vgl. ebd., 3). Demnach stellt sich in einem dialogischen Prozess mit dem Orientalismus der Okzidentalismus als das ›Andere‹ dar – und vice versa. Zwischen Europa und Asien erfolgte eine Grenzziehung, bei der Europa als der ›mächtige‹ und Asien als ein ›besiegter‹ Kontinent dargestellt wurden (vgl. ebd., 57). In diesen konstruierten Regionen befanden sich auf der einen Seite die Bevölkerung des ›Westens‹ und auf der anderen Seite die Bewohnerinnen und Bewohner des Orients (vgl. ebd., 36). Dabei wird der Orient mit negativen Merkmalen wie »irrational, depraved (fallen), childlike, ›different‹« charakterisiert, während Europa als »rational, virtuous, mature, ›normal‹« beschrieben wird (ebd., 40). Darüber hinaus ist die Bevölkerung des ›Westens‹ friedliebend, liberal, nicht misstrauisch und fähig, echte Werte zu besitzen, der Orient hingegen weist keine dieser Eigenschaften auf (vgl. ebd., 49). Said (1979, 5) geht davon aus, dass sowohl der Orient als auch der Okzident im Rahmen von Diskursen konstruiert werden. Dabei werden die Unterschiede zwischen dem bekannten Europa beziehungsweise dem ›Westen‹ und dem nichtbekannten beziehungsweise fremden Orient oder ›Osten‹ hervorgehoben (vgl. ebd., 43).

Naoki Sakai (1988, 499) konstatiert, dass der Orient weder eine kulturelle noch eine religiöse oder linguistische Einheit ist. Die Identität des Orients wird außerhalb des ›Eigenen‹ konstruiert: »what endows it with some vague sense of unity is that the Orient is that which is excluded and objectified by the West, in the service of its historical progress«. So wird der Orient als ein ›Schatten des Westens‹ wahrgenommen (vgl. Sakai 1988, 499). Dementsprechend würde der Orient nicht existieren, wenn der ›Westen‹ nicht existieren würde (vgl. ebd., 499). Es »besteht allerdings die Gefahr, dass Europa versucht [...], sich statisch am ›Orient‹ seiner eigenen Identität zu vergewissern, wie schon im 18./19. Jahrhundert: es braucht den ›Anderen‹, den ›Fremden‹, um zu sich selbst zu kommen«, führt Jan Cremer (2004, online) aus. So kann auch gesagt werden, dass der Orient deshalb existiert, weil der ›Westen‹ ihn benötigt, um seine eigene Identität bestimmen zu können.

4.3.7 Der Islam als Abgrenzung zu Europa

Eine weitere Abgrenzung zu Europa erfolgt durch die Darstellung des Islam als eines ›Anderen‹ oder gar als eines ›Feindbildes‹ als Kontrast zur Selbstbestimmung Europas. Bereits »seit den Zeiten des Propheten Mohammed ist immer wieder versucht worden, einen Gegensatz zwischen dem Islam und dem Westen zu konstruieren« (Hafez 1997, 11). Nach Kai Hafez (1997, 11) ist

»die islamische Welt keine Antithese zu Menschen- und Frauenrechten, zu Demokratie, Moderne oder zum Weltfrieden […], und schon gar nicht zur kapitalistischen Marktwirtschaft. Der islamische Orient pendelte in seiner Geschichte vielmehr stets zwischen Phasen relativer Abgeschlossenheit oder Traditionsverliebtheit und stärkerer Weltoffenheit und Westorientierung, die ja letztlich durch die ursprüngliche Verbindung des arabischen mit dem orientalischen, griechischen und römischen Kulturerbe charakteristisch für ihn ist.«

Im Hinblick auf die Türkei lassen die Ergebnisse der Studie von Iver Brynild Neumann (1999) über »Uses of the other. ›The East‹ in European identity formation« darauf schließen, dass das Land bereits in der osmanischen Zeit aufgrund seiner geographischen Lage, seiner Nähe zu Europa, seiner islamischen Prägung sowie seiner großen osmanischen Armee als Bedrohung für Europa und somit als das ›Andere‹ wahrgenommen wurde. Nach 1945 übernahm zwar die Sowjetunion die Rolle der Gegenidentität, da sie als eine große Bedrohung für Europa betrachtet wurde, jedoch blieb die Türkei, verstärkt durch den aktuellen Islam-Diskurs, das konstitutive ›Andere‹ Europas (vgl. ebd., 60f.). Besonders nach den Terrorangriffen am 11. September 2001 wurde der Islam in der Öffentlichkeit Europas und der USA als ein zentrales Feindbild wahrgenommen (vgl. Bundeszentrale für politische Bildung 2002, online). Der Islam wird stets religiösen, gesellschaftlichen, wissenschaftlichen, historischen etc. Vorstellungen Europas gegenübergestellt und folglich als eine ›andere Kultur‹ wahrgenommen (vgl. Sardar 2002, 18). Der Islam ist ein sehr verbreitetes Thema in der europäischen Öffentlichkeit und wissenschaftlichen Forschungen, bedingt durch die Zunahme der öffentlichen Sichtbarkeit der islamischen Religion und ihrer Symbole, wie etwa von Frauen mit Kopftüchern oder Schleiern, Moscheen und Minaretten (vgl. ebd., 100). Da die muslimische Minderheit in der europäischen Mehrheitsgesellschaft als ›fremd‹ gesehen wird, kommt es auch zu Diskriminierungen gegenüber Musliminnen und Muslimen. Zu erwähnen sei an dieser Stelle jedoch, dass die Darstellung des Islam als ein Feindbild Europas unter anderem auch den Zusammenhalt der ›christlichen Bevölkerung‹ stärken soll. In diesem Zusammenhang wird die Türkei oft auch als der ›Nahe Ferne‹ bezeichnet (vgl. Seufert/Kubaseck 2004, 9). Der deutsche Islamwissenschaftler Udo Steinbach (2000, 65f.) sieht die Türkei vor allem als ›Nahtstelle zweier Welten‹.

4.4 ZWISCHENFAZIT: DIE TÜRKEI ALS DAS KONSTITUTIVE ›ANDERE‹ EUROPAS

Das Ziel dieses Kapitels war zum einen die Annäherung an eine Definition des Begriffes Europa; zum anderen die Herausarbeitung identitätskonstruierender Elemente auf der Grundlage von europäischen Selbstbeschreibungen vor dem Hintergrund konstitutiver ›Anderer‹ Europas.

Der Europabegriff lässt sich nicht leicht klären, da er weder nach außen eindeutig zu bestimmen noch in sich kohärent ist. Festzustellen ist, dass Europa von kultureller Vielfalt, kulturellen Unterschieden, sozialen Widersprüchen sowie von Vielsprachigkeit geprägt ist. Unterschiede kultureller und religiöser Wertvorstellungen korrelieren und überschneiden sich mit geographischen, historischen, ökonomischen und politischen Differenzen und so kann homogenes Europabild geschaffen werden. Der Europabegriff bildet vielmehr ein Diskursfeld, das unterschiedliche Beschreibungen und Aussagen zu Europa aus verschiedenen Perspektiven umfasst. In Anlehnung an Weidenfeld (1985) soll für diese Arbeit unter dem Begriff Europa ein erweiterbares Europa verstanden werden, dessen Gemeinsamkeiten sich aus der Vielfalt der einzelnen Nationen, Kulturen und der Gesellschaft bilden. Der Begriff europäisch soll somit nicht durch den kleinsten gemeinsamen Nenner definiert werden, sondern vielmehr durch die Vielfältigkeit der einzelnen Länder.

In der folgenden Abbildung 4 ist die Diskussion in Bezug auf Europas Selbstbeschreibungen dieses Kapitels zusammengefasst. Die Selbstbeschreibungen fußen auf einer Abgrenzung von Europas ›Anderen‹, worunter die Türkei eine herausgehobene Rolle spielt.

Zu konstitutiven ›Anderen‹ Europas zählen vor allem der ›Osten‹, die Vereinigten Staaten von Amerika, Russland, der Balkan, der Orient und der Islam als Abgrenzung zu Europa. Die Türkei stellt dabei eine der wichtigsten Gegenidentitäten Europas dar, um die eigene Gemeinschaft von der der ›Anderen‹ differenzieren zu können. Dies zeigt sich besonders in der Debatte um einen möglichen Beitritt der Türkei zur Europäischen Union. Die Türkei wird in allen Selbstbeschreibungen exkludiert und als der externe ›Andere‹ dargestellt, während Südosteuropa respektive der Balkan als konstitutive interne ›Andere‹ betrachtet werden.

Abbildung 4: Die Türkei als das konstitutive ›Andere‹ Europas

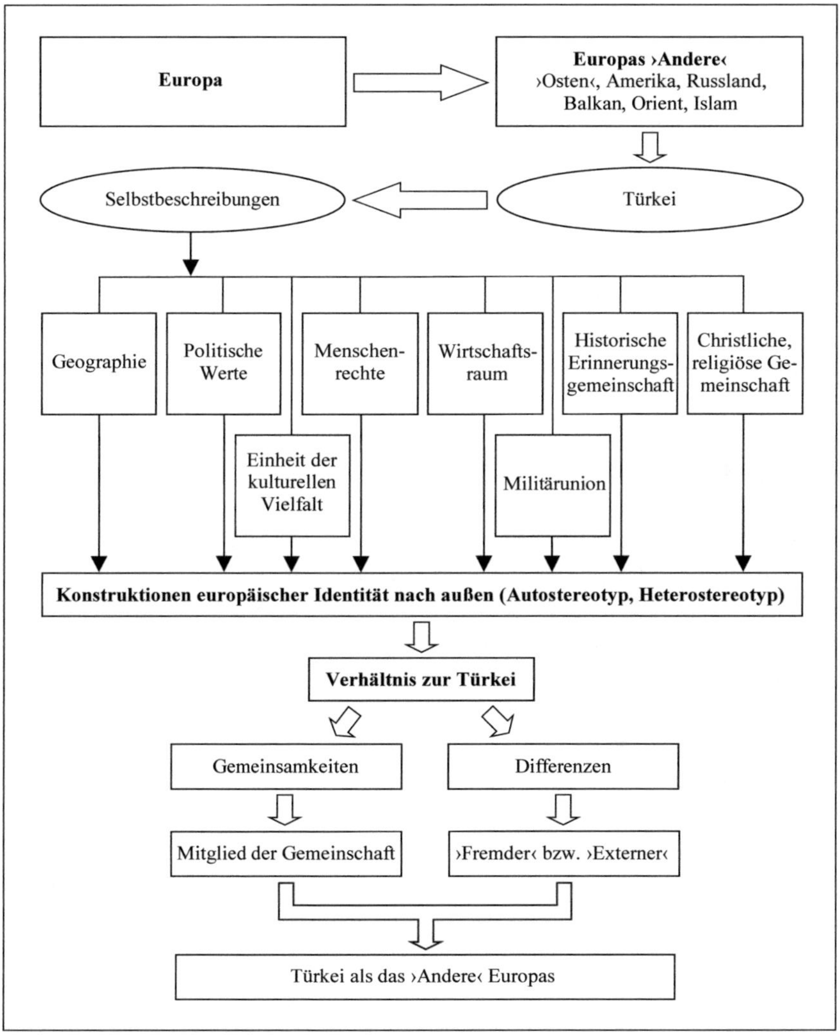

Europa

Europas ›Andere‹
›Osten‹, Amerika, Russland, Balkan, Orient, Islam

Türkei

Selbstbeschreibungen

Geographie

Politische Werte

Menschenrechte

Wirtschaftsraum

Historische Erinnerungsgemeinschaft

Christliche, religiöse Gemeinschaft

Einheit der kulturellen Vielfalt

Militärunion

Konstruktionen europäischer Identität nach außen (Autostereotyp, Heterostereotyp)

Verhältnis zur Türkei

Gemeinsamkeiten

Differenzen

Mitglied der Gemeinschaft

›Fremder‹ bzw. ›Externer‹

Türkei als das ›Andere‹ Europas

Quelle: Eigene Darstellung

In der Literatur können trotz unterschiedlicher Sichtweisen darüber, was Europa kennzeichnet, folgende identitätskonstruierende Kategorien festgestellt werden, die vor allem im Zusammenhang mit einem möglichen Beitritt der Türkei zur Europäischen Union diskutiert werden: Kontinent Europa als geographisches Gebilde, Europa als die Europäische Union mit gemeinsamen politischen Werten, Europa als ›Hort der Menschenrechte‹, Europa als gemeinsamer Wirtschaftsraum, Europa als historische Erinnerungsgemeinschaft, Europa als christliche und religiöse Gemeinschaft, Europa als die Einheit der kulturellen Vielfalt und Europa als eine Militärunion.

Die Frage nach Europas Grenzen ist heute noch nicht eindeutig geklärt und insbesondere im Rahmen der Erweiterung der Europäischen Union und eines möglichen Beitrittes der Türkei zur Europäischen Union in ständiger Diskussion. Wie bereits im Kapitel 2 ›Europäische Union und die Türkei‹ erwähnt wurde, kann gemäß Artikel 49 des Europäischen Vertrages jeder europäische Staat beantragen, Mitglied der Europäischen Union zu werden. Insbesondere durch die Osterweiterung der Europäischen Union kann eine höhere Heterogenität festgestellt werden. Diese Divergenzen innerhalb der Europäischen Union betreffen nicht nur den ökonomischen Bereich, sondern auch politische, historische, kulturelle, soziale und religiöse Aspekte. Eine mögliche Aufnahme der Türkei würde diese Heterogenität weiter erhöhen.

Die Auseinandersetzung mit Selbstbeschreibungen Europas ergibt somit ein sehr facettenreiches Europabild. Was ist das Europäische, das die Mitgliedsländer der Europäischen Union aufweisen sollten? Zeichnet sich die europäische Bevölkerung dadurch aus, dass sie beispielsweise dem Christentum angehört, islamische Länder und Menschen islamischen Glaubens von vornherein ausschließt? Anzumerken sei an dieser Stelle, dass Konstruktionen Europas stark durch historische, politische, wirtschaftliche, kulturelle u. a. Gegebenheiten oder aktuelle Situationen beeinflusst werden. So kann davon ausgegangen werden, dass Selbstbeschreibungen Europas einem ständigen Prozess der Veränderung unterliegen. Heutzutage ist das Verständnis eines Europas ein ganz anderes, als dies vor 100 Jahren der Fall war. Festzuhalten ist, dass auch die Geographie kein eindeutiges und für alle verbindliches Europa liefern kann. Weiter ist zu erwähnen, dass Europa zu keiner Epoche weder über ein gemeinsames politisches System noch über eine gemeinsame Kultur, Sprache, Wirtschaftspolitik etc. verfügt hat.

Die Bestimmung des ›Anderen‹ gestaltet sich speziell im Prozess der Abgrenzung nach außen am einfachsten. Dadurch kommt es, wie bereits im Kapitel 3 ›Ansätze zur Bestimmung europäischer Identität‹ aufgezeigt wurde, zur Entstehung von positiven und negativen Auto- und Heterostereotypen, die in einem Widerspruch zu einer außereuropäischen Identität stehen (siehe Abbildung 2). Dabei wird europäische Identität insbesondere über das Verhältnis zur Türkei als das ›Andere‹ Europas definiert, indem neben Gemeinsamkeiten vor allem Differenzen hervorgehoben werden. Konstruktionen europäischer Identität in den Debatten zum möglichen Beitritt der Türkei zur Europäischen Union können jedoch nur im Zusammenhang mit der wechselhaften Geschichte und den Entwicklungen seit Gründung der Republik Türkei verstanden werden.

5 Entwicklung der Türkischen Republik

Wie im Kapitel 4.3 ›Konstitutive ›Andere‹ Europas‹ diskutiert, kann in der Literatur eine Vielzahl möglicher ›Anderer‹ festgestellt werden, die aufgrund verschiedener Kriterien nicht nur aus Europa ausgegrenzt werden, sondern zur Konstruktion Europas dienen. Dabei wird vor allem die Türkei als das ›Andere‹ Europas betrachtet. Dass sich die Türkei allerdings auf dem Weg nach Europa befindet und immer mehr europäisiert wird, kann bereits anhand der Reformen nach Gründung der Republik beobachtet werden. Der Zerfall des Osmanischen Reiches und der Ideologie des Kemalismus, der mit der Ausrufung der Republik Türkei durch Mustafa Kemal Atatürk einherging, stellt einen wichtigen Ausgangspunkt dar, um die Entwicklung der Türkei nachvollziehen zu können.

Die Republik Türkei ist ein Bindeglied zwischen zwei verschiedenen Kontinenten: Europa und Asien. Aufgrund ihrer Lage kommt der Türkei die besondere Rolle einer Brücke zwischen Europa und Asien zu, mit der sich die asiatische türkische Geschichte und Kultur nach Europa erstreckt. Die Türkei weist im politischen, wirtschaftlichen und gesellschaftlichen Bereich sowohl ›östliche‹ als auch ›westliche‹ Merkmale auf. Sie ist aber nicht nur eine Brücke zwischen Europa und Asien, sondern auch zwischen dem christlichen und dem islamischen Kulturkreis. Von islamischer Religion geprägt, ist die Kultur der Türkei in vieler Hinsicht europäisch beeinflusst. Nach Verkündung der Republik im Jahr 1923 hat sich die Türkei in Bezug auf die politischen, wirtschaftlichen und sozialen Strukturen des Landes am ›Westen‹ ausgerichtet. Sie misst der Entwicklung ihrer Beziehungen mit europäischen Ländern eine besondere Bedeutung bei.

Im folgenden Kapitel wird ein kurzer Abriss der Entwicklung der türkischen Republik dargestellt, der als Grundlage für das Erfassen der gegenwärtigen Situation in der Türkei dienen soll, die vor allem durch politische Unruhen und Demonstrationen, wie zum Beispiel die Gezi-Park-Bewegung, gegen die Regierung und den damit einhergehenden gesellschaftlichen Umbruch gekennzeichnet ist. Dieses Kapitel vermittelt Einsichten in das Denken und Handeln von Menschen in der Gesellschaft eines Landes, das nicht nur durch seine Lage eine Brücke zwischen Europa und Vorderasien bildet. Es wird auf die Entwicklung der Türkei als eines Staates auf dem Weg nach Europa durch Mustafa Kemal Atatürk eingegangen, dessen politische und wirtschaftliche Ziele europäischen Richtlinien folgen, um anschließend Atatürks Reformen vor dem Hintergrund der heutigen politischen und wirtschaftlichen Situation der Türkei zu diskutieren. Weiter wird auf die gesellschaftliche Entwicklung der Türkei nach der Regierungszeit Atatürks Bezug genommen. Das Ziel dieses Kapitels ist jedoch nicht eine auf Vollständigkeit angelegte Darstellung der politischen, wirtschaftlichen und gesellschaftlichen Entwicklungen der Türkei, sondern die Beleuchtung der Ereignisse in der Türkei im Hinblick auf die Forschungsfragen der Untersuchung.

5.1 DIE TÜRKEI AUF DEM WEG NACH EUROPA DURCH ATATÜRK

Der Weg zur modernen Türkei begann vor etwa zwei Jahrhunderten. Erste Modernisierungsmaßnahmen sind bereits in den ›Tanzimat‹[1]-Reformen des Osmanischen Reiches festzustellen. Jedoch beginnt die tatsächliche Verwestlichung[2] grundsätzlich mit der Ausrufung der Republik Türkei durch Mustafa Kemal Atatürk. Mustafa Kemal Atatürk wurde 1881 im osmanischen Selânik, dem heute griechischen Thessaloniki, geboren. Im Jahr 1893 trat er mit dem Ziel, eine Karriere als Offizier zu machen, in die Militärschule ein. Er gelangte über die Militärschule, die Offiziersausbildung an der Militärakademie in İstanbul und über eine Generalstabsausbildung zum Rang eines Hauptmannes und wurde am 29. Oktober 1923 zum Gründer der Republik Türkei.[3] (Vgl. Kreiser 2008, 12ff.)

---

1 Der Begriff ›Tanzimat‹ steht für ›ordnen‹ beziehungsweise ›umordnen‹ und bezieht sich auf die osmanischen Reformen. Für detaillierte Informationen über die ›Tanzimat‹-Periode siehe: Duda, Herbert Wilhelm (1948). Vom Kalifat zur Republik. Die Türkei im 19. und 20. Jahrhundert. Wien: Verlag für Jugend und Volk, 25ff. Ahmad, Feroz (2005). Geschichte der Türkei. Essen: Magnus Verlag, 49ff.

2 Der Begriff der Verwestlichung ging mit der Gründung der Republik Türkei 1923 einher und bedeutete die Orientierung am ›Westen‹ (Europa) (vgl. Kahraman 2002, 64ff.).

3 Im Folgenden wird auf die Person Mustafa Kemal Atatürk nur kurz eingegangen. Für nähere Informationen siehe Biographien Atatürks: Kreiser, Klaus (2008). Atatürk. Eine Biographie. München: Verlag C. H. Beck. Mango, Andrew (2002). Atatürk: The Biography of the founder of Modern Turkey. New York: Overlook Press. Rill, Bernd

Nach Beendigung der 60-jährigen Herrschaft der osmanischen Dynastie war Mustafa Kemal Atatürk der erste Präsident der türkischen Republik und regierte das Land mit der Unterstützung der von ihm gegründeten und geführten ›Republikanischen Volkspartei‹[4] bis zu seinem Tode 1938 (vgl. ebd., 208f.). Die Grenzen des neuen Staates wurden im Vertrag von Lausanne 1923 bestätigt. Die Türkei war damals das erste islamische Land, das die republikanische Staatsform annahm (vgl. ebd., 174ff.; Adanır 1995, 31, 124). Auf der Grundlage der neuen Staatsideologie von Mustafa Kemal Atatürk entstanden neue Verfassungsstrukturen, die zur ersten republikanischen Verfassung nach europäischem Vorbild führten. Nach Verabschiedung der republikanischen Verfassung im Jahr 1924 wurde weitgehend eine Modernisierung des Staatswesens erreicht und Voraussetzungen für eine weitere Demokratisierung wurden geschaffen (vgl. Türkiye Büyük Millet Meclisi 1924, online). Modernisierung bedeutete für Atatürk, die Türkei politisch, sozial und kulturell nach Europa auszurichten und die Gründung eines Nationalstaates, den Aufbau einer Nationalkultur und die Schaffung eines Bewusstseins innerhalb der türkischen Bevölkerung, die sich ihrer nationalen Identität bewusst war, voranzutreiben (vgl. Steinbach 1979, 22).

Nach dem Ersten Weltkrieg und dem Zerfall des Osmanischen Reiches befand sich die Türkei in einem grundlegenden Umbruch. Nach Ausrufung der Republik verkündete Mustafa Kemal Atatürk sechs Grundprinzipien einer neuen Staatsideologie, die von Historikerinnen und Historikern sowie Politologinnen und Politologen als ›Kemalismus‹ (türkisch: Atatürkçülük) bezeichnet wird. Die Prinzipien von Atatürk können wie folgt zusammengefasst werden: Nationalismus, Laizismus/Säkularismus, Republikanismus, Populismus, Revolutionismus, Etatismus (vgl. Türkiye Büyük Millet Meclisi 1924, online Madde 2; Kont 1987, 25ff.; Ahmad 2005, 104ff.).

Nationalismus bedeutete eine Förderung der nationalen Souveränität sowie des Stolzes der Türkinnen und Türken auf ihre neue Republik und deren Errungenschaften. Außerdem wurde auf die kulturelle und ideelle Verbundenheit der türkischen Bürgerinnen und Bürger Wert gelegt, um das Zusammengehörigkeitsgefühl zu stärken. Mit seinem Leitspruch ›Wie glücklich ist, wer sagen kann: Ich bin Türke‹[5] wollte Atatürk jene positiv hervorheben, die sich zu ihrer Nation bekannten und somit auch die nationale Solidarität der türkischen Bevölkerung

(1985). Kemal Atatürk. Mit Selbstzeugnissen und Bilddokumenten. Reinbeck bei Hamburg: Rowohlt Taschenbuch Verlag GmbH.

4 Türkisch: ›Cumhuriyet Halk Partisi‹ (Abkürzung: CHP)

5 Dieser Leitspruch wurde von der Autorin dieses Buches aus dem Türkischen ›Ne mutlu Türküm diyene‹ ins Deutsche übersetzt.

sowie das Selbstwertgefühl des Volkes stärkten (vgl. Karaalioğlu 1981, 250). Der Nationalismus wirkte sich jedoch auf die Minderheitenpolitik, insbesondere auf die Kurdinnen und Kurden sowie Armenierinnen und Armenier negativ aus. (Vgl. Kont 1987, 25ff.; Ahmad 2005, 104ff.; Doğan 2013)

Der Laizismus führte zu einer Trennung von Religion und Staat. In der osmanischen Herrschaft spielte die Religion eine sehr große Rolle, weil der Islam die Grundlage für die Rechtsordnung der Gesellschaft war. Die Geschichte der osmanischen Herrschaft lehrte Atatürk, dass mit den Grundsätzen des Islam ein moderner Staat nicht regiert werden kann. Demzufolge sollte die Religion von der Staatsgewalt getrennt werden und im öffentlichen Leben keine Rolle mehr spielen. Musliminnen und Muslime sowie Andersgläubige sollten gleichbehandelt werden und die moderne Nation sollte anstatt mit religiösen Dogmen mit wissenschaftlicher Vernunft regiert werden. Dies verdeutlichte Atatürk in einer seiner Reden: »Der beste Wegweiser auf der Welt ist die Wissenschaft«[6] (Bingöl 1970, 32). (Vgl. ebd., 32)

Das Prinzip des Republikanismus nahm darauf Bezug, dass die Türkei als eine Republik sich an westeuropäischer Staatenbildung orientieren sollte. Alle Staatsgewalt sollte vom Volk ausgehen. Es wurde ein republikanisches System und nicht eine Monarchie angestrebt. Folglich durfte die Nation nicht einer bestimmten Person, Abstammung, Gruppe oder Klasse überlassen werden. (Vgl. ebd., 32)

Der Populismus sollte die Unterdrückungsmechanismen der osmanischen Herrschaft abschaffen. Atatürk setzte sich dafür ein, dass das Volk sich am Staat mit Rechten und Pflichten beteiligen konnte. Als Ausdruck der Gleichheit der türkischen Bürgerinnen und Bürger wurde jedes einzelne Individuum dazu motiviert, seinen Beitrag zur neuen Türkei zu leisten. Der Staat und das Volk sollten in einem engen Gegenseitigkeitsverhältnis stehen. Atatürk strebte damit einen klassenlosen Volksstaat an. (Vgl. ebd., 32)

Eines der wichtigsten Grundprinzipien des Kemalismus ist der Revolutionismus. Der Staat sollte eine kontinuierliche Modernisierung und die Umformung von Staat und Gesellschaft in Bezug auf Staatsform, Bildungswesen und Gerichtswesen anstreben. Atatürk versuchte diese Revolution zügig durchzuführen, um die Türkei so schnell wie möglich dem Vorbild der europäischen Nationalstaaten anzunähern. (Vgl. ebd., 32)

6 Das wörtliche Zitat wurde von der Autorin dieses Buches aus dem Türkischen ins Deutsche übersetzt. Im Original lautet das Zitat: »Hayatta en hakiki mürşit ilimdir.« (Bingöl 1970, 32)

Nicht zuletzt wurde im Zuge des Etatismus die Lenkung des Wirtschaftssystems vom Staat übernommen, um die Abhängigkeit vom Ausland zu verhindern. Heute wird dieser Grundsatz in der Türkei jedoch nicht mehr angestrebt, sondern es erfolgte eine Anpassung an die neoliberale Politik der Europäischen Union. (Vgl. ebd., 32)

Flankiert von diesen sechs Staatsprinzipien sollte sich die Türkei an Leitlinien von Unabhängigkeit und Souveränität orientieren. Symbolisch werden diese Prinzipien durch sechs weiße Pfeile dargestellt und sie sind heute noch Parteiemblem der ›Republikanischen Volkspartei‹. In manchen Punkten begann die Türkei zwar umzudenken, dennoch gelten die reformistischen kemalistischen Prinzipien bis heute noch als die Grundlagen der türkischen Republik, mit denen die Grundsteine zur Modernisierung gelegt worden sind. Da Mustafa Kemal Atatürk großen Wert auf die Modernisierung der Republik legte, kam es aufgrund seiner sechs Grundprinzipien in der Folge einer Reihe von Reformen[7] zur Verwestlichung der Türkei, die sich auf alle Lebensbereiche, wie zum Beispiel auf die Politik, Wirtschaft, Religion, Wissenschaft, Gesellschaft und sogar auf die Kleidung auswirkte (vgl. Adanır 1995, 35ff.).

Atatürk berief sich in seinen Vorstellungen von der Modernisierung und Verwestlichung der Türkei auf den Philosophen Jean-Jacques Rousseau, und sein Prinzip der Souveränität des Volkes sowie auf die positivistische Philosophie von Auguste Comte (vgl. Steinbach 1996, 126). Atatürk vertrat die Ansicht, dass die Stärke europäischer Mächte insbesondere auf die Trennung von Politik und Religion zurückzuführen sei, die sich über die Jahrhunderte durchgesetzt hatte (vgl. ebd., 65). Er war davon überzeugt, dass das europäische Zivilisationsmodell das fortgeschrittenste in der Welt sei und orientierte sich an diesem. Die Türkei sollte in der Völkergemeinschaft bestehen können, ohne die eigene Identität aufgeben zu müssen. Für ihn gab es zwar verschiedene Kulturen, aber nur eine Zivilisation – die europäische (vgl. Rill 1985, 80). Den Weg zur modernen Türkei erläuterte Atatürk seinen Staatsbürgerinnen und Staatsbürgern in einer seiner einflussreichen Reden:

»Religion und Staat müssen voneinander getrennt werden. Wir müssen uns der östlichen Zivilisation entziehen und der westlichen zuwenden. Wir müssen die Unterschiede zwi-

7 Atatürks Reformen und Prinzipien werden nachfolgend nur in knapper Form angesprochen. Eine ausführliche Darstellung liefert u. a.: Karal, Enver Ziya (1969). Atatürk'ten Düşünceler. İstanbul: M.E.G.S.B. Yayınları. Gronau, Dietrich (1994). Mustafa Kemal Atatürk oder Die Geburt der Republik. Frankfurt am Main: Fischer Taschenbuch Verlag GmbH.

schen Mann und Frau aufheben und so eine neue soziale Ordnung gründen. Wir müssen die Schrift, die uns hindert, an der westlichen Zivilisation teilzunehmen, abschaffen, wir müssen ein Alphabet, das auf der lateinischen Schrift beruht, finden und wir müssen uns in jeder Beziehung, bis hin zu unserer Kleidung, auf den Westen hin ausrichten.« (Aksan 1981, 2)

Seine Reformmaßnahmen betrafen in erster Linie die Abschaffung des Kalifats im Jahr 1924. Er verbannte damit den Islam aus der Politik, um die Macht der islamischen Religion in der Öffentlichkeit zu schwächen beziehungsweise den Islam als Staatsreligion aufzuheben. Er forcierte auch die Schließung der Derwischkonvente. Die Religionsgeistlichen durften sich in der Öffentlichkeit nur mehr zivil gekleidet zeigen. Eine wesentliche Säkularisierungsreform bestand in der Anpassung des Rechtssystems an den europäischen Standard. 1926 wurden ein Zivilgesetzbuch, welches sich am Schweizer Recht orientierte, und ein Strafrecht, das der italienischen Gesetzgebung sehr ähnlich war, eingeführt. (Vgl. Adanır 1995, 33f., 37)

Mit der Gründung der Republik wurden auch im wirtschaftlichen Bereich Änderungen vorgenommen. Das Hauptanliegen des kemalistischen Entwicklungsmodells war die Industrialisierung der Türkei. Hierfür bildete das Prinzip des Etatismus die Grundlage. In den 1920er Jahren war die türkische Wirtschaft von kolonialen Strukturen und Abhängigkeiten gelähmt. Es gab nur wenige funktionierende Industriezweige und diese waren in ausländischem Besitz. Deshalb mussten sehr viele Waren aus dem Ausland importiert werden. Von den fehlenden Industriebetrieben beziehungsweise weniger Eigenproduktionen, der schlechten Verkehrsinfrastruktur und dem niedrigen Standard der Technologie war auch die Landwirtschaft stark betroffen und konnte mit dem westeuropäischen Standard nicht mithalten. Atatürk erkannte dieses Problem und versuchte durch staatliche Wirtschaftslenkung und -führung die ökonomische Abhängigkeit mit seinen Nationalisierungsprogrammen zu verringern. Er legte damit den Grundstein der Industrialisierung in der Türkei. So übernahm der Staat die Kontrolle des Außenhandels und unterstützte die heimische Agrarproduktion durch Mechanisierung und mit Krediten. (Vgl. Höhfeld 1995, 64f.; Kont 1987, 90)

Neben politischen und wirtschaftlichen Reformen leitete Atatürk auch umfangreiche kulturelle Reformen ein. Atatürk legte viel Wert auf das äußere Erscheinungsbild der türkischen Bevölkerung und beseitigte alle traditionellen und kulturellen Symbole, die mit negativen Wertungen belegt waren. So verordnete er 1925 per Gesetz, dass Männer die traditionelle osmanische Kopfbedeckung (›Fez‹) ablegen und stattdessen europäische Hüte in Verbindung mit europäischer Kleidung tragen mussten. Atatürk betrachtete den ›Fez‹ als ein Symbol für

Unwissenheit und Konservatismus und somit als ein Hindernis für die Modernisierung. Die Frauen wurden ebenfalls aufgefordert sich europäisch zu kleiden und ihre Schleier abzulegen. Durch die Abschaffung der Kopfbedeckung brachte er seinen Erneuerungswillen klar zum Ausdruck, weil diese Reform die Bevölkerung sehr stark betroffen hatte. Die Vehemenz, mit der er das durchgesetzt hatte, war jedoch umstritten und führte auch zu Übergriffen etwa auf Schleier tragende Frauen. (Vgl. Adanır 1995, 36f.; Steinbach 2000, 31f.; Üçüncü 1984, 159f.)

Eine tiefgreifende Reform erreichte 1928 durch den Übergang von der arabischen zur lateinischen Schrift im kulturellen Bereich ihren Höhepunkt (vgl. Steinbach 1996, 72). Durch die Sprachreform wurden Wörter arabischen und persischen Ursprunges entfernt, und der Gebrauch arabischer Schriftzeichen wurde gänzlich verboten (vgl. Kreiser 2008, 265). Die Einführung bedeutete einen einschneidenden Schritt fort von der islamischen Kultur und Tradition. Die moderne Türkei sollte sich radikal von ihrer islamischen Vergangenheit trennen (vgl. Steinbach 1996, 72f.). Mit der Einführung des lateinischen Alphabets strebte Atatürk eine Verbesserung des Bildungsstandes der Nation an. Die Regierung sorgte durch aufwendige Alphabetisierungsmaßnahmen dafür, dass auch die ländlichen Bevölkerungsschichten lese- und schreibkundig wurden (vgl. Adanır 1995, 39), damit »die sprachlichen Kommunikationsschranken zwischen Stadt und Land und zwischen Unter- und Oberschicht, welche die Schaffung eines einheitlichen Nationalstaates und Nationalbewusstseins blockierten« (Steinhaus 1969, 13), aufgehoben wurden. Nicht zuletzt sollte durch die Einführung des lateinischen Alphabets die Verbindung zur westlichen Welt geschaffen werden. Durch die Sprachreform wurden nicht nur das lateinische Alphabet, sondern auch Familiennamen nach europäischem Vorbild eingeführt, um den Aufbau der Verwaltung zu erleichtern (vgl. Steinbach 1996, 75). Die türkische Bevölkerung besaß vor der Gründung der Republik nur einen Vornamen, der meist aus dem Islam kam und arabischen Ursprunges war (vgl. ebd., 75). Im Jahr 1935 wurde das türkische Volk jedoch verpflichtet einen Familiennamen zu führen. So erhielt auch Mustafa Kemal von seinem Mathematiklehrer den Nachnamen ›Atatürk‹[8] (vgl. ebd., 76). Für die türkischen Bürgerinnen und Bürger lagen Empfehlungslisten mit Familiennamen auf, anhand derer sie sich nach Belieben einen aussuchen oder sich selbst einen ausdenken durften (vgl. ebd., 75f.). Anzumerken ist, dass auch eine Ent-Hierarchisierung erfolgte. So wurde die Führung von Ehrentiteln verboten, da diese die soziale Stellung in der Hierarchie der Gesellschaft bezeichneten (vgl. Kili 1982, 179).

8 Der Nachname ›Atatürk‹ bedeutet ›Vater der Türken‹ (übersetzt von der Autorin dieses Buches).

Darüber hinaus wurden unter der Regierung Atatürks auch Türkisch als Gebetssprache sowie das westliche Ziffernsystem eingeführt (vgl. Adanır 1995, 38). Weiter wurde der islamische Kalender durch den gregorianischen Kalender ersetzt und per Gesetz der Übergang zum internationalen Kalender- und Uhrzeitsystem sowie zur Jahreszählung nach Christi Geburt verordnet (vgl. ebd., 37). Überdies wurde der Wochentag Freitag, der ursprünglich als ein religiöser Feiertag galt, als Arbeitstag, der Samstag und Sonntag als Wochenende eingeführt (vgl. Plattner 1999, 22).

Einer der Kernpunkte der Modernisierung der Türkei war für die Regierung Atatürks die Bildung und die Aufklärung der türkischen Bevölkerung. Dementsprechend wurde die allgemeine Schulpflicht per Gesetz eingeführt und alle konfessionellen Schulen wurden abgeschafft. Schulen und Ausbildungseinrichtungen wurden dem Erziehungsministerium unterstellt, um ein einheitliches Bildungssystem westlicher Prägung zu schaffen. (Vgl. Steinbach 1996, 131)

Die Regierung Atatürks war auch bestrebt, überkommene Gesellschaftsstrukturen aufzubrechen, die in islamischer Tradition wurzelten. Infolgedessen wurden hinsichtlich der Frauenrechte ebenfalls wichtige Neuerungen eingeführt. Frauen erhielten die gleichen Rechte wie Männer zugesprochen. Fortan konnten die Mädchen eine höhere Schulbildung erwerben, an Universitäten studieren und ins Berufsleben eintreten. (Vgl. ebd., 131)

Weiter wurde die Polygamie abgeschafft und die Institution Ehe mit dem Ziel einer Vereinheitlichung des Eherechts für alle Staatsbürgerinnen und Staatsbürger zu einer zivilen Angelegenheit erklärt. Ehen, die nur in religiöser Form geschlossen wurden, galten als rechtlich unwirksam. Die bürgerliche Ehe wurde zur Pflicht und durch Erlassung eines Gesetzes wurde eine Scheidung ermöglicht. (Vgl. Üçüncü 1984, 180ff.)

Bei der Umsetzung der Reformen zeigte sich jedoch eine Diskrepanz zwischen Rechtssprechung und Anwendung. Diese Reformen beschränkten sich vor allem auf die städtische Mittel- und Oberschicht, auf dem Land überwiegen heute noch die ›alten‹ Rollenstereotype der Frauen, die aufgrund der Tätigkeit als Hausfrau und der Arbeit auf dem Feld ihre Ausbildung vernachlässigen. (Vgl. Steinbach 2000, 93f.)

Die Zielsetzung dieser Reformen waren die Zerstörung der osmanischen Herrschaftsstrukturen, die Verankerung einer Demokratie, Sicherung der politischen, finanziellen, wirtschaftlichen, rechtlichen und militärischen Unabhängigkeit, die Modernisierung der türkischen Bevölkerung in Anlehnung an westeuropäische Gesellschaften und die Säkularisierung des öffentlichen Lebens (vgl. Kont 1987, 27). Auch heute sind die meisten Prinzipien des Kemalismus von großer Bedeutung. Alle türkischen Parteien berufen sich in ihren Parteiprogrammen mehr oder weniger auf diese sechs Prinzipien. Zu erwähnen sei jedoch, dass »ihre konkrete Bedeutung und damit auch das vorherrschende Verständnis von Kemalismus [...] abhängig von den jeweiligen gesellschaftlich-politischen Machtkonstellationen und den ihnen zugrunde liegenden Einflussgrößen« sind (Bundeszentrale für politische Bildung 2012b, online).

Atatürk wird nach wie vor vom Großteil der türkischen Bevölkerung verehrt und als Nationalheld wahrgenommen. Aufgrund seiner historischen Leistungen ist Atatürk bis heute in der Türkei allgegenwärtig. Bilder von Atatürk schmücken die Wände der öffentlichen Gebäude, sein Porträt ziert Geldscheine, Statuen von ihm stehen auf vielen öffentlichen Plätzen und Parks in der Türkei. Darüber hinaus tragen viele Einrichtungen und Straßen seinen Namen, wie zum Beispiel der Atatürk-Flughafen in İstanbul. Atatürks historischer Verdienst liegt darin, dass er durch seine Reformideen den Anstoß für die Entwicklung der modernen Türkei gab, und die Republik von den Bemühungen um die Einführung europäischer Standards in Politik, Gesellschaft und Wirtschaft, kurz gesagt, von den Bemühungen um einen demokratischen Weg und eine soziale, wirtschaftliche und kulturelle Integration in Europa geprägt ist. Der frühere Kommissionspräsident der ehemaligen Europäischen Wirtschaftsgemeinschaft, Walter Hallstein, schätzte die Reformen zur Verwestlichung der Türkei von Atatürk sehr und drückte seine Position am Tag der Unterzeichnung des Assoziationsabkommen mit der Türkei am 12. September 1963, wie folgt aus:[9]

»Die Türkei gehört zu Europa: Das ist vielmehr vor allem die Erinnerung an die gewaltige Persönlichkeit Atatürks, dessen Wirken uns in diesem Lande auf Schritt und Tritt zum Bewusstsein gebracht wird, und an die von ihm bewirkte radikal europäische Erneuerung des türkischen Staates in allen seinen Lebensäußerungen. Das Ereignis hat seinesgleichen nicht in der Geschichte der Ausstrahlung europäischer Kultur und Politik, ja wir fühlen hier eine Wesensverwandtschaft mit dem modernsten europäischen Geschehen: der europäischen Einigung. Ist es nicht Geist von unserem Geist, den wir hier verspüren: jene aufgeklärte, rationale, schonungslos realistische Haltung; der methodische Gebrauch modernen Wissens, der Wert, der auf Schulung und Erziehung gelegt wird; die fortschrittliche und willenskräftige Dynamik; die unbefangene Pragmatik in der Wahl der Mittel. Was ist daher natürlicher, als dass sich Europa [...] und die Türkei in ihren Aktionen und Reaktionen identifizieren: militärisch, politisch und wirtschaftlich.« (Hallstein 1979, online 2)

9 Für weitere Aussagen aus Walter Hallsteins Rede siehe auch Kapitel 2.5 ›Historischer Abriss der Beziehungen der Türkei zur Europäischen Union‹.

Die Türkei strebte zwar ein Programm zur Verwestlichung ihrer Republik schon seit 1923 an, jedoch ist zu bedenken, dass diese Reformen, insbesondere die Unterdrückung der Religiosität, mit mitunter autoritären Mitteln durchgeführt wurden. Durch die Gründung der Republik und Vorgabe des gesellschaftlichen Idealbildes einer westlichen Zivilisation kam es jedoch zu keiner grundlegenden sozialen Veränderung (vgl. Bundeszentrale für politische Bildung 2012b, online). So lässt sich feststellen, dass Staatspolitik und Gesellschaft nicht vollständig kongruent sind (vgl. ebd., online).

5.2 POLITISCHE UND WIRTSCHAFTLICHE ENTWICKLUNG DER TÜRKEI NACH ATATÜRK

Atatürks Reformen waren ein erster Schritt hin zur Entwicklung einer modernen Nation nach westlichem Vorbild. Die gesamte Innen- und Außenpolitik orientierte sich fast ausschließlich an nationalen Interessen. Bei Einhaltung der kemalistischen Grundprinzipien war die neue Republik Türkei verpflichtet, eine unabhängige und friedliche Innen- und Außenpolitik zu betreiben. Jedoch verlief vor allem die innenpolitische Entwicklung sehr turbulent und beeinflusste den wirtschaftlichen Fortgang. Die Türkei nach der Regierung Atatürks zeichnete sich insbesondere durch ihre häufigen Regierungswechsel und die damit verbundene Instabilität der Politik und Wirtschaft aus. Die Türkei hatte bis heute über sechzig Regierungen.

Nach Atatürks Tod 1938 wurde İsmet İnönü Paşa zum zweiten Staatspräsidenten der Türkei gewählt. Er führte zwar die Prinzipien Atatürks fort, jedoch traf die Fortführung der kemalistischen Reformen zunehmend auf Widerstand. Der Mangel an Demokratie, Entwicklung und Rechtsstaatlichkeit bewegten İnönü dazu, die Türkei Schritt für Schritt zu demokratisieren. Erste demokratische Reformen wurden 1945 mit der Abschaffung des Einparteienregimes und der Etablierung eines Mehrparteiensystems geschaffen. In der Folge wurden neue Parteien gegründet und die Regierung von der bis dahin herrschenden Einheitspartei von Atatürk, der ›Republikanischen Volkspartei‹[10], an die Gründer der ›Demokratischen Partei‹[11] Celâl Bayar und Adnan Menderes abgegeben. Die Regierungszeit der ›Demokratischen Partei‹ von 1950 bis 1960 hatte das wirtschaftliche und gesellschaftliche Leben stark in Bewegung gebracht. (Vgl. Şen 1983, 83f.; Aydemir 1979, 442)

10 Türkisch: ›Cumhuriyet Halk Partisi‹ (Abkürzung: CHP)

11 Türkisch: ›Demokrat Partisi‹ (Abkürzung: DP)

Die ›Demokratische Partei‹ führte vorerst auch die Politik der Verwestlichung von Atatürk weiter. Da jedoch die radikale Umgestaltung der Türkei zunehmend auf Widerstand stieß, begann die ›Demokratische Partei‹ andere Ziele zu setzen. Folglich wurde eine Kehrtwendung zur kemalistischen Republik vorgenommen. So beinhaltete das Parteiprogramm der ›Demokratischen Partei‹ die Einschränkung der unternehmerischen Rolle des Staates, Unterstützung des Privatunternehmens, Förderung von Investitionen des Auslandskapitals, Förderung der Landwirtschaft, Reduzierung der Staatsmonopole, Erhöhung des Lebensstandards, Außerkraftsetzen antidemokratischer Gesetze und eine tolerante Haltung gegenüber der Religion. Atatürks Reformen wurden nach der Regierungszeit der ›Demokratischen Partei‹ auch von den anderen Regierungsparteien zum Teil durch neue Prinzipien ergänzt beziehungsweise ersetzt. (Vgl. Aydemir 1980, 37; Adanır 1995, 79)

Als größtes Problem nahezu aller Regierungen der Republik Türkei galt die schwach entwickelte türkische Wirtschaft. Atatürk verringerte zwar mit seinen Nationalisierungsideen die ökonomische Abhängigkeit der Türkei, dennoch konnte das Ziel der Steuerung der ökonomischen Unabhängigkeit und Souveränität der türkischen Wirtschaft hinsichtlich der damaligen Weltwirtschaftskrise und der einhergehenden Schulden für nationalisierte Betriebe und für den Ausbau der Infrastruktur durch den Staat nicht erreicht werden. Infolgedessen kam Ministerpräsident Adnan Menderes in den 1950er Jahren von der Idee der Verstaatlichung ab und konzentrierte sich auf die Modernisierung der Landwirtschaft. Die liberale Wirtschaftspolitik brachte den Großstädten den erwünschten Industrialisierungsschub und große Fortschritte im Technologie- und Agrarsektor, allerdings führte dies zu einer hohen Arbeitslosigkeit. Infolgedessen kam es zu einer enormen Landflucht und zu einer Verstädterung. Dies waren die Auslöser für soziale Unruhen in der Bevölkerung und für Demonstrationen gegen die Regierung. Als Verfechter und Wächter über die Grundprinzipien von Atatürk ergriff das Militär die Macht und stürzte die Regierung Menderes, löste das Parlament auf und verbot die ›Demokratische Partei‹. Das türkische Militär hatte bereits im Osmanischen Reich eine gewichtige Rolle und nimmt heute noch einen bedeutenden Stellenwert sowohl in der Innenpolitik als auch in der Außenpolitik ein. Als die wichtigste Verantwortung des türkischen Militärs gilt die Rolle als Beschützer und Verteidiger des Landes.[12] (Vgl. Höhfeld 1995, 64ff.; Pazarkaya 1983, 55)

12 Für detaillierte Informationen über die Bedeutung des türkischen Militärs siehe: Uzgel, İlhan (2003). Between praetorianism and democracy. The role of the military in Turkish foreign policy. In: The Turkish Yearbook of International Relations (2003).

Nach dem Militärputsch wurde eine neue Verfassung eingeführt und die verbotene ›Demokratische Partei‹ unter einem neuen Namen, ›Gerechtigkeitspartei‹[13], erneut gegründet. Bei den ersten Wahlen nach 1961 bildete die ›Republikanische Volkspartei‹ eine Koalition mit der ›Gerechtigkeitspartei‹ unter der Führung von Ministerpräsident İsmet İnönü. Diese Koalitionsregierung sollte den Übergang zum zivilen Regime erleichtern. İnönü ließ bis zu den Wahlen im Jahr 1965 einen Fünfjahresplan für die Entwicklung der Wirtschaft erstellen. Im Rahmen dieses Fünfjahresplanes erlebte die Türkei in wirtschaftlicher und politischer Hinsicht erfolgreiche Jahre. Es konnten hohe Wachstumsraten und eine niedrige Inflation erreicht werden. Zudem machte die Industrialisierung sehr große Fortschritte. Dieser Plan wurde jedoch fallen gelassen, als 1965 Süleyman Demirel mit seiner ›Gerechtigkeitspartei‹ zur stimmenstärksten Partei gewählt wurde und in der Lage war, eine eigene Regierung zu bilden. In den Regierungsjahren der ›Gerechtigkeitspartei‹ (1965-1971) stieg die Inflation von Jahr zu Jahr. Unter Süleyman Demirel spitzten sich auch die sozialen Probleme zu, die nicht gelöst werden konnten. Das Militär warf der Regierung Demirel und dem Parlament Unfähigkeit, Misswirtschaft und Nichtbeachtung Atatürk'scher Reformen vor. Daraufhin griff das Militär zum zweiten Mal ins politische Geschehen ein, zwang Demirel zum Rücktritt und löste folglich die Regierung am 12. März 1971 auf. Die politische Entwicklung der Türkei war danach zwei Jahre lang in den Händen des Militärs. Da aber auch das Militär die politischen und wirtschaftlichen Probleme der Türkei nicht lösen konnte, wurde die Macht wieder an die Politiker übergeben. (Vgl. Adanır 1995, 91; Duymaz 1998, 133; Pazarkaya 1983, 52ff.)

Bei den Wahlen im Jahr 1973 bildete der damalige Vorsitzende der ›Republikanischen Volkspartei‹, Bülent Ecevit, eine Koalitionsregierung mit der islamisch ausgerichteten ›Nationalen Heilspartei‹[14] unter Necmettin Erbakan. Diese Regierung war aber nicht von langer Dauer, weil zwischen den beiden Vorsitzenden große Meinungsverschiedenheiten herrschten. Daraufhin bildete die ›Gerechtigkeitspartei‹ unter Süleyman Demirel mit der ›Nationalen Heilspartei‹ und einer weiteren rechtsextremen Partei, der ›Partei der Nationalistischen Bewegung‹[15], eine Koalitionsregierung unter dem Namen ›Nationale Front‹[16],

---

Volume 34. Ankara: Ankara University Press. Online unter: http://dergiler.ankara.edu.tr/dergiler/44/674/8590.pdf, abgerufen am 10. November 2018.

13 Türkisch: ›Adalet Partisi‹ (Abkürzung: AP)

14 Türkisch: ›Millî Selamet Partisi‹ (Abkürzung: MSP)

15 Türkisch: ›Milliyetçi Hareket Partisi‹ (Abkürzung: MHP)

16 Türkisch: ›Milliyetçi Cephe‹ (Abkürzung: MC)

die bis 1978 im Amt war. Die ›Nationale Front‹ setzte sich insbesondere für den Schutz der türkischen Kultur und Tradition ein und versuchte den kurdischen Einfluss zu schwächen. Diese Regierung war jedoch nicht imstande, die wirtschaftlichen, sozialen und außenpolitischen Probleme, wie zum Beispiel die hohe Inflationsrate, den Devisenmangel, Importschwierigkeiten, Arbeitslosigkeit, Terrorismus etc. zu bewältigen. (Vgl. Adanır 1995, 96ff.; Duymaz 1998, 135f.; Pazarkaya 1983, 61ff.; Leggewie 2004, 11ff.)

Als sich die Lage der Türkei mehr und mehr verschlechterte, trat Ministerpräsident Ecevit zurück. Danach übernahm Demirel erneut die Führung und gründete mit seiner ›Gerechtigkeitspartei‹ mit der Unterstützung von der ›Nationalistischen Bewegungspartei‹ eine Minderheitenregierung. Um die Wirtschaft der Türkei wieder zu verbessern, ernannte Demirel Turgut Özal zu seinem Wirtschaftsberater. Er war darum bemüht, neue Richtlinien für die Wirtschaftspolitik zu schaffen, erreichte durch die Liberalisierung der Wirtschaft aber nur eine kurzfristige Verbesserung der ökonomischen Situation. Demirel bekämpfte in keiner Weise den immer stärker werdenden Terrorismus, sodass sich die Lage der Türkei immer mehr verschlechterte und der Ausnahmezustand ausgerufen wurde. Infolgedessen kam es am 12. September 1980 zum dritten Militärputsch und somit zum Ende der Zweiten Republik. Der Mangel an Demokratie konnte vor allem anhand der militärischen Macht festgestellt werden, denn das Militär löste diesmal nicht nur die Regierung und das Parlament auf, sondern setzte auch die Verfassung außer Kraft und unterdrückte jegliche Autonomiebestrebungen der kurdischen Bevölkerung. Zudem wurden sämtliche Parteien verboten, gegen einige Politiker wurde ein Politikverbot verhängt, das im Jahr 1987 jedoch wieder aufgehoben werden konnte. Die neue Verfassung wurde 1982 in einem Referendum angenommen und General Kenan Evren zum Staatspräsidenten gewählt. Die Verfassung orientierte sich an den Prinzipien von Atatürk und führte das Land in die Dritte Republik. (Vgl. Adanır 1995, 96ff.; Duymaz 1998, 135f.; Pazarkaya 1983, 61ff.; Leggewie 2004, 11ff.)

Nach der militärischen Intervention bekleidete Turgut Özal von 1983 bis 1989 mit seiner ›Liberalkonservativen Mutterlandspartei‹[17] das Amt des Ministerpräsidenten und war von 1989 bis 1993 Staatspräsident der Türkei. Es folgten Phasen ökonomischer Liberalisierung und somit eine Abkehr vom etatistischen Wirtschaftsmodell. In den ersten Jahren seiner Regierungszeit war Özal mit seiner Wirtschaftspolitik und seinem Privatisierungsprogramm sehr erfolgreich, jedoch hatte sich die Entwicklung der Wirtschaft gegen Ende des Jahrzehntes

17 Türkisch: ›Anavatan Partisi‹ (Abkürzung: ANAP, nach deutschem Sprachgebrauch Vaterlandspartei)

durch die hohe Inflationsrate erheblich abgeschwächt. Dennoch verdankt ihm die Türkei viele Errungenschaften, wie zum Beispiel die Durchsetzung der Marktwirtschaft, die Weiterentwicklung der Demokratie oder die Öffnung des Staates nach außen. (Vgl. Adanır 1995, 107ff.; Steinbach 2000, 56ff.)

Nach Özals Tod im Jahr 1993 wurden Süleyman Demirel zum Präsidenten und Tansu Çiller zur ersten Ministerpräsidentin der Türkei gewählt. Als Vorsitzende der ehemaligen ›Sozialdemokratischen Partei‹, die nunmehr unter dem Namen ›Partei des richtigen Weges‹[18] geführt wurde, bildete Tansu Çiller eine Koalition mit der ›Sozialdemokratischen Populistischen Partei‹[19]. Die folgenden Jahren waren durch immer wieder wechselnde Koalitionsregierungen gekennzeichnet. Darüber hinaus kam es in den 1990er Jahren zu innenpolitischen Problemen zwischen dem türkischen Staat und der kurdischen ›Partei der Arbeiter Kurdistans‹[20]. Die innenpolitische Situation stabilisierte sich erst im Jahr 2000, als Ahmet Necdet Sezer zum Staatspräsidenten gewählt wurde. (Vgl. Steinbach 2000, 58ff.)

Doch kurze Zeit später, am 3. November 2002, wurde die ›Partei für Gerechtigkeit und Entwicklung‹[21] mit Zweidrittelmehrheit (34,3 Prozent) ins türkische Parlament gewählt und Recep Tayyip Erdoğan zum Ministerpräsidenten ernannt (vgl. T.C. Yüksek Seçim Kurumu 2002, online). Recep Tayyip Erdoğan ist dagegen, die ›Partei für Gerechtigkeit und Entwicklung‹ als ›islamische Partei‹ zu bezeichnen und drückt seine Einstellung zur Regierung der Türkei wie folgt aus: »Mein persönlicher Referenzrahmen ist der Islam, mein politischer Referenzrahmen hingegen sind die Verfassungen und die demokratischen Prinzipien« (Hermann 2008, online). Diese Parlamentswahlen galten als Wendepunkt in der Entwicklung des Kemalismus (vgl. Hanioğlu 2015, 18). Nachdem die ›Partei für Gerechtigkeit und Entwicklung‹ 2002 ins türkische Parlament gewählt wurde, befürchtete ein Teil der Bevölkerung, der die kemalistischen Prinzipien vertrat, eine Umwandlung der laizistischen Republik zu einem islamisch geprägten Land. Doch die Türkei orientierte sich nach den Wahlen weiterhin am ›Westen‹ und strebte eine regionsunabhängige Außenpolitik an.[22] Die Türkei maß seit der Gründung der Republik ihren Außenbeziehungen eine große Bedeutung bei.

18 Türkisch: ›Doğru Yol Partisi‹ (Abkürzung: DYP)

19 Türkisch: ›Sosyaldemokrat Halkçı Partisi‹ (Abkürzung: SHP)

20 Türkisch: ›Partiya Karkerên Kurdistanê‹ (Abkürzung: PKK)

21 Türkisch: ›Adalet ve Kalkınma Partisi‹ (Abkürzung: AKP)

22 Inwieweit sich die Türkei heute noch am Westen orientiert, ist umstritten und wird in dieser Arbeit nicht behandelt, da dies den vorgesehenen Rahmen sprengen würde.

Atatürk strebte eine Neutralität[23] der türkischen Republik an und verfolgte eine friedliche Außenpolitik nach dem Prinzip ›Frieden in der Heimat, Frieden in der Welt‹[24] und orientierte sich am westlichen Europa und seiner säkularen Struktur (vgl. Gronau 1994, 192).

Nach dem Tod von Ahmet Necdet Sezer wurde Abdullah Gül 2007 zum Staatspräsidenten der Türkei gewählt, der in seiner Antrittsrede erklärte, dass er die Grundsätze der Republik achten werde, und betonte: »Ohne Laizismus gibt es keinen sozialen Frieden« (Kara 2007, online).

Im Hinblick auf einen möglichen Beitritt der Türkei zur Europäischen Union bekräftigte der damalige Ministerpräsident Recep Tayyip Erdoğan in der Regierungserklärung die konsequente Fortführung der Beziehungen mit Europa. Als Vorsitzender der ›Partei für Gerechtigkeit und Entwicklung‹ nähert sich Erdoğan auch jenen Themen, die bei seiner islamischen Wählerschaft von besonderem Interesse sind, wie zum Beispiel der Kopftuchfrage. So schuf das türkische Parlament 2002 die Todesstrafe ab und führte den Unterricht von Minderheitensprachen, wie etwa der kurdischen Sprache, ein (vgl. Wehler 2004, 70, 73). Doch dadurch wurde das Problem der Missachtung von Menschen- und Minderheitenrechten sowie der Rechtsstaatlichkeit der Türkei nicht gelöst (vgl. Benhabib 2004a, 78). Zwar wurden die Errungenschaften durch Atatürk von der ›Partei für Gerechtigkeit und Entwicklung‹ gelobt, »zugleich ließen sie allerdings auch scharfe Kritik am Kemalismus zu, die hauptsächlich von liberalen Intellektuellen und von Islamisten geäußert wurde« (Hanioğlu 2015, 18). Manche Verbote wurden nach Atatürks Tod wieder aufgehoben. So wurden beispielsweise verbotene Bruderschaften, Derwische sowie mystische Orden wieder Teil der Öffentlichkeit (vgl. Leggewie 2004, 86). Zudem wurden unter anderem manche Reformen Atatürks von Recep Tayyip Erdoğan nicht für wichtig betrachtet (vgl. Hanioğlu 2015, 18).

Von großem Interesse für die ›Partei für Gerechtigkeit und Entwicklung‹ ist die wirtschaftliche Entwicklung der Türkei. In diesem Bereich können große Fortschritte festgehalten werden. 2018 betrug das Wirtschaftswachstum der Türkei über vier Prozent (4,4 Prozent) (vgl. Statista 2018h, online). Es war damit im

---

23 Neutralität bedeutet nach dem V. Haager Abkommen von 1907 die Nichtteilnahme an kriegerischen Konfrontationen, die Untersagung fremder Truppenstationierung, das Nutzungsverbot des eigenen Landes und Luftraumes durch fremde Truppen, die Untersagung einer Mitgliedschaft in Militärbündnissen etc. (vgl. Haager Abkommen 1907, online).

24 Dieser Leitspruch wurde von der Autorin dieses Buches aus dem Türkischen ›Yurtta Barış, Cihanda Barış‹ ins Deutsche übersetzt.

Vergleich zum Durchschnittswert der Europäischen Union (1,9 Prozent) doppelt so hoch (vgl. Statista 2018e, online). Die Türkei zählt zu den Mitgliedern der G20 und nimmt in der Reihung der größten Volkswirtschaften der Welt Platz 17 ein (vgl. Statista 2018a, online). Auch die türkische Automobilindustrie hat es geschafft, »in die internationalen Produktionsstrukturen und Vertriebsnetze der großen Hersteller aufgenommen zu werden« (Hermann 2004, 129). Zu bedenken ist jedoch, dass das Wirtschaftswachstum wenig über den Lebensstandard der türkischen Bevölkerung aussagt. Die Kluft zwischen den Armen und Reichen, dem unterentwickelten ›Osten‹ und relativ entwickelten ›Westen‹ ist sehr groß (vgl. Leggewie 2004, 118). Zudem herrscht ein Ungleichgewicht in der Verteilung von Einkommen und Vermögen. Beispielsweise ist das durchschnittliche Einkommen im ›Westen‹ höher als in den östlichen Provinzen der Türkei (vgl. Hermann 2004, 128).

Heute regiert nach wie vor die ›Partei für Gerechtigkeit und Entwicklung‹. Zum vierten Mal wurde diese Partei ins Parlament gewählt. Bei ihrem zweiten Wahlsieg, 2007, erhielt sie 46,6 Prozent der Wählerstimmen (vgl. T.C. Yüksek Seçim Kurumu 2007, online). Bei den dritten Parlamentswahlen im Jahr 2011 erreichte die Partei 49,8 Prozent der Wählerstimmen (vgl. T.C. Yüksek Seçim Kurumu 2011, online). Nach der Vollendung der Amtszeit von Abdullah Gül als Staatspräsident wurde Recep Tayyip Erdoğan 2014 zum Staatsoberhaupt der Türkei. Im darauffolgenden Jahr fanden am 7. Juni 2015 Parlamentswahlen statt, doch die Partei musste im Vergleich zum letzten Wahlsieg deutliche Stimmenverluste (40,9 Prozent) hinnehmen (vgl. T.C. Yüksek Seçim Kurumu 2015b, online). Zum ersten Mal nach 2002 erhielt die Partei nicht die absolute Mehrheit und zum ersten Mal seit ihrer Machtübernahme benötigte die Partei einen Koalitionspartner.

Erwähnenswert ist, dass die prokurdische ›Demokratische Partei der Völker‹[25] mit 13,12 Prozent der Stimmen das erste Mal den Einzug ins Parlament schaffte (vgl. ebd., online)[26]. Diese Wahlergebnisse könnten auf die im Sommer 2013 stattgefundene Gezi-Park-Bewegung zurückgeführt werden, in der Teile der Stadtbevölkerung İstanbuls gegen Recep Tayyip Erdoğans Bauprojekt auf dem Gelände des İstanbuler Gezi-Parks demonstrierten (vgl. CNN Türk 2013b, online). Diese Demonstrationen fanden in vielen Städten der Türkei statt und wandten sich nicht nur gegen die Bebauung des Gezi-Parks, sondern richteten

25 Türkisch: ›Halkların Demokratik Partisi‹ (Abkürzung: HDP)

26 Damit türkische Parteien ins Parlament einziehen können, müssen sie die Zehnprozenthürde überspringen (vgl. Mevzuatı Geliştirme ve Yayın Genel Müdürlüğü 1983, online 5827, Madde 33).

sich schnell gegen Erdoğan und seine Partei.[27] Folglich unterstützte eine Gruppe von jungen Menschen unter den Gezi-Park-Demonstrierenden die prokurdische ›Demokratische Partei der Völker‹. Als Gründe hierfür wurden zum einen »das strategische Interesse, Erdoğans Alleinherrschaft unter einem präsidentiellen System zu verhindern« genannt; zum anderen hofften sie, dass die prokurdische ›Demokratische Partei der Völker‹ »ethnische und religiöse Minderheiten sowie Frauen, Umweltschützer, Arbeiter und LGBT-Aktivisten zusammenführte« (Kurban 2015, online).

Da jedoch nach diesen Parlamentswahlen innerhalb der 45-Tage-Frist, wie im türkischen Grundgesetz Artikel 116 verankert, keine Koalition gebildet werden konnte, fanden am 1. November 2015 erneut Parlamentswahlen statt, in denen die ›Partei für Gerechtigkeit und Entwicklung‹ wieder deutlich an Stimmenanteilen (49,5 Prozent) hinzugewann und unter dem Vorsitz von Ministerpräsident Ahmet Davutoğlu ins türkische Parlament gewählt wurde (vgl. Türkiye Büyük Millet Meclisi 1982, online Madde 116; T.C. Yüksek Seçim Kurumu 2015a, online). Doch kurze Zeit später, im Mai 2016, hatte sich der bisherige Ministerpräsident Ahmet Davutoğlu aufgrund von Meinungsverschiedenheiten mit Recep Tayyip Erdoğan zum Amtsverzicht entschlossen und reichte seinen Rücktritt ein. Ahmet Davutoğlu sprach sich insbesondere gegen Erdoğans Idee aus, ein Präsidialsystem zu schaffen sowie gegen die Füchtlingsregelung[28] der Türkei mit der Europäischen Union. Infolgedessen wurde bis zum Zeitpunkt der Einführung des Präsidialsystems der Verkehrsminister Binali Yıldırım zum Vorsitzenden der ›Partei für Gerechtigkeit und Entwicklung‹ gewählt. (Vgl. Euractiv mit Agence France Press (AFP) 2016, online)

Am 15. Juli 2016 kam es zu einem erneuten Putschversuch durch das türkische Militär, der allerdings gescheitert ist. Es wird davon ausgegangen, dass es sich bei dieser Gruppe von Soldaten um Anhänger der Bewegung des in den Vereinigten Staaten lebenden islamischen Predigers und Gegners Erdoğans Fethullah Gülen handelt (vgl. La Porte/Watson/Tüysüz 2016, online).[29] Das

---

27 Auf die Gezi-Park-Bewegung wird im Kapitel 5.4 ›Gezi-Park-Bewegung als Indikator des gesellschaftlichen Umbruches‹ detaillierter eingegangen.

28 Nähere Informationen zur Flüchtlingsregelung der Türkei mit der Europäischen Union siehe: European Commission (2016b). Implementing the EU-Turkey Agreement – Questions and Answers. Online unter: http://europa.eu/rapid/press-release_MEMO-16-1221_de.htm, abgerufen am 10. November 2018.

29 Für nähere Information über die Person Fethullah Gülen und seine Bewegung siehe: La Porte, Amy/Watson, Ivan/Tüysüz, Gül (2016). Who is Fethullah Gülen, the man blamed for coup attempt in Turkey? Online unter: http://edition.cnn.com/2016/07/16/

Militär erklärte die Machtübernahme im Land und rief das Kriegsrecht aus. Das beteiligte Militär setze sich für die Wiederherstellung der verfassungmäßigen Ordnung, Einhaltung der Minderheiten- und Menschenrechte, Aufrechterhaltung der Demokratie und für die Gewährleistung der Freiheit und Sicherheit ein, so hieß es in einer im vom Militär besetzten öffentlich-rechtlichen Rundfunksender (›TRT – Türkiye Radyo Televizyon Kurumu‹) verlesenen Erklärung (vgl. Haber3 2016, online). Daraufhin rief der türkische Staatspräsident Recep Tayyip Erdoğan das Volk zu öffentlichen Versammlungen gegen den Putschversuch auf. Folglich kam es in vielen Städten der Türkei drei Wochen lang zu Demonstrationen. Obwohl ein Teil der türkischen Bevölkerung den Führungsstil des Staatspräsidenten ablehnte, stellten sich selbst die schärfsten Kritikerinnen und Kritiker Erdoğans und auch die Oppositionsparteien hinter Erdoğan und bekundeten ihre Solidarität mit dem Staatspräsidenten (vgl. Doğan Haber Ajansı 2016, online).

Nach dem gescheiterten Militärputsch verhängte der türkische Präsident einen Ausnahmezustand und traf Maßnahmen, die laut Regierung die Türkei und die türkischen Bürgerinnen und Bürger schützen sollten. So wurden die mutmaßlichen Unterstützerinnen und Unterstützer des Putschversuches festgenommen und in der Folge verurteilt. Es kam zu Eingriffen in das Militär- und Justizwesen, aber auch im Bildungswesen wurden Veränderungen vorgenommen.

Die Wahlen zum Präsidialsystem in der Türkei lösten erneut sowohl innen- als auch außenpolitische Debatten aus. Recep Tayyip Erdoğan wurde am 24. Juni 2018 mit 53,59 Prozent der Stimmen als erster Präsident des Präsidialsystems gewählt (vgl. T.C. Yüksek Seçim Kurumu 2018b, online 6). Gleichzeitig erreichte seine Partei in einem Wahlbündnis mit der ›Partei der Nationalistischen Bewegung‹ die absolute Mehrheit mit 53,66 Prozent der Stimmen (vgl. T.C. Yüksek Seçim Kurumu 2018a, online 4). Gegnerinnen und Gegner des Präsidialsystems befürchten, dass dieses System eine Alleinherrschaft ermöglicht: »[…] the substance of the proposed constitutional amendments represents a dangerous step backwards in the constitutional democratic tradition of Turkey«, so die Verfassungsexperten der Venedig Kommission des Europarates (Council of Europe 2017, online 30).

middleeast/fethullah-gulen-profile/, abgerufen am 10. November 2018. Siehe auch: Seufert, Günter (2013). Überdehnt sich die Bewegung von Fethullah Gülen? Eine türkische Religionsgemeinde als nationaler und internationaler Akteur. In: Stiftung Wissenschaft und Politik. Deutsches Institut für Internationale Politik und Sicherheit (2013). Online unter: https://www.swp-berlin.org/fileadmin/contents/products/studien/2013_S23_srt.pdf, abgerufen am 10. November 2018.

Somit beeinflussen die Ereignisse der Türkei nicht nur die innenpolitische Entwicklung des Landes, sondern die Instabilität des Landes spiegelt sich auch in den außenpolitischen Beziehungen der Türkei wider. Das politische System und das Rechtssystem basieren nach wie vor auf europäischen Modellen, damit die Türkei auch in die internationale Staatengemeinschaft integriert werden und mit den Nachbarländern ihre Beziehungen ausbauen kann. Nach Ahmet Davutoğlu (2009) sollte die Türkei das außenpolitische Ziel einer ›strategischen Tiefe‹ verfolgen, um eine der führenden Regionalmächte zu werden. Die ›strategische Tiefe‹ bezieht sich dabei insbesondere auf die »Geographie, Geschichte, Identität und Realpolitik« (Gürbey 2012, online 7) der Türkei. Auf der Grundlage ihrer geographischen Lage und ihrer politischen und kulturellen Geschichte soll die Türkei nicht nur als ein Land betrachtet werden, dessen Leitbild nach den kemalistischen Prinzipien der ›Westen‹ war. In seinem geostrategischen Konzept wird die Türkei ebenfalls als ein Land zwischen Zentralasien und Nordafrika gesehen, dessen Ziel es sein sollte, eine ausgewogene politische und wirtschaftliche Beziehung mit allen internationalen und nationalen Akteurinnen und Akteuren (die Länder und die Regierungen etc.) anzustreben. Um eine stabile Außenpolitik betreiben zu können, bedarf es jedoch einer Sicherstellung der Demokratie und Sicherheit für die gesamte türkische Bevölkerung: »The legitimacy of any political regime comes from its ability to provide security to its citizens; this security should not be at the expense of freedom and human rights in the country« (Davutoğlu 2008, 79). (Vgl. Gürbey 2012, online 7ff.)

Die Türkei fungiert dabei meist als Brücke zwischen dem ›Westen‹ und dem Orient. Darüber hinaus liegt sie »im Krisendreieck Kaukasus – Balkan – Naher Osten und hat in der Vergangenheit immer wieder seine tragende Rolle bei der Lösung von Konflikten in dieser Region bewiesen« (Centrum für angewandte Politikforschung 2007, online). Die Türkei spielt nicht nur aus sicherheitspolitischen Interessen eine bedeutende Rolle, sondern sie ist auch in wirtschaftlicher Sicht und aufgrund ihrer geostrategischen Lage für viele Länder von großer Bedeutung. Demzufolge ist die Türkei Mitglied in einer Vielzahl von internationalen und politischen Organisationen. So wurde nach dem Tod von Atatürk die Türkei 1945 Gründungsmitglied der Vereinten Nationen (UN). Im Jahr 1949 nahm die Türkei die Internationale Menschenrechtskonvention an und trat dem Europarat bei. 1952 wurde das Land in das westliche Verteidigungsbündnis ›Nordatlantikpakt‹ (NATO) integriert (vgl. Şen 1983, 84). Weiter gelang der Türkei auch die Mitgliedschaft in weiteren politischen Organisationen wie der Organisation für wirtschaftliche Zusammenarbeit und Entwicklung (OECD), der Organisation für Sicherheit und Zusammenarbeit in Europa (OSCE), der Welthandelsorganisation (WTO), der Organisation für wirtschaftliche Entwicklung

(ECO), der Organisation für Wirtschaftliche Kooperation im Schwarzmeerraum (BSEC), der Zollunion mit der Europäischen Union sowie die Mitgliedschaft im Internationalen Währungsfonds (IWF). (Vgl. Duymaz 1998, 210ff.)

Darüber hinaus erhielt die Türkei im Dezember 1999 auf dem Gipfel des Europäischen Rates in Helsinki den Status eines Beitrittskandidaten. Die Beitrittsverhandlungen zwischen der Türkei und der Europäischen Union wurden jedoch, wie im Kapitel zwei ausführlich erläutert, erst im Oktober 2005 eröffnet.[30]

Insgesamt spielt die Türkei aufgrund ihrer geographischen Lage als außenpolitischer Partner eine wichtige Rolle: Als Teil der islamischen Welt, Verbündeter der Vereinigten Staaten von Amerika und möglicher Beitrittskandidat der Europäischen Union fungiert die Türkei als Brücke zum ›Nahen Osten‹, zu Zentralasien, Regionen des Kaukasus sowie Staaten des Balkans und weist viele Kooperationen insbesondere im wirtschaftlichen Bereich auf.

Grundsätzlich kann gesagt werden, dass nicht nur die wirtschaftliche, sondern auch die gesellschaftliche Entwicklung der Türkei eng an die politische Situation unter der Regierung Atatürks geknüpft ist. Die wochenlangen Proteste der Gezi-Park-Bewegung können dabei als Symptom der Spaltung der türkischen Bevölkerung betrachtet werden. Bevor auf die Gezi-Park-Bewegung als Indikator des gesellschaftlichen Umbruches sowie der Konfliktlinien der türkischen Bevölkerung eingegangen wird, wird im folgenden Kapitel die Sozialstruktur der Türkei näher erläutert.

5.3 GESELLSCHAFTLICHE ENTWICKLUNG DER TÜRKEI

Auf Basis der allgemeinen Volkszählung von 2017 ergibt sich eine Bevölkerungszahl der Türkei von 80.810.525 Millionen (vgl. Turkish Statistical Institute 2017c, online). Die jährliche Wachstumsrate der türkischen Bevölkerung beträgt 1,25 Prozent und ist, verglichen mit dem europäischen Durchschnittswert von 0,15 Prozent, somit viermal so hoch (vgl. Statista 2018d, online). Eine der bedeutsamen Eigenschaften der türkischen Bevölkerung ist das geringe Durchschnittsalter der türkischen Gesamtbevölkerung von 31 Jahre (vgl. Auswärtiges Amt 2017, online). In den Mitgliedstaaten der Europäischen Union liegt das Durchschnittsalter bei 42,6 Jahren (vgl. Statista 2018b, online).

Der Großteil der türkischen Gesamtbevölkerung ist zwischen 15 bis 64 Jahre alt (67,9 Prozent; 54.881.652 Menschen), 23,6 Prozent (19.033.488 Menschen)

30 Für nähere Informationen siehe Kapitel 2.5 ›Historischer Abriss der Beziehungen der Türkei zur Europäischen Union‹.

sind zwischen 0 und 14 Jahre alt, und 8,5 Prozent (6.895.385 Menschen) sind 65 Jahre alt und älter (vgl. Turkish Statistical Institute 2017c, online).

Allgemein ist die Bevölkerungszahl seit der Gründung der Republik Türkei bei etwa gleichbleibender Geburtenrate stark gestiegen. Dies hängt offensichtlich damit zusammen, dass durch bessere medizinische Versorgungsmöglichkeiten Lebensqualität und Lebenserwartung stiegen und die Kindersterblichkeitsrate deutlich zurückging. Festzustellen ist, dass die Geburtenrate in der Türkei höher ist als in der Europäischen Union. Während 2016 die Geburtenrate in der Türkei 2,05 Kinder je Frau betrug, lag diese in der Europäischen Union bei 1,6 Kindern je Frau (vgl. Statista 2018g, online; Statista 2018c, online).

Der Großteil der türkischen Bevölkerung lebte und arbeitete bis in den 1960er Jahren im überwiegend ländlich geprägten Umfeld. Dennoch war die Türkei keineswegs ein Entwicklungsland, sondern ein Schwellenland auf dem Weg zum Industriestaat. In den letzten Jahrzehnten hat sich das Verhältnis der Beschäftigten in den einzelnen Wirtschaftssektoren und folglich auch die Lebensweise der türkischen Bevölkerung in Richtung nichtlandwirtschaftlicher Tätigkeiten verändert. Waren 1965 bis zu 70 Prozent der Beschäftigten in der Landwirtschaft tätig, so sind es heute weniger als ein Viertel (19,5 Prozent) der Berufstätigen. (Vgl. Höhfeld 1995, 16; Statistisches Bundesamt 2018, online 7)

Durch die starke Verstädterung in der Türkei lebt heute der überwiegende Teil (72,9 Prozent) in Städten (vgl. Statista 2015, online). Das mag damit zusammenhängen, dass Provinzhauptstädte im Gegensatz zu ländlichen Gebieten besonders viele Vorteile aufweisen, wie zum Beispiel vielfältige Arbeitsmöglichkeiten, bessere Arbeitschancen, gute Verkehrsbedingungen, medizinische Versorgung etc. Bei den Großstädten macht sich die Verstädterung bemerkbar, da die Einwohnerzahl der Städte, wie etwa in İstanbul, stetig steigt. Heute verzeichnet İstanbul eine Einwohnerzahl von 15.029.231 Millionen Menschen, inoffiziellen Schätzungen nach liegt diese Zahl bei zirka 20 Millionen. Die Hauptstadt der Türkei, Ankara, ist mit einer Einwohnerzahl von 5.445.026 Millionen die zweitgrößte Stadt der Türkei und befindet sich im Inneranatolischen Hochland. Durch die Einwanderung der türkischen Bevölkerung aus den ländlichen Teilen in die Großstädte und Industriegebiete gibt es einen verstärkten Zuzug in die Ballungsräume. So sind Izmir, Bursa, Adana, Konya, Antalya etc. weitere wichtige, dicht besiedelte Städte in der Türkei. (Vgl. Turkish Statistical Institute 2017d, online)

Allgemein definiert sich die Türkei über die türkische Staatsangehörigkeit, die türkische Sprache und den Islam. Beinahe 90 Prozent der Gesamtbevölkerung sprechen die türkische Sprache und 99 Prozent der türkischen Bevölkerung gehören dem Islam an. Nichtmuslimische Minderheiten, die ein Prozent der türkischen Bevölkerung ausmachen, gliedern sich in »ca. 60.000 armenische Christen, ca. 23.000 Juden, 15.000 Syrisch-Orthodoxe, 10.000 Baha'i, ca. 3.500-4.000 griechisch-orthodoxe Christen, ca. 2.000 Jeziden, je ca. 2.500 Protestanten verschiedener Denominationen und Angehörige der römisch-katholischen Kirche« (Auswärtiges Amt 2017, online). Neben dem türkischen Staatsvolk gibt es auch offiziell anerkannte Minderheiten, wie zum Beispiel Griechen, Armenier und Juden (vgl. Moser/Weithmann 2008, 35). Darüber hinaus setzt sich die türkische Bevölkerung aus Turkmenen, Karapapaken, Azeris, Tscherkessen, Georgiern, Lassen, Pomaken, Bosniern, Albanern, Assyrern, Hemşinli und Kurden zusammen (vgl. Kämmer 2014, online). Seit dem Beginn des syrischen Bürgerkrieges 2011 beherbergt die Türkei auch syrische Flüchtlinge. Neben den benachbarten Ländern, wie zum Beispiel dem Libanon, Jordanien, dem Irak und Ägypten, weist die Türkei die höchste Zahl syrischer Flüchtlinge auf (vgl. United Nations High Commissioner for Refugees 2018, online). In der Türkei sind insgesamt 3.591.714 Flüchtlinge (Stand: 1. November 2018) aufgenommen worden (vgl. ebd., online). Darunter waren im Oktober 2018 178.965 syrische Flüchtlinge in türkischen Flüchtlingslagern untergebracht (vgl. Afet ve Acil Durum Yönetimi Başkanlığı 2018, online). Durch die starke Flüchtlingsbewegung wurde die Türkei in vielerlei Hinsicht sehr belastet. So beschäftigt die Syrienkrise seit 2011 nicht nur die türkische Innen- und Außenpolitik und die Wirtschaft, sondern auch die Gesellschaftsstruktur der Türkei. Doch insbesondere politische Entwicklungen in der Türkei beeinflussen die Entwicklung der türkischen Gesellschaft, die sich seit Ausrufung der Republik Türkei in einem Umbruch zwischen Tradition und Moderne befindet.

Der revolutionäre Umbruch nach der osmanischen Zeit bedeutete für die Türkei eine Umgestaltung der Gesellschaft. Durch die Gründung der Republik Türkei erlebte die türkische Gesellschaft unter der Herrschaft von Atatürk einen dynamischen Aufschwung. Das Land wurde seit der Gründung der Republik nicht mehr von islamischen Vorschriften, orientalischen Traditionen und religiösen Symbolen geprägt. Wie bereits erwähnt, strebte das Land vielmehr eine Verwestlichung an, indem europäische Gesetze und nationalistische Ideologien übernommen wurden, staatliche Institutionen nach westlichem Vorbild und westliche Kleidung eingeführt wurden und der türkischen Gesellschaft europäischer Lebensstil verordnet wurde. (Vgl. Seufert/Kubaseck 2004, 68)

Der Verwestlichungsprozess wurde in der Türkei mit einer Modernisierung der Gesellschaft gleichgesetzt, die möglichst viele Bereiche des gesellschaftlichen Lebens umfassen sollte. Eines der wichtigsten Ziele der Verwestlichung der Türkei durch die Regierung Atatürks war die Erziehung der türkischen Bevölkerung zu einem neuen Gesellschaftstypus nach westlichem Vorbild (vgl. Kaliber 2002, 106). Angestrebt wurde ein radikaler Wandlungsprozess der Bevölkerung, doch ein gesamtgesellschaftlicher Wandel konnte nicht vollzogen werden. »Das Ziel sei die Erschaffung und Erziehung einer Gesellschaft gewesen, jedoch glich diese mehr einer ›Imitation‹, so dass die Gesellschaft zwar eine westliche Erscheinung bekam, sich aber nicht wirklich transformierte«, so Bülent Küçük (2008, 80).[31]

Die Grundlage für eine fortschrittliche türkische Gesellschaft sah Atatürk in der Trennung von Staat und Religion. So strebten die Kemalisten mit der Einführung des Laizismus eine vollkommene Trennung zwischen Staat und Religion nach westlichem Vorbild an. Religion sollte nunmehr eine Privatangelegenheit sein und aus dem öffentlichen Leben und der Politik ausgeschlossen werden. Grundsätzlich ist das Prinzip des Laizismus in den Verfassungen seit 1924 verankert (vgl. Türkiye Büyük Millet Meclisi 1924, online Madde 2). Die Umsetzung dieser neuen Reform stieß vor allem bei den Strenggläubigen auf Widerstand (vgl. Mardin 1998, 63ff.). Folglich wurde nach dem Zweiten Weltkrieg das laizistische Prinzip ziemlich locker angewandt, da ein Teil der Bevölkerung mit der strikten Trennung von Religion und Staat nicht zurechtkam und die Gesetze des Laizismus als ein zu europäisches Ziel der Türkei sah. In der Folge wurde wieder Religion als Unterrichtsfach eingeführt und in türkischer Sprache abgehalten. (Vgl. Steinbach 2000, 96f.)

Trotz der Ausrufung der Republik und der damit einhergehenden Veränderungen in den gesellschaftlichen Verhältnissen des Landes ist die türkische Bevölkerung von Traditionen geprägt. Die Familie und der religiöse Glaube sind wesentliche Bestandteile im Leben der türkischen Gesellschaft. Laut der türkischen Verfassung bildet die Familie, wie in fast allen europäischen Verfassungen, den Grundstein der türkischen Gesellschaft, welche auf der Gleichheit von Mann und Frau beruht (vgl. Türkiye Büyük Millet Meclisi 1982, online Madde 14). Im Islam ist die Familie ebenfalls die Grundlage der Gesellschaft. Atatürks Reformen waren grundsätzlich auf Modernisierung und Anpassung an westeuropäischen Standard in vielen Lebensbereichen ausgerichtet, sie beschränkten sich in erster Linie auf die urbanen Zentren des Landes. Die Folge war eine Kluft zwischen dem ländlichen und dem städtischen Entwicklungsstand. Die Gesellschaft der Türkei weist heute noch ein uneinheitliches Entwicklungsniveau auf. Während in den industrialisierten und modernen Großstädten wie İstanbul, Ankara oder Izmir der europäische Lebensstil vorherrscht, findet sich in den ländlichen Regionen der Türkei weiterhin die traditionell und patriarchalisch geprägte Gesellschaft. (Vgl. Moser/Weithmann 2008, 30)

31 Siehe hierzu auch Kapitel 5.1 ›Die Türkei auf dem Weg nach Europa durch Atatürk‹.

Nach dem Tod von Atatürk kam es zur Liberalisierung im religiösen Bereich. Dem Islam wurde wieder ein höherer Stellenwert im öffentlichen Leben eingeräumt. Aufgrund der kemalistischen Reformen befindet sich der Großteil der Bevölkerung bis in die Gegenwart durch die radikale religiöse Entwurzelung in einer Glaubensleere (vgl. Schmitt 1985, 31f.). Da sich der Staat weder um die religiösen Angelegenheiten in der Gesellschaft noch um die religiöse Erziehung der Bürgerinnen und Bürger kümmerte, wurden verschiedenste extremistische radikal-politische, radikal-religiöse Parteien oder Gruppierungen gebildet, die diese Leere auszufüllen suchten (vgl. Höhfeld 1995, 65; Wehler 2004, 62).

Darüber hinaus wurden Atatürks Säkularisierungsmaßnahmen vor allem im Erziehungssektor in Frage gestellt. Folglich wurden wieder religiöse Sendungen in arabischer Sprache vom staatlichen Rundfunk ausgestrahlt, der Religionsunterricht an den Grundschulen eingeführt beziehungsweise Korankurse eingerichtet und somit der Religion wieder mehr Wert beigemessen (vgl. Roth/Taylan 1981, 152; Wehler 2004, 62). Bis 2010 war der Zugang zu türkischen Hochschulen kopftuchtragenden Mädchen und Frauen verwehrt (vgl. Toprak 2014, online). Weiter trat am 8. Oktober 2013 die Aufhebung des Kopftuchverbotes in öffentlichen Einrichtungen in Kraft (vgl. T.C. Resmi Gazete 2013, online). Seit August 2016 wurde auch den Polizistinnen erstmals das Recht eingeräumt, Kopftuch zu ihrer Polizeiuniform zu tragen (vgl. T.C. Resmi Gazete 2016, online).

Die Entwicklung der türkischen Wirtschaft schreitet zwar gut voran, doch innenpolitisch herrscht ein Machtkampf zwischen den Parteien, der sich insbesondere auf die gesellschaftliche Entwicklung auswirkt. Die ›Partei für Gerechtigkeit und Entwicklung‹ schafft auf der Grundlage ihrer religiös-ideologischen Einstellungen auch Regelungen, die das Privatleben der türkischen Bevölkerung betreffen, indem sie sich beispielsweise für nach Geschlechtern getrennte Studentenwohnheime einsetzt, das öffentliche Küssen verbietet, eine restriktive Neuregelung der Abtreibung einführt, sich gegen die Pille einsetzt und sich strikt gegen die Empfängnisverhütung muslimischer Familien ausspricht etc. (vgl. ebd., 115; Zeit Online 2016a, online).

Besonders die Verschärfung des bisher eher liberalen Abtreibungsrechtes löste heftige Diskussionen und Protestaktionen aus. Da für Erdoğan Schwangerschaftsabbrüche Mord sind, strebt er die Verkürzung der bislang legalen Abtreibungsfrist bis zur zehnten Schwangerschaftswoche auf vier oder fünf Wochen an (vgl. Gottschlich 2012, online; Türkiye Büyük Millet Meclisi 1982, online 5796). Die neue Regelung wurde zwar noch nicht verabschiedet, jedoch wird eine Abtreibung in den meisten türkischen Krankenhäusern gar nicht mehr durchgeführt oder es wird davon abgeraten (vgl. Milliyet 2015, online).

Neben der restriktiven Fristenregelung zur Abtreibung wurde eine Einschränkung von Alkoholverkauf und -ausschank vorgenommen. Im Hinblick auf den Konsum von Alkohol wurde vom türkischen Parlament eine Gesetzesänderung dahingehend vorgenommen, dass nun ein Verkaufsverbot in Läden von 22 Uhr bis sechs Uhr morgens gilt (vgl. Türkiye Büyük Millet Meclisi 2013, online). Alkohol darf fortan in einem Umkreis von 100 Metern rund um Moscheen und Bildungseinrichtungen nicht verkauft werden, in der Öffentlichkeit dafür nicht geworben werden, Spirituosenunternehmen dürfen nicht mehr Sponsoren von Veranstaltungen sein, auf Verpackungen von Alkohol müssen gesundheitliche Warnhinweise angebracht sein, die Promillegrenze beim Autofahren wurde von 1,0 auf 0,5 Promille gesenkt und in Filmen, Serien sowie in Musikvideos müssen alkoholische Getränke gepixelt dargestellt werden (vgl. ebd., online). Die Regierung begründete die Verabschiedung dieser neuen Regelungen mit dem Jugendschutz und der Volksgesundheit und wies darauf hin, dass es auch in den Ländern Europas ähnliche Bestimmungen gibt (vgl. Kálnoky 2013, online).

Die Motive für all diese Restriktionen beruhen jedoch nicht nur auf religiös-ideologischen Einstellungen, sondern auch auf bevölkerungspolitischen Vorstellungen einer jungen und starken türkischen Bevölkerung.

Aufgrund dieser radikalen Umgestaltung der Türkei kann gesagt werden, dass sich die türkische Gesellschaft im Umbruch zwischen Tradition und Moderne befindet; dies haben auch die Massenproteste der Gezi-Park-Bewegung im Sommer 2013 verdeutlicht.

5.4 GEZI-PARK-BEWEGUNG ALS INDIKATOR DES GESELLSCHAFTLICHEN UMBRUCHES

Die Proteste um den Gezi-Park können als ein Beginn zivilgesellschaftlichen Engagements und zugleich als Symbol bürgerschaftlichen Widerstandes unterschiedlicher Bevölkerungsgruppen gegen die Regierung der ›Partei für Gerechtigkeit und Entwicklung‹ gesehen werden. Im Folgenden wird die Entstehung und Verbreitung der Gezi-Park-Bewegung erläutert, um die Hintergründe dieser Proteste nachvollziehen zu können.

5.4.1 Auslöser und Verlauf der Gezi-Park-Bewegung

Auslöser für die Gezi-Park-Bewegung war das im Jahr 2013 konzipierte Bauprojekt eines Nachbaus eines osmanischen Kasernengebäudes auf dem Gelände des Gezi-Parks im İstanbuler Stadtviertel Taksim. Auch ein Einkaufszentrum sollte darin untergebracht werden (vgl. CNN Türk 2013b, online). Die Bauarbeiten zur Verwirklichung des Projektes begannen am Abend des 27. Mai 2013 mit dem Abriss einer drei Meter hohen Mauer des Parks und dem Fällen von vier bis fünf Bäumen auf der Fläche des Gezi-Parks. In dieser Nacht kam es zur ersten Versammlung von zirka 40 bis 50 Anhängerinnen und Anhängern des Interessenverbandes ›Taksim Dayanışma Platformu‹[32], die die Bauarbeiten zu stoppen und die Abholzung von Bäumen zu verhindern versuchten, indem sie sich vor die Baumaschinen stellten und erste Zelte aufschlugen, um die Nacht im Gezi-Park zu verbringen. Die Bauarbeiten wurden in dieser Nacht zwar gestoppt, jedoch wurden sie am Morgen des 28. Mai 2013 wieder aufgenommen. Der ehemalige Parlamentsabgeordnete der ›Partei des Friedens und der Demokratie‹[33], Sırrı Süreyya Önder, griff in das Geschehen ein und verlangte eine schriftliche Genehmigung von der Regierung. Dadurch konnte das Vorhaben für eine kurze Zeit behindert werden, doch im Laufe des Tages kam es zur Fortsetzung des Abrisses. Hierfür musste der Platz geräumt werden; es folgte der erste Tränengaseinsatz gegen die Demonstrantinnen und Demonstranten durch die Polizei. Auf das Verhalten der türkischen Sicherheitskräfte gab es eine große Resonanz in den sozialen Medien, woraufhin sich weitere Menschen zum Gezi-Park begaben, Zelte aufschlugen und gegen die Bebauung des Parks protestierten. Es ging danach nicht mehr nur um die Abholzung der Bäume; der Gezi-Park wurde zum Aufstand des türkischen Volkes gegen die Regierung. So schlossen sich weitere Demonstrantinnen und Demonstranten unterschiedlicher sozialer Herkunft und politischer Orientierung an. Das Spektrum reichte von Umweltschützerinnen und Umweltschützern über anarchistische, nationalistische, kemalistische, sozialistische, kommunistische und kurdische Gruppen bis hin zu radikalen Musliminnen und Muslimen (vgl. Akgün 2013, online). Unter den Demonstrierenden

32 Der Interessenverband ›Taksim Dayanışma Platformu‹ setzt sich für das Mitspracherecht des Volkes bei der Neugestaltung des Stadtviertels Taksim ein. Zu seinen Mitgliedern gehören Gemeindevereinigungen, Gewerkschaften, Berufskammern und politische Parteien, die diesem Stadtviertel angehören. Für weitere Informationen siehe auch: Taksim Dayanışması (2018). Taksim. Online unter: http://taksimdayanisma.org/, abgerufen am 10. November 2018.

33 Türkisch: ›Barış ve Demokrasi Partisi‹ (Abkürzung: BDP)

befanden sich auch prominente türkische Personen, wie zum Beispiel Sängerinnen, Schauspieler, Schriftstellerinnen etc., die ihren Widerstand gegen die Regierung durch ihre Kunst unterstützten (vgl. Toprak 2013, online). Darüber hinaus nahmen an den Protesten ›LGBT‹-Personen (Lesbian, Gay, Bisexual and Transgender) eine aktive Rolle ein, sie protestierten für die Anerkennung ihrer Rechte auf Gleichbehandlung und Nichtdiskriminierung (vgl. Hürriyet Daily News 2013e, online). Es waren alle Generationen, ob jung oder alt, vertreten (vgl. Hürriyet 2013, online; Mangold 2013, online). Die gemeinsame Basis der Demonstrierenden lag also nur in der Gegnerschaft zu Recep Tayyip Erdoğan und seiner Partei (vgl. Akgün 2014, online). (Vgl. Amnesty International 2013, online; Akşam Haberler 2013, online; Hürriyet Daily News 2013f, online)

Eine wichtige Stellung unter den Demonstrierenden hatte eine links orientierte Gruppe namens ›Çarşı‹[34], die sich im Jahr 1982 aus Fußballfans gebildet hatte. Diese Gruppe setzte sich schon vor den Protesten des Öfteren gegen die ›Partei für Gerechtigkeit und Entwicklung‹ ein. In der Gezi-Park-Bewegung sorgte sie einerseits dafür, dass eine Party-Atmosphäre herrschte und das Geschäftsleben in dem Stadtviertel Taksim weiterging; andererseits war sie die anführende Gruppe, die die Massen mobilisierte und einen großen Einfluss darauf hatte, dass aus den Demonstrationen ein Volksaufstand wurde. (Vgl. Yücel 2015, online; Popp 2013, online)

Von Tag zu Tag stieg die Zahl der Menschen im Gezi-Park an, und zwar dermaßen, dass die Regierung eine Gefahr darin sah und mit Tränengas und Wasserwerfern die Menschenmenge auseinanderzutreiben versuchte. In der Nacht des 31. Mai 2013 wurden von 10.000 Menschen 100 Demonstrantinnen und Demonstranten dem Tränengas ausgesetzt, auch der ehemalige Parlamentsabgeordnete Sırrı Süreyya Önder und einige Journalistinnen und Journalisten wurden dabei verletzt und mussten im Krankenhaus behandelt werden. Darüber hinaus wurden über 900 Menschen festgenommen, die sich gegen die Polizeibeamtinnen und -beamten wehrten. Doch dies schreckte die Menschen nicht ab, ganz im Gegenteil, aus Protest gegen die Gewaltexzesse der Polizei stieg binnen kürzester Zeit die Zahl der Demonstrantinnen und Demonstranten im Gezi-Park bis zu 100.000 Personen an. (Vgl. Amnesty International 2013, online; Akşam Haberler 2013, online; Hürriyet Daily News 2013f, online)

34 ›Çarşı‹ ist die Bezeichnung für die bekannteste Fangruppierung der türkischen Fußballmannschaft ›Beşiktaş‹ und bedeutet ›Markt‹ (übersetzt von der Autorin dieses Buches). Die Mitglieder dieser Fußballmannschaft arbeiten in den Geschäften im İstanbuler Stadtviertel Beşiktaş, woraus sich der Name ›Çarşı‹ ableitet (vgl. Yücel 2015, online).

Zudem kam es auch zu Solidaritätsbekundungen und Demonstrationen in einigen Stadtvierteln von İstanbul (Beşiktaş, Kadıköy etc.). Die Aktionen weiteten sich auf andere türkische Städte (Ankara, Gaziantep, İzmir, İzmit, Mersin, Konya, Manisa etc.) aus. Auch von zu Hause aus bekundeten die Demonstrantinnen und Demonstranten ihre Solidarität mit der Protestbewegung, indem sie mit Kochlöffeln auf Töpfe und Pfannen schlugen und Lärm erzeugten oder sie das Licht ein- und ausschalteten. Doch nicht nur in der Türkei, sondern auch in europäischen Städten wurden Solidaritätskundgebungen für die Demonstrierenden vom Gezi-Park begonnen (vgl. Bundeszentrale für politische Bildung 2013, online). Die Demonstrantinnen und Demonstranten besetzten auch den Amtssitz vom damaligen Ministerpräsidenten, Recep Tayyip Erdoğan, in İstanbul und forderten den Rücktritt Erdoğans. In einer Pressekonferenz gestand Recep Tayyip Erdoğan ein, dass der Einsatz von Tränengas und Wasserwerfern und die Festnahmen eine unangemessene Vorgehensweise gegen die Demonstrantinnen und Demonstranten gewesen wären. Es sei ihm jedoch keine andere Wahl geblieben, unter den friedlichen Demonstrantinnen und Demonstranten gegen die Extremisten vorzugehen. Erdoğan beschrieb die Demonstrantinnen und Demonstranten als eine marginale Gruppe, die versuchten das Volk aufzuhetzen und mit Demonstrationen die Fortschritte der Türkei zu verhindern. So bezeichnete Erdoğan die Demonstrierenden als ›çapulcu‹ (deutsch: Plünderer, Vandalen) und forderte sie auf, den Park zu räumen, da ansonsten die Sicherheitskräfte erneut eingreifen müssten (vgl. Jacobsen 2013, online; n-tv 2013a, online). Was eigentlich als Schimpfwort gemeint war, wurde von den Demonstrierenden als ironische und stolze Eigenbenennung der Gegnerschaft zu Erdoğan betrachtet; mithilfe der sozialen Medien wurde der Begriff positiv besetzt (vgl. Jacobsen 2013, online).[35] (Vgl. Amnesty International 2013, online; Akşam Haberler 2013, online; Hürriyet Daily News 2013f, online)

Nach der Räumung des Gezi-Parks kam es zu weiteren massiven Ausschreitungen und Zusammenstößen zwischen den Demonstrierenden und den Sicherheitskräften. Ein Teil der türkischen Bevölkerung befürchtete sogar, dass diese gewalttätige Eskalation zwischen den Demonstrierenden und den Sicherheitskräften in einen Bürgerkrieg münden könnte (vgl. Hinz 2013, online). Zu erwähnen sei jedoch, dass im Stadtviertel Taksim eine Mischung aus Volksfest respektive Festival und Bürgerkrieg herrschte (vgl. Martens 2013, online; Thumann 2013, online). Zum einen wurde der Gezi-Park zum Schauplatz kreativer Demonstrantinnen und Demonstranten. Es wurden Filme vorgeführt, die Demons-

35 Über den Einfluss der sozialen Medien in der Gezi-Park-Bewegung siehe hierzu Kapitel 5.4.3 ›Rolle der Medien in der Gezi-Park-Bewegung‹.

trantinnen und Demonstranten machten es sich gemütlich im Park und verbrachten ihre Zeit mit Lesen von Büchern, es wurde gesungen und getanzt und die Nächte in den annähernd 3.000 Zelten verbracht (vgl. Mangold 2013, online). Zum anderen wurden aber viele Stadtviertel İstanbuls und andere Städte in der Türkei in ein Schlachtfeld verwandelt. Glassplitter, Müll sowie von den Demonstrierenden in Brand gesetzte Autos und Busse waren die Überreste der Straßenschlachten gegen Recep Tayyip Erdoğan und seine Regierung (vgl. Güsten 2013, online). Als ein besonderes Ereignis galt der Konzertauftritt des deutsch-italienischen Pianisten Davide Martello, der auf dem Taksim-Platz vor dem Denkmal der Republik ein Konzert hielt. Die Musik sollte als eine Art Friedensbotschaft fungieren, so Davide Martello (vgl. Jung 2013, online). Für Martello ist der Flügel nicht nur ein musikalisches Instrument, sondern er repräsentiert westliche Werte, wie zum Beispiel Demokratie und Frieden, für die er sich mit seiner Musik einsetzt (vgl. Jung 2013, online). In dieser Nacht war der Taksim-Platz frei von Protesten und Unruhen. (Vgl. Amnesty International 2013, online; Akşam Haberler 2013, online; Hürriyet Daily News 2013f, online)

Nach tagelangen Protesten hatten sich Erdoğan, Vertreter des Netzwerkes Taksim-Solidarität und berühmte türkische Schauspielerinnen und Schauspieler sowie Sängerinnen und Sänger am 13. Juni 2013 getroffen, um über die Gezi-Park-Proteste zu diskutieren (vgl. Spiegel Online Politik 2013b, online). Dass die Diskussion ausgerechnet mit Stars geführt wurde, hängt offensichtlich damit zusammen, dass diese in der türkischen Gesellschaft eine Vorbildfunktion wahrnehmen: Die Stars setzen sich beispielsweise für den Tierschutz ein und organisieren Kampagnen gegen die Gewalt gegen Frauen (vgl. Toprak 2013, online). Darüber hinaus werden in vielen türkischen Serien gesellschaftliche Themen aufgearbeitet, mit denen die türkische Gesellschaft konfrontiert wird. Als Vorbild erwecken die Stars das Interesse und die Aufmerksamkeit für neue Themen und ermutigen die Gesellschaft über die in der türkischen Kultur nach wie vor als tabu geltenden Themen wie Liebe und Sexualität offen zu sprechen (vgl. ebd., online). Andererseits sind sie für die Regierung deshalb von Bedeutung, weil sie über eine große Anzahl an Fans beziehungsweise Zuschauerinnen und Zuschauern verfügen und sie diese binnen kürzester Zeit erreichen oder mobilisieren können (vgl. ebd., online). Nach diesem Austausch kam die Regierung zum Entschluss, das Bauprojekt zu stoppen, bis das Gericht darüber urteilt (vgl. Spiegel Online Politik 2013b, online).

Weiter sollte nach dem Gerichtsurteil eine Volksabstimmung durchgeführt werden, um letztlich die Meinungen der Bürgerinnen und Bürger in İstanbul einzuholen (vgl. ebd., online). Doch in der Nacht des 15. Juni begann die Polizei mit der Räumung des Gezi-Parks (vgl. Hürriyet Daily News 2013f, online). Die

Zelte wurden von Räumfahrzeugen beseitigt und innerhalb kürzester Zeit wurde die 18-tägige Besetzung des Gezi-Parks, die für die türkischen Demonstrierenden zum Symbol für Meinungsfreiheit wurde, beendet (vgl. Schlötzer 2016, online). Folglich kam es erneut zu gewalttätigen Übergriffen zwischen den Demonstrierenden und den Sicherheitskräften (vgl. n-tv 2013c, online). Letztendlich gelang es der Polizei, den Gezi-Park in der Nacht des 22. Juni endgültig zu räumen und unter ihre Kontrolle zu bringen (vgl. ebd., online). Bis Ende Juli 2013 kam es in İstanbul und in anderen türkischen Großstädten immer wieder zu landesweiten Demonstrationen und zu Zusammenstößen. Ab August 2013 hatte sich die Lage ein bisschen beruhigt und die Demonstrationen fanden nur mehr in gewissen zeitlichen Abständen statt. Darüber hinaus wurden immer wieder Gedenkmärsche für die Opfer der Gezi-Park-Demonstrationen organisiert, allerdings verliefen diese Gedenktage nicht immer ruhig, da die Sicherheitskräfte Wasserwerfer bei den Gedenkmärschen einsetzten (vgl. Spiegel Online Politik 2015, online).

Laut Bericht des türkischen Parlamentes (vgl. Türkiye Büyük Millet Meclisi 2016, online) fanden vom 28. Mai bis zum 6. September 2013 in 80 der 81 türkischen Provinzen 5.532 Demonstrationen gegen die Bebauung des Gezi-Parks statt. An den Demonstrationen nahmen landesweit insgesamt 3.611.208 Menschen teil (vgl. Türkiye Büyük Millet Meclisi 2016, online). Nach dem Bericht der ›Rechtsanwaltskammer der Türkei‹[36] (2014, online 102ff.) kamen bei den Demonstrationen 16 Menschen ums Leben, darunter zwei Polizisten. Darüber hinaus wurden laut der Statistik des ›Türkischen Ärztebundes‹[37] (2013, online) bis zu 10.000 Personen durch Tränengas, Wasserwerfer, Plastikgeschosse, scharfe Munitionen und Schläge verletzt. Doch nicht nur für die Demonstrierenden, auch für die Polizeibeamtinnen und Polizeibeamten waren die Gezi-Park-Demonstrationen eine große Anstrengung, da sie bis zu 120 Stunden im Dauereinsatz standen (vgl. n-tv 2013a, online). Diese psychische und physische Überlastung führte bei sechs Polizisten zum Selbstmord (vgl. ebd., online). Darüber hinaus wurden mehr als 5.000 Strafverfahren gegen die Gezi-Park-Demonstrierenden erhoben, einige davon waren mit befremdlichen Anklagen behaftet (vgl. Türkiye Büyük Millet Meclisi 2016, online; Yücel 2015, online). Ein Teil der Strafverfahren läuft immer noch, für 35 Mitglieder der ›Çarşı‹-Gruppe forderte die türkische Staatsanwaltschaft aufgrund des Vorwurfes einer kriminellen Vereeinigung sogar die Höchststrafe von lebenslanger Haft (vgl. Yücel 2015, online). Doch 31 Mitglieder wurden im Dezember 2015 freigesprochen,

36 Türkisch: ›Türk Barolar Birliği‹

37 Türkisch: ›Türk Tabipleri Birliği‹

vier von ihnen erhielten eine Haftstrafe von fünf bis 30 Monaten und Geldstrafen (vgl. Zeit Online 2015, online).

Die Gezi-Park-Aufstände und insbesondere das Einschreiten der Polizei gegen die Demonstrierenden sorgten weltweit für Aufregung. Gewarnt wurde die Türkei auch von den Vereinten Nationen für Menschenrechte und vom Europäischen Parlament, die international anerkannten Menschenrechte zu achten und die übermäßige Gewaltanwendung der Polizei zu stoppen (vgl. Spiegel Online Politik 2013a, online; Europäisches Parlament 2013, online). Scharfe Kritik an der türkischen Regierung kam vor allem in den Medien zum Ausdruck. Hierbei wurde jedoch nicht nur auf die exzessive Polizeigewalt Bezug genommen, sondern ein möglicher Beitritt der Türkei zur Europäischen Union wurde in Frage gestellt.

Nach dem Gezi-Park-Aufstand 2013 wurde das Bauprojekt zunächst aufgegeben. Genau drei Jahre später wurde die Diskussion über den Umbau des Gezi-Parks in eine Kaserne wieder erneut aufgegriffen (vgl. Weise 2016, online). Ob es wieder zu Demonstrationen kommen wird, oder es diesmal zur Verwirklichung einer Kaserne kommt, ist zum Zeitpunkt dieser Publikation ungewiss. Was anfing als eine friedliche Demonstration für die Grünfläche im Stadtviertel Taksim, wurde zu einer Massenbewegung gegen die heutige Regierung.

5.4.2 Gezi-Park-Proteste als Massenbewegung gegen die Regierungspolitik

Wie im vorherigen Kapitel dargestellt, verdeutlichte die Gezi-Park-Bewegung, dass die Türkei geteilt ist, in jene, die Recep Tayyip Erdoğan und seine Partei unterstützen, und jene, die gegen ihn sind. Gegen ihn sind vor allem linke, liberale, nationalistische, kurdische Gruppen, Anhängerinnen und Anhänger Atatürks und unpolitische Menschen, die gegen den als zunehmend autoritär empfundenen Führungsstil von Recep Tayyip Erdoğan sind. In seinem öffentlichen Auftritt und Verhalten versucht Erdoğan an Atatürk anzuknüpfen. So erscheint er, ähnlich wie damals Atatürk, auf öffentlichen Plakaten und Bildern mit einem Blick in die Ferne. Schulen, Universitäten, Organisationen etc. werden nach seinem Namen benannt. Darüber hinaus versucht Erdoğan, ähnlich wie damals Atatürk mit der radikalen Umsetzung seiner Verwestlichungsreformen, die Verabschiedung neuer Reformen ebenfalls auf eine eher radikale Art und Weise durchzusetzen (Jacobsen 2013, online). Die Reaktion auf die Art und Weise der Umsetzung neuer Reformen durch die Regierung sorgte für Widerstand bei den Demonstrierenden. Bereits vor den Gezi-Park-Protesten stauten sich unter einem Teil der türkischen Bevölkerung Spannungen gegen die regierende ›Partei für

Gerechtigkeit und Entwicklung‹ an (vgl. Friedrich Ebert Stiftung 2013, online 3). Diese fanden ihre Entladung in der Gezi-Park-Bewegung.

Die Gezi-Park-Demonstrationen können als »Ausdruck der Suche nach neuen Räumen und Formen der partizipativen Politik« (Ataç/Dursun 2013, 443) betrachtet werden und somit als das Forum der politischen Auseinandersetzung gelten, denn als eine der größten Protestbewegungen in der Türkei hatten die Gezi-Park-Demonstrationen einen großen Einfluss auf das politische Klima und führten zu einer Politisierung insbesondere der türkischen Jugendlichen (vgl. Friedrich Ebert Stiftung 2013, online 2).

Nach einer Erhebung des ›KONDA‹[38]-Meinungsumfrage- und Beratungsunternehmens zum Thema Gezi-Park protestierten insbesondere urbane Jugendliche für Demokratie und mehr Mitbestimmung (vgl. KONDA 2014, online 6ff.).[39] Den Ergebnissen der KONDA-Umfrage nach befanden sich unter den Demonstrierenden 50,8 Prozent weibliche und 49,2 Prozent männliche Personen (vgl. ebd., online 6). Demzufolge ist die Geschlechterverteilung in den Protesten ähnlich der Gesamtverteilung in der Türkei (48,8 Prozent Frauen; 51,2 Prozent Männer) (vgl. ebd., online 6f.).

Etwa 70 Prozent der Demonstrantinnen und Demonstranten waren unter 30 Jahre alt (vgl. ebd., online 8f.), mehr als die Hälfte besitzen einen Universitätsabschluss (55,7 Prozent) (vgl. KONDA 2014, online 10f.) und mehr als die Hälfte (55,6 Prozent) der Demonstrierenden haben bereits an anderen Demonstrationen teilgenommen, während 44,4 Prozent noch nie teilgenommen haben (vgl. ebd., online 17). Zu erwähnen ist, dass mehr als zwei Drittel der Befragten keiner politischen Partei angehören und sich keiner politischen Organisation oder politischen Plattform nahe fühlen (vgl. ebd., online 16). Die Demonstrantinnen und Demonstranten protestierten eher als Individuen und nicht als Vertreter von politischen Parteien. Was die Menschen im Gezi-Park zusammenbrachte, war der Gewalteinsatz der Polizei. Der Umfrage nach hat sich knapp die Hälfte (49,1 Prozent) erst im Angesicht der polizeilichen Gewalt für die Teilnahme an den Protesten entschieden, nur zehn Prozent waren von Anfang an dabei, als über das Bauprojekt in der Öffentlichkeit gesprochen wurde (vgl. ebd., online 19f.). Mit der Anwendung der Gewalt durch türkische Sicherheitskräfte, der Verabschiedung neuer Gesetze und Regelungen vor den Gezi-Park-Protesten waren viele Menschen nicht einverstanden. Sie hatten das Gefühl, von der Regierung nicht

---

38 ›KONDA‹ ist die Abkürzung für ›Kamuoyu Araştırmaları ve Danışmanlık Şirketi‹.

39 Diese Umfrage zur Erhebung der öffentlichen Meinung zum Thema Gezi-Park wurde während der Proteste in İstanbul von 6. bis 8. Juni 2013 mit insgesamt 4.411 Teilnehmerinnen und Teilnehmern durchgeführt (vgl. KONDA 2014, online).

wahrgenommen zu werden, da die Regierung ihre Reformen ohne Berücksichtigung auf die Meinungen der Bevölkerung gegen jeden Widerstand durchzusetzen versuchte (vgl. Friedrich Ebert Stiftung 2013, online 3).

Während Atatürk mit seinen Reformen insbesondere die Modernisierung der türkischen Gesellschaft anstrebte, konzentriert sich die heutige Regierung vor allem auf die wirtschaftliche Entwicklung. Durch die Umsetzung einer Wirtschaftsstrategie, die sich vor allem durch Immobilieninvestitionen auszeichnet, versucht die Türkei ihr wirtschaftliches Wachstum zu fördern (vgl. Saygılı/Cihan/Yurtoğlu 2002, online 10ff.). Demgemäß erlangte der türkische Bausektor einen hohen Stellenwert. Die türkische Regierung stellte den Bau einer dritten Bosporus-Brücke fertig und errichtete einen Bahntunnel unter dem Bosporus namens ›Marmaray‹ (vgl. n-tv 2016, online). Weitere Projekte, für die sich Erdoğan einsetzt, sind beispielsweise der Bau eines Flughafens in İstanbul, der zu den weltgrößten zählt, die Errichtung eines Kanals, der das Schwarze Meer mit dem Marmarameer verbinden und parallel zum Bosporus verlaufen soll, die Fertigstellung der weltgrößten Moschee auf dem höchsten Berg in İstanbul, der Bau von Einkaufszentren etc. (vgl. ebd., online).

Nicht zuletzt stellt die Entwicklung der türkischen Medien eine Sorge für einen Teil der türkischen Bevölkerung dar, die sich vor allem in den Gezi-Park-Protesten zeigte.

5.4.3 Rolle der Medien in der Gezi-Park-Bewegung

Die Gezi-Park-Proteste gehören zu einen der international bekanntesten ›Occupy‹-Bewegungen weltweit. Gemeinsam ist den ›Occupy‹-Bewegungen, dass die Medien dabei eine maßgebliche Rolle spielen.[40] So wurde beispielsweise die ›Occupy‹-Bewegung in der Wall Street in New York im Jahr 2011 durch die neuen Medien, insbesondere durch die sich rasch verbreitenden Mitteilungen über soziale Medien, angeregt (vgl. Hartleb 2012).[41] Auch bei den

40 Eine Einführung in die internationale ›Occupy‹-Bewegung bietet: Chomsky, Noam (2012). Occupy. London: Penguin.

41 Auslöser der ›Occupy‹-Bewegung in der Wall Street in New York war die schlechte wirtschaftliche Lage im Jahr 2011. Aktivistinnen und Aktivisten besetzten den ›Zuccotti Park‹ im New Yorker Finanzdistrikt und forderten die Trennung von Wirtschaft und Politik sowie soziale Gerechtigkeit. Für nähere Informationen über die ›Occupy‹-Bewegung in New York sei auf folgende Literatur verwiesen: Hartleb, Florian (2012). Die Occupy-Bewegung. Globalisierungskritik in neuer Maskerade. Berlin: Konrad Adenauer Stiftung.

Gezi-Park-Protesten standen Medien im Mittelpunkt des Geschehens. Da die Regierung jedoch während der Gezi-Park-Proteste türkische Medien zensierte, wurde die Rolle der traditionellen Medien durch soziale Medien übernommen. Führende türkische Medien erlitten durch die Zensierung einen enormen Imageschaden. Der private Mainstream-Nachrichtensender CNN Türk (›Doğan‹-Medienkonzern) sowie auch NTV (›Doğuş‹-Medienkonzern) berichteten in der Anfangsphase der Gezi-Park-Bewegung trotz massenhafter Demonstrationen nicht über die Ereignisse (vgl. The Guardian 2013, online). Der Gewalteinsatz der türkischen Polizei schockierte nicht nur einen Teil der türkischen Bevölkerung, sondern auch weltweit wurde darüber berichtet. In den internationalen Medien wurde in Anlehnung an den ›Arabischen Frühling‹ die Gezi-Park-Bewegung als ›Türkischer Frühling‹ bezeichnet (vgl. Seymour 2013, online; Popp/Trenkamp 2013a, online). Während CNN International live über die Proteste berichtete, folgte beispielsweise der Sender CNN Türk seinem gewöhnlichen Programmablauf und strahlte stattdessen eine Dokumentation über Pinguine aus; das sorgte für große Aufregung in der türkischen Gesellschaft (vgl. The Guardian 2013, online). Fortan wurden Pinguine für die Demonstrierenden zum Protestsymbol der zensierten traditionellen Medien und des Widerstandes (siehe Abbildung 5).

Abbildung 5: Pinguine als Symbol der Gezi-Park-Bewegung

Quelle: BThaber Yayıncılık ve Etkinlik A.Ş. 2013, online

Während der Proteste kam es nicht nur zur Zensierung, sondern auch zu Strafen für türkische Fernsehsender. Der Hohe Rat für Radio und Fernsehen[42] in der Türkei verhängte Strafen für einige türkische Sender (Ulusal TV, Halk TV, Cem TV, EM TV), die durchgehend über die Demonstrationen berichteten. Diesen Sendern wurde vorgeworfen, dass sie gegen die Sendeprinzipien verstoßen ha-

42 Türkisch: ›Radyo ve Televizyon Üst Kurulu‹ (Abkürzung: RTÜK)

ben und mit ihren Programmen die körperliche, geistige und moralische Entwicklung von Kindern und Jugendlichen negativ beeinflussten (vgl. Özgenç 2013, online). Diese Vorwürfe wegen der Berichterstattung über die Gezi-Park-Ereignisse galten auch für Journalistinnen und Journalisten sowie für Nutzerinnen und Nutzer von sozialen Medien, die über den Gewalteinsatz gegen die Demonstrierenden berichteten (vgl. Türkiye Barololar Birliği 2014, online 125ff.). So wurden nach Angaben der türkischen Journalistinnen- und Journalistengewerkschaft[43] während der Gezi-Park-Demonstrationen insgesamt 22 Journalistinnen und Journalisten entlassen. Da die Mainstream-Medien zum Großteil der Zensur unterlagen, bedienten sich die Demonstrierenden des Internets, um die fehlende Berichterstattung der Fernsehsender und Printmedien zu ersetzen. So spielten neben der klassischen Berichterstattung insbesondere soziale Medien in der Gezi-Park-Bewegung eine sehr relevante Rolle (vgl. Tanrıverdi 2013, online).

Soziale Medien wurden dazu genutzt, die Ereignisse aus dem Gezi-Park zu verbreiten. Demonstrierende bedienten sich sozialer Plattformen, um sich zu informieren und sich mit anderen Demonstrierenden zu verständigen. Es wurden schockierende Bilder und Videos von Polizeigewalt auf verschiedenen Plattformen, wie zum Beispiel ›twitter‹, ›facebook‹, ›YouTube‹, ›Instragram‹ etc. geteilt, die zeigten, wie türkische Polizisten mit Wasserwerfern und Tränengas gegen die Demonstrantinnen und Demonstranten vorgingen. Diese Bilder und Videos verbreiteten sich sehr schnell und sorgten für eine unerwartete Mobilisierung. So kam es innerhalb kürzester Zeit zur Verbündung von Menschen unterschiedlicher ausgeprägter ideologischer Richtungen und politischer Gesinnung oder Parteienzugehörigkeit, die gegen die ›Partei für Gerechtigkeit und Entwicklung‹ protestierten. Damit entwickelten die Proteste eine unerwartete Dynamik, die deren Verlauf sehr beeinflusste. Erdoğan sah darin eine Gefahr und bezeichnete die Plattform ›twitter‹ als »die schlimmste Bedrohung der Gesellschaft«, da diese Lügen verbreite (Spiegel Online Politik 2013c). Dass natürlich auch Fehlinformationen und manipulierte Nachrichten durch das Internet verbreitet wurden, konnte nicht vermieden werden. Die Mitteilungen über die sozialen Medien wurden nicht nur von den Zivilistinnen und Zivilisten gelesen und kommuniziert, sondern auch eine Polizeigruppe verfolgte die Einträge auf ›twitter‹ und ›facebook‹, um Personen, die beleidigende Informationen über die Regierung verbreiteten, Angriffe auf die Polizisten über das Internet koordinierten oder unter Terrorverdacht standen, festzunehmen (vgl. Friedrich Ebert Stiftung 2013, online 3; vgl. Zeit Online 2013, online).

43 Türkisch: ›Türkiye Gazeteciler Sendikası‹ (Abkürzung: TGS)

In den sozialen Medien war die Gezi-Park-Protestbewegung mit dem Aufruf ›Occupy-Gezi‹ bekannt (vgl. Popp/Trenkamp 2013b, online). Eines der bekanntesten Bilder, das bereits während des ersten Polizeieinsatzes am 28. Mai 2013 über soziale Medien weltweit verbreitet wurde, ist das Bild mit der ›Frau im roten Kleid‹ (vgl. Reuters 2013, online). Dieses Bild gilt seither als das Symbolbild der polizeilichen Gewalt in den Gezi-Park-Protesten (vgl. Hürriyet Daily News 2013f, online; Ünal/Akten 2013, online). Das Bild zeigt eine Frau im roten Kleid, die von einem türkischen Polizisten aus unmittelbarer Nähe dem Tränengas ausgesetzt wurde (siehe Abbildung 6) (vgl. Orsal 2013, online).

Abbildung 6: ›Die Frau im roten Kleid‹

Quelle: Orsal 2013, online

Der Polizist, der die Frau mit Tränengas attackierte, wurde zwei Jahre später zu 20 Monaten Haft auf Bewährung verurteilt und muss der gerichtlichen Anordnung nach 600 Bäume pflanzen, da das türkische Gericht das Verhalten des Polizisten als Körperverletzung wertete (vgl. Kulaksız 2015, online). Ein ähnliches Bild sorgte ebenfalls für Aufmerksamkeit und verbreitete sich schnell über das Internet (siehe Abbildung 7). In diesem Bild ist eine australische Austauschstudentin im schwarzen Kleid zu sehen, die sich mit ausgebreiteten Armen dem Wasserwerfer entgegenstellte und besprüht wurde (vgl. Hürriyet Daily News 2013h, online).

Abbildung 7: ›Die Frau im schwarzen Kleid‹

Quelle: Merrick 2013, online

Durch den Einsatz von sozialen Medien verbreiteten sich auch neue Arten von Protestformen. Nennenswert hier ist zum Beispiel die künstlerische Aktionsform ›Der stehende Mann‹[44]. Erdem Gündüz stand während der Proteste und Straßenschlachten am 18. Juni 2013 im Gezi-Park sechs Stunden lang regungslos und richtete seinen Blick auf das zwischen zwei türkischen Fahnen stehende Porträtbild von Staatsgründer Mustaf Kemal Atatürk an der Fassade des Atatürk-Kulturzentrums (siehe Abbildung 8) (vgl. Hürriyet Daily News 2013g, online).

Abbildung 8: ›Der stehende Mann‹

Quelle: İhlas Haber Ajansı 2013, online

Erdem Gündüz, Choreograph und Performance-Künstler, wurde zum Symbol des friedlichen Widerstandes gegen die türkische Regierung (vgl. Die Welt 2014, online). Diese Aktion wurde im Internet mit Begeisterung aufgenommen. ›Der stehende Mann‹ wollte mit seinem Verhalten zum Ausdruck bringen, dass

44 ›Der stehende Mann‹ wurde aus der türkischen Bezeichnung ›duran adam‹ von der Autorin dieses Buches übersetzt.

die Türkei als ein laizistischer Staat ohne religiösen Einfluss auf die Politik fortbestehen solle (vgl. ebd., online). Die Berichte über den ›stehenden Mann‹ verbreiteten sich sehr schnell über ›twitter‹ mit dem Hashtag #duran adam# oder #duranadam# und auch über ›facebook‹, so dass über die neue Protestform nicht nur türkische Medien, sondern auch internationale Medien darüber berichteten (vgl. ebd., online; Hürriyet Daily News 2013g, online). Durch die schnelle Verbreitung schlossen sich viele Demonstrierende dem ›stehenden Mann‹ zur stillen Demonstration an und es kam auch zu vielen Nachahmern (siehe Abbildung 9), jedoch wurden diese von der Polizei festgenommen (n-tv 2013b, online).

Abbildung 9: Nachahmer des ›stehenden Mannes‹

Quelle: Hürriyet Daily News 2013d, online

Zu erwähnen sei an dieser Stelle, dass Demonstrationen durch den Einsatz von sozialen Medien auch kreative Formen annahmen. Die Nutzerinnen und Nutzer konnten in Echtzeit aktuelle Informationen, Bilder und Videos austauschen. Da diese sich meist auf die exzessive Polizeigewalt bezogen und verhaftete, verletzte oder tote Menschen beinhalteten, wurden die sozialen Medien in ein Medium verwandelt, das mit Ironie und Humor der Demonstrierenden gegen die Demotivierung, Demoralisierung und Einschüchterung wirken sollte. So wurden kreative Slogans, wie zum Beispiel »Pfefferspray tut der Haut gut!«, »Warum habt ihr die Polizei nicht gerufen?«, »Lieber Polizist, mir kommen die Tränen!« (Hakan 2013, online), »Wir haben seit drei Tagen nicht geduscht, schickt uns die Wasserwerfer!«, »Hab keine Angst, wir sind es nur, das Volk!« (Hürriyet Daily News 2013b, online) etc. dazu benutzt, um die Auseinandersetzungen mit der Polizei und der Regierung als einen symbolischen Sieg darzustellen.[45] Nicht nur

45 Für weitere Slogans siehe: Hürriyet Daily News (2013b). Gezi Park ›chapullers‹ unleash humor in graffiti style. Online unter: http://www.hurriyetdailynews.com/Default.

Slogans, sondern auch die Symbole des Widerstandes der Gezi-Park-Bewegung, wie zum Beispiel ›Die Frau im roten Kleid‹, ›Die Frau im schwarzen Kleid‹, ›Der stehende Mann‹ und viele weitere ›Unbesiegbare‹[46], wurden als Graffiti dargestellt (siehe Abbildung 10).[47]

Abbildung 10: ›Die Unbesiegbaren‹

Quelle: o. V. 2013b, online

Neben den bereits erwähnten Symbolen des Widerstandes gehören zu den ›Unbesiegbaren‹ folgende Aktivistinnen und Aktivisten (von links nach rechts): ›Der lesende Mann‹, ›Der Gitarren-Held‹, ›Der Talcid Mann‹, ›RedHack, die Fußballfangruppe ›Çarşı‹, ›Der Präsentierer‹, ›Der nackte Bürger‹, ›Das Topf-

aspx?pageID=447&GalleryID=1459, abgerufen am 10. November 2018 und o. V. (2013a). #DuvardaGeziParki. Online unter: http://duvardageziparki.tumblr.com/, abgerufen am 10. November 2018.

46 Türkisch: ›Yenilmezler‹ (übersetzt von der Autorin dieses Buches)

47 Die Künstlerin beziehungsweise der Künstler des ›Die Unbesiegbaren‹-Graffitos ist unbekannt. In der Arbeit wurde dieses Graffito dem Artikel einer Kolumnistin der türkischen Tageszeitung ›Hürriyet‹, Ayşegül Domaniç Yelçe, entnommen. Siehe hierzu: o. V. (2013b). Yenilmezler. In: Domaniç Yelçe, Ayşegül (2013). Bu aslında bir Gezi Parkı yazısı değil... Online unter: http://www.hurriyet.com.tr/bu-aslinda-bir-gezi-parki-yazisi-degil-23553659, abgerufen am 10. November 2018.

und Pfannenorchester‹, ›Vedat der Schlagzeuger‹, ›Der tanzende Mann‹, ›Tante Vildan‹ und ›Bürger ohne Behinderung‹. Allen gemeinsam ist, dass sie in den Demonstrationen ein ikonografisches Detail (Buch, Gitarre, Gasmaske etc.) einsetzten, um gegen die Regierung zu protestieren. So bildeten sich neue Protestformen, die vor allem in den sozialen Medien für Aufmerksamkeit sorgten.[48]

Daneben veröffentlichte die populäre wöchentlich erscheinende türkische Satire-Zeitschrift ›Penguen‹[49] eine mit den Demonstrierenden solidarische Gezi-Park-Ausgabe, in der die Ereignisse ironisch dargestellt wurden (vgl. Penguen 2013, online).

Darüber hinaus wurden von den Demonstrierenden auch Veranstaltungen organisiert, die über soziale Medien kommuniziert wurden, wie zum Beispiel das ›Aus-Gas-gemachter-Mann-Festival‹[50], dessen Bezeichnung satirisch auf den Tränengaseinsatz durch die Polizei anspielte (vgl. CNN Türk 2013a, online; Hürriyet Daily News 2013a, online). Somit nahmen die sozialen Medien, insbesondere ›twitter‹ und ›facebook‹ eine bedeutende Rolle in der Gezi-Park-Bewegung ein. Dies zeigte sich auch in der offiziellen Gründung einer Partei, die aus den Gezi-Park-Protesten hervorging. Für das Zustandekommen der sogenannten ›Gezi-Partei‹[51] bedienten sich die Demonstrierenden erneut der sozialen Medien. Das Logo der Partei spiegelt den Inhalt, für den sich die Demonstrierenden in der Anfangsphase der Gezi-Park-Proteste einsetzten, wider. Es ist ein Baum abgebildet, dessen Stamm und Äste ein Mensch mit ausgebreiteten Armen bildet (siehe Abbildung 11).

48 Um detaillierte Informationen über die einzelnen Heldinnen und Helden zu erfahren, siehe hierzu: ListeList (2013). Kırmızılısı, Duranı ve Çıplağı: Gezi Parkı Eylemlerinin 15 Kahramanı. Online unter: http://listelist.com/gezi-parki-eylemlerinin-kahramanlari/, abgerufen am 10. November 2018.

49 ›Penguen‹ heißt übersetzt ›Pinguin‹ (übersetzt von der Autorin dieses Buches).

50 ›Aus-Gas-gemachter-Mann-Festival‹ wurde von der Autorin dieses Buches aus dem türkischen ›Gazdanadam Festivali‹ übersetzt.

51 Türkisch: ›Gezi Partisi‹ (Abkürzung: GP)

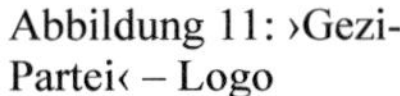

Abbildung 11: ›Gezi-Partei‹ – Logo

Quelle: Gezi Partisi 2013, online

Das primäre Ziel dieser Partei ist es, einen Einfluss auf den verfassungsgebenden Prozess zu nehmen und in der Folge die in den Gezi-Park-Protesten formulierten Kritikpunkte gegen die türkische Regierung in Bezug auf Freiheits- und Menschenrechte, Demokratie, Unabhängigkeit und Gerechtigkeit zu bedenken und Verbesserungen in diesen Bereichen anzustreben (vgl. Hürriyet Daily News 2013c, online). Heute ist diese Partei nicht mehr aktiv, da sie bei den Kommunalwahlen 2014 keine Wahlerfolge erzielen konnte (Güsten 2014, online).

Was heute noch von der Gezi-Park-Bewegung geblieben ist, sind zahlreiche künstlerische Ausstellungen in der Türkei, wie etwa die Ausstellungen in İstanbul ›Gezi-Widerstand‹[52] (vgl. Taksim Dayanışması 2015, online), ›Komm wenn du es wagst‹[53] (vgl. Piramid Sanat/UPSD Sanat 2014, online) etc., die Werke über die Ereignisse der Gezi-Park-Bewegung zeigen. Doch nicht nur in der Türkei, sondern auch in europäischen Ländern, wie zum Beispiel in Österreich und Deutschland, fanden Ausstellungen statt. So gab es beispielsweise im Mai 2016 in der Akademie der bildenden Künste in Wien eine Ausstellung mit dem Thema ›Moment.Movement‹, die als ein Projekt von internationalen Künstlerinnen und Künstlern sowie Aktivistinnen und Aktivisten konzipiert wurde, indem die Wechselbeziehung zwischen Kunst und Politik dargestellt wurde (vgl. Akademie der bildenden Künste Wien, online). In der Berliner Kunstgalerie ›Neue Gesellschaft für bildende Künste‹ wurde zum Beispiel im August 2015 eine Ausstellung über ›Politische Kunst im Widerstand in der Türkei‹ organisiert, die die Verbreitung der Gezi-Park-Bewegung zeigte (vgl. Neue Gesellschaft für bilden-

52 Die Bezeichnung ›Gezi-Widerstand‹ wurde von der Autorin dieses Buches aus dem türkischen ›Gezi-Direnişi‹ übersetzt.

53 ›Komm, wenn du es wagst!‹ wurde aus dem Originaltitel ›Sıkıyorsa Gel!‹ übersetzt.

de Künste 2015, online). Weiter war diese auch Diskussionsthema auf verschiedenen wissenschaftlichen Konferenzen.

Insgesamt kann gesagt werden, dass in den Gezi-Park-Protesten den sozialen Medien eine hohe Bedeutung zugeschrieben werden kann, da die Kommunikation zwischen den Demonstrierenden ohne dieses ›neue Medium‹ nicht möglich gewesen wäre. Durch die zeit- und ortsunabhängige Kommunikationsmöglichkeit konnte innerhalb kürzester Zeit eine große Anzahl von Personen erreicht werden, die sich gegenseitig ausgetauscht und miteinander in Verständigung getreten sind, um in Gesamtheit eine Öffentlichkeit zu konstituieren. Bei Überlastung des Internets und/oder des Handynetzes fand die Kommunikation unter den Demonstrantinnen und Demonstranten offline statt.

5.5 ZWISCHENFAZIT: DIE VERWESTLICHUNG DER TÜRKEI

In diesem Kapitel wurden ausgewählte Informationen zur Entwicklung der Türkei komprimiert dargestellt, um damit zum Verständnis der heutigen Entwicklung der türkischen Republik im Hinblick auf die Türkei als das ›Andere‹ Europas beizutragen. Nach dem Zerfall des Osmanischen Reiches wurde 1923 unter Mustafa Kemal Atatürk die Republik Türkei ausgerufen. Anhand seiner sechs Prinzipien des Nationalismus, Laizismus/Säkularismus, Republikanismus, Populismus, Revolutionismus und Etatismus leitete Atatürk eine Annäherung der türkischen Republik an die westeuropäische Gesellschaft ein. Seine kemalistischen Prinzipien brachten die erhoffte Bildung breiter Bevölkerungsschichten in einem Staat, wo der Einfluss der Religion auf Bildung, Rechtswesen und Staatsgeschäfte weitgehend ausgeschaltet war. Atatürk strebte vor allem eine Verwestlichung der Türkei an. Dies kommt besonders durch die Entfernung des Islam als Staatsreligion aus der Verfassung im Jahr 1928 zum Ausdruck. Er zielte auf eine strikte Trennung von Staat und Religion ab und wollte damit eine Religions- und Gewissensfreiheit für das Individuum schaffen.

Sein Hauptanliegen waren insbesondere die grundsätzliche Vorrangigkeit der Staatsinteressen bis in die sozialen, kulturellen, bildungspolitischen und ökonomischen Entwicklungen hinein sowie die Modernisierung der Türkei in Anlehnung an die westliche Kultur. Er strebte eine vollständige nationale Unabhängigkeit mit einer gemeinsamen Sprache und Kultur und einer Art klassenloser Gesellschaft mit uneingeschränkter Volkssouveränität bei Freiheit und Gleichheit vor dem Gesetz an. Durch seine zahlreichen gesellschaftlichen Reformen, wie zum Beispiel die Einführung der Grundschulpflicht für Mädchen, Abschaffung der Polygamie, Gleichstellung von Frauen und Männern bei der Eheschließung und Scheidung, Gleichstellung in der Erbfolge und im Fürsorgerecht, und durch die Einführung des aktiven und passiven Wahlrechts für Frauen erhielten die Frauen die rechtliche Gleichstellung.

Nach dem Tod von Atatürk war die Türkei gekennzeichnet von der Instabilität der türkischen Politik, ausgelöst durch politische Unruhen und militärische Interventionen, die eine langfristige und stabile Entwicklung des Landes behinderten und nach wie vor behindern. Als einen Wendepunkt in der politischen Entwicklung der Türkei kann der Wahlsieg der ›Partei für Gerechtigkeit und Entwicklung‹ unter dem damaligen Ministerpräsidenten Recep Tayyip Erdoğan im Jahr 2002 betrachtet werden. Die Entscheidung für den Beginn der Beitrittsverhandlungen mit der Türkei durch die Staats- und Regierungschefs der Europäischen Union basiert insbesondere auf den umfassenden Reformen, die mit diesem Regierungswechsel einhergingen. Die Reformen umfassten vor allem die Förderung eines lang anhaltendenden Wirtschaftswachstums, die Abschaffung der Todesstrafe und des Folterverbotes.

Nach der Regierungsübernahme wurde allmählich auch mit der Aufweichung der laizistischen Grundprinzipien der Türkei begonnen. Der Religion wird ein hoher Stellenwert in der türkischen Öffentlichkeit zugeschrieben. Ein Teil der türkischen Bürgerinnen und Bürger, allen voran die oppositionelle Mehrheit, hatte die neuen Reformen, wie etwa das Abtreibungsverbot, die Einschränkung von Alkoholverkauf und -ausschank etc. als Eingriff in die Intimsphäre und Lebensart empfunden. Besonders die Art der Umsetzung dieser neuen Reformen sorgte für Widerstand bei einem Teil der türkischen Bevölkerung.

Die verbreitete Unzufriedenheit in der Bevölkerung kam in den Gezi-Park-Protesten zum Ausdruck, die eigentlich als Proteste der Umweltschützerinnen und Umweltschützer begannen und binnen kürzester Zeit zu einer der größten Protestbewegung der türkischen Bevölkerung ausarteten. Der Gezi-Park wird heute als Symbol der türkischen Bürgerrechtsbewegung gesehen, in der sich die Zivilgesellschaft für ihre Freiheitsrechte einsetzte und gegen die türkische Regierung protestierte. Durch die Nutzung von sozialen Medien als Kommunikationsplattform während der Gezi-Park-Proteste kam es zur raschen Mobilisierung der Demonstrierenden. Gemeinsam stellten sie Forderungen nach Mitspracherecht und leisteten Widerstand gegen Maßnahmen der Regierung. Die Gezi-Park-Ereignisse in der Türkei wurden weltweit in den Medien diskutiert. Einer Annäherung der Türkei an die Europäische Union haben sie dabei geschadet. In der Berichterstattung der Massenmedien, insbesondere in den Tageszeitungen, wurden die Gezi-Park-Proteste unterschiedlich gedeutet. Je nachdem, wie ein Thema oder Ereignis inhaltlich gedeutet beziehungsweise ›geframt‹ wird, können andere

Schlussfolgerungen im Hinblick auf die Problemdefinition, Ursachenzuschreibung, Bewertung und die Handlungsempfehlung gezogen werden (vgl. Entman 1993, 52). Somit stellen die Medien den Rezipientinnen und Rezipienten eine Rahmung als Deutungsangebot für komplexe Sachverhalte zur Verfügung. Die Verwendung von solchen Rahmungen wird in der Kommunikationswissenschaft mit dem Framing-Ansatz diskutiert und empirisch untersucht, der im nachfolgenden Kapitel vorgestellt wird.

6 Framing in der Kommunikationswissenschaft

Dieses Kapitel eröffnet den empirischen Teil der Arbeit und befasst sich mit methodischen Zugängen zur Analyse von Medienframes.

Im theoretischen Teil wurde der Versuch unternommen, anhand der vorhandenen Literatur eine Selbstidentifikation Europas und somit das ›Eigene‹ in Abgrenzung zum ›Anderen‹ darzustellen. Nun geht es im empirischen Teil darum, über die aus der Theorie abgeleiteten Selbstbeschreibungen Europas, anhand einer Framing-Analyse des medialen Diskurses der Berichterstattung zur Gezi-Park-Bewegung, herauszufinden, wie europäische Identitäten vor dem Hintergrund der Debatten um einen möglichen Beitritt der Türkei zur Europäischen Union konstruiert werden. Medien, insbesondere Tageszeitungen, haben eine nicht unwesentliche Bedeutung für die Meinungsbildung der Bevölkerung. Ziel dieser Untersuchung ist es, die Berichterstattung internationaler Qualitäts- und Boulevardzeitungen im Hinblick auf verborgene Deutungsmuster zu analysieren, um begründete Aussagen über Konstruktionen europäischer Identität treffen zu können, die in der europäisch-türkischen Debatte festzustellen sind. Hierfür bieten sich eine qualitative und eine quantitative inhaltsanalytische Framing-Analyse an, die die Bearbeitung eines komplexen Themas durch die Anwendung von komplexitätsreduzierenden Kategorien erleichtern und die Vergleichbarkeit der einzelnen Ergebnisse ermöglichen.

Bevor im nächsten Kapitel das Forschungsdesign vorgestellt wird, erfolgt hier zunächst eine Begriffsbestimmung und ein Überblick über das Forschungsfeld zum Framing-Ansatz. Anschließend wird die Framing-Analyse als integrativer Ansatz der Kommunikationsforschung dargestellt. Eine Aufarbeitung des Framing-Ansatzes in der Kommunikationswissenschaft ist unabdingbar für die Einordnung des Erkenntnisinteresses der Arbeit sowie für eine zielführende Durchführung der Analyse, auch wenn in dieser Arbeit nur das Framing von Medieninhalten im Zentrum steht. Dabei wird Framing nicht als ein Gesamtkonzept diskutiert, sondern es erfolgt die Darstellung der für diese Arbeit wichtig erscheinenden Ansatzpunkte des Framings, wie etwa ›Framing und Journalismus‹ (Kapitel 6.3), ›Framing und Agenda Setting‹ (Kapitel 6.4), ›Framing und Stereotypenforschung‹ (Kapitel 6.5) sowie ›Framing und Kommunikations-/Medieninhalte‹ (Kapitel 6.6).

Nicht zuletzt wird auf die ›Framing-Analyse als theoretische Grundlage der empirischen Datenerhebung‹ eingegangen (Kapitel 6.7).

6.1 BEGRIFFSGESCHICHTLICHE GRUNDLAGEN DES FRAMINGS

Der Begriff Framing leitet sich vom Englischen ›to frame something‹ ab und bedeutet ›etwas umrahmen‹ (vgl. Pons Online Wörterbuch 2016, online). Das englische Wort ›Frame‹ wird im Deutschen als ›Rahmen‹ übersetzt. In der Literatur zur Framing-Forschung wird sowohl der deutsche als auch der englische Begriff verwendet (vgl. Dahinden 2006; Scheufele 2003). Unabhängig von der Sprachauswahl ist festzuhalten, dass mit dem Begriff des Framings/Rahmens eine Metapher gemeint ist, die ursprünglich aus der Alltagssprache stammt, im wissenschaftlichen Sprachgebrauch zu einem Fachbegriff transferiert wird und eine spezifische Konnotation erhält (vgl. Dahinden 2006, 27). In dieser Arbeit wird der englische Fachbegriff verwendet, da »der deutsche Begriff des ›Rahmens‹ von seiner Bedeutung her nicht semantisch deckungsgleich mit dem englischen ›Frame‹« ist (ebd., 27). Die Übersetzung des englischen Frame-Begriffes als ›Rahmen‹ weist lediglich Übereinstimmungen »im Sinne einer äußeren Begrenzung von physischen Objekten (Bilderrahmen, Fensterrahmen, Türrahmen etc.) auf (ebd., 27f.). Mit dem englischen ›Frame‹ ist jedoch nicht nur eine äußere Begrenzung von Objekten gemeint, sondern »auch die Bedeutung des Gerüsts im Sinne einer inneren Struktur, die das jeweilige Objekt stützt und zusammenhält« (ebd., 28). Somit ist mit Frame auch eine Strukturierung von Bedeutungsinhalten gemeint. Zu unterscheiden sind hier auch die englischen Begriffe ›Framing‹ und ›Frame‹. Während mit dem Framing-Begriff »all diejenigen Prozesse bezeichnet werden, bei denen Deutungsmuster in der Informationsverarbeitung aktiviert werden«, handelt es sich bei Frames um das Ergebnis dieser Framing-Prozesse, »welche als empirisch identifizierbare Objekte im Bewusstsein von Individuen oder als Merkmale von Texten erkennbar sind« (ebd., 28). Framing kann folglich als ein Oberbegriff verstanden werden, welcher das gesamte Forschungsfeld erschließt und Frames als Bestandteile von Framing-Prozessen.

Der Frame-Begriff findet in vielen wissenschaftlichen Disziplinen Eingang. Die Wurzeln des Framing-Begriffes »reichen in so unterschiedliche wissenschaftliche Disziplinen hinein, wie die Psychiatrie, die kognitive Psychologie, die Informatik, die Soziologie, die Politikwissenschaft und auch die Praxis der Medienproduktion« (ebd., 27). Im Folgenden wird auf jene Disziplinen explizit eingegangen, die einen Einfluss auf das Framing-Konzept in der Kommunikationswissenschaft haben. Auf Framing-Konzepte aus Disziplinen, die in der Kommunikationswissenschaft nur bedingt nutzbar sind, wird nur kurz eingegangen.[1]

Erstmals wurde der Begriff in einem wissenschaftlichen Zusammenhang in der Psychiatrie von Gregory Bateson (1972, 177ff.) verwendet. Der Psychiater und Anthropologe Bateson (ebd., 159ff.) geht davon aus, dass Handlungen eine metakommunikative Nachricht enthalten, die es ermöglicht, diese richtig zu interpretieren. So bezeichnet Bateson Frames als psychologische Konzepte, denen er die Funktionen von Inklusion und Exklusion von Nachrichten zuordnet. Bateson (ebd., 159) nach sind Frames inklusiv, wenn gewisse Nachrichten eingeschlossen werden, und exklusiv, wenn Frames nur bestimmte Nachrichten ein- und andere ausschließen. So werden beim Framing bestimmte Aspekte hervorgehoben, während andere eine eher untergeordnete Rolle spielen und in den Hintergrund treten. Durch diesen Vorgang werden Einordnungen und Bewertungen ermöglicht.

In der Kognitionspsychologie wird anstatt des Frame-Begriffes der Begriff des Schemas verwendet. Shelley Elizabeth Taylor und Jennifer Crocker (1981, 91) zufolge ist ein Schema »a cognitive structure that consists in part of the representation of some defined stimulus domain. The schema contains general knowledge about a domain, including a specification of the relations among its attributes, as well as specific examples or instances«. Die Funktionen von Schemata liegen in der Abstraktion vom Spezifischen (vgl. Anderson 2001, 153ff.). Schemata ermöglichen die Strukturierung von Erfahrungen und Wissen, indem neue Informationen in bestehende Schemata eingegliedert werden oder in ein revidiertes Schema integriert werden (vgl. Scheufele 2003, 14).[2] Diesem Vorgehen nach werden Objekte einer Kategorie zugeordnet (vgl. ebd., 14). Diese Katego-

1 Für eine detaillierte Auseinandersetzung mit dem Framing-Begriff in anderen Disziplinen sei auf Dahinden (2006, 27ff.) verwiesen.

2 Nähere Informationen über die Funktionen von Schemata siehe hierzu: Taylor, Shelley Elizabeth/Crocker, Jennifer (1981). Schematic Bases of Social Information Processing. In: Higgins, Edward Tory/Herman, C. Peter/Zanna, Mark P. (Hrsg.) (1981). Social Cognition. The Ontario Symposium. Volume 1. Hillsdale, New Jersey: Lawrence Erlbaum Associates, S. 94ff.

rien beziehungsweise Schemata bestimmen, welche Merkmale (sogenannte ›slots‹) und Ausprägungen (sogenannte ›values‹) Objekte aufweisen müssen, damit sie einer bestimmten Kategorie zugeordnet werden können (vgl. Scheufele 2003, 14). Auch Hans-Bernd Brosius (1991, 286) zufolge ist ein Schema »ein Set von Attributen, das Objekte einer bestimmten Kategorie teilen«. So sind »bis zu einem gewissen Grade auch Abweichungen und Unvollständigkeiten gegenüber dem Schema möglich« (Dahinden 2006, 31). Objekte, die alle vorhandenen Attribute eines Schemas aufweisen, werden dabei als Prototypen bezeichnet (vgl. ebd., 31).

Der Soziologe Erving Goffman (1974) greift den Frame-Begriff nach Bateson auf und arbeitet ein sozialwissenschaftliches Konzept zur Frame-Analyse aus. Sein Interesse liegt dabei nicht in der Analyse der Massenmedien, sondern der Alltagskommunikation. In Anlehnung an Bateson verwendet Goffman (ebd., 10f.) den Frame-Begriff, um Situationen zu definieren und die subjektive Wahrnehmung der Alltagserfahrungen zu verstehen sowie einzuordnen. Hierbei unterscheidet Goffman (1993, 31ff.) zwischen primärem Frame und Transformationen dieses Frames. Der primäre Frame erfasst wiederum zum einen den natürlichen Bereich der physischen Objekte und zum anderen den sozialen Bereich, in dem Menschen zueinander in Beziehung stehen und soziale Zusammenhänge im Vordergrund stehen. Als Beispiel für die Unterscheidung zwischen natürlichem und sozialem Bereich kann die Ursache eines Feuerausbruchs dienen. Wenn ein Feuerausbruch durch technische Ausfälle oder Naturereignisse eintritt, wird von einem natürlichen Deutungsmuster gesprochen. Wird ein Feuerausbruch allerdings durch Bombenanschläge und somit durch menschliches Eingreifen ausgelöst, so ist die Ursache im sozialen Bereich zu finden. Primäre Frames können durch Modulationen transformiert werden. Bei der Modulation wird beispielsweise ein Ereignis oder eine Tätigkeit »in etwas transformiert [...], das dieser Tätigkeit nachgebildet ist, von den Beteiligten aber als etwas ganz anderes gesehen« wird (ebd., 55). (Vgl. ebd., 33ff.)

Da Goffmans (1974) Interessensschwerpunkt jedoch im Bereich der interpersonalen Alltagskommunikation angesiedelt ist, wird das sozialwissenschaftliche Frame-Konzept in der Kommunikationswissenschaft vor allem in den Forschungsbereichen ›Geschlecht und Werbung‹ beziehungsweise ›Geschlechterbilder im Allgemeinen‹ angewendet.[3]

3 Für detaillierte Informationen über die Frame-Analyse und deren Anwendung in der Soziologie siehe: Goffman, Erving (1974). Frame Analysis. New York: Harper and Row.

Der Framing-Begriff wird nicht nur in der Psychologie und Soziologie verwendet, sondern auch in der Politikwissenschaft. Eine erste Auseinandersetzung mit dem politologischen Framing-Ansatz erfolgte im deutschsprachigen Raum durch Jürgen Gerhards und Dieter Rucht (1992) in der Untersuchung von politischen Bewegungen, wie zum Beispiel Protest- und Bürgerrechtsbewegungen. In Anlehnung an Philip Ernest Converse (1964) definieren Gerhards und Rucht (1992) in ihrer Studie zu politischer Mobilisierung den Begriff des Frames als »belief system« (Converse 1964, 297), das aus Ideen und Einstellungen besteht, die miteinander verbunden sind und funktional zueinander in Beziehung stehen. Sie greifen den Begriff des Glaubenssystems auf und verwenden ihn als Oberbegriff für alle Arten von Frames. Dabei unterscheiden Gerhards und Rucht (1992, 575) zwischen der/dem individuellen und kollektiven Akteurin beziehungsweise Akteur sowie dem Grad der inhaltlichen Komplexität der Frames. Für die Frame-Beschreibung auf individueller Ebene bevorzugen die Autoren, wie in der Kognitionspsychologie, statt des Frame-Begriffes den Begriff des Schemas, während auf kollektivem Niveau der Begriff des Frames angewendet wird (vgl. ebd., 575).

Die Schema-Theorie hat nicht nur Einfluss auf das soziologische und politische Framing-Konzept, sondern auch auf das Framing in der Kommunikationswissenschaft (vgl. Matthes 2007; Scheufele 2003). Im Vergleich zu Goffmans soziologischem Framing-Konzept geht es beim Framing in der Kommunikationswissenschaft darum, welche Rolle die Medien bei der Definition von Situationen spielen. In der Kommunikationswissenschaft wurde der Framing-Ansatz insbesondere von Robert Entman (1993) und Urs Dahinden (2006) entwickelt. Entman (1993) und Dahinden (2006) haben anhand einer Meta-Analyse vorhandene Ansätze, Theorien, Methoden sowie empirische Befunde geordnet und strukturiert, um ein Kategorienschema zur Operationalisierung von Frames zu erarbeiten. Frames werden in der Kommunikationswissenschaft als Deutungsmuster verstanden, die dabei helfen, Informationen zu ordnen und zu verarbeiten (vgl. Scheufele 2003, 46; Dahinden 2006, 18). Ein Deutungsmuster wiederum »verknüpft verschiedene Themen miteinander, setzt Präferenzen zwischen verschiedenen Themen, verbindet Positionen (pro oder contra) mit den verschiedenen Themen und setzt die verschiedenen Themen in Bezug zu abstrakten Werten, die die Themen auf generalisiertem Niveau miteinander verknüpfen« (Gerhards/Neidhart/Rucht 1998, 196). Vor dem Hintergrund der Bezeichnung von Frames als inklusiv und exklusiv werden bei der Medienberichterstattung gewisse Nachrichten hervorgehoben und andere ausgeschlossen (vgl. Batesons 1972, 159).

Entman (1993, 52) beschreibt diesen Vorgang des Framings folgendermaßen: »To frame is to select some aspects of a perceived reality and make them more salient in a communicating text, in such a way as to promote a particular problem definition, causal interpretation, moral evaluation, and/or treatment recommendation for the item described«. Dieser Definition nach setzt sich ein Frame aus vier Frame-Elementen zusammen: einer Problemdefinition, einer Ursachenzuschreibung, einer moralischen Bewertung und einer Handlungsempfehlung.[4] In der kommunikationswissenschaftlichen Forschung stellt die Definition von Entman (1993) für den Großteil der Framing-Analysen die Grundlage dar.

Scheufele (2003, 46) greift den Aspekt »of a perceived reality« von Entman (1993, 52) auf und legt eine weiterführende Definition von Framing vor, die eine Operationalisierung der wahrgenommenen Realität ermöglicht. Als Framing definiert Scheufele (ebd., 46) einen »Vorgang, bei dem (1) bestimmte Objekte und Relationen zwischen Objekten betont, also bestimmte Ausschnitte der Realität beleuchtet werden und (2) bestimmte Maßstäbe bzw. Attribute, die man an Objekte anlegen kann, salient gemacht werden«. Davon ausgehend entwickelt er seinen Framing-Ansatz, den er in folgende drei Bereiche untergliedert: kommunikatorzentrierter Framing-Ansatz, wirkungszentrierter Framing-Ansatz und öffentlichkeits- und bewegungszentrierter Ansatz (ebd., 49ff.).[5]

Der kommunikatorzentrierte Framing-Ansatz bezieht sich einerseits auf den journalistenzentrierten Ansatz, in dem es um Framing-Prozesse der Nachrichtenproduktion (Publikations- und Strukturierungsentscheidungen) geht (vgl. ebd., 49); andererseits umfasst der kommunikatorzentrierte Framing-Ansatz inhaltszentrierte Untersuchungen, die inhaltliche Strukturen der Berichterstattung, sogenannte Medienframes, analysieren (vgl. ebd., 55). Dabei werden journalistische Frames generell »als formale, meist aber als inhaltsgebundene Rahmen konzipiert«, während Medienframes »als Argumentationsmuster oder sinntragende Cluster« verstanden werden (ebd., 59).

---

4 Eine detaillierte Ausführung zu den einzelnen Frame-Elementen siehe Kapitel 6.7.1 ›Framing-Analyse nach Entman‹.

5 Die drei unterschiedlichen Framing-Ansätze nach Scheufele (2003) werden im Folgenden nur kurz erläutert. Für nähere Informationen zu den jeweiligen Ansätzen wird auf die nächsten Kapitel verwiesen oder siehe hierzu auch: Scheufele, Bertram (2003). Frames – Framing – Framing-Effekte. Theoretische und methodische Grundlegung des Framing-Ansatzes sowie empirische Befunde zur Nachrichtenproduktion. Wiesbaden: Westdeutscher Verlag, 49-90.

Im Vergleich dazu fragt der wirkungszentrierte Ansatz nach Framing-Effekten (vgl. ebd., 60). Für Scheufele (ebd., 80ff.) können folgende vier Effekte durch Framing bewirkt werden:

- Schema-Aktivierung: Durch wiederholtes und übereinstimmendes Framing werden bei Rezipientinnen und Rezipienten Schemata kontinuierlich aktiviert und damit zu festen Mustern der Aktivierung, die infolgedessen stets einfacher zugänglich sind.
- Transformation bestehender Vorstellungen: Durch wiederholtes und übereinstimmendes Framing werden bei Rezipientinnen und Rezipienten bisherige Vorstellungen verändert.
- Etablierung neuer Vorstellungen: Wiederholtes und übereinstimmendes Framing kann bei Rezipientinnen und Rezipienten dazu führen, für Sachverhalte neue Schemata auszubilden.
- Veränderung der Einstellungen: Wenn »Medien bestimmte Objekte, Relationen und Maßstäbe salient machen«, wird die kognitive Gewichtung dieser Elemente durch die Medien verändert, woraufhin sich ebenfalls die affektive Gewichtung und folglich die gesamte Einstellung ändern kann (ebd., 80).

Der von Scheufele (ebd., 84) identifizierte dritte Framing-Ansatz, der öffentlichkeits- und bewegungszentrierte Ansatz, bezieht sich auf Realitätskonstruktionen in öffentlichen Mediendiskursen und ist dem bereits erwähnten politologischen Framing-Ansatz ähnlich. Allgemein lässt sich also festhalten, dass der kommunikationswissenschaftliche Framing-Ansatz der Frage nachgeht, wie Kommunikatorinnen und Kommunikatoren strategisch ihre Frames in den Medien unterbringen, wie Journalistinnen und Journalisten ihre Berichte strukturieren, welche Frames in Medienbeiträgen identifiziert werden können und wie Rezipientinnen und Rezipienten Medieninhalte framen (vgl. Pan/Kosicki 1993, 55ff.).

Framing kann somit als ein aktiver Prozess betrachtet werden, der in vielen Bereichen der Kommunikationswissenschaft untersucht wird. Auf diese Bereiche wird im folgenden Kapitel eingegangen.

6.2 FRAMING ALS INTEGRATIVER ANSATZ DER MASSENKOMMUNIKATION

Framing ist für alle Phasen des Kommunikationsprozesses von großer Bedeutung (vgl. Dahinden 2006, 16). Vor dem Hintergrund der Lasswell-Formel »Who – Says What – In Which Channel – To Whom – With What Effect?« mit dem

Harold Dwight Lasswell (1948, 37) Kommunikationsprozesse auf einem linearen Verständnis zu beschreiben und Forschungsbereiche innerhalb der Kommunikationswissenschaft einzeln darzustellen versuchte, wird Framing als ein integrativer Theorieansatz verstanden, »der für alle Phasen von massenmedialen Kommunikationsprozessen (Public Relations, Journalismus, Medieninhalte, Publikum) von Bedeutung ist« (Dahinden 2006, 16).

Die Beschäftigung der Kommunikationswissenschaft mit dem Framing-Konzept wird bei Urs Dahinden (ebd., 15ff.) in Anlehnung an Stephen Reese, Oscar Gandy und August Grant (2001) durch folgende vier Aspekte begründet. Während in der traditionellen Kommunikationsforschung die einzelnen Forschungsbereiche generell getrennt untersucht und deren Erkenntnisse in einem nächsten Schritt miteinander verknüpft werden, ist die Framing-Analyse integrativ, indem gleiche Frames auf allen Kommunikationsebenen identifiziert und die Ergebnisse verglichen werden können (vgl. Dahinden 2006, 16f.).

Der zweite Aspekt sieht Framing als »eine ›Theorie mittlerer Reichweite‹ […], mit der generelle themenunabhängige Deutungsmuster identifiziert werden können« (ebd., 18). Die mittlere Reichweite des Framing-Konzeptes ermöglicht etwa bei der Themenunabhängigkeit eine ausreichende Abstraktion von Einzelfällen. Dabei wird nicht der Anspruch einer universalen Theorie erhoben, sondern das Framing-Konzept wird den kulturellen und zeitlichen Bedingungen des Forschungsgegenstandes angepasst (vgl. ebd., 18). »Frames treten als Deutungsmuster von massenmedialen Themen auf, sind aber nicht identisch mit diesen Themen, sondern als generalisierte Deutungsmuster auf andere Themen übertragbar«, so Urs Dahinden (ebd., 18).

Drittens definiert Dahinden (ebd., 19) Framing als »ein deskriptives Konzept, das auch für die Diskussion von normativen Fragen eingesetzt werden kann«. Laut dieser Definition wird Framing im Vergleich zum ersten und zweiten Aspekt nicht nur als deskriptives Konzept zum besseren Verständnis von massenmedialen Prozessen angewendet, sondern auch zur Auseinandersetzung mit normativen Fragen (vgl. ebd., 19). Dazu gehören Fragen wie zum Beispiel (vgl. ebd., 19f.): In welchem Ausmaß dürfen Medien durch Frames die Komplexität von Sachverhalten reduzieren? Inwieweit ist es den Medien erlaubt, von den Public Relations angebotene Frames zu übernehmen? Werden durch Frames Stereotypen verbreitet und soll deshalb auf die Anwendung von Frames verzichtet werden?

Nicht zuletzt bezieht sich der vierte Aspekt der integrativen Funktion des Framing-Konzeptes nicht nur auf die Forschungsbereiche der Kommunikationswissenschaft, sondern »erstreckt sich darüber hinaus auch auf die Integration von wissenschaftlicher Theorie mit der Berufspraxis im Journalismus und der Public

Relations« (ebd., 20). Bei der Produktion und Veröffentlichung von Medieninhalten sind die Konstruktion oder meist der Gebrauch von Frames ein wichtiger Schritt, der bereits durch die Public Relations beginnt (vgl. ebd., 20f.). Hallahan (1999, 209f.) beschreibt Framing als ein wichtiges Instrument zur strategischen Erstellung von Nachrichten für die Public Relations und zur Untersuchung der Reaktionen des Publikums auf die Nachrichten. Somit versucht der Framing-Ansatz den gesamten Kommunikationsprozess zu beschreiben. Durch das integrative Potenzial des Framing-Ansatzes können also Medieninhalte anhand bestimmter Kategorien analysiert werden, die ebenfalls für die Ebenen Public Relations, Journalismus und Publikum anwendbar sind und dadurch einen Vergleich der Erkenntnisse dieser Ebenen erlauben.

6.3 FRAMING UND JOURNALISMUS

Journalistische Frames sind für journalistische Arbeiten unabdingbar, um die große Menge an verfügbaren Informationen bearbeiten und darüber Medientexte verfassen zu können (vgl. Tuchman 1976). Zu den bedeutendsten Arbeitsprozessen des Journalismus zählen die Selektion sowie die Bewertung von Medieninhalten für die Leserinnen und Leser (vgl. Dahinden 2006, 67). Diese grundlegenden Funktionen des Journalismus spielen auch im journalistischen Framing-Ansatz eine bedeutende Rolle. Das Framing eines Themas durch die Journalistinnen und Journalisten erfolgt einerseits auf der Ebene der Themenauswahl und andererseits hinsichtlich der inhaltlichen Themenstrukturierung (Dunwoody 1992, 79). Sharon Dunwoody (1992) und Gaye Tuchman (1976) beziehen sich in der Definition von journalistischen Frames auf das Framing-Konzept von Goffman, indem sie davon ausgehen, dass Journalistinnen und Journalisten in der Bearbeitung von medialen Nachrichten auf bestimmte Schemata zurückgreifen, um die Fülle an Informationen bewältigen und diese zügig in einen entsprechenden Kontext stellen zu können.

Die bisher umfassendste Definition von journalistischen Frames lieferte Bertram Scheufele (2003, 91). Scheufele (ebd., 91) beschreibt journalistische Frames als »konsistentes System einzelner kognitiver Modelle (Schemata, Scripts etc.), die sich im redaktionellen Diskurs herausbilden, die sich im Austausch mit anderen (medialen) Diskursen verändern und die journalistische Nachrichtenproduktion beeinflussen«. Dieser Definition nach bestehen journalistische Frames aus mehreren Schemata, die auf Objektklassen wie »Ereignisse, Akteure, Handlungen und Sprechakte, Interaktionen und Kommunikation, [...] Probleme und Entwicklungen« sowie »Ursachen und Folgen« angewendet werden (ebd., 93).

So setzt sich ein journalistischer Frame aus der Verbindung von verschiedenen Schemata zu den soeben genannten Objektklassen zusammen. Nach dem journalistischen Framing-Ansatz präferieren Journalistinnen und Journalisten jene Informationen, die mit ihren bereits identifizierten Frames übereinstimmen (vgl. ebd., 102). Scheufele (ebd., 102) führt hierzu ein Beispiel auf:

»Je mehr Attribute eines Anschlags in die Slots des journalistischen Anschläge-Schemas fitten, desto eher wird der Journalist über den Anschlag berichten. Hat er die Vorstellung, dass Asylmissbrauch die Ursache solcher Gewalt ist, wird er das Statement eines Politikers referieren, der Asylmissbrauch anprangert.«

Ob und wie eine Journalistin beziehungsweise ein Journalist ein Thema auswählt und darüber berichtet, hängt Scheufele (ebd., 102) zufolge vom ›Schema-Fitting‹ ab, also vom Übereinstimmungsgrad zwischen Information und Kognition. Die Auswahl eines Themas steht nicht nur im Zentrum des journalistischen Framing-Ansatzes, sondern die Selektion von Medieninhalten ist auch für die Nachrichtenwerttheorie von großer Bedeutung (vgl. Dahinden 2006, 67f.). Unterschiede zwischen der Framing-Analyse und der Nachrichtenwerttheorie beziehen sich auf den Erklärungsgegenstand (vgl. Matthes 2007, 51). Die Nachrichtenwerttheorie befasst sich primär mit der journalistischen Selektion von Themen, während der Fokus des Framing-Ansatzes auf der inhaltlichen Ausgestaltung von Themen liegt (vgl. ebd., 52). Ein weiterer Unterschied kann hinsichtlich der Stabilität der Selektionskriterien festgestellt werden (vgl. ebd., 103ff.). Während der klassische Ansatz der Nachrichtenselektion Nachrichtenwerte als konstant betrachtet (vgl. Scheufele/Brosius 1999, 409f.), versucht der journalistische Framing-Ansatz Kriterien für die Stabilitätssicherung und Veränderung von journalistischen Frames zu bestimmen (vgl. Scheufele 2003, 103f.).

Neben der Nachrichtenwerttheorie ist der Framing-Ansatz auch hinsichtlich der Bewertungsfunktion des Journalismus vom News-Bias-Ansatz abzugrenzen. Der News-Bias-Ansatz befasst sich grundsätzlich mit der Frage, ob die Medien unausgewogen und einseitig berichten, und versucht auch die Ursache für diese verzerrten Darstellungen herauszufinden (vgl. Staab 1990, 27). Sowohl der News-Bias-Ansatz als auch der Framing-Ansatz thematisieren Bewertungsfragen (vgl. Dahinden 2006, 73). Der Unterschied liegt jedoch darin, dass der News-Bias-Ansatz »ausschließlich die Bewertung (pro, kontra, neutral)« (ebd., 74) von Themen erfasst, ohne eine Begründung anzuführen, während der Framing-Ansatz eine höhere Komplexität aufweist, indem zum einen zwischen einer Vielfalt von Frames unterschieden wird und zum anderen auch Beurteilungskriterien genannt werden (vgl. ebd., 73f.). Ein weiterer wichtiger Unterschied kann in Bezug auf die empirische Operationalisierung festgehalten werden. Der News-Bias-Ansatz gilt als ein abstraktes und datenfernes Konzept, das hohe Abstraktionsleistung bei der Kodierung erfordert (vgl. ebd., 74). Im Vergleich dazu ermöglicht der Framing-Ansatz bei der Operationalisierung eine datennahe Beschreibung der Frames, um nachvollziehbar zu machen, »mit welchen sprachlichen und visuellen Mitteln Bewertungen in mediale Texte eingeflossen sind« (ebd., 74).

6.4 FRAMING UND AGENDA SETTING

Der Framing-Ansatz kann auch bei Rezeptionsproblemen in der Medienwirkungsforschung angewendet werden (vgl. ebd., 84ff.). Hier gilt es zu erfassen, ob die durch die Public-Relations-Akteurinnen und -Akteure sowie Journalistinnen und Journalisten angebotenen Frames in den Medientexten bei Rezipientinnen und Rezipienten wirksam werden (vgl. ebd., 84ff.). Als eine Wirkung von Medienframes könnte festgehalten werden, dass »Rezipienten die von den Journalisten angebotenen Interpretationsrahmen übernehmen und [...] die persönlichen Interpretationsrahmen der Rezipienten mit den angebotenen Interpretationsrahmen der Medienberichterstattung korrespondieren bzw. interagieren« (Brosius/Eps 1995, 172). So beschreibt Entman (1993, 53) Rezipienten-Frames allgemein als »mentally stored clusters of ideas that guide individuals' processing of information«.

Framing wird in der Medienwirkungsforschung häufig mit dem Agenda-Setting-Ansatz in Verbindung gebracht (McCombs/Ghanem 2001, 67ff.). Der Agenda-Setting-Ansatz gilt als einer der wichtigsten Ansätze in der Medienwirkungsforschung (vgl. McCombs/Shaw 1972). Dieser Ansatz beruht auf dem Grundgedanken, dass Medien keinen großen Einfluss auf die öffentliche Meinung haben, sehr wohl aber auf das, über welche Themen die Rezipientinnen und Rezipienten nachdenken (vgl. Cohen 1963).[6]

Im Vergleich zum Agenda-Setting-Ansatz steht bei Framing nicht das Ausmaß der Berichterstattung, sondern vielmehr das ›Wie‹, also die Art der Be-

6 Für die ursprüngliche Erläuterung des Agenda-Setting-Ansatzes siehe: McCombs, Maxwell E./Shaw, Donald L. (1972). The Agenda-Setting Function of Mass Media. In: Public Opinion Quarterly. Volume 36. Chicago, Illinois: University of Chicago Press, 176-187. Neuer und umfassender: Rössler, Patrick (1997). Agenda-Setting. Theoretische Annahmen und empirische Evidenzen einer Medienwirkungshypothese. Wiesbaden: VS Verlag für Sozialwissenschaften.

richtsdarstellung im Vordergrund (vgl. Scheufele 2003, 80). Es wird davon ausgegangen, dass das Framing von Sachverhalten Rezipientinnen und Rezipienten gewisse »Klassifizierungen, Bewertungen und Entscheidungen« vorgibt (ebd., 60).

McCombs und Ghanem (2001) verweisen im Zusammenhang mit Framing vor allem auf das ›Second-Level Agenda Setting‹, also auf die Erweiterung des Agenda-Setting-Ansatzes. Dieser Vorstellung nach wird im Prozess des ›First-Level Agenda Setting‹ die Themenagenda der Rezipientinnen und Rezipienten durch die Medien bestimmt (vgl. Dahinden 2006, 85). In einem zweiten Prozess, dem ›Second-Level Agenda Setting‹, der parallel dazu abläuft, wird die zweite Ebene der Agenda bestimmt, indem die einzelnen Themen mit Attributen versehen werden (vgl. ebd., 85). So werden Frames »nicht nur als abhängige Variable untersucht, an der sich Medienwirkungen erkennen lassen, sondern treten auch in der Rolle von intervenierenden Variablen von Medienwirkungen auf«. Solche Rezeptionsframes bezeichnet Dahinden (ebd., 88) als ›Prädispositionen‹, also »als Randbedingungen, innerhalb derer Medienframes eine Wirkung entfalten können oder auch nicht«.

Entman (1993, 53) zufolge besteht zwischen dem Framing-Ansatz und dem Agenda-Setting-Ansatz eine Ähnlichkeit, da es in beiden Ansätzen um eine Selektion und Hervorhebung von Realitätsaspekten beziehungsweise Themen sowie um die Erzeugung von Aufmerksamkeit (Salienz) geht. Allerdings muss beachtet werden, dass Frames im Vergleich zu Agendas anders funktionieren, da die Salienz für die selektierten Themen nicht durch die Wiederholung der Agenda erzeugt wird (vgl. Schenk 1987, 196), sondern durch die Bestimmung einer bestimmten Problemperspektive und somit durch die inhaltlich-qualitative Strukturierung der Medieninhalte (vgl. Entman 1993, 53).

Auch in den Public Relations wird Framing mit dem Agenda-Setting-Ansatz in Verbindung gebracht. Hallahan (1999, 209f.) definiert sieben Handlungsfelder von Framing, die für die Public Relations von Bedeutung sind. Diese Handlungsfelder beinhalten das Framen von Situationen, Attributen, riskanten Entscheidungen, Handlungen, Themen, Verantwortlichkeiten und Nachrichten (vgl. ebd., 209f.).[7] Insbesondere beim ›Attribute‹-Framing werden bestimmte Merkmale von Objekten und Personen hervorgehoben, während andere ignoriert werden,

7 Die sieben Handlungsfelder von Framing in Public Relations nach Hallahan werden in dieser Arbeit nicht näher erläutert, da das Hauptaugenmerk auf dem Framing in Medientexten liegt. Für eine detaillierte Ausführung siehe: Hallahan, Kirk (1999). Seven Models of Framing: Implications for Public Relations. In: Journal of Public Relations Research. Volume 11 (3). Hillsdale, New Jersey: Lawrence Erlbaum Associates.

wodurch es zu einer Verzerrung der Informationsverarbeitung kommt (vgl. ebd., 211f.). Hier knüpft Hallahan (ebd., 213) an die ›Second-Level Agenda Setting‹-Theorie an, die sich nicht nur auf das Setzen konkreter Themenschwerpunkte durch die Medien konzentriert, sondern auch deren Wirkung auf das Verhalten der Rezipientinnen und Rezipienten im Hinblick auf Themenattribute analysiert (vgl. Weaver/McCombs/Shaw 1998, 189ff.).

6.5 FRAMING UND STEREOTYPENFORSCHUNG

Der Begriff des Framings wird in der Literatur mit dem Stereotypenbegriff in Verbindung gebracht.[8] Katharina Lobinger (2012, 232) zufolge ist die Abgrenzung der beiden Begriffe nur sehr schwer möglich, weil davon ausgegangen wird, dass über stereotype Repräsentationsweisen bestehende Stereotype durch die Darstellung der Medien verstärkt beziehungsweise bestätigt werden können. Allerdings kann gesagt werden, dass der Stereotypenbegriff »für Subjekt-Perzeptionen oder attributive Zuschreibungen (›der Schwarze‹, ›der brutale Russe‹, ›der ordentliche Deutsche‹ usw.)« verwendet wird, während sich der Begriff des Frames auf die Darstellung medialer Konstruktionen von Handlungsabläufen bezieht, »mit deren Hilfe die Ursachen, der Verlauf und die Folgen von Ereignissen interpretiert werden«, so Kai Hafez (2002, online 47). Somit beziehen sich Stereotype grundsätzlich auf Merkmale oder Verhaltensweisen von Personen, wie zum Beispiel das ›gewaltsame Vorgehen der türkischen Sicherheitskräfte‹[9]. Darüber hinaus unterscheiden sich Frames und Stereotype im Hinblick auf den Zeithorizont (vgl. ebd., 47). Frames sind im Vergleich zu Stereotypen in der Regel eher zeitabhängig (vgl. ebd., 47). Beiden Konzepten ist jedoch gemeinsam, dass sie das soziale Umfeld erfassen und strukturieren und damit die Orientierung eines Individuums durch Aktivierung von stereotypen Mustern vereinfachen.

Walter Lippmann (1990, 240) nach neigen Journalistinnen und Journalisten in ihrer Berichterstattung zu stereotypen Mustern, um Nachrichten in Bezug auf den Aktualitätsdrang möglichst schnell zu formulieren und die Leserinnen und Leser unkompliziert anzusprechen. Dabei können Stereotype in der Berichter-

8 Eine Beschreibung des Stereotypenbegriffes erfolgte bereits im Kapitel 3.3 ›Normierende und rekonstruierende kollektive Identität‹ und soll hier nicht näher erläutert werden.

9 Siehe hierzu Kapitel 8 ›Medienframes in der internationalen Berichterstattung‹.

stattung sowohl explizit als auch implizit auftreten, also in Form von Äußerungen (explizit) beziehungsweise Andeutungen (implizit) auftreten.

Hafez (2002, online 50) begreift »Stereotype und Frames als Bestandteile von Diskursen«. Stereotype wiederum werden als Bestandteile von Frames betrachtet (vgl. ebd., online 48ff.). Für Hafez (2014, online 931) stellt das Framing-Konzept

> »eine Weiterentwicklung der Stereotypenlehre dar, da Textmerkmale differenzierter erfasst werden. Während sich die ältere Stereotypenforschung vor allem auf attributive und sprachlich manifeste Merkmale konzentrierte (›der fanatische Muslim‹ usw.), ist ein Frame ein ganzes Argument in einem Text, das den Sinn der Aussage markiert und ›einrahmt‹ (to frame).«

So werden nicht nur die Grundcharakteristika der Nationen, Personen etc. in Medientexten ermittelt, sondern es kann erfasst werden, wie bestimmte Handlungsabläufe medial konstruiert werden (vgl. Hafez 2002, online 47). Zu erwähnen sei an dieser Stelle, dass sich Frames nicht nur auf einzelne Medientexte beziehungsweise Artikel beziehen, »sondern intertextual – also in Form von ›Diskursen‹ – « auftreten können (ebd., online 49).

Da in dieser Untersuchung der Schwerpunkt auf der Identifizierung von möglichen Medienframes und nicht explizit auf der Erfassung von Stereotypen in der Berichterstattung liegt, wurden stereotype Muster anhand der identifizierten Medienframes untersucht und abgeleitet.[10]

6.6 FRAMING UND KOMMUNIKATIONS-/ MEDIENINHALTE

Ein Großteil der auf dem Framing-Ansatz basierenden Untersuchungen befasst sich vor allem mit der inhaltsanalytischen Erfassung von Medienframes (vgl. Matthes 2007, 55). Auch diese Arbeit widmet sich im Rahmen des Erkenntnisinteresses dem Framing in Medientexten. Frames werden in der Berichterstattung eingesetzt, um komplexe Ereignisse mit vertrauten und kulturell verankerten Themen zu verbinden (vgl. Hallahan 1999, 221ff.). Innerhalb der Literatur wird zwischen zwei Arten von Frames unterschieden (vgl. Matthes 2007, 57f.): formal-stilistische Frames und inhaltsbezogene Frames. In formal-stilistischen Frames wird der Frage nach der Struktur beziehungsweise Präsentationsform ei-

10 Siehe hierzu Kapitel 9 ›Medienframes und Konstruktionen europäischer Identität‹.

nes Medientextes nachgegangen, um herauszufinden, wie Nachrichten strukturiert und aufgebaut sind (vgl. ebd., 57). Im Gegensatz dazu steht in inhaltsbezogenen Frames die Medienbotschaft im Vordergrund (vgl. ebd., 57f.). Die inhaltsbezogenen Frames lassen sich je nach Generalisierungsgrad und Abstraktionsniveau in themenspezifische und themenübergreifende Frames einteilen (vgl. ebd., 57f.). Bei beiden Arten von inhaltsbezogenen Frames geht es um inhaltliche Aspekte eines Themas, also darum, was gesagt wird (vgl. ebd., 58). Als Beispiel soll die Metapher des Bilderrahmens dienen: Inhaltsbezogene Frames fokussieren auf das, was abgebildet ist, also auf den Inhalt des Bildes, während sich formal-stilistische Frames mit dem Bilderrahmen, wie zum Beispiel mit der Bildgröße, dem Jahr der Produktion etc. befassen (vgl. ebd., 58).

Darüber hinaus können Frames auch danach differenziert werden, ob sie eine Bewertung des Medieninhaltes aufweisen oder nicht (vgl. Leonarz 2006, 107). Auf die wertende Komponente wird, wie bereits erwähnt, in Entmans (1993, 52) Definition von Frames ausdrücklich verwiesen. Weiter sind themenspezifische Frames nur auf ein Thema anwendbar, hingegen können themenübergreifende Frames auf mehrere Themen zutreffen (vgl. Matthes 2007, 59). Dabei steht die Anzahl der identifizierten Frames in Korrelation mit der Themenspezifizität: Je mehr Frames bestimmt werden, umso spezifischer ist die Analyse (vgl. Leonarz 2006, 105). Im Unterschied zu themenspezifischen Frames behandeln themenübergreifende Frames thematische Leitaspekte, die jedoch auf verschiedene Themen angewendet werden können. So untersuchte Dahinden (2006, 106f.) in seiner Meta-Analyse 23 Framing-Studien und identifizierte »in einem induktiven Prozess der Kategorienbildung und Zusammenfassung der Einzelstudien« folgende fünf Basisframes, die in den einzelnen Studien auftraten: Konflikt-Frame, Wirtschaftlichkeits-Frame, Fortschritts-Frame, Moral-Frame und Personalisierungs-Frame (vgl. ebd., 107f.).[11] Diese Art von Untersuchungen, die themenübergreifende Frames entwickeln, weist den Vorteil auf, dass »mit themenunabhängigen Frames verschiedenste mediale Diskurse analysiert werden können« (Matthes 2007, 61), ohne »das sprichwörtliche Rad der Framing-Forschung« immer wieder neu zu erfinden (Dahinden 2006, 25). Somit können diese Basisframes in Studien angewendet werden, ohne die Frames mit großer Mühe selbst herleiten zu müssen (vgl. Matthes 2007, 61).

Doch Matthes (ebd., 61f.) kritisiert die Praxis der themenübergreifenden Frames unter dem Gesichtspunkt der Inhaltsvalidität. In diesem Aspekt unter-

11 Für eine nähere Ausführung und Beschreibung der einzelnen Basisframes nach Dahinden siehe: Dahinden, Urs (2006). Framing. Eine integrative Theorie der Massenkommunikation. Konstanz: UVK-Verlags GmbH, Seite 107ff.

scheiden sich die Basisframes nach Dahinden (2006, 107f.) in ihrem Abstraktionsniveau (vgl. Matthes 2007, 61). So gilt es zu fragen, inwieweit sich der Wirtschaftlichkeits-Frame vom Thema Wirtschaft unterscheidet. Es könnten zwar bei verschiedensten Themen Konflikte dargestellt und Verantwortliche gesucht werden, jedoch lassen sich nicht alle Themen unter einem wirtschaftlichen Gesichtspunkt betrachten (vgl. ebd., 61f.). Weiter konstatiert Matthes (ebd., 62), dass die themenübergreifenden Frames in manchen Fällen nicht trennscharf sind. Die Analyseeinheit ist somit unklar, da in einem Artikel sowohl der Fortschritts-Frame als auch der Wirtschaftlichkeits-Frame gleichzeitig vorkommen können (vgl. ebd., 62). Darüber hinaus können die Basisframes Konflikt und Personalisierung auch als Nachrichtenwerte im Sinne von Schulz (1976, 98ff.) gefasst werden. Nicht zuletzt sind themenübergreifende Frames laut Matthes (2007, 317) »nichts anderes als Problemdefinitionen, also das Herausgreifen eines Subaspektes eines Themas«. Demzufolge stellen themenübergreifende Frames eigentlich keine Frames dar, sondern vielmehr Oberthemen (vgl. ebd., 317). Aus diesem Grund schlägt Matthes (ebd., 317) eine stärkere Bindung des Frame-Begriffes an Entmans Framing-Definition vor, »der einzelne Frame-Elemente identifiziert, die sich leicht und intersubjektiv nachvollziehbar empirisch umsetzen lassen«. Vor diesem Hintergrund orientiert sich auch diese Untersuchung an Entmans Framing-Konzept.

Wie bereits im Kapitel 6.1 ›Begriffsgeschichtliche Grundlagen des Framings‹ erwähnt wurde, besteht ein Frame nach Entman aus folgenden Elementen: Problemdefinition, Ursachenzuschreibung, moralische Bewertung und Handlungsempfehlungen (vgl. Entman 1993, 52).[12] Bei der Problemdefinition erfolgt anhand des zu analysierenden Medientextes zunächst die Beschreibung des Ist-Zustandes. In einem zweiten Schritt wird der Frage nachgegangen, welche Gründe beziehungsweise Ursachen für den beschriebenen Ist-Zustand genannt werden. Drittens erfolgt eine Prognose des Zustandes und in einem letzten Schritt wird untersucht, ob mögliche Lösungen für das beschriebene Problem angeführt werden können. Dabei sind die einzelnen Frame-Elemente »konsistent miteinander verbunden, das heißt, sie ergeben eine kohärente Argumentationskette«, so Matthes (2007, 136). So wird davon ausgegangen, dass die Frame-Elemente eine möglichst gleiche Grundhaltung zum Thema aufweisen (vgl. ebd., 136).

Beim Framing nach Entman handelt es sich um ein Framing-Konzept, welches insbesondere für eine empirische Untersuchung angewendet werden

12 Eine detaillierte Beschreibung der einzelnen Frame-Elemente erfolgt im Kapitel 6.7.1 ›Framing-Analyse nach Entman‹.

kann, da die einzelnen Bestandteile des Frames operationalisiert und somit messbar gemacht werden können. Dies ist ein weiterer Grund, warum Entmans Framing-Konzept als theoretische Grundlage für die Framing-Analyse dient.

6.7 Framing-Analyse als theoretische Grundlage der empirischen Datenerhebung

Die unterschiedlichen Auffassungen zum Framing-Ansatz und die Vielfalt der Vorgehensweisen in empirischen Erhebungen machen es erforderlich, auf den für diese Arbeit geeignetsten Framing-Ansatz nach Entman näher einzugehen und die hier verwendeten Methoden der Identifikation von Medieninhaltsframes darzulegen. Hier werden insbesondere Merkmale der Frame-Identifikation behandelt und Informationen zur angemessenen Beschreibung von Frames gegeben.

6.7.1 Framing-Analyse nach Entman

Da die Definition eines Frames über eine gewisse operationale Genauigkeit verfügen muss, um im Rahmen der empirischen Erhebung die Frames in den Artikeln systematisch zu bestimmen, werden im Folgenden die einzelnen Frame-Elemente nach Entman (1993, 52ff.) in Anlehnung an Matthes (2007, 134ff.) operationalisiert. Das erste Frame-Element der Problemdefinition lässt sich am schwersten operationalisieren, so Matthes (ebd., 134). Die Problemdefinition legt dar, weshalb ein Thema von Bedeutung ist und im Interesse der Öffentlichkeit steht (vgl. ebd., 134). Sie »›spannt‹ gewissermaßen den Rahmen auf und definiert, worüber gesprochen wird und welche Akteure relevant sind« (ebd., 134f.). Dabei wird das Thema in einen sprachlichen Kontext gestellt. Für das bessere Verständnis eines Themas schlägt Hartmut Wessler (1999, 60) vor, das Thema in einen sachlichen, sozialen und zeitlichen Rahmen einzubetten, um es definieren zu können. Hierbei erfolgt ein Vergleich des Ist-Zustandes mit dem Soll-Zustand (vgl. ebd., 60). Ferner ist mit der Problemdefinition nicht unbedingt ein negativ konnotierter Zustand gemeint, sondern auch eine positive Bewertung eines Zustandes wird als Problemdefinition erfasst (vgl. Matthes 2007, 135). Weiter weist Matthes (ebd., 135) darauf hin, dass die Problemdefinition nicht mit dem Thema an sich gleichgesetzt werden darf, »sondern sie bestimmt den Blickwinkel auf das Thema«. Somit greift die Forscherin beziehungsweise der Forscher zum Beispiel aus einem Medientext einen Themenaspekt heraus, der für das Problem als relevant erscheint. Insofern sollte nach Matthes (ebd., 135) die Verwendung des Begriffes Themendefinition statt Problemdefinition bevorzugt werden. Da jedoch in der Framing-Forschung der Begriff der Problemdefinition geläufiger ist, wird in der Arbeit die Begriffsbestimmung nach Entman (1993, 52) beibehalten.

Sobald eine positive beziehungsweise negative Problemdefinition von der Forscherin beziehungsweise dem Forscher bestimmt wird, folgt in einem zweiten Schritt die Suche nach den Ursachen und Gründen für den beschriebenen Zustand (vgl. Matthes 2007, 135). Die Notwendigkeit der Bestimmung der Ursachen erklärt Matthes (ebd., 135) in Anlehnung an die Attributionstheorie, nach der »Menschen sich durch kausale Schlüsse ihr eigenes Verhalten und das ihrer Umwelt erklären« wollen. Durch Attributionen können Ursachen für ein Problem besser nachvollzogen werden (vgl. Kelley 1967).[13] Die Ursachen können dabei auf einzelne Personen respektive Personengruppen oder aber auch auf Situationen zurückgeführt werden (vgl. Matthes 2007, 135).

Nach Bestimmung der Problemdefinition und deren Festlegung von Ursachen und Gründen wird auch meist eine moralische beziehungsweise evaluative Bewertung des beschriebenen Zustandes vorgenommen. Dabei wird ein Zustand oder ein Problem nicht nur kategorisch als positiv oder negativ eingeschätzt, sondern es erfolgt eine graduelle Bewertung des positiven beziehungsweise negativen Zustandes (vgl. ebd., 136). Demnach wird beispielsweise gefragt, wie positiv/negativ ein Zustand ist. Der Grund für die graduelle Bewertung liegt in der implizit gemachten Annahme, dass viele Themen an sich bereits eine negative oder positive Bewertung aufweisen, wie zum Beispiel Krieg oder Arbeitslosigkeit, die in vielen Kulturen als negativ wahrgenommen werden (vgl. ebd., 136). Eine kategorische Bewertung wäre bei solchen kontextfreien Themen irrelevant, so Matthes (ebd., 136).

Die graduelle Bewertung eines Zustandes führt zur Handlungsempfehlung respektive Lösungszuschreibung, die wie die Ursachenzuschreibung personal oder situativ erfolgen kann (vgl. ebd., 136). Unter Handlungsempfehlungen versteht Matthes (ebd., 136) »die geforderten und zu unterlassenden Maßnahmen zur Behebung des Problems sowie die für die Lösung des Problems fähigen Akteure«. Zur Lösung eines Problems können also mehrere Maßnahmen gefordert werden. Wichtig zu erwähnen ist, dass Handlungsempfehlungen immer zukunftsgerichtet sind (vgl. ebd., 136).

13 Nähere Informationen zur Attributionstheorie siehe hierzu: Kelley, Harold H. (1967). Attribution theory in Social Psychology. In: Levine, David (Hrsg.) (1967). Nebraska symposium on motivation. Volume 15. Lincoln, Nebraska: University of Nebraska Press, Seite 192-238.

Diese vier Framing-Elemente sind zwar, wie im vorherigen Abschnitt (6.6 Framing und Kommunikations-/Medieninhalte) erläutert konsistent miteinander verbunden, jedoch kann es durchaus vorkommen, dass in einem Medientext nicht immer alle Frame-Elemente enthalten sind. Damit von einem Frame gesprochen werden kann, müssen allerdings mindestens zwei Frame-Elemente vorhanden sein (vgl. ebd., 138). In diesem Kontext unterscheidet Matthes (ebd., 138) zwischen expliziten und impliziten Frames. Während beim expliziten Frame alle Frame-Elemente in einem Medientext auftreten, kommen beim impliziten Frame in einem Medientext nicht alle Frame-Elemente vor (vgl. ebd., 138). Somit ist eine Thematisierung aller Frame-Elemente innerhalb eines Medientextes, wie zum Beispiel eines Artikels, nicht notwendig (vgl. Entman 2004, 23; Matthes 2007, 138). Damit die Frame-Elemente aber eine kohärente Argumentationskette ergeben und von einem Frame gesprochen werden kann, müssen mindestens zwei Elemente gegeben sein (vgl. Matthes 2007, 138). Die fehlenden Frame-Elemente werden dabei nur impliziert. Ein implizierter Frame ist dann gegeben, wenn zum Beispiel ein expliziter Frame bereits in einem früheren Zeitraum in der Nachrichtenberichterstattung auftrat oder die fehlenden Frame Elemente impliziert werden (vgl. ebd., 138). Allerdings kann es auch vorkommen, dass nicht alle zu analysierenden Medientexte einen Frame aufweisen müssen (vgl. ebd., 138). Es ist aber zum einen möglich, dass ein Medientext mehrere Frames enthält, und zum anderen ein Satz mehreren Frame-Elementen zugeordnet werden kann (vgl. Entman 1993, 52). Dabei beziehen sich die Medienframes nicht auf einzelne Artikel, sondern auf die Gesamtheit der untersuchten Berichterstattung.

Darüber hinaus können drei Arten von Medienframes unterschieden werden, die Antwort darauf geben, inwieweit einzelne Personen oder -gruppen in den Medientexten als Frame-Objekte dargestellt werden und welcher Gesichtspunkt in der Nachrichtenberichterstattung explizit hervorgehoben wird (vgl. Entman 2004, 23ff.). Je nachdem ob die Betonung auf Ereignissen, Themen oder Akteurinnen beziehungsweise Akteuren liegt, differenziert Entman (ebd., 23ff.) zwischen Ereignis-Frame, Themen-Frame und Akteurs-Frame. Allerdings kann ein Medienframe aber auch allen drei Ebenen zugeordnet werden und diese in ein reziprokes Verhältnis zueinander setzen (vgl. ebd., 24f.). Für die Identifizierung von Medienframes können dabei verschiedene Methoden angewendet werden, die im Folgenden dargestellt werden.

6.7.2 Methoden der Frame-Identifikation

Inhaltszentrierte Framing-Analysen haben das Ziel, Strukturen der Berichterstattung abzubilden (vgl. Scheufele 2003, 59). Die Schwierigkeit bei der Framing-Analyse besteht darin, dass Frames als Deutungsmuster nicht direkt feststellbar sind, weil sie nicht manifest sind, sondern meist als latente Deutungsmuster in den Medientexten verborgen sind (vgl. Dahinden 2006, 202). Das Ziel der Framing-Analyse kann folglich als Untersuchung von Medientexten jeglicher Art im Hinblick auf »tiefer liegende Bedeutungsebenen« (ebd., 202) definiert werden. Für die Identifikation von Frames bieten sich sowohl qualitative als auch quantitative methodische Zugänge an, um Frames als latente Deutungsmuster manifest feststellbar zu machen« (ebd., 203). Grundsätzlich können nach Dahinden (ebd., 201ff.) drei verschiedene Techniken der Frame-Identifikation angewendet werden: die induktiv-qualitative, die deduktiv-quantitative und die induktiv-quantitative Methode der Frame-Identifikation.

Bei der induktiv-qualitativen Frame-Identifikationsmethode erfolgt die Bestimmung der Frames anhand von qualitativen Auswertungsverfahren induktiv aus dem empirischen Datenmaterial (vgl. ebd., 201). Das Datenmaterial wird durch Techniken des offenen Kodierens auf immer wiederkehrende Deutungsmuster reduziert, welche dann als Kategorien erfasst werden können (vgl. ebd., 203). Als Vorteil dieser Methode kann zum einen die Textnähe genannt werden, da die Identifikation der Frames aus dem empirischen Datenmaterial erfolgt; zum anderen besteht durch das offene Kodieren die Möglichkeit, neue Frames zu identifizieren (vgl. ebd., 203f.). Allerdings kann die induktiv-qualitative Methode auch Nachteile mit sich bringen, wenn die identifizierten Frames einen niedrigen Abstraktionsgrad aufweisen und nicht themenunabhängig bestimmt sind und aus diesem Grunde Vergleiche mit anderen Untersuchungen nicht möglich sind (vgl. ebd., 204). Zudem ist die induktiv-qualitative Frame-Identifikation mit einem großen methodischen Aufwand verbunden.

Bei der zweiten Methode, dem deduktiv-quantitativen Ansatz, hingegen, werden Frames nicht aus dem empirischen Datenmaterial, sondern aus der Theorie definiert und abgeleitet (vgl. ebd., 201). Frames werden somit auf Basis theoretischer Überlegungen identifiziert. Die Vor- und Nachteile der deduktiv-quantitativen Methode sind der induktiv-qualitativen Methode entgegengesetzt (vgl. ebd., 206). So ist zum Beispiel der Zeitaufwand geringer als bei qualitativen Auswertungen und ein hoher Grad der Abstraktion sowie Themenunabhängigkeit ist eher gegeben, jedoch ist die Wahrscheinlichkeit neue Frames zu ermitteln bei der deduktiv-quantitativen Methode gering (vgl. ebd., 206).

Der Versuch, die zwei genannten Methoden der Frame-Identifikation zu vereinen und die Nachteile beider Methoden abzumildern, erfolgt im dritten methodischen Ansatz, der induktiv-quantitativen Vorgehensweise (vgl. ebd., 201). Dabei werden zunächst Frame-definierende Elemente aus der Theorie operationalisiert und durch eine quantitative Datenerhebungsmethode, wie zum Beispiel mithilfe einer quantitativen Inhaltsanalyse, im Medientext ermittelt, wodurch eine Vergleichbarkeit der identifizierten Frames mit anderen Studien eher gewährleistet ist (vgl. ebd., 206). In einem zweiten Analyseschritt werden Frames durch datenreduzierende beziehungsweise strukturentdeckende Verfahren der Datenauswertung, wie zum Beispiel mittels Faktoren- und/oder Clusteranalysen im Hinblick auf alle empirisch erkennbaren Kombinationen von Frame-definierenden Elementen induktiv identifiziert (vgl. ebd., 206).

Für die Untersuchung wird der Versuch unternommen, die induktiv-quantitative Methode der Frame-Identifikation mit der induktiv-qualitativen Methode zu verknüpfen. So erfolgt die Frame-Identifikation in einem ersten Schritt auf der Basis der induktiv-quantitativen Technik. Hierfür werden Variablen auf der theoretischen Grundlage der ausgearbeiteten Selbstbeschreibungen Europas vorab definiert und deren Ausprägungen in den einzelnen Artikeln erfasst. Um jedoch eine vollständige Ermittlung der Frame-Elemente durchführen zu können, werden die Frame-Elemente nicht nur anhand theoretischer Vorüberlegungen bestimmt, sondern im Rahmen einer Vorstudie direkt am empirischen Datenmaterial ermittelt. Die Frame-Elemente werden also auch mithilfe der induktiv-qualitativen Methode durch induktives Kodieren[14] bestimmt, das der quantitativen Erhebung vorangestellt ist.[15] Auf diese Art und Weise können die Nachteile beider Techniken abgemildert werden. So können mittels der qualitativen Vorstudie zusätzliche Frame-Elemente ermittelt werden und durch die quantitative Vorgehensweise zugleich ein zu datennahes Vorgehen und die damit rein subjektive Interpretation ausgeschlossen werden.

Diese Vorgehensweise erscheint im Hinblick auf das Ziel der Arbeit am geeignetsten. Wichtige Entscheidungsgründe für das methodische Vorgehen waren zum einen die bereits erwähnten Vorteile beider Vorgehensweisen und die große Anzahl der zu analysierenden Zeitungsartikel, da die induktiv-quantitative Methode vor allem bei einer hohen Anzahl der zu analysierenden Artikel aussagekräftige Ergebnisse ergibt. Dabei ist es von großer Bedeutung, dass Frames als »manifeste, intersubjektiv klar erkennbare Merkmale in den Texten erhoben

14 In der Grounded Theory wird statt der induktiven Kodierung der Begriff des ›offenen‹ Kodierens verwendet (vgl. Strauss 1987).

15 Näheres zur methodischen Vorgehensweise siehe Kapitel 7 ›Forschungsdesign‹.

werden und als Indikatoren für latentere, tiefere Bedeutungsinhalte definiert werden«, so Dahinden (ebd., 203). Als Untersuchungsgegenstand dienen die Mediendiskurse über die Gezi-Park-Bewegung in İstanbul, weil in diesem Zusammenhang die Frage des Türkeibeitrittes in der internationalen Presse stark diskutiert worden ist. Hierfür werden alle redaktionellen Beiträge über den Beitritt der Türkei zur Europäischen Union jeglicher Art im Hinblick auf verborgene Muster und tiefer liegende Bedeutungen untersucht.[16]

16 Für eine detaillierte Ausführung zum Untersuchungsgegenstand sei auf das Kapitel 5.4 ›Gezi-Park-Bewegung als Indikator des gesellschaftlichen Umbruches‹ sowie auf das Kapitel 7.4 ›Bestimmung der Stichprobe‹ verwiesen.

7 Forschungsdesign

Wie im vorherigen Kapitel bereits ausgeführt worden ist, stellt der medieninhaltsbezogene Framing-Ansatz die zentrale theoretische Grundlage der empirischen Untersuchung dar. Die Arbeit macht den öffentlichen Mediendiskurs über die Gezi-Park-Bewegung im Jahr 2013 zum Gegenstand empirischer Analysen. Auf der Grundlage von theoretischen Annahmen und darauf beruhenden methodischen Vorüberlegungen werden Frames und deren Frame-Elemente in der Berichterstattung zum Beitritt der Türkei zur Europäischen Union im Rahmen der Gezi-Park-Bewegung in İstanbul identifiziert. Es wird davon ausgegangen, dass Frames sich aus vier Frame-Elementen zusammensetzen: der Problemdefinition, der Ursachenzuschreibung, der Bewertung und der Handlungsempfehlung (vgl. Kapitel 6.7.1 ›Framing-Analyse nach Entman‹). Da ein Artikel über mehrere Frames verfügen kann, muss ein Frame mindestens zwei der soeben genannten Frame-Elemente enthalten, damit er in der Untersuchung berücksichtigt wird. Um eine intersubjektiv nachvollziehbare Frame-Identifikation zu gewährleisten, werden die Frame-Elemente und ihre Ausprägungen in einem ersten Schritt mithilfe der induktiv-qualitativen Methode ermittelt und in einem zweiten Schritt werden mittels der induktiv-quantitativen Vorgehensweise Frames bestimmt (vgl. Kapitel 6.7.2 ›Methoden der Frame-Identifikation‹). Bei der Framing-Analyse können für die Ermittlung von Frames unterschiedliche Methoden angewendet werden. Da in der Arbeit inhaltsbezogene Frames im Vordergrund stehen, wird die Forschungsmethode der qualitativen und quantitativen Inhaltsanalyse angewendet, um Frames anhand von Kategorien systematisch in ausgewählten Tageszeitungen zu identifizieren. Nach Bestimmung der Forschungsfragen und des zu analysierenden Textmaterials erfolgt die Framing-Analyse in zwei Phasen (siehe Abbildung 12).

Abbildung 12: Forschungsdesign

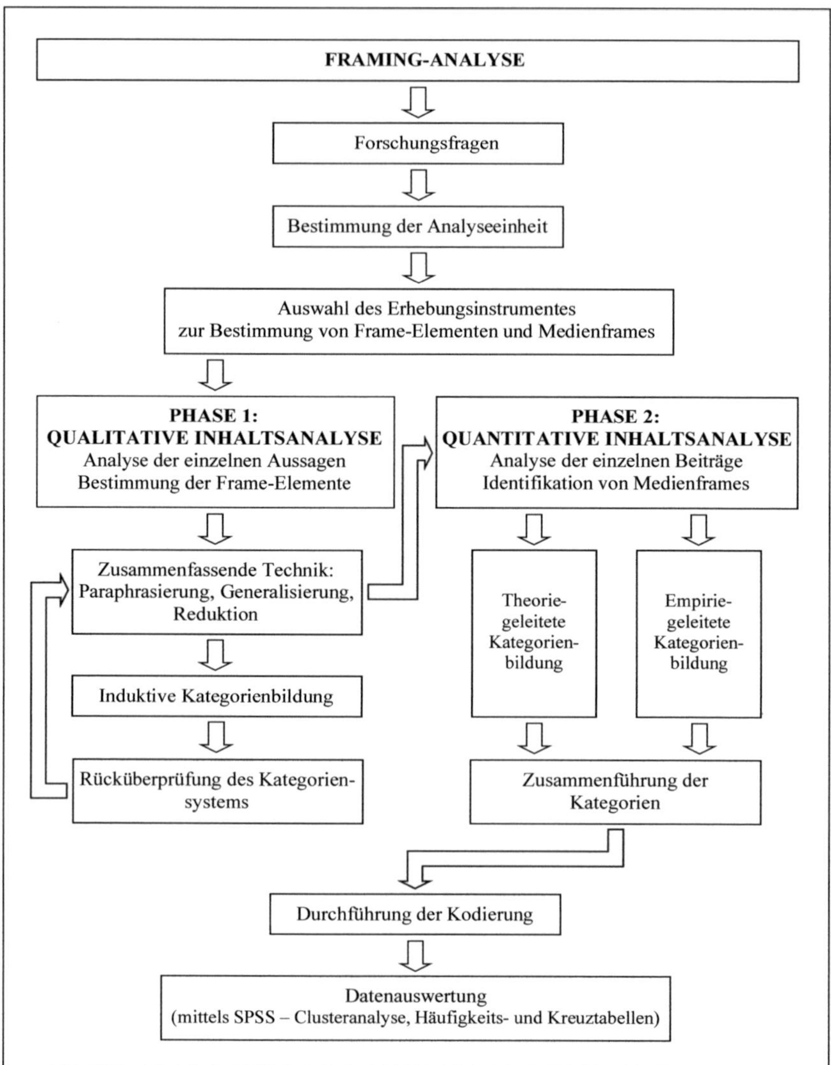

Quelle: Eigene Darstellung in Anlehnung an Mayring (2008, 59ff.) und Früh (2007, 102)

In der ersten Phase wird mithilfe der qualitativen Inhaltsanalyse der Grundstein für die quantitative Inhaltsanalyse gelegt. Die qualitative Inhaltsanalyse wird als eine explorative Vorstudie konzipiert, mit der anhand einer Analyse der Aussagen mögliche empiriegeleitete Kategorien durch induktives Kodieren bestimmt und in der zweiten Phase mit den theoriegeleiteten Kategorien zusammengeführt werden, um Frames mithilfe einer Clusteranalyse identifizieren zu können. Das

Kategoriensystem wird also durch ein theorie- und empiriegeleitetes Vorgehen erarbeitet, um eine möglichst umfassende Vollständigkeit der Kategorien zu gewährleisten. Die theoretische Orientierung und somit die deduktive Kategorienbildung garantieren dabei die umfassende Erhebung der Auswertung in Bezug auf das Erkenntnisinteresse, während das induktive Vorgehen die umfassende Erhebung hinsichtlich des Analysematerials gewährleistet. Somit werden die Kategorien vor dem Hintergrund theoretischer Vorüberlegungen abgeleitet und in einem folgenden Schritt durch die Sichtung des Analysematerials erweitert. In diesem Sinne werden Frames als zentrale Variable gesehen. Dieses Kategoriensystem liegt der eigentlichen quantitativen Inhaltsanalyse zur Bestimmung der Frames zugrunde. Die ermittelten Frame-Elemente werden also »in messbare Kategorien für die Framing-Analyse umgesetzt« (Scheufele 2003, 115).

Die Kategorienbildung ist für die Ermittlung von Frames, wie bei der Durchführung einer Inhaltsanalyse, ein wichtiger Vorgang. Die Kombination von qualitativer und quantitativer Inhaltsanalyse, stellt nur eine Möglichkeit von vielen denkbaren Untersuchungsmethoden dar (vgl. Scheufele 2003, 112ff.).[1] Bevor auf das konkrete methodische Vorgehen und die Stichprobe eingegangen wird, werden im Folgenden auf der Grundlage der theoretischen Überlegungen und des Erkenntnisinteresses die Forschungsfragen entwickelt und vorgestellt. Anschließend wird die Methode der Medieninhaltsanalyse zur Identifikation von Frames ausführlich dargestellt und die Stichprobe sowie die Analyseeinheiten und der Untersuchungszeitraum bestimmt.

7.1 FORSCHUNGSFRAGEN

Das Forschungsinteresse dieser Arbeit sind Konstruktionen europäischer Identität vor dem Hintergrund der türkischen Beitrittsdebatte zur Europäischen Union. Diese sollen anhand einer Framing-Analyse theoretisch und empirisch untersucht werden. Ausgehend von den theoretischen Überlegungen im Kapitel 3 ›Ansätze zur Bestimmung europäischer Identität‹ und der Ausarbeitung eines theoretischen Konzeptes zu Selbstbeschreibungen Europas im Kapitel 4 ›Europa und das ›Andere‹‹ wurden anhand der zentralen Forschungsfrage ›Wie ist die Berichterstattung zum möglichen Beitritt der Türkei zur Europäischen Union be-

1 An dieser Stelle wird auf die einzelnen möglichen Methoden zur Ermittlung von Medienframes nicht eingegangen, da diese den Rahmen dieser Arbeit sprengen würden. Eine ausführliche Darstellung der Methoden zur Bestimmung von Medienframes kann bei Scheufele (2003, 112ff.) nachgelesen werden.

schaffen und wie wird europäische Identität in den Debatten zum Beitritt der Türkei zur Europäischen Union konstruiert?‹ weitere Forschungsfragen im Hinblick auf Frames abgeleitet, die in der Berichterstattung zum Beitritt der Türkei zur Europäischen Union Verwendung finden. Dabei bilden die bereits in der Einleitung[2] genannten Forschungsfragen die Ausgangsbasis für den empirischen Teil. Die Beantwortung der zentralen Forschungsfrage erfolgt in vier Schritten, die im Folgenden vorgestellt werden, bevor im nächsten Abschnitt auf die Erhebungsmethode eingegangen wird (siehe Abbildung 13).

In einem ersten Schritt gilt es zu fragen, ob sich in der Berichterstattung zur Gezi-Park-Bewegung hinsichtlich eines Beitrittes der Türkei zur Europäischen Union Frames zu Konstruktionen europäischer Identität identifizieren lassen. Falls in einem Artikel keine Deutungsmuster erkennbar sind, die als Frame wahrgenommen werden könnten, wird dieser Artikel für das weitere Vorgehen nicht berücksichtigt. Können Frames identifiziert werden, so gilt es herauszufinden, wie viele Deutungsmuster in der Berichterstattung zur Gezi-Park-Bewegung im Hinblick auf einen Beitritt der Türkei zur Europäischen Union vorhanden sind. Eine große Anzahl an identifizierten Frames würde mit sehr großer Wahrscheinlichkeit auf eine hohe Zahl an unterschiedlichen Deutungsmustern hinweisen und folglich für eine dissonante Berichterstattung sprechen, während bei einer niedrigen Zahl an Frames eher von einer konsonanten Berichterstattung ausgegangen werden kann, indem die einzelnen Artikel ähnliche oder gleiche Deutungsmuster aufweisen. Es könnte aber auch eine Dissonanz zwischen den einzelnen Ländern beziehungsweise eine Konsonanz innerhalb dieser geben.

In einem zweiten Schritt wird die inhaltliche Zusammensetzung der Frames erfasst. Hier wird zum einen der Frage nachgegangen, aus welchen Frame-Elementen sich die identifizierten Frames zusammensetzen; zum anderen wird ermittelt, welche Frames in der Berichterstattung zur Gezi-Park-Bewegung hinsichtlich eines Beitrittes der Türkei zur Europäischen Union identifiziert werden können. Wie bereits in den vorherigen Kapiteln dargestellt wurde, ist es nicht zwingend, dass ein Frame aus allen Frame-Elementen besteht. Daher stellt sich die Frage, aus welchen Frame-Elementen sich ein Frame zusammensetzt.

2 Siehe hierzu Kapitel 1 ›Einleitung‹.

Abbildung 13: Forschungsfragen

ZENTRALE FORSCHUNGSFRAGE

Wie ist die Berichterstattung zum möglichen Beitritt der Türkei zur Europäischen Union beschaffen und wie wird europäische Identität in den Debatten zum Beitritt der Türkei zur Europäischen Union konstruiert?

Schritt 1: Identifikation von Medienframes

- Lassen sich in der Berichterstattung zur Mediendebatte der Gezi-Park-Bewegung hinsichtlich eines Beitrittes der Türkei zur Europäischen Union Medienframes zu Konstruktionen von europäischer Identität identifizieren?
- In welchem Ausmaß lassen sich Medienframes in den einzelnen Tageszeitungen identifizieren?

Schritt 2: Inhaltliche Zusammensetzung der Medienframes

- Welche Medienframes können in der Berichterstattung zur Mediendebatte der Gezi-Park-Bewegung hinsichtlich eines Beitrittes der Türkei zur Europäischen Union identifiziert werden?
- Aus welchen Frame-Elementen bestehen die identifizierten Medienframes?

Schritt 3: Vergleichende Gegenüberstellung der Länder und Zeitungen

- Welche Medienframes werden in den jeweiligen Ländern und Zeitungen aufgegriffen, wenn über den Beitritt der Türkei zur Europäischen Union berichtet wird?
- Können Unterschiede und/oder Gemeinsamkeiten zwischen den empirisch ermittelten induktiven Frames und theoretisch abgeleiteten Selbstbeschreibungen Europas erfasst werden?
- Welche Gemeinsamkeiten, Ähnlichkeiten und Unterschiede können hinsichtlich der Medienframes in der Nachrichtenberichterstattung zum türkischen Beitritt zur Europäischen Union zwischen den einzelnen Ländern und zwischen den einzelnen Zeitungen im Hinblick auf formale Kriterien festgestellt werden? Inwieweit unterscheiden sich die Medienframes in der Qualitätspresse von denen der Boulevardpresse insgesamt und wie unterscheiden sie sich in den einzelnen Ländern?

Schritt 4: Konstruktionen europäischer Identität

- Welche europaischen Identitätskonzeptionen können in Bezug auf die Türkei abgeleitet werden?
- Werden in den identifizierten Medienframes Fremd- und Feindbilder (zum Beispiel durch Stereotype, Vorurteile) artikuliert?

Quelle: Eigene Darstellung

Drittens erfolgt eine vergleichende Gegenüberstellung der Untersuchungsländer und analysierten Tageszeitungen. Es wird untersucht, welche Frames in den jeweiligen Ländern aufgegriffen werden, wenn über den Beitritt der Türkei zur

Europäischen Union berichtet wird. Darüber hinaus wird erfasst, in welchem Untersuchungsland die Anzahl von Frames in der täglichen Berichterstattung zum Beitritt der Türkei zur Europäischen Union am häufigsten/geringsten ist. Weiter erfolgt ein Vergleich zwischen den empirisch erhobenen induktiven Frames und den aus dem theoretischen Teil herausgearbeiteten deduktiven Frames zur Selbstbeschreibung Europas. Anschließend wird ermittelt, welche Gemeinsamkeiten, Ähnlichkeiten und Unterschiede hinsichtlich der Frames in der Nachrichtenberichterstattung zum türkischen Beitritt zur Europäischen Union zwischen den einzelnen Ländern und zwischen den einzelnen Zeitungen im Hinblick auf formale Kriterien, wie zum Beispiel Artikelumfang, Nachrichtenquelle, Ressort etc. festgestellt werden können. Nicht zuletzt wird dargestellt, inwieweit sich die Frames der Qualitätspresse von denen der Boulevardpresse unterscheiden beziehungsweise ähneln.

Um Aussagen zu medialen Konstruktionen europäischer Identität in der Mediendebatte über die Gezi-Park-Bewegung treffen zu können, werden in einem vierten und letzten Schritt identifizierte Frames im Hinblick auf identitätskonstituierende Elemente analysiert. Hierbei sollen Fragen beantwortet werden, welche europäischen Identitätskonzeptionen in der Berichterstattung zur Gezi-Park-Bewegung bestimmt werden können. Von großer Bedeutung ist auch die Frage, in welchen Identitätskonzeptionen Fremd- und Feindbilder artikuliert werden, wie zum Beispiel durch Vorurteile, Stereotypen etc.

Nach Beantwortung der Forschungsfragen werden vor dem Hintergrund der aus der Theorie gewonnenen Erkenntnisse Rückschlüsse im Rahmen der europäisch-türkischen Debatte auf Konstruktionen europäischer Identität gezogen. Im Fokus des Forschungsinteresses steht somit der Untersuchungsbereich, welcher sich mit Frames im Hinblick auf Fragen europäischer Identitätskonstruktionen und Konstruktionen des ›Anderen‹ befasst. Die vorgestellten Forschungsfragen werden mithilfe empirischer Erhebungsmethoden der qualitativen und quantitativen Inhaltsanalyse beantwortet. Das methodische Vorgehen wird in den folgenden Kapiteln dargestellt.

7.2 QUALITATIVE VORSTUDIE ZUR BESTIMMUNG DER FRAME-ELEMENTE

Wie schon eingangs dargestellt wurde, werden Frames in der ersten Phase der Framing-Analyse mittels einer qualitativen Inhaltsanalyse explorativ ermittelt. Für die Framing-Analyse kommt eine Inhaltsanalyse deshalb zur Anwendung, weil sie »eine Methode zur Erhebung sozialer Wirklichkeit, bei der von Merkmalen eines manifesten Textes auf Merkmale eines nichtmanifesten Kontextes geschlossen wird« darstellt, und somit erfasst werden kann, wie die Berichterstattung zum möglichen Beitritt der Türkei zur Europäischen Union in europäischen und türkischen Tageszeitungen beschaffen ist (Merten 1995, 15). So wird für die Erfassung von Frames in der ersten Phase eine qualitative Inhaltsanalyse durch induktive Kategorienbildung als Vorstudie zur quantitativen Inhaltsanalyse durchgeführt, um eine möglichst umfassende Vollständigkeit hinsichtlich des Untersuchungsmaterials sicherzustellen. Deshalb wird im Folgenden zunächst die qualitative Inhaltsanalyse als Erhebungsinstrument für die Ermittlung von Frames dargestellt. Einen Kernpunkt bildet dabei die Kategorienbildung und ihre Operationalisierung, auf die sich die qualitative Inhaltsanalyse stützt.

7.2.1 Zusammenfassende Technik des Interpretierens

Die Grundidee der qualitativen Inhaltsanalyse kann nach Philipp Mayring (2002, 114) folgendermaßen definiert werden: Die »qualitative Inhaltsanalyse will Texte systematisch analysieren, indem sie das Material schrittweise mit theoriegeleitet am Material entwickelten Kategoriensystemen bearbeitet«. Einen Kernpunkt des qualitativen inhaltsanalytischen Verfahrens bildet dabei die Entwicklung eines Kategoriensystems, das im Hinblick auf die Theorie beziehungsweise die Forschungsfragen und das zugrunde liegende Datenmaterial entwickelt wird. Für die qualitative Inhaltsanalyse definiert Mayring (2008, 58ff.) insgesamt drei Grundtechniken des Interpretierens: die zusammenfassende, die explizierende und die strukturierende Inhaltsanalyse. Die zusammenfassende Technik der Inhaltsanalyse ermöglicht es, die Daten durch Bündelung so zu reduzieren und zu abstrahieren, dass die wichtigen Inhalte dennoch erhalten bleiben (vgl. ebd., 58). So wird durch Abstraktion ein überschaubarer Korpus geschaffen, »der immer noch Abbild des Grundmaterials ist« (ebd., 58). In der explizierenden Inhaltsanalyse können unzureichend beschriebene Textstellen durch Kontextmaterial zu den Daten ergänzt werden (vgl. ebd., 58). Und mittels der strukturierenden Inhaltsanalyse können formale und inhaltliche Skalierungen vorgenommen werden mit dem Ziel, »bestimmte Aspekte aus dem Material herauszufiltern, unter vorher festgelegten Ordnungskriterien einen Querschnitt durch das Material zu legen oder das Material aufgrund bestimmter Kriterien einzuschätzen« (ebd., 58). Um das Datenmaterial der Untersuchung schrittweise zu reduzieren und zu abstrahieren, kommt die zusammenfassende Technik der qualitativen Inhaltsanalyse zum Einsatz. Aufgrund des umfangreichen Datenmaterials und der Tatsache, dass die qualitative Inhaltsanalyse als Vorstudie der eigentlichen Inhaltsanalyse und somit zur Vervollständigung der Ermittlung von Frames konzipiert ist, scheint die qualitative Zusammenfassung am geeignetsten für dieses Vorhaben.[3] Frames werden in der ersten Phase also durch Bündelung von Aussagen und Streichung von unbedeutenden Textteilen ermittelt. Dies erfolgt im Rahmen einer induktiven Kategorienbildung auf der Basis des zu analysierenden Datenmaterials. Die Kategorien werden demzufolge direkt aus dem Datenmaterial ohne Bezug auf theoretische Vorannahmen in einem Verallgemeinerungsprozess abgeleitet. Die Arbeitsschritte der zusammenfassenden Technik der qualitativen Inhaltsanalyse fasst Mayring (ebd., 59ff.), in Abbildung 14 dargestellt, zusammen:

Abbildung 14: Ablaufmodell zusammenfassender Inhaltsanalyse

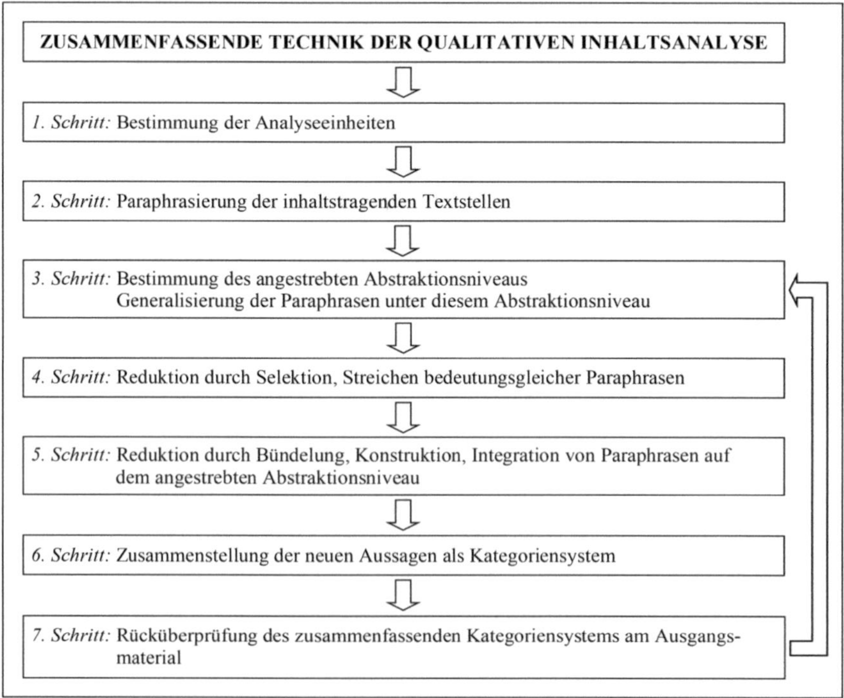

Quelle: Eigene Darstellung nach Mayring (2008, 60)

3 Da in der Arbeit die zusammenfassende Technik der qualitativen Inhaltsanalyse angewendet wird und eine Darstellung aller Techniken des Interpretierens an dieser Stelle zu umfangreich wäre sowie zu Verwirrungen führen könnte, wird auf die explizierende und strukturierende qualitativ-inhaltsanalytische Technik nicht näher eingegangen. Für weitergehende Informationen darüber siehe: Mayring, Philipp (2008). Einführung in die qualitative Sozialforschung. Weinheim/Basel: Beltz Verlag, 77ff.

Wie der Abbildung 14 zu entnehmen ist, wird im ersten Schritt der zusammenfassenden Inhaltsanalyse das Datenmaterial beschrieben, indem die Kodiereinheiten bestimmt werden. In einem nächsten Schritt werden die Kodiereinheiten durch Paraphrasierung inhaltlich verknappt (vgl. ebd., 61). Nichtinhaltstragende Textbestandteile, wie zum Beispiel ausschmückende oder wiederholende Wendungen, werden dabei nicht berücksichtigt (vgl. ebd., 61). Daran schließt die Bestimmung des Abstraktionsniveaus anhand des Datenmaterials an, indem die Paraphrasen verallgemeinert werden (vgl. ebd., 61). In den darauffolgenden beiden Analyseschritten (Schritt vier und fünf) folgt zum einen eine Reduzierung durch Selektionen des Textmaterials und Streichung inhaltsgleicher, nichtssagender oder unwichtiger Paraphrasen; zum anderen werden in einem zweiten Reduzierungsschritt »mehrere, sich aufeinander beziehende und oft über das Material verstreute Paraphrasen zusammengefasst und durch eine neue Aussage wiedergegeben« (ebd., 61). Handelt es sich beim Datenmaterial um eine überschaubare Menge, werden grundsätzlich alle Paraphrasen herausgeschrieben. Bei großen Materialmengen, wie dies in der Untersuchung der Fall ist, können die reduzierenden Analyseschritte zusammengefasst werden (vgl. ebd., 61). Am Ende der Reduktionsphase erfolgt im sechsten Schritt die Zusammenstellung der neuen Aussagen als Kategoriensystem. Die zusammenfassende qualitative Inhaltsanalyse ist jedoch erst dann abgeschlossen, wenn durch Rücküberprüfung »die als Kategoriensystem zusammengestellten neuen Aussagen das Ausgangsmaterial noch repräsentieren« (ebd., 61). Auf diese Art und Weise kann eine unüberschaubare Materialmenge auf eine überschaubare gekürzt und die wichtigsten Inhalte trotz Reduktionen erhalten werden (vgl. ebd., 74). Zum besseren Verständnis und zur Nachvollziehbarkeit der Reduktionsdurchläufe erfolgt die Kategorienbildung mithilfe der folgenden Tabelle:

Tabelle 2: Qualitative Inhaltsanalyse – Reduktionsdurchgang

Nr.	Zeitung	Erscheinungs-datum	Artikel-überschrift	Para-phrase	Generalisierung/ Reduktion	Kategorien

Quelle: Eigene Darstellung in Anlehnung an Mayring 2008, 64ff.

Wie der Tabelle zu entnehmen ist, werden zunächst die Fallnummer, die Zeitung, in welcher der zu analysierende Artikel erschienen ist, das Erscheinungsdatum sowie die Artikelüberschrift eingetragen. In der nächsten Spalte werden die Paraphrasen der inhaltstragenden Artikel dargestellt und in einem darauffolgenden Schritt generalisiert und reduziert. Unwichtige oder doppelte Aussagen werden in der Spalte ›Generalisierung‹ gestrichen, so dass in der letzten Spalte die übrig gebliebenen Aussagen durch Bündelung zu neuen Aussagen als Kategorien zusammengefasst werden können. Diese werden schließlich mit dem Ausgangsmaterial verglichen, um sicherzustellen, dass die Kategorien folgerichtig abgeleitet wurden. Da die Kategorienbildung einen wesentlichen Analyseschritt darstellt, wird im Folgenden auf diese näher eingegangen.

7.2.2 Qualitativ-inhaltsanalytische Kategorienbildung

Um Kategorien direkt aus dem Datenmaterial in einem Verallgemeinerungsprozess abzuleiten, ist für die zusammenfassende qualitative Inhaltsanalyse die induktive Kategorienbildung von großer Bedeutung (vgl. Mayring 2008, 75). Die deduktive Kategorienbildung bildet das Gegenstück zur induktiven Kategoriendefinition, weil die Kategorien vor dem Hintergrund theoretischer Überlegungen beziehungsweise aus Voruntersuchungen abgeleitet werden (vgl. ebd., 74).[4] Mayring (ebd., 75) beschreibt die Relevanz der induktiven Kategoriendefinition folgendermaßen: Das induktive Vorgehen »strebt nach einer möglichst naturalistischen, gegenstandsnahen Abbildung des Materials ohne Verzerrungen durch Vorannahmen des Forschers, eine Erfassung des Gegenstands in der Sprache des Materials«. Die Kategorien werden also entlang des Datenmaterials beziehungsweise entlang des Textes formuliert. Die bereits vorgestellten Forschungsfragen dienen dabei zur Beschreibung des Themas, anhand deren das Datenmaterial nach möglichen Kategorien analysiert wird (vgl. ebd., 76). Dadurch können vom Thema abweichende Textstellen ausgeschlossen werden. Ein weiterer wichtiger Punkt, der im Rahmen der zusammenfassenden Inhaltsanalyse erfolgen muss, ist die Bestimmung des Abstraktionsniveaus der zu bildenden Kategorien (vgl. ebd., 76). Werden die Artikel beispielsweise hinsichtlich der Ursachen für eine Nichtaufnahme der Türkei in die Europäische Union analysiert, so wäre es dafür irrelevant, eine Kategorie ›Politische Ursachen‹ oder eine Kategorie ›Demokratiedefizit‹ zu bilden.

Es muss vorab festgelegt werden, wie abstrakt beziehungsweise konkret die Kategorien bestimmt werden sollten. Da die hier durchgeführte qualitative Untersuchung die Ermittlung aller möglichen Frames anstrebt, müssen die Katego-

---

4 Da die Kategorien in der qualitativen Inhaltsanalyse der Untersuchung induktiv abgeleitet werden und die deduktive Vorgehensweise im Kapitel über die Durchführung der quantitativen Inhaltsanalyse erläutert wird, konzentriert sich die folgende Darstellung auf die induktive Kategorienbildung. Für detaillierte Informationen zur deduktiven Kategoriendefinition siehe Kapitel 7.3 ›Quantitative Inhaltsanalyse als Verfahren der Framing-Analyse‹.

rien möglichst konkret sein. In diesem Fall wird die Kategorie ›Politische Werte‹ als Hauptkategorie definiert und die Kategorie ›Demokratiedefizit‹ als deren Unterkategorie. Das Ergebnis dieses Prozesses ist die Entwicklung eines Kategorienschemas, das dann in der quantitativen Inhaltsanalyse der Untersuchung zur Ermittlung von Frames dient. Doch bevor die quantitative Erhebung dargestellt wird, erfolgt im nächsten Abschnitt die Beschreibung des qualitativ-inhaltsanalytischen Vorgehens zur Bestimmung von Frame-Elementen.

7.2.3 Vorgehensweise zur Bestimmung der Frame-Elemente

Aufgrund der großen Datenmaterialmenge der Untersuchung ist es unumgänglich, Frame-Elemente vor der Bestimmung von Frames zu kodieren. Matthes (2007, 70ff.) bezeichnet diese Vorgehensweise als manuell-dimensionsreduzierend, weil vor der Identifikation von Frames zunächst die Frame-Elemente und ihre Variablen und deren Ausprägungen manuell kodiert werden (siehe Abbildung 15) und die Identifikation von Frames erst in einem Folgeschritt mit dimensionsreduzierenden Auswertungsverfahren, wie zum Beispiel der Clusteranalyse, stattfindet. Wie bereits erwähnt, werden in dieser Untersuchung die Frame-Elemente nicht nur anhand theoretischer Vorüberlegungen bestimmt, sondern auch direkt am Untersuchungsmaterial ermittelt, um eine möglichst vollständige Darstellung der Frame-Elemente und ihrer Ausprägungen im Hinblick auf die Frage nach den Konstruktionen europäischer Identität vor dem Hintergrund eines möglichen Beitrittes der Türkei zur Europäischen Union zu gewährleisten.[5] Diese Vorgehensweise dient als Vorbereitung für die eigentliche, darauf aufbauende quantitative Inhaltsanalyse. Darüber hinaus sorgt die Vorstudie für ein besseres Verständnis der Frame-Elemente und stellt eine Übersicht über die die jeweiligen Frame-Elemente ordnenden Variablen und deren mögliche Ausprägungen dar, deren Ergebnisse als Grundlage für das quantitativ-inhaltsanalytische Kategoriensystem genutzt werden. Hierfür werden anhand des Untersuchungsmaterials die Frame-Elemente in Bezug auf das Erkenntnissinteresse der Arbeit konkretisiert. Ausgangspunkt der qualitativen Inhaltsanalyse zur Bestimmung der Frame-Elemente ist die Framing-Analyse nach Entman (1993, 52), bei der ein Frame sich aus den bereits in den vorherigen Kapiteln erwähnten

5 Eine erste Ausarbeitung zur Bestimmung von möglichen Frame-Elementen aus theoretischen Überlegungen erfolgte bereits im Kapitel 4.2 ›Selbstbeschreibungen Europas‹. Eine Konkretisierung der möglichen theoretischen Frame-Elemente sowie der empirischen Frame-Elemente und deren Zusammenführung werden im Kapitel 7.2.4 ›Ergebnisse der qualitativen Vorstudie‹ in Tabelle 4 dargestellt.

vier Elementen zusammensetzt. Dementsprechend geht die qualitative Inhaltsanalyse wie folgt vor (vgl. Abbildung 15):

Abbildung 15: Vorgehensweise zur Bestimmung der Frame-Elemente

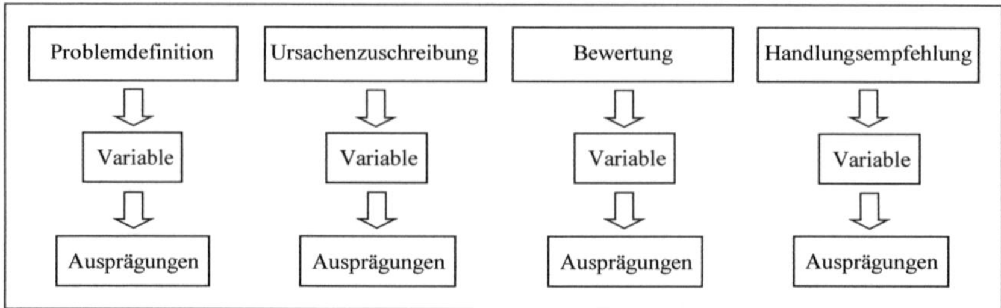

Quelle: Eigene Darstellung

Die theoretische Ausarbeitung zu den Selbstbeschreibungen Europas im Kapitel 4.2 ›Selbstbeschreibungen Europas‹ dient als Grundlage für die qualitative Inhaltsanalyse. Vor dem Hintergrund der wissenschaftlichen Diskussionen über einen möglichen Beitritt der Türkei zur Europäischen Union wurden zunächst Variablen und ihre Ausprägungen hergeleitet (siehe Tabelle 3).

Anhand der Selbstbeschreibungen Europas lassen sich für das erste Frame-Element Probleme definieren, die die Türkei in der Mediendebatte über einen möglichen Beitritt zur Europäischen Union aufweist (siehe Tabelle 3 und Kapitel 4.2 ›Selbstbeschreibungen Europas‹). Im Hinblick auf die Ursachen für die genannten Probleme lassen sich insbesondere situative Beschreibungen finden. Darüber hinaus können unterschiedliche Meinungen über den Beitritt der Türkei zur Europäischen Union festgestellt werden, die in der wissenschaftlichen Diskussion zum Ausdruck kommen. Dabei werden die Argumente über einen türkischen Beitritt im Hinblick auf Matthes' (2007) Bewertungskategorien von sehr positiven bis hin zu sehr negativen Meinungen den entsprechenden Kategorien zugeordnet. Schließlich werden Maßnahmen empfohlen, die die Entwicklung der Türkei in Richtung Europa und folglich einen türkischen Beitritt zur Europäischen Union vorantreiben sollen. Vor diesem Hintergrund wird das Datenmaterial auf der Basis der vier Frame-Elemente nach Entman (1993, 52) und der abgeleiteten Variablen sowie deren Ausprägungen analysiert. Dabei werden alle möglichen Variablen und deren Ausprägungen den entsprechenden Frame-Elementen zugewiesen. Bei der Problemdefinition wird beispielsweise als Variable der Selbstbeschreibungen Europas die ›Geographie‹ bestimmt und deren Ausprägungen, wie zum Beispiel die ›Nichtzugehörigkeit der Türkei zu Europa‹, kodiert. Zur Ursachenzuschreibung kann die Variable ›Situative Ursachen‹ mit ihren Ausprägungen, wie etwa ›Politische Ursachen‹ oder ›Kulturelle Ursachen‹

gezählt werden. Im Frame-Element Bewertung wird anhand einer sechsstufigen Ratingskala die Variable ›Tendenz der Berichterstattung‹ erfasst. Diese gibt Auskunft darüber, ob der zu analysierende Artikel eine ›sehr positive‹, ›eher positive‹, ›ambivalente‹, ›eher negative‹, ›sehr negative‹ oder ›keine‹ Bewertung aufweist. Damit soll herausgefunden werden, wie die Debatten zum Beitritt der Türkei zur Europäischen Union eingeschätzt werden. Schließlich wird die Handlungsempfehlung beispielsweise durch die Kodierung der ›geforderten Maßnahmen‹ und ihren Ausprägungen, wie etwa ›Wahrung der türkischen Demokratie‹ oder ›Einhaltung rechtsstaatlicher Prinzipien ‹ etc. operationalisiert. Für die Weiterentwicklung des Kategorienschemas für die quantitativ-inhaltsanalytische Framing-Analyse wird in der qualitativ-inhaltsanalytischen Untersuchung der gesamte Text eines Artikels aufgenommen und im Hinblick auf mögliche neue Variablen und Ausprägungen, die den einzelnen Frame-Elementen zugeordnet werden können, ergänzt (siehe Tabelle 3).

Tabelle 3: Theoretische Ausarbeitung zu Frame-Elementen und ihre Ausprägungen

Frame-Elemente	**Variablen**	**Ausprägungen**	
Problemdefinition	Geographie	Nichtzugehörigkeit der Türkei zu Europa	
		Nur ein kleiner Teil (3 %) liegt auf europäischem Kontinent	
	Politische Werte	Demokratiedefizit	
		Missachtung der rechtsstaatlichen Prinzipien	
	Menschenrechte	Missachtung der bürgerlichen Rechte	
		Nichteinhaltung der politischen Rechte	
		Verletzung der wirtschaftlichen Rechte	
		Missachtung der sozialen Rechte	
		Verletzung der kulturellen Rechte	
	Wirtschaftsraum	Instabile wirtschaftliche Entwicklung	
		Wichtiger Handelspartner Europas	
	Historische Erinnerungsgemeinschaft	Genozid an den Armeniern	
	Christliche, religiöse Gemeinschaft	Nichtbeachtung der Trennung von Staat und Religion	
		Islamisch geprägtes Land	
	Einheit der kulturellen Vielfalt	Nichtkompatibilität der kulturellen Ordnungsvorstellungen der Türkei	
	Militärunion	Bedeutende Rolle der Türkei als Mitglied der NATO	
		Politischer Militäreinfluss wird nicht unterstützt	
Ursachenzuschreibung	Situative Ursachen	Politische Ursachen	
		Rechtliche Ursachen	
		Wirtschaftliche Ursachen	
		Kulturelle Ursachen	
		Gesellschaftliche Ursachen	
Bewertung	Tendenz der Berichterstattung	Sehr positiv	Eher negativ
		Eher positiv	Sehr negativ
		Ambivalent	Keine Bewertung
Handlungsempfehlung	Geforderte Maßnahmen	Wahrung der türkischen Demokratie	
		Einhaltung rechtsstaatlicher Prinzipien	
		Schutz von Minderheiten	
		Schutz der Menschenrechte	
		Einhaltung der Trennung von Staat und Religion	
		Anpassung der kulturellen Ordnungsvorstellungen	
		Privilegierte Partnerschaft	
		Kein Beitritt	

Das Ergebnis der qualitativen Inhaltsanalyse ist die Vervollständigung der Frame-Elemente und ihrer Ausprägungen zum Thema Konstruktionen europäischer Identität in der Berichterstattung zum Beitritt der Türkei zur Europäischen Union, die der Erstellung des Kategorienschemas für die daran anschließende quantitative Inhaltsanalyse dient.

7.2.4 Ergebnisse der qualitativen Vorstudie

Ergebnis dieser qualitativen Vorgehensweise ist die Definition von weiteren Variablen und deren Merkmalsausprägungen zu einzelnen Frame-Elementen. Um neue Variablen definieren zu können, wurden alle Artikel auf der Grundlage der bereits definierten Variablen untersucht und den Frame-Elementen zugeordnet. Dabei wurde zunächst der Frage nachgegangen, welche Aspekte in der Gezi-Park-Bewegung erfasst werden können. Hierbei wurden eine neue Variable (›Bevölkerung‹) und deren Merkmalsausprägungen dem Frame-Element ›Problemdefinition‹ zugeordnet (siehe Tabelle 4). Darüber hinaus konnten weitere Merkmalsausprägungen der vorab definierten Variablen festgestellt werden. In Bezug auf die Ursachen können anhand des Datenmaterials neben den bereits genannten situativen Ursachen auch politische Akteure kodiert werden, die für die angeführten Probleme verantwortlich gemacht werden. Hinsichtlich des Frame-Elementes Bewertung charakterisieren die gleichen Ausprägungen die Berichterstattung, jedoch überwiegen hier negative bis sehr negative Argumente. Schließlich wurden in Bezug auf die Handlungsempfehlungen weitere Maßnahmen ermittelt.

Die Durchführung der qualitativen Untersuchung erfolgte mithilfe des Textverarbeitungsprogrammes Microsoft Word, das die Paraphrasierung, Generalisierung und die Reduzierung des Textes auf eine einfache und schnelle Art ermöglicht. Im Folgenden wird die Kategorienentwicklung mit den vorab theoretisch hergeleiteten Variablen und ihren Ausprägungen und den neuen Variablen sowie ihren Ausprägungen, die mittels der qualitativen Vorstudie erfasst werden konnten, dargestellt. Um die neuen Variablen und Ausprägungen hervorzuheben, sind diese in Tabelle 4 kursiv dargestellt.

Tabelle 4: Qualitative Vorstudie zu Frame-Elementen und ihre Ausprägungen

Frame-Elemente	**Variablen** (Die aus dem Datenmaterial erhobenen neuen Variablen sind kursiv dargestellt.)	**Ausprägungen** (Die aus dem Datenmaterial erhobenen neuen Ausprägungen sind kursiv dargestellt.)
Problemdefinition	Geographie	Nichtzugehörigkeit der Türkei zu Europa
		Nur ein kleiner Teil (3 %) liegt auf europäischem Kontinent
	Politische Werte	Demokratiedefizit
		Missachtung rechtsstaatlicher Prinzipien: *Missachtung der rechtsstaatlichen Prinzipien im Allgemeinen* *Gewaltsames Vorgehen der Polizei* *Kritik am Umgang mit Demonstrierenden* *Zensur der Medien*
		Geopolitische Lage der Türkei von Bedeutung für die EU
		Instabilität der Innenpolitik
		Zypern-Konflikt
	Menschenrechte	*Nichtbeachtung der Menschenrechte im Allgemeinen*
		Missachtung der bürgerlichen Rechte: *Missachtung der bürgerlichen Rechte im Allgemeinen* *3-Kinder-Bürgerpflicht* *Abtreibungsverbot* *Alkoholverbot* *Benutzung von Medien wird zensiert* *Kaiserschnittverbot* *Kleiderordnung* *Kussverbot* *Grundwerte der Freiheit* *Verletzung der freien Meinungsäußerung*
		Nichteinhaltung der politischen Rechte: *Demonstrationsfreiheit*
		Verletzung der wirtschaftlichen Rechte
		Verletzung der sozialen Rechte
		Verletzung der kulturellen Rechte: *Rassismus* *Unterdrückung ethnischer Minderheiten* *Unterdrückung kultureller Minderheiten*
	Wirtschaftsraum	Instabile wirtschaftliche Entwicklung: *Proteste als Ursache für Unsicherheiten am Finanzmarkt*
		Wichtiger Handelspartner Europas
		Wirtschaftlicher Fortschritt
	Historische Erinnerungsgemeinschaft	Genozid an den Armeniern
	Christliche, religiöse Gemeinschaft	Nichtbeachtung der Trennung von Staat und Religion
		Islamisch geprägtes Land
		Islamisierung der EU-Länder

		Islamisierung der Türkei: *Islamisierung der Türkei im Allgemeinen* *Alkoholverbot* *Getrennte Räume* *Kleiderordnung* *Kopftuchtragen*
	Einheit der kulturellen Vielfalt	Nichtkompatibilität der kulturellen Ordnungsvorstellungen der Türkei
	Militärunion	Bedeutende Rolle der Türkei als Mitglied der NATO
		Politischer Militäreinfluss wird nicht unterstützt
	Bevölkerung	*Bevölkerungswachstum*
		Große Anzahl an jungen Leuten
		Spaltung der türkischen Gesellschaft
Ursachen-zuschreibung	Akteurinnen und Akteure	Menschen gegen islamisch-konservative Regierung
		Autoritärer Führungsstil der Regierung
		Instrumentalisierung der türkischen Bevölkerung in europäischen Ländern durch die türkische Regierung
		Reformer
		Türkische Regierung gegen Kritiken
		Verteidigung Atatürks Erbe
	Situative Ursachen	Politische Ursachen: *Demokratische Werte* *Instabilität der innenpolitischen Entwicklung* *Islamisierung der Türkei* *Missachtung der rechtsstaatlichen Prinzipien* *Syrienpolitik* *3-Kinder-Bürgerpflicht* *Abtreibungsverbot* *Alkoholverbot* *Kaiserschnittverbot* *Kussverbot* *Missachtung der bürgerlichen Rechte* *Missachtung der Freiheitsrechte* *Missachtung der Meinungsfreiheit* *Missachtung der Menschenrechte* *Zensur der Medien*
		Wirtschaftliche Ursachen: *Instabilität der wirtschaftlichen Entwicklung* *Privatisierung als wirtschaftliche Ursache*
		Kulturelle Ursachen: Missachtung der kulturellen Rechte Nichtkompatibilität der kulturellen Ordnungsvorstellungen der Türkei
		Gesellschaftliche Ursachen: *Bevölkerungsgröße* *Spaltung der Gesellschaft*

Bewertung	Tendenz der Berichterstattung	Sehr positiv	Eher negativ
		Eher positiv	Sehr negativ
		Ambivalent	Keine Bewertung
Handlungs-empfehlung	Geforderte Maßnahmen	Wahrung der türkischen Demokratie	
		Einhaltung rechtsstaatlicher Prinzipien	
		Schutz von Minderheiten	
		Schutz der Menschenrechte: *Schutz der Menschenrechte im Allgemeinen* *Meinungsfreiheit*	
		Einhaltung der Trennung von Staat und Religion	
		Anpassung der kulturellen Ordnungsvorstellungen	
		Privilegierte Partnerschaft	
		Kein Beitritt	
		Erfüllung der Kopenhagener Kriterien	
		Forderung nach Rücktritt des türkischen Premierministers	
		Umsetzung weiterer Reformen	
		Fortsetzung der Beitrittsverhandlungen	
		Aussetzung der Beitrittsverhandlungen	

Mit der qualitativen Vorstudie wurde die intersubjektive, transparente und präzise sowie vollständige Darstellung der Frame-Elemente mit ihren Ausprägungen angestrebt. Die Ergebnisse der qualitativen Vorstudie leiten zur nächsten Erhebungsphase über.

7.3 QUANTITATIVE INHALTSANALYSE ALS VERFAHREN DER FRAMING-ANALYSE

Die erste Phase des Forschungsdesigns bildet die Grundlage für die quantitative Erhebung zur Bestimmung von Frames, bei der durch die qualitative Vorstudie bestimmte Frame-Elemente der Problemdefinition, Ursachenzuschreibung, Bewertung sowie Handlungsempfehlung und deren Ausprägungen erfasst wurden.

In der zweiten Phase werden nun mithilfe der quantitativen Inhaltsanalyse Frames bestimmt. Die quantitative Inhaltsanalyse ist »eine empirische Methode zur systematischen, intersubjektiv nachvollziehbaren Beschreibung inhaltlicher und formaler Merkmale von Mitteilungen«, so Früh (2007, 24). Quantitative Inhaltsanalysen dienen folglich insbesondere der objektiven und systematischen Untersuchung sowie der quantitativen Deskription von manifesten Merkmalen eines Kommunikationsprozesses. Mittels dieser Forschungstechnik wird analysiert, welche tatsächlichen Inhalte der Text hat (vgl. Pürer 1993, 184). Nach Brosius und Koschel (2005, 140) ermöglicht die quantitative Inhaltsanalyse die Erfassung von formalen und inhaltlichen Merkmalen sowie die Analyse großer Textmengen. Demgemäß hat die quantitative Inhaltsanalyse das Anliegen, die Komplexität des zu untersuchenden Datenmaterials der Texte zu reduzieren, indem das Hauptaugenmerk nicht auf Einzelfälle gelegt wird, sondern auf gemeinsame Merkmale der Berichterstattung (vgl. Rössler 2005, 16f.). So wird nicht die ganze Komplexität von Zeitungsartikeln erfasst, »sondern nur wenige ausgewählte Merkmale derselben werden reduktiv analysiert« (Brosius/Koschel 2005, 140). Dadurch ist ein Vergleich der erhobenen Daten möglich (vgl. Herkner 1974, 159). Hierfür müssen die ausgewählten Merkmale mit Zahlenwerten belegt sein (vgl. Schnell/Hill/Esser 1995, 374). Zudem ist die intersubjektive Überprüfung der Kodierung bei einer quantitativen Inhaltsanalyse leichter möglich als bei einer qualitativen Inhaltsanalyse, was eine höhere Reliabilität zur Folge hat (vgl. Dahinden 2006, 231).

Da es bei der quantitativen Inhaltsanalyse vorwiegend um die Erfassung formaler Merkmale und inhaltlicher Strukturen der für die Forschungsfragen relevanten Textinhalte geht, bietet sich diese Erhebungsmethode für die Untersuchung besonders gut an, um die Frame-Elemente und deren Ausprägungen zu kodieren. Das Textmaterial wird wie schon erwähnt daraufhin untersucht, welche Frames aufgegriffen werden und wie berichtet wird. Die einzelnen Aussagen werden aber nicht nur isoliert betrachtet, sondern in einen Zusammenhang zu anderen Aussagen im Text gebracht. Sie werden beispielsweise danach differenziert, ob sie vor dem Hintergrund einer Befürwortung oder Ablehnung des Beitrittes der Türkei zur Europäischen Union gemacht werden. Es wird also nicht nur das Vorkommen von Themen erfasst, sondern auch, welche Merkmale zusammen vorkommen, um in einem weiteren Schritt mithilfe einer Clusteranalyse Frames identifizieren zu können.

Um eine quantitative Inhaltsanalyse durchführen zu können, ist zunächst die Entwicklung eines Kategoriensystems erforderlich. Die Bildung des Kategoriensystems für dic quantitative Inhaltsanalyse erfolgt, wie bereits angesprochen, zum einem theoriegeleitet anhand der im Theorieteil ausgearbeiteten Selbstbeschreibungen Europas; zum anderen empiriegeleitet durch die Bestimmung der Frame-Elemente mithilfe der qualitativen Inhaltsanalyse. Die Erstellung des Kategoriensystems dient vor allem zur Festlegung der Merkmale, mittels derer das Untersuchungsmaterial herausgefiltert wird. Hierfür werden zunächst alle Textstellen markiert, in denen die Begriffe Europa, Europäische Union, europäische Identität und Türkei vorkommen. Danach werden jene Textstellen hervorgehoben, die sich explizit auf einen möglichen Beitritt der Türkei zur europäischen

Union beziehen. Wie schon erwähnt dienen die anhand der theoretischen Ausführung herausgearbeiteten Selbstbeschreibungen Europas insbesondere zur ersten Kategorienbildung im Rahmen der Bestimmung der Frame-Elemente (siehe Tabelle 4), während die durch die qualitative Inhaltsanalyse erhobenen Kategorien die Präzisierung der einzelnen Kategorien unterstützen. Die Kategorien geben dabei an, was erhoben und gemessen werden soll (vgl. Brosius/Koschel/Haas 2008, 154). Die Kategorien »stellen die Analyseaspekte dar, also die Themen, Eigenschaften, Bereiche, die am Text untersucht werden sollen« (Mayring/Hurst 2005, 438). Somit strebt die quantitative Inhaltsanalyse keine Auswertung eines Beitrages aller Aspekte an, sondern untersucht mittels der Forschungsfragen und der daraus hergeleiteten Kategorien bestimmte Aspekte der einzelnen Beiträge. Bei der Durchführung der Inhaltsanalyse muss darauf geachtet werden, dass alle möglichen Ausprägungen der einzelnen Kategorien vollständig erfasst werden (vgl. Holsti 1969, 95). Mithilfe von Hauptkategorien werden dabei Unterkategorien gebildet, die voneinander unabhängig sein müssen und nicht miteinander korrelieren dürfen (vgl. Schnell/Hill/Esser 1995, 376). Zudem ist auf die wechselseitige Exklusivität der Kategorien zu achten, indem jeder Textteil nur einer Kategorie beziehungsweise einer Ausprägung der Kategorie zugeordnet werden darf und sich somit die Kategorien untereinander ausschließen (vgl. Holsti 1969, 95). Hierzu müssen die Kategorien eindeutig definiert werden, um eine klare Zuordnung von Textteilen zu den Kategorien zu gewährleisten. Nicht zuletzt müssen die Kategorien einem einheitlichen Klassifikationsprinzip entsprechen, indem die Ausrichtung der Merkmalsausprägungen der einzelnen Kategorien nach einer Dimension erfolgt (vgl. ebd., 95).

Darüber hinaus muss eine Inhaltsanalyse den klassischen Gütekriterien der Reliabilität (Zuverlässigkeit) und Validität (Gültigkeit) standhalten (vgl. Friedrichs 1973, 100ff.). Die Reliabilität erfasst die Zuverlässigkeit der Kodierleistungen und bezieht sich »auf die Stabilität und Genauigkeit der Messungen sowie die Konstanz der Messbedingungen« (Friedrichs 1980, 102). Dabei wird erfasst, ob bei gleichem Datenmaterial und gleichen Kategorien bei einer Neukodierung dieselben Ergebnisse erzielt werden (vgl. Atteslander 2000, 228). Die Framing-Analyse ist umso zuverlässiger, je verständlicher und eindeutiger die Kategorien bestimmt werden und je standardisierter die Untersuchung ist. Die Validität hingegen gibt Hinweise auf die Gültigkeit der Untersuchung und ermittelt, »ob das gemessen wird, was gemessen werden sollte« (Friedrichs 1980, 100). Bei der Framing-Analyse geht es hier vor allem darum, ob die Frames tatsächlich gültige Indikatoren für die entsprechende Dimension eines theoretischen Begriffes sind. Dabei ist auf die sprachliche und inhaltliche Verständlichkeit der Kategorien zu achten. Sprachliche Verständlichkeit ist gegeben, wenn die Frames auf einem bestimmten Sprachniveau formuliert sind. Der Aspekt der inhaltlichen Verständlichkeit bezieht sich darauf, ob die Frames ihrer Intention entsprechend verstanden werden.[6] Vor dem Hintergrund dieser Gütekriterien werden im Folgenden Kategorien für die quantitativ-inhaltsanalytische Framing-Analyse gebildet. Das Kategoriensystem setzt sich eingangs aus formalen Kategorien zusammen, die Informationen über formale Aspekte der Berichterstattung enthalten, da die Erfassung dieser Merkmale weitere mögliche Erklärungen liefern kann und eine bessere Einordnung der Ergebnisse ermöglicht. Dazu gehören folgende Kategorien: fortlaufende Nummerierung der Artikel, Titel des Artikels, Erscheinungsort des Artikels, Zeitungstitel, Erscheinungsdatum des Artikels, Umfang des Artikels, Verfasserin beziehungsweise Verfasser des Artikels, Ressort des Artikels und die Art der Berichterstattung.[7] Rössler (2005, 104ff.) zufolge dienen formale Kategorien bei der Analyse inhaltlicher Kategorien als Differenzierungskriterien. Es wird beispielsweise erfasst, in welchem Ressort Frames häufiger festzustellen sind.

In einem zweiten Schritt werden inhaltliche Merkmale der einzelnen Artikel erfasst. Hier liegt das Hauptaugenmerk auf den, als Variablen definierten, Frame-Elementen und deren Ausprägungen. In einem weiteren Analyseschritt werden mithilfe einer Clusteranalyse dann Frames identifiziert. Dabei stellen die in Tabelle 4 aufgeführten Variablen die wichtigsten inhaltlichen Kategorien dar.

Einer der wichtigsten Schritte bei der Durchführung von Inhaltsanalysen ist die Kodierung. Um Kodierfehler auszuschließen und die Reliabilität sowie die Transparenz der Untersuchung zu erhöhen, wird ein Kodierbuch erstellt, in dem die Kategorien genau erläutert werden und definiert sind. Dadurch wird auch gesichert, dass die einzelnen Kategorien den genannten Kriterien entsprechen. Nachdem die Kategorien hergeleitet sind, werden die einzelnen Artikel analysiert, verschlüsselt, und in einem folgenden Schritt erfolgt eine statistische Auswertung der Ergebnisse (vgl. Atteslander 2000, 226). Zur Vereinfachung der Auswertung werden keine Kodierbögen benutzt, sondern die einzelnen Kodes werden direkt in das Datenanalyseprogramm SPSS (Statistical Package for the Social Science) eingetragen und im Anschluss ausgewertet. Der Kode wird als die tatsächliche Ausprägung der Kategorie verstanden (vgl. Prommer 2005,

6 Ein Pretest im engeren Sinne wird nicht durchgeführt, da die Artikel von der Autorin dieses Buches kodiert werden und somit eine mögliche Fehlinterpretation beziehungsweise Missdeutung ausgeschlossen ist.

7 Da die Artikel anhand verschiedener digitaler Datenbanken herausgefiltert wurden, kann die optische Aufmachung der Artikel nicht erhoben werden, weil weder Bilder noch Grafiken in diesen Datenbanken erfasst werden.

405), der gleichzeitig als das Ergebnis der Kodierung interpretiert werden kann, indem von der Kodiererin beziehungsweise vom Kodierer den für die Fragestellung relevanten Informationen Zahlenwerte zugeordnet werden, um eine statistische Auswertung zu ermöglichen (vgl. ebd., 19). Mithilfe der Inhaltsanalyse wird untersucht, ob die definierten Kategorien in den einzelnen Artikeln enthalten sind oder nicht. Dabei ist der einzelne Artikel als Analyseeinheit bestimmt. Auf Basis des entwickelten Kategorienschemas werden die Merkmalsausprägungen den einzelnen Frame-Elementen zugeordnet. Die Kodierung der einzelnen Artikel wird wie in Abbildung 16 skizziert durchgeführt.

Abbildung 16: Vorgehensweise bei der Kodierung

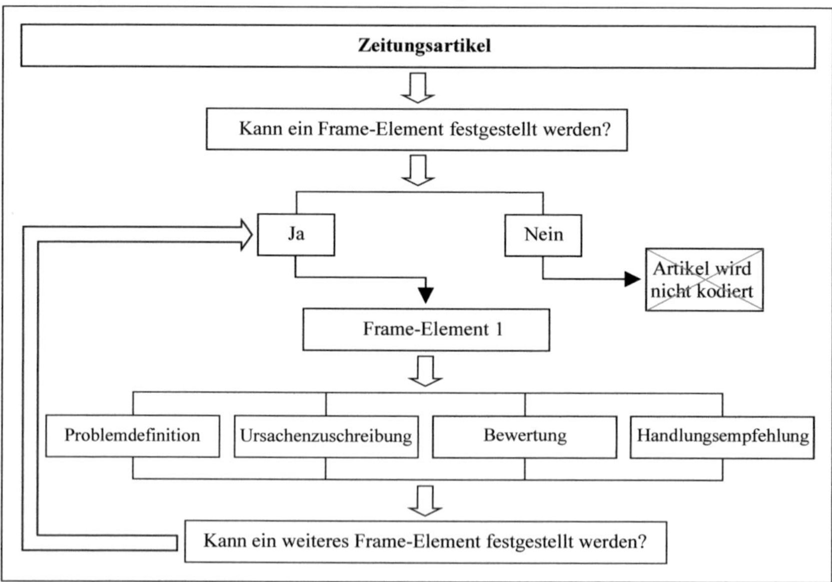

Quelle: Eigene Darstellung

Wie der Abbildung 16 zu entnehmen ist, werden die Artikel auf ihren Gehalt an Frame-Elementen analysiert und dem entsprechenden Frame-Element zugeordnet. Dieser Vorgang wird so lange wiederholt, bis alle Frame-Elemente und ihre Ausprägungen kodiert worden sind. Dabei kann eine Aussage mehreren Frame-Elementen zugeordnet werden. Die Ergebnisse der quantitativen Kodierung dienen dazu, Frames mithilfe einer Clusteranalyse[8] zu identifizieren.

8 Zum besseren Verständnis und aus Gründen der besseren Nachvollziehbarkeit der Durchführung der Clusteranalyse werden die einzelnen Verfahren dieser Analyse im

Matthes (2007, 71) geht davon aus, »dass sich die empirischen Ausprägungen der als Variablen operationalisierten und mittels einer Inhaltsanalyse erfassten Frame-Elemente in einer je charakteristischen Weise gruppieren und so zu verschiedenen Mustern formen können«. Lassen sich dabei über mehrere Artikel hinweg wiederholt vorkommende Muster von Frame-Elementen feststellen, so sind diese Deutungsmuster als Frames zu identifizieren (vgl. ebd., 71). Hierfür schlägt Scheufele (2003, 118) eine Clusteranalyse vor, bei der Merkmale der Berichterstattung erfasst und verdichtet werden. Auch andere Autoren, wie etwa Semetko/Valkenburg (2000), Kohring/Matthes (2002) oder Harden (2002) setzten für die Identifikation von Medienframes das Clusteringverfahren ein. Die Clusteranalyse bietet sich für diese Untersuchung deshalb gut an, weil sie generell die Komplexität von Daten reduziert, indem möglichst ähnliche Fälle zu einem Cluster zusammengefasst werden können. Im Rahmen der Clusteranalyse werden die Ausprägungen der einzelnen Variablen geclustert, um Artikel mit ähnlichen Aussagen zusammenzufassen (vgl. Matthes 2007, 71). Die Ergebnisse einer Clusteranalyse können als befriedigend bezeichnet werden, wenn »die Unterschiede innerhalb einer Gruppe möglichst klein und zwischen den Gruppen möglichst groß« sind (ebd., 71). Demnach weisen die zusammengefassten Fälle innerhalb einer Gruppe ähnliche Merkmalsausprägungen auf, während die Fälle aus anderen Gruppen eher davon abweichende Ausprägungen beinhalten (vgl. Hair/Black 2008, 146). Die ermittelten Cluster werden dabei als Frames interpretiert (vgl. Scheufele 2003, 118). Auch Matthes und Kohring (2008, 263) schlagen vor, Frames nicht direkt im Datenmaterial zu bestimmen, sondern zunächst mithilfe inhaltsanalytischer Erhebungsinstrumente die Frame-Elemente zu erfassen und erst in einem weiteren Schritt herauszuarbeiten, welche Frame-Elemente und deren Ausprägungen einen Medienframe bilden.

Backhaus (2006, 490) beschreibt die Clusteranalyse als eine »Analyse einer heterogenen Gesamtheit von Objekten (z. B. Personen, Unternehmen), mit dem Ziel, homogene Teilmengen von Objekten aus der Objektgesamtheit zu identifizieren«. Die Vorgehensweise bei der Clusteranalyse erklärt Backhaus (ebd., 492) in drei Ablaufschritten: 1. die Bestimmung der Ähnlichkeiten zwischen zwei Objekten; 2. die Fusionierung von Objekten mit ähnlichen oder gleichen Beschrei-

---

Ergebniskapitel 8.2 ›Identifikation von Medienframes‹ im Zuge der Darstellung der Ergebnisse diskutiert. Dieser Abschnitt soll ausschließlich in die Clusteranalyse einführen.

bungsmerkmalen in einer Gruppe; und 3. die Festlegung der optimalen Clusteranzahl, um ein möglichst datennahes Ergebnis zu erhalten.[9]

Die Vorgehensweise bei der Zusammenführung der Ausprägungen der jeweiligen Frame-Elemente wird vor dem Hintergrund der Forschungsfragen (siehe Abbildung 13 im Kapitel 7.1 ›Forschungsfragen‹) der Arbeit bestimmt. Demzufolge wird in einem ersten Schritt anhand der Clusteranalyse der Frage nach in Bezug auf den Untersuchungsgegenstand existierenden Frames nachgegangen. Die Operationalisierung von Frames erfolgt in dieser Untersuchung, nachdem Ausprägungen der vorher besprochenen Kategorien im Hinblick auf ihr Vorkommen beziehungsweise Nichtvorkommen kodiert wurden. Mit einer anschließenden Clusteranalyse werden die kodierten Frame-Elemente ausgewertet und Frames in der Berichterstattung zum Beitritt der Türkei zur Europäischen Union bestimmt. Die Merkmalsausprägungen der einzelnen Frame-Elemente, die am häufigsten in den Clustern enthalten sind, stellen dabei die Basis für die Identifikation von Frames dar.

Können Frames festgestellt werden, so werden in einem Folgeschritt deren formale inhaltliche Zusammensetzung beschrieben. Nachdem die inhaltliche Struktur der Medienframes bestimmt worden ist, erfolgt ein Vergleich der identifizierten Medienframes im Hinblick auf die zu untersuchenden Tageszeitungen und deren Erscheinungsland. Für die vergleichende Gegenüberstellung der Länder und Zeitungen ist dabei kein clusteranalytisches Verfahren nötig. Der Vergleich wird anhand einer Kreuztabelle in SPSS dargestellt und interpretiert. Auch für die Beantwortung der Forschungsfragen nach europäischen Identitätskonzeptionen wird keine Clusteranalyse angewendet.

7.4 BESTIMMUNG DER STICHPROBE

Ein essenzieller Vorgang bei einer empirischen Arbeit ist die Bestimmung der Stichprobe. Die Debatten um einen möglichen Beitritt der Türkei zur Europäischen Union wurden vor der Fertigstellung der empirischen Erhebung vor allem während der Gezi-Park-Bewegung 2013 besonders emotional und reich an Argumenten beziehungsweise Deutungen geführt. Auch nach dem gescheiterten

---

9 Auf die einzelnen Ablaufschritte der Clusteranalyse wird im Kapitel 8.2 ›Identifikation von Medienframes‹ detaillierter eingegangen. Für eine nähere Ausführung über verschiedene clusteranalytische Verfahren siehe: Backhaus, Klaus/Erichson, Bernd/Plinke, Wulff/Weiber, Rolf (2006). Multivariate Analysemethoden. Eine anwendungsorientierte Einführung. Springer-Lehrbuch. Berlin: Springer Verlag, Seite 490ff.

Putschversuch am 15. Juli 2016 war die türkische Regierung für kurze Zeit sowohl in türkischen als auch in internationalen Tageszeitungen ein großes Diskussionsthema, doch in den veröffentlichten Zeitungsartikeln ging es dabei grundsätzlich um die Auseinandersetzungen der Türkei mit der Gülen-Bewegung.[10] Vor dem Hintergrund des Erkenntnisinteresses der Arbeit wird aus diesem Grund die Mediendebatte über die Gezi-Park-Bewegung analysiert. Grundsätzlich würde sich auch eine Analyse von Printmedien, Fernseh- und Radiosendungen oder eine Untersuchung der Onlineberichterstattung anbieten. Dass Tageszeitungen als Untersuchungsmaterial herangezogen werden, ergibt sich aus der Tatsache, dass manifeste Texte längerfristig vorliegend analysiert werden können und eine Reduktion der ohnehin großen Komplexität der Daten vorgenommen werden kann. Darüber hinaus ist eine breit gefächerte Berichterstattung mit all den unterschiedlichen journalistischen Darstellungsformen für die Framing-Analyse von großem Vorteil, um eine detaillierte Untersuchung von Frames durchzuführen. Ein weiterer Entscheidungsgrund, Tageszeitungen zu analysieren, beruht auf der Überlegung, dass Diskussionen über Konstruktionen europäischer Identität und über einen möglichen Beitritt der Türkei zur Europäischen Union insbesondere in Zeitungen geführt werden.

Auch in anderen Massenmedien wie Fernsehen, Radio und Internet werden diese Themen aufgegriffen, allerdings meist nur kurzzeitig in Verbindung mit einem aktuellen Ereignis. Ein wesentlicher Vorteil der Zeitungen, hier insbesondere der Tageszeitungen, liegt in der Aktualität der publizierten Artikel. Arbeitstechnisch steht die Verfügbarkeit des Datenmaterials im Vordergrund. Mithilfe von digitalen Datenbanken ist es möglich, einen unkomplizierten und schnellen Zugriff auf Printmedien zu haben, auch wenn das Erscheinungsdatum der publizierten Tageszeitung länger zurückliegt. Im Vergleich dazu stellt die Aufzeichnung von Fernseh- und Radiobeiträgen eine große Schwierigkeit dar und wäre folglich mit großem Aufwand verbunden.

Weiter wurde entschieden, nicht nur Tageszeitungen eines Landes zu untersuchen, sondern eine länderübergreifende Analyse durchzuführen, da Untersuchungen der Berichterstattung zum Beitritt der Türkei zur Europäischen Union in Printmedien eines einzigen Landes bereits durchgeführt wurden. Eine Untersuchung in mehreren Ländern liegt jedoch bisher nicht vor. Vor dem Hintergrund dieser Überlegungen wird für die Untersuchung im Rahmen der öffentlichen Mediendebatte über die Gezi-Park-Bewegung im Jahr 2013 in ausgewählten Printmedien aus fünf Ländern eine Analyse über Konstruktionen europäi-

10 Siehe hierzu auch Kapitel 5.2 ›Politische und wirtschaftliche Entwicklung der Türkei nach Atatürk‹.

scher Identität durchgeführt. Bezüglich der Auswahl der Länder wird neben Mitgliedsländern der Europäischen Union auch die Türkei einbezogen. Dies betrifft zum einen die praktische Seite der Realisierbarkeit, weil die Autorin des Buches über die Sprachkenntnisse der jeweiligen Untersuchungsländer verfügt. Zum anderen betrifft dies auch das Wissen der Autorin zu anderen politischen und gesellschaftlichen Fragen. Bei der Auswahl der Länder wird auf die Eurobarometerstudie Bezug genommen (vgl. European Commission 2016c, online). Damit es zu keiner Verzerrung der Ergebnisse der Untersuchung kommt, werden gleich viele Befürworter und Gegner in Bezug auf das Meinungsbild der Bevölkerung der jeweiligen Untersuchungsländer im Jahr 2013 herangezogen. Hierfür werden jeweils zwei Befürworter (Italien und Spanien) und zwei Gegner (Deutschland und Österreich) eines Beitrittes der Türkei zur Europäischen Union ausgewählt.[11] Doch nicht nur in europäischen Ländern werden Diskurse über Konstruktionen europäischer Identität geführt, sondern auch in der Türkei wird darauf Bezug genommen, da die europäischen Diskurse meist vor dem Hintergrund eines möglichen Beitrittes der Türkei zur Europäischen Union stattfinden. Denn Thomas Risse (2001, 198ff.) zufolge entstehen Diskurse in einem interaktiven Prozess: Indem in Europa über Konstruktionen europäischer Identitäten im Hinblick auf den Türkei-Beitritt zur Europäischen Union diskutiert wird, wird die Türkei zur Handlung angeregt. So sind in diesem interaktiven Prozess nicht nur die in Europa geführten Diskurse für Konstruktionen europäischer Identitäten von Bedeutung, sondern auch türkische Diskurse prägen europäische Identitätskonstruktionen performativ mit.

Da eine Gesamterhebung aller in den ausgewählten Ländern erscheinenden Tageszeitungen, über die etwas ausgesagt werden soll, also eine Vollerhebung, aus arbeitsökonomischen Gründen nicht durchführbar ist, wird eine Stichprobe aus der Grundgesamtheit gezogen.

Vor dem beschriebenen Hintergrund bilden Qualitäts- und Boulevardzeitungen aus fünf Ländern, die über die Gezi-Park-Bewegung berichteten, die Grundgesamtheit. Das Untersuchungssample wurde dahingehend reduziert, dass die im Jahr der Gezi-Park-Proteste 2013 reichweitenstärksten Zeitungen der Untersuchungsländer analysiert werden. Dieser Entscheidung liegt die Überlegung zugrunde, dass die Debatten über einen möglichen Beitritt der Türkei zur Europäi-

11 Eine ausführliche Einführung in die in Europa geführte Debatte über einen möglichen Beitritt der Türkei zur Europäischen Union auf der Ebene der europäischen Öffentlichkeit bietet: Giannakopoulos, Angelos/Maras, Konstadinos (Hrsg.) (2005). Die Türkei-Debatte in Europa. Ein Vergleich. Wiesbaden: VS Verlag für Sozialwissenschaften.

schen Union am intensivsten und folgenreichsten in diesen Zeitungen geführt werden. Ein weiterer Grund ist, dass reichweitenstärkste Zeitungen einen Ausschnitt der Mediendebatte erfassen können und die Bandbreite dessen abdecken, was an Themen in Printmedien insgesamt behandelt wurde. Darüber hinaus kann davon ausgegangen werden, dass reichweitenstärkste Tageszeitungen einen Aufschluss über die dominanten Positionen in den jeweiligen Ländern zulassen. Da im Jahr 2013 in Deutschland, Österreich und in der Türkei Boulevardzeitungen reichweitenstärkste Tageszeitungen sind, wird für diese Länder auch eine Analyse der Boulevardzeitungen durchgeführt, weil davon ausgegangen wird, dass Qualitätszeitungen und Boulevardzeitungen durchaus unterschiedlich berichten. Zu erwähnen sei an dieser Stelle, dass es in Italien und in Spanien keine Boulevardzeitungen gibt. So wird die Stichprobe auf fünf Qualitätszeitungen und drei Boulevardzeitungen der einzelnen Untersuchungsländer reduziert (siehe Tabelle 5).

Tabelle 5: Übersicht der Untersuchungsländer, Tageszeitungen und der zu analysierenden Frames

Untersuchungsland	**Qualitätspresse** (Artikel → Frame-Elemente)	**Boulevardpresse** (Artikel → Frame-Elemente)
Deutschland	Süddeutsche Zeitung (53 → 312)	Bild (37 → 290)
Italien	La Repubblica (35 → 267)	
Österreich	Der Standard (63 → 334)	Kronen Zeitung (43 → 234)
Spanien	El País (39 → 301)	
Türkei	Zaman (38 → 191)	Posta (64 → 269)

Für die Framing-Analyse wurden acht Tageszeitungen herangezogen, die zu einer Stichprobengröße von insgesamt 372 Artikeln führten (vgl. Tabelle 5). Mithilfe der qualitativen Inhaltsanalyse konnte durch die Bestimmung der einzelnen Frame-Elemente in den zu kodierenden Artikeln ein Datensatz mit allen verfügbaren Variablen aufbereitet werden, der zur Bestimmung von Frames angewendet wird. Dieser Datensatz mit insgesamt 2.198 Fällen dient als Grundlage für die quantitative Frame-Identifikation.

Deutschland: ›Bild‹-Zeitung – ›Süddeutsche Zeitung‹

Das Meinungsbild zum Beitritt der Türkei zur Europäischen Union ist innerhalb der Mitgliedsländer der Europäischen Union heterogen. Deutschland gehört zu den Ländern, deren Bürgerinnen und Bürger einen Beitritt der Türkei zur Europäischen Union mehrheitlich ablehnen. In Deutschland sprechen sich laut Eurobarometerstudie über drei Viertel (78 Prozent) der Bevölkerung gegen einen türkischen Beitritt aus, während nur 15 Prozent einen türkischen Beitritt befürworten (vgl. European Commission 2011b, online 89). Da die Frage über die öffentliche Meinung zur Aufnahme der Türkei in die Europäische Union zuletzt im Jahr 2010 in den Eurobarometerstudien gestellt wurde, liegen keine aktuellen Daten der Europäischen Kommission vor. Dennoch kann gesagt werden, dass die deutsche Bevölkerung mehrheitlich in der Türkei kein europäisches Land sehen. Diese ablehnende Haltung spiegelt sich überwiegend in den deutschen Printmedien wider. Allen voran weist die reichweitenstärkste Boulevardzeitung, ›Bild‹, eine negative Einstellung gegenüber einem türkischen Beitritt zur Europäischen Union auf. In der Zeit der Gezi-Park-Bewegung (2013) nahm die ›Bild‹-Zeitung mit einer Reichweite von 17,3 Prozent (2018: 13,4 Prozent) der deutschen Tageszeitungen eine besondere Rolle in der öffentlichen Meinungsbildung ein (vgl. Media-Analyse Pressemedien 2018, online). Unter den deutschen Qualitätszeitungen galt im Jahr 2013 die ›Süddeutsche Zeitung‹ mit zwei Prozent (2018: 1,8 Prozent) zu den meistgelesenen Qualitätszeitungen (vgl. Media-Analyse Pressemedien 2018, online) in Deutschland.

Die ›Bild‹-Zeitung gilt als ein Pionier der Bildmedien und erscheint seit 24. Juni 1952 als überregionale Boulevardzeitung im Axel Springer Verlag (vgl. Axel Springer Verlag 2012, online). Sie wird als eine eher konservative Boulevardzeitung mit teils nationaler Ausrichtung betrachtet (vgl. Bundeszentrale für politische Bildung 2015, online). Der Anspruch von der ›Bild‹-Zeitung lautet: »Näher dran und schneller ran« (Axel Springer Verlag 2012, online). Die ›Bild‹-Zeitung beinhaltet vor allem Exklusivmeldungen, Fotos und große Schlagzeilen über »Politik, Nachrichten und Sport sowie über Wirtschaft und Unterhaltung mit insgesamt 33 unterschiedlichen Regional- und Lokalausgaben« (ebd., online). Durch die Fülle an Fotos richtet sich das Boulevardzeitung somit eher an optische Leserinnen und Leser als an die verbalen (vgl. Straßner 2002, 24). Der Schwerpunkt in der ›Bild‹-Zeitung liegt im Vergleich zu anderen Tageszeitungen Deutschlands insbesondere in der umfangreichen Berichterstattung über Sport (vgl. ebd., online). Darüber hinaus vermittelt die ›Bild‹-Zeitung dramatisiert, sensations- sowie skandalorientiert dargestellte Nachrichten, um möglichst viele Leserinnen und Leser anzusprechen (vgl. Voss 1999). Diese Form der Berichterstattung führt aufgrund ihrer reißerischen und skandalträchtigen Darstellung der Beiträge stets zu Diskussionen in der Öffentlichkeit. Kritikerinnen und Kritiker der ›Bild‹-Zeitung bemängeln vor allem die Darstellung der Sachverhalte in einer verfälschten Art und Weise und werfen ihr vor, nicht auf die Vorschriften des deutschen Presserates zu achten (vgl. Meyn 2001, 119).

Im Gegensatz zur ›Bild‹-Zeitung versteht sich die ›Süddeutsche Zeitung‹ als eine parteipolitisch unabhängige und weltanschaulich ungebundene Qualitätszeitung, die vor allem »zur Information und freien Meinungsbildung« der Leserinnen und Leser beiträgt und eine »liberale und tolerante Grundhaltung« fördert (Süddeutscher Verlag 2016b, online).

Neben der ›Bild‹-Zeitung gehört die ›Süddeutsche Zeitung‹ zu den wichtigsten überregionalen Tageszeitungen Deutschlands. Die ›Süddeutsche Zeitung‹ erschien erstmals am 6. Oktober 1945 im Süddeutschen Verlag in München und gehörte damals zu den Lizenzpressen (vgl. Süddeutscher Verlag 2016a, online). Die Inhalte der Qualitätszeitung beziehen sich nicht nur auf Politik, Wirtschaft und Sport, sondern auch auf die Bereiche Kultur, Wissen, Digital und Leben (vgl. Süddeutsche Zeitung 2016, online). Neben überregionalen Nachrichten widmet sie sich als Qualitätszeitung aus Süddeutschland insbesondere der Berichterstattung aus dem Bundesland Bayern und der Landeshauptstadt München (vgl. Süddeutscher Verlag 2016a, online). Darüber hinaus legt die ›Süddeutsche Zeitung‹ einen großen Wert auf eine ausführliche Auslandsberichterstattung (vgl. Meyn 2001, 105).

Italien: ›La Repubblica‹

Die Bevölkerung Italiens befürwortet mehrheitlich einen türkischen Beitritt zur Europäischen Union. Bereits 2003 sprach sich der damalige Ministerpräsident Silvio Berlusconi[12] für einen baldigen Beitritt der Türkei zur Europäischen Union aus, während die restlichen europäischen Regierungschefs noch über die Beitrittsfähigkeit der Türkei diskutierten (vgl. Middel 2003, online). Für Italien steht dabei vor allem die wirtschaftliche Kooperation mit der Türkei im Vordergrund, denn die Türkei »sei ein bedeutender Absatzmarkt für europäische Exportgüter, ein sicheres Transitland für Energielieferungen und ein zuverlässiger Partner für Sicherheitsfragen« (Aydın 2014, online). Zudem würde ein Beitritt die türkische Demokratie stabilisieren (vgl. ebd., online). Diese Haltung spiegelt sich auch in der italienischen Berichterstattung wider, wie zum Beispiel in der der im Jahr 2013 reichweitenstärksten italienischen Tageszeitung ›La Repubblica‹.[13] Bei dieser Zeitung handelt es sich um ein Leitmedium in der italienischen Presse. Die Tageszeitung ›La Repubblica‹ kann als »quotidiani di prestigio« (Siliato 1984,

12 Silvio Berlusconi war 1994 bis 1995 italienischer Ministerpräsident. Danach wurde er drei Mal erneut zum italienischen Regierungschef gewählt: 2001-2005, 2005-2006 und 2008-2011. (Vgl. Welt N24 2016, online)

13 ›La Repubblica‹ bedeutet ›Die Republik‹ (übersetzt von der Autorin dieses Buches).

75ff.) oder als »stampa quotidiana d'élite« (Buzzi/Livolsi 1984, 174ff.), also als Prestige- beziehungsweise Qualitätszeitung bezeichnet werden.

Als die reichweitenstärkste Zeitung Italiens während der Gezi-Park-Bewegung lag die Tageszeitung ›La Repubblica‹ im zweiten Quartal 2013 mit durchschnittlich 2,8 Millionen Leserinnen und Lesern pro Ausgabe nur knapp vor der Tageszeitung ›Corriere della Sera‹ (deutsch: ›Abendkurier‹) mit 2,7 Millionen Leserinnen und Lesern pro Ausgabe (vgl. Audipress 2013/II, online).[14]

Die erste Ausgabe der Tageszeitung ›La Repubblica‹ erschien am 14. Jänner 1976 unter dem italienischen Herausgeber Eugenio Scalfari (vgl. La Repubblica 2017, online). Diese Zeitung brachte eine Neuerung auf dem italienischen Zeitungsmarkt mit sich. Sie hebt sich von den traditionellen Tageszeitungen dahingehend ab, dass sie statt der Berichterstattung über zahlreiche Nachrichtengeschehen vielmehr relevante Ereignisse mit Detailinformationen, Hintergrundberichten und Kommentaren thematisiert (vgl. Agostini 2004, 88). Doch nicht nur durch den Inhalt, sondern auch durch formale Aspekte, wie zum Beispiel das Zeitungsformat, das dem ›Berliner Format‹ entspricht, hebt sich die Tageszeitung im Vergleich zum ›Corriere della Sera‹ ab. So gelang es der ›La Repubblica‹ mit ihrem Konzept sowohl dem Qualitätsanspruch zu genügen als auch die Lesequote stabil zu halten (vgl. Cappellini 2006, 86). Die ›La Repubblica‹ steht hinsichtlich der Reichweite vor allem mit dem traditionsbewussten ›Corriere della Sera‹ in Konkurrenz (vgl. Audipress 2013/II, online).

›La Repubblica‹ ist zwar politisch betrachtet an keine Partei gebunden, dennoch kann gesagt werden, dass sie laut ihrem Gründer Eugenio Scalfari im Rechts-Links-Spektrum eher als eine »giornale della sinistra italiana« einzustufen ist und somit eine Linksaffinität aufweist (Murialdi 1984, 25). So fungiert die ›La Repubblica‹ nicht nur als eine Zeitung, die Informationen über viele Lebensbereiche und Geschehnisse anbietet, sondern auch als ein politischer Akteur. Um ihre Reichweite gegenüber anderen italienischen Tageszeitungen zu erhöhen und auch die Leserschaft der politisch Rechtsgesinnten anzusprechen, musste sie politisch inhaltlich umgestaltet werden (vgl. ebd., 37ff.). Anzumerken ist auch, dass ›La Repubblica‹ in ihrer objektiven Berichterstattung insbesondere ein wirtschaftliches Motiv verfolgt (vgl. Buzzi/Livosli 1984, 175). Dies zeigt sich auch in ihrer Berichterstattung zum Beitritt der Türkei zur Europäischen Union, indem die wirtschaftliche Beziehung zwischen beiden Partnern hervorgehoben wird.

---

14 Auch im dritten Quartal 2013 lag die Reichweite der Zeitung ›La Repubblica‹ bei durchschnittlich 2,8 Millionen Leserinnen und Lesern; die Tageszeitung ›Corriere della Sera‹ hingegen erreichte nur mehr eine Reichweite von zirka 2,5 Millionen Leserinnen und Lesern (vgl. Audipress 2013/III, online).

Österreich: ›Kronen Zeitung‹ – ›Der Standard‹

Österreich zählt neben Deutschland zu den Mitgliedsländern, die einen türkischen Beitritt mit überwältigender Mehrheit ablehnen. Die ablehnende Haltung der österreichischen Bevölkerung gegenüber der Türkei lag 2010 bei 91 Prozent; einen Beitritt befürworteten nur sechs Prozent der Österreicherinnen und Österreicher (vgl. European Commission 2011b, online 89). Kein Mitgliedsland der Europäischen Union lehnt so sehr einen Beitritt der Türkei wie Österreich ab. Die jüngsten Daten der Eurobarometerstudie zum Thema Beitritt der Türkei zur Europäischen Union liegen, wie bereits erwähnt, zwar ein paar Jahre zurück, doch ist auch in Österreich »kaum anzunehmen, dass die Stimmungslage sich seither stark zum Positiven geändert hätte« (Der Standard 2016a, online). Insbesondere nach der Gezi-Park-Bewegung im Jahr 2013, dem Putschversuch 2016 und der daraus resultierenden Kritik an der Türkei ist mit sehr großer Wahrscheinlichkeit davon auszugehen, dass österreichische Gegnerinnen und Gegner nicht von ihrer starren Ablehnung abweichen werden, da diese Ereignisse von vielen Staaten Europas mit sehr großer Skepsis betrachtet wurden (vgl. Der Standard 2016a, online).

Neben den aktuellen Ereignissen in der Türkei, die vor allem das Demokratiedefizit in den Vordergrund rücken, sind nach wie vor Ressentiments unter der österreichischen Bevölkerung feststellbar, die bis zur Belagerung Wiens durch die Türken im 16. und 17. Jahrhundert zurückreichen (vgl. Junkers 2004, online). Dass Österreich zu den skeptischen Mitgliedsländern zählt, macht sich auch in der Presse, insbesondere in den reichweitenstärksten Tageszeitungen Österreichs bemerkbar. Zur reichweitenstärksten, einflussreichsten und populärsten Tageszeitung Österreichs im Zeitraum der Gezi-Park-Bewegung gehörte laut Media-Analyse[15] mit 32 Prozent (2017: 29,2 Prozent) die ›Kronen Zeitung‹ (vgl. Media-Analyse 2014, online; Media-Analyse 2017a, online). Die ›Kronen Zeitung‹ »gehört mit ihrer überproportional hohen Reichweite bezogen auf die Gesamtbevölkerung zu den größten Tageszeitungen der Welt«, so Thomas Steinmaurer (2002, 17). Unter den Qualitätszeitungen gehört der ›Der Standard‹ mit 5,7 Prozent (2017: 6,5 Prozent) zu den meistgelesenen Tageszeitungen während der Gezi-Park-Proteste (vgl. Media-Analyse 2014, online; Media-Analyse 2015, on-

15 Die Media-Analyse wird jährlich durchgeführt, um die Reichweiten einzelner Printmedien und das Leseverhalten in Österreich festzustellen. Nähere Informationen zur Methode siehe hierzu: Media-Analyse (2017b). Methodeninformation. Online unter: http://www.media-analyse.at/files/MA_2017/Methodeninformationen.pdf, abgerufen am 10. November 2018.

line). Ein weiterer Grund, warum ›Der Standard‹ für die Untersuchung von Bedeutung ist, ist die Tatsache, dass ›Der Standard‹ die einzige österreichische Qualitätszeitung ist, die über eigene Korrespondentinnen und Korrespondenten in der Türkei verfügt und folglich von einer umfangreichen Berichterstattung über die Türkei ausgegangen werden kann (vgl. Der Standard 2016b – Türkei, online).

Die heutige ›Kronen Zeitung‹ wurde 1959 vom österreichischen Journalisten Hans Dichand gegründet. Vorgänger der heutigen ›Kronen Zeitung‹ war die vom ehemaligen Offizier und Chefredakteur der ›Reichswehr-Zeitung‹, Gustav Davis, seit 2. Jänner 1900 herausgegebene ›Kronen Zeitung‹. Damals wurde durch die Beilage von Fortsetzungsromanen, die vor allem zur Bindung an die Zeitung beitrug, der Bekanntheitsgrad der Zeitung gesteigert. 1938 wurde die ›Kronen Zeitung‹ zur ›Kleinen Kriegszeitung‹, die sechs Jahre später eingestellt wurde. Die erste Ausgabe der neuen ›Kronen Zeitung‹ erschien am 10. April 1959. Von Anfang an verzeichnete diese Boulevardzeitung eine große Anzahl an Leserinnen und Lesern. (Vgl. Kronen Zeitung 2011, online)

Als grundlegende Richtung der ›Kronen Zeitung‹ ist »die Vielfalt der Meinungen ihres Herausgebers und der Redakteure« zu nennen (vgl. Kronen Zeitung 2015, online). Sie zeichnet sich durch ihren kampagnenorientierten Journalismus aus mit deutlicher Schwerpunktsetzung auf meist aktuelle Themen, wie beispielsweise gegen einen Beitritt der Türkei zur Europäischen Union. Darüber hinaus ist die ›Kronen Zeitung‹ für ihr Tabloid-Format und für die inhaltliche Kürze der Berichte und die große Anzahl der veröffentlichten Kampfkommentare bekannt (vgl. Weber 1995, 218). In ihren Berichten werden meist umgangssprachliche Ausdrücke und direkte Zitate eingesetzt, um eine Nähe zu ihren Leserinnen und Lesern herzustellen. Zu erwähnen sei an dieser Stelle, dass die ›Kronen Zeitung‹ besonders wegen der Vermischung von Meinung und Kommentar stark kritisiert wird. Im Hinblick auf den Beitritt der Türkei zur Europäischen Union nimmt die ›Kronen Zeitung‹ eine ablehnende Haltung ein. Diese negative Einstellung gegenüber dem türkischen Beitritt wird sowohl in ihren Berichten als auch in den Leserbriefen sichtbar.

Auch in der Tageszeitung ›Der Standard‹ macht sich die negative Haltung gegenüber einem Beitritt der Türkei zur Europäischen Union bemerkbar. ›Der Standard‹ wurde erstmals am 19. Oktober 1988 herausgegeben. Der Herausgeber Oscar Bronner prägte den österreichischen Printjournalismus entscheidend mit. Neben der Tageszeitung ›Der Standard‹ gründete er auch das Wochenmagazin ›profil‹ und das Wirtschaftsmagazin ›trend‹, das monatlich erscheint (vgl. Der Standard 2015c – Die Köpfe, online). Auch ›Der Standard‹ war ursprünglich als Wirtschaftszeitung konzipiert (vgl. Der Standard 2013, online). Bronners Hauptmotiv war die Herausgabe einer überregionalen, wirtschaftlich orientierten und unabhängigen Zeitung (vgl. ebd., online). Im Gegensatz zu allen anderen Tageszeitungen Österreichs wird ›Der Standard‹ auf lachsrosa Papier gedruckt. Die konzeptuelle Gestaltung der Tageszeitung ist vor allem von der ›The New York Times‹ inspiriert (vgl. ebd., online). So präsentiert sich ›Der Standard‹ montags mit einer englischsprachigen Beilage, die Auszüge aus der ›The New York Times‹ beinhaltet.

Der deutsche Axel Springer Verlag beteiligte sich bis 1995 mit 50 Prozent an der Tageszeitung ›Der Standard‹ (vgl. Der Standard 2015a, online). Danach kam es zu Veränderungen der Eigentümerverhältnisse, indem Oscar Bronner seinen Besitzanteil auf 51 Prozent erhöhte und statt des Axel Springer Verlages der Süddeutsche Verlag den restlichen Besitzanteil übernahm (vgl. Der Standard 2015b, online).

›Der Standard‹ gehört heute beispielsweise neben den Tageszeitungen ›Die Presse‹ und ›Salzburger Nachrichten‹ zu den meistgelesenen Qualitätszeitungen. Politisch betrachtet kann die Tageszeitung im Rechts-Links-Spektrum als liberal beziehungsweise linksliberal angesehen werden (vgl. Berger 2008, 383; Der Standard 2014, online). ›Der Standard‹ zeichnet sich durch regelmäßig veröffentlichte Gastkommentare international bekannter Persönlichkeiten aus. Die Zeitung wendet sich nach eigenen Aussagen »an alle Leserinnen und Leser, die hohe Ansprüche an eine gründliche und umfassende Berichterstattung sowie an eine fundierte, sachgerechte Kommentierung auf den Gebieten von Wirtschaft, Politik, Kultur und Gesellschaft stellen« (Der Standard 2014, online). Darüber hinaus setzt sich ›Der Standard‹ für folgende Ziele ein:

»für die Wahrung und Förderung der parlamentarischen Demokratie und der republikanisch politischen Kultur; für rechtsstaatliche Ziele bei Ablehnung von politischem Extremismus und Totalitarismus; für Stärkung der wirtschaftlichen Wettbewerbsfähigkeit des Landes nach den Prinzipien einer sozialen Marktwirtschaft; für Toleranz gegenüber allen ethnischen und religiösen Gemeinschaften; für die Gleichberechtigung aller Staatsbürger und Staatsbürgerinnen und aller Bundesländer der Republik Österreich« (ebd., online).

Somit ist ›Der Standard‹ ein Gegenpol zur reichweitenstärksten ›Kronen Zeitung‹, weswegen ein Vergleich dieser Tageszeitungen für die Untersuchung von großer Bedeutung ist.

Spanien: ›El País‹

Während die deutsche und die österreichische Bevölkerung überwiegend skeptisch gegenüber einem Beitritt der Türkei zur Europäischen Union sind, steht neben den italienischen Bürgerinnen und Bürgern auch die spanische Bevölkerung einem Beitritt der Türkei zur Europäischen Union positiv gegenüber. Laut Eurobarometerstudie befürworteten bereits im Jahr 2010 37 Prozent der spanischen Bevölkerung einen Beitritt der Türkei zur Europäischen Union (vgl. European Commission 2011b, online 89). Der damalige spanische Außenminister, Miguel Ángel Moratinos, sprach sich für die Unterstützung der Türkei bei ihren Bestrebungen nach einem Beitritt zur Europäischen Union aus und forcierte die türkischen Beitrittsgespräche, um die Beitrittsverhandlungen mit der Türkei voranzutreiben (vgl. Der Standard 2010, online). Nach der Gezi-Park-Bewegung im Jahr 2013 nahm das Interesse der spanischen Bevölkerung an einer Aufnahme der Türkei in die Europäische Union ab, da sie das Vorgehen der türkischen Regierung gegen die Demonstrantinnen und Demonstranten in İstanbul nicht tolerierte (vgl. Llaudes 2015, online; Chislett 2014, online). Die grundsätzlich positive Einstellung Spaniens gegenüber einem Beitritt der Türkei zur Europäischen Union ist auch den Printmedien, insbesondere der auflagenstärksten Kauf-Tageszeitung ›El País‹[16], zu entnehmen. Mit einer Auflage von insgesamt 359.809 Exemplaren im Jahr 2013 gilt die Qualitätszeitung ›El País‹ neben der Gratiszeitung ›20 minutos‹ (›20 Minuten‹) als die größte Tageszeitung Spaniens (vgl. Classora 2014, online). ›El País‹ erschien erstmals am 4. Mai 1976 unter dem größten Medienkonzern Spaniens namens ›PRISA‹ (Abkürzung für Promotora de Informaciones, ›Informationsverbreitung‹) (vgl. El País 2007, online).

Die Tageszeitung ›El País‹ nahm im spanischen Übergang zur Demokratie eine besondere Rolle ein. Mit ihrer linksliberal politischen Ausrichtung unterstützte ›El País‹ die ›Spanische Sozialistische Arbeiterpartei‹[17] und wurde zum wichtigsten Pressemedium (vgl. ebd., online). In ihrer Berichterstattung orientiert sich ›El País‹ am ›Libro de Estilo‹, einem Handbuch, in dem die Zeitung ihre eigenen Normen des Sprachgebrauches niederlegt (vgl. El País 2014, online).[18] Dieses Redaktionsstatut enthält textuelle und sprachliche Vorschriften,

---

16 ›El País‹ bedeutet ›Das Land‹ (übersetzt von der Verfasserin der Arbeit).

17 Spanisch: ›Partido Socialista Obrero Español‹ (Abkürzung: PSOE)

18 Eine ausführliche Übersicht über die einzelnen Vorschriften siehe hierzu: El País (2014). Manual de Estilo del Diario El País de España. Online unter: http://blogs.elpais.com/files/manual-de-estilo-de-el-pa%C3%ADs.pdf, abgerufen am 10. November 2018.

Regelungen zur grafischen Darstellung und viele weitere Prinzipien, welche die Journalistinnen und Journalisten der Tageszeitung ›El País‹ zu befolgen haben (vgl. ebd., online).

›El País‹ ist nicht nur die größte Qualitätszeitung, sondern auch die international bekannteste Tageszeitung Spaniens. Gemeinsam mit sechs internationalen Zeitungen (›La Repubblica‹ (Italien), ›Welt‹ (Deutschland), ›Le Figaro‹ (Frankreich), ›Le Soir‹ (Belgien), ›Tages-Anzeiger‹ (Schweiz), ›Tribune de Genève‹ (Schweiz)) schloss sie einen Verbund mit dem Titel ›Leading European Newspapers Alliance‹ (kurz: LENA) (vgl. Mantel 2015, online). Ziel der Zusammenarbeit sind »die Entwicklung und der Austausch redaktioneller Inhalte« (ebd., online).

Türkei: ›Zaman‹ – ›Posta‹

Die Diskussionen um einen Beitritt der Türkei zur Europäischen Union reichen bis in das Jahr 1959 zurück.[19] Aufgrund der Gezi-Park-Bewegung im Jahr 2013 und des gescheiterten Putschversuches am 15. Juli 2016 kam es seither immer wieder zu Meinungsverschiedenheiten zwischen der Türkei und den Mitgliedstaaten der Europäischen Union. Die Folgen der beiden Ereignisse veranlassten die Europäische Union zum Teil zur Forderung nach einem Ende der Beitrittsverhandlungen mit der Türkei (vgl. Zeit Online 2016b, online). Die türkische Regierung hingegen nimmt die Forderung nach demokratischen Reformen als Verzögerungstaktik wahr. Dies kann auch anhand der türkischen Printmedien festgestellt werden (vgl. Hürriyet 2017, online).

Zu den reichweitenstärksten türkischen Tageszeitungen während der Gezi-Park-Demonstrationen gehörten die Qualitätszeitung ›Zaman‹[20] mit einer Auflage von durchschnittlich 1.067.629 Exemplaren und die Boulevardzeitung ›Posta‹[21] mit durchschnittlich 436.812 Exemplaren (vgl. Medya Dünyası 2013, online). Die Tageszeitung ›Zaman‹ erschien erstmals am 3. November 1986 im Verlag ›Feza Gazetecilik‹ unter dem Chefredakteur Fehmi Koru (vgl. Aljazeera Turk 2016, online). Nach dem gescheiterten Putschversuch am 15. Juli 2016 wurde die Zeitung ›Zaman‹ durch eine Rechtsverordnung verboten und geschlossen, da sie der Fethullah-Gülen-Bewegung nahestand (CNN Türk 2016,

19 Für Informationen über die Beziehung der Türkei zur Europäischen Union siehe Kapitel 2.5 ›Historischer Abriss der Beziehungen der Türkei zur Europäischen Union‹.

20 ›Zaman‹ kann als ›Zeit‹ oder ›Zeitpunkt‹ übersetzt werden (Verfasserin der Arbeit).

21 ›Posta‹ bedeutet die ›Post‹ (übersetzt von der Verfasserin der Arbeit).

online).[22] Weiter ist anzumerken, dass diese Zeitung damals durch Gratiszustellung ihre Abonnentinnen- und Abonnentenzahlen zu erhöhen versuchte. Dennoch wird für die Untersuchung diese Tageszeitung analysiert, da sie offiziell als auflagenstärkste Qualitätszeitung des Landes in der öffentlichen Meinungsbildung im Zeitraum der Gezi-Park-Bewegung eine bedeutende Rolle spielte.

Politisch betrachtet, wurde die Tageszeitung ›Zaman‹ als wertkonservativ und demokratisch eingestuft. Als Teil der Gülen-Bewegung wurden in der Zeitung ›Zaman‹ regelmäßig Beiträge von Fethullah Gülen veröffentlicht, weshalb die Tageszeitung auch als islamisch-konservativ bezeichnet wurde. Die Tagezeitung erschien nicht nur in der Türkei, sondern auch in Deutschland und anderen europäischen Ländern. Kennzeichnend für die Zeitung ›Zaman‹ waren zum einen die konservative Berichterstattung und zum anderen der Verzicht auf Sensationen und private Geschichten über prominente Personen. (Vgl. ebd., online)

Die Zeitung präsentierte sich sehr facettenreich. So beinhaltete sie vor allem Nachrichten über aktuelle Themen, Wirtschaft, Politik, Außenpolitik, Fernsehen, Kultur, Kunst, Erziehung, Familien, Gesundheit und Sport. Darüber hinaus wurden auch Kommentare veröffentlicht.

Auch die Boulevardzeitung ›Posta‹ vertritt eine Blattlinie für eine Aufnahme der Türkei in die Europäische Union. Als die auflagenstärkste Boulevardzeitung der Türkei wurde sie am 3. Jänner 1995 gegründet und gehört dem Verlag ›Doğan Yayın Holding‹ an (vgl. Doğan Gazetecilik A.Ş. 2004, online 11). Die Boulevardzeitung ist politisch eher nationalliberal und laizistisch ausgerichtet (vgl. Posta 2016, online).

So wie in Deutschland die ›Bild‹-Zeitung oder in Österreich die ›Kronen Zeitung‹ verwendet die Boulevardzeitung ›Posta‹ möglichst große Schlagzeilen, enthält viele Beiträge über das Privatleben von Prominenten und viele Exklusivmeldungen, die mit Fotos dokumentiert werden (vgl. ebd., online). Darüber hinaus beinhaltet sie auch Werbung und Kleinanzeigen (vgl. ebd., online).

7.5 AUSWAHL DES ZU ANALYSIERENDEN TEXTMATERIALS UND UNTERSUCHUNGSZEITRAUM

Die Bestimmung der Analyseeinheit ist für die Durchführung der Framing-Analyse von großer Bedeutung. Diese wird anhand des Forschungszieles sowie hinsichtlich der Vorüberlegungen zur Framing-Analyse bestimmt. Da für diese

22 Näheres zum gescheiterten Putschversuch und zur Gülen-Bewegung siehe Kapitel 5.2 ›Politische und wirtschaftliche Entwicklung der Türkei nach Atatürk‹.

Untersuchung das manuell-dimensionsreduzierende Verfahren angewendet wird und ein Frame somit a posteriori identifiziert wird, gilt der Frame nicht als Analyseeinheit. Die Analyseeinheit sind die Artikel der gewählten Tageszeitungen der einzelnen Untersuchungsländer. Hierzu werden Zeitungsartikel herangezogen, die auf die Türkei-Debatte in Europa Bezug nehmen. Untersucht werden alle Nachrichten, die im Untersuchungszeitraum zum Thema erschienen sind. Die ausgewählten Zeitungen aus den fünf Untersuchungsländern wurden dabei in Bezug auf den Inhalt der Artikel über den Beitritt der Türkei zur Europäischen Union untersucht. Brosius und Koschel (2001, 187) zufolge ist ein »Artikel [...] eine in sich geschlossene Einheit, die in der Regel von einem oder manchmal auch mehreren Urhebern zusammen verantwortet und in der ein bestimmtes Thema abgehandelt wird«. Die für die Framing-Analyse herangezogenen Artikel der ausgewählten Tageszeitungen wurden über drei verschiedene Datenbanken gefunden: APA-DeFacto Campus, Library PressDisplay und LexisNexis.[23] Nur auf die türkische Boulevardzeitung ›Posta‹ war kein digitaler Zugriff möglich, da diese nicht in den Datenbanken enthalten war. So wurden die Artikel der Boulevardzeitung ›Posta‹ anhand der Printausgabe ermittelt.

Um eine Analyseeinheit als solche bestimmen zu können, muss vorab geklärt werden, welche formalen und inhaltlichen Grundvoraussetzungen diese erfüllen muss. Das können je nach Untersuchungsziel Wörter, Idiome, Sätze, Artikel, Überschriften, Seiten etc. sein (vgl. Harder 1974, 239; Weber 1990, 22f.). Als Analyseeinheit für die Untersuchung gelten alle Nachrichtenbeiträge (Berichte, Interviews, Meldungen, Reportagen, Kommentare, Porträts etc.) in den ausgewählten Tageszeitungen. Hierzu wurden alle redaktionellen Beiträge in der Untersuchung berücksichtigt, die im Titel und/oder im Text explizit einen Bezug auf die türkische Beitrittsdebatte zur Europäischen Union erkennen lassen. Es wurden nur jene Artikel einbezogen, in denen der türkische Beitritt zur Europäischen Union erwähnt wurde. Zeitungsbeilagen, wie zum Beispiel Wochenendmagazine der einzelnen Tageszeitungen, wurden nicht berücksichtigt. Für die jeweiligen Untersuchungsländer der Tageszeitungen wurden folgende Suchbegriffe eingegeben.

23 Offizielle Homepage der Datenbanken: APA-DeFacto, https://www.defacto.at/wissenswelt/home.htm; Library PressDisplay, https://library.pressdisplay.com/; LexisNexis, https://www.lexisnexis.de/.

Tabelle 6: Übersicht der Suchbegriffe

Untersuchungsland	**Suchbegriffe**
Deutschland	europ*, türk* und ident*
Italien	europ*, turch* und ident*
Österreich	europ*, türk* und ident*
Spanien	europ*, turqu* und ident*
Türkei	avrupa* und kimlik*

In einer zweiten Durchsicht des Datenmaterials wurde eine Reduzierung der Textmenge dahingehend vorgenommen, dass nur nach Kombinationen des Begriffes ›europ*‹ mit den beiden anderen Begriffen gesucht wurde. In der Türkei wurde beispielsweise nach der Kombination des Begriffes ›avrupa*‹ (übersetzt: Europa) mit dem Begriff ›kimlik*‹ (übersetzt: Identität) gesucht. Der Datenkorpus enthält neben Nachrichten auch Kurzmeldungen, Interviews, Leserbriefe, Reportagen, Kommentare und Glossen. Bilder und Fotos wurden nicht berücksichtigt, da hierfür eine eigens konzipierte Bildanalyse erforderlich wäre; dies würde jedoch den Rahmen dieser Arbeit sprengen. Diesen Suchkriterien entsprachen, wie bereits erwähnt, insgesamt 372 Artikel.

Der Untersuchungszeitraum der Framing-Analyse wurde wie folgt festgelegt: Für die Analyse wird ein Monat gewählt, in dem eine verstärkte Berichterstattung zum möglichen Beitritt der Türkei zur Europäischen Union stattfand. Der Untersuchungszeitraum erstreckt sich vom 28. Mai 2013 bis zum 30. Juni 2013. Der 28. Mai 2013 korreliert mit dem Beginn der Gezi-Park-Proteste in İstanbul. Nach erster Durchsicht des Datenmaterials hat sich gezeigt, dass in diesem Zeitraum die Erfassung aller wichtigen Ereignisse des Untersuchungsgegenstandes sowie aller verfügbaren Frame-Elemente möglich ist. Somit beträgt der Untersuchungszeitraum 34 Tage.

8 Medienframes in der internationalen Berichterstattung

In diesem Kapitel werden die Ergebnisse der quantitativen inhaltsanalytischen Framing-Analyse dargestellt und die der Untersuchung zugrunde gelegten Forschungsfragen (siehe Kapitel 7.1 ›Forschungsfragen‹) beantwortet. Grundlage dafür ist die Analyse aller publizierten Artikel in den ausgewählten Tageszeitungen, in denen der Beitritt der Türkei zur Europäischen Union mit Bezug auf europäische Identitätskonstruktionen debattiert wird. Diesen Überlegungen zufolge wird in den Tageszeitungen nach Aussagen gesucht, die Konstruktionen europäischer Identität andeuten, um feststellen zu können, welche Frames in der Berichterstattung existieren.

Ausgehend von der theoriegeleiteten Kategorienbildung wurde eine qualitative Vorstudie durchgeführt, um anhand des Datenmaterials neue Kategorien induktiv zu bilden und somit eine Vollständigkeit der Kategorien sowie eine vollständige Darstellung der Frame-Elemente und ihren Ausprägungen zu gewährleisten. Dabei wurden die Elemente eines Frames als Einzelvariablen erfasst und operationalisiert. In diesem Sinne wird die theoretisch geleitete Kategorienbildung durch die empirisch geleitete ergänzt und auf das Untersuchungsmaterial angewendet. Die Ergebnisse der qualitativen Vorstudie wurden bereits im vorherigen Kapitel[1] vorgestellt. Hier gilt es nun herauszufinden, welche Frames in der Berichterstattung festgestellt werden können. Dies erfolgt über das explorative Verfahren der Clusteranalyse, indem die einzelnen Frame-Elemente zu Deutungsmustern geclustert und infolge Frames identifiziert werden. So wird nach einem Überblick zur Vorgehensweise bei der Clusteranalyse, die Existenz von Frames sowie die Anzahl von möglichen Frames für jedes Untersuchungsland einzeln erhoben (Kapitel 8.2 ›Identifikation von Medienframes‹). Nach Bestim-

1 Siehe hierzu Kapitel 7.2.4 ›Ergebnisse der qualitativen Vorstudie‹.

mung der Anzahl von Frames wird die inhaltliche Zusammensetzung der einzelnen Frames anhand eines deskriptiven Verfahrens dargestellt (Kapitel 8.3 ›Inhaltliche Zusammensetzung der Medienframes‹) und im nächsten Schritt die Gemeinsamkeiten und Unterschiede in der Berichterstattung und in den einzelnen Untersuchungsländern herausgearbeitet (Kapitel 8.4 ›Vergleichende Gegenüberstellung der Medienframes‹). Zunächst wird im folgenden Kapitel auf die Auswertung der einzelnen Frame-Elemente eingegangen, um einen ersten Einblick in die Datenstruktur zu erhalten und eine bessere Nachvollziehbarkeit der Ergebnisse zu bieten.[2]

8.1 AUSWERTUNG DER FRAME-ELEMENTE

Wie bereits im Kapitel 7 ›Forschungsdesign‹ angeführt, werden für die Framing-Analyse 372 Zeitungsartikel aus fünf verschiedenen Ländern herangezogen. Dabei wurde in Bezug auf die Bestimmung der Frame-Elemente anhand der qualitativen Vorstudie ein Datensatz mit allen verfügbaren Variablen ermittelt. Dieser Datensatz umfasst insgesamt 2.198 Aussagen, die den entsprechenden Frame-Elementen (Problemdefinition, Ursachenzuschreibung, Bewertung und Handlungsempfehlung) zugeordnet wurden. Die Kodierung erfolgte auf Basis der Aussagen pro Zeitungsartikel. Es wurden alle Artikel kodiert, in denen der Beitritt der Türkei zur Europäischen Union im Hinblick auf Konstruktionen europäischer Identität während der Gezi-Park-Bewegung als Hauptthema oder Nebenthema thematisiert wird. Die weißen Balken in der nachfolgenden Abbildung (Abbildung 17) zeigen die kodierten Artikel pro Zeitungstitel. Im Vergleich dazu wird die Anzahl der zugeordneten Aussagen zu den Frame-Elementen in den analysierten Zeitungen durch die punktierten Balken dargestellt. Hier lässt sich feststellen, dass während der Gezi-Park-Bewegung von insgesamt 372 Artikeln, die türkische Boulevardzeitung ›Posta‹ mit 64 Artikeln, die österreichische Qualitätszeitung ›Der Standard‹ mit 63 Artikeln sowie die deutsche Qualitätszeitung ›Süddeutsche Zeitung‹ mit 53 Artikeln im Untersuchungszeitraum die höchsten Zahlen an Artikeln aufweisen, in denen die Türkei in Bezug auf eine Aufnahme in die Europäische Union diskutiert wird. Die niedrigste Zahl mit 35 publizierten Artikeln wird in der italienischen Tageszeitung ›La Repubblica‹ erfasst. Bemer-

2 Anzumerken ist, dass es sich bei den Berechnungen in der Untersuchung um gerundete Werte handelt, was in Summe nicht zwangsläufig exakt 100 Prozent ergibt. Weiter ist darauf hinzuweisen, dass kein Signifikanztest durchgeführt wird, da der Schwerpunkt in dieser Arbeit auf der differenzierten Kategorisierung liegt und nicht auf der Generalisierbarkeit der Stichprobenergebnisse auf die Grundgesamtheit.

kenswert ist, dass sich im Hinblick auf die Anzahl der veröffentlichten Beiträge mit Bezug auf den Beitritt der Türkei zur Europäischen Union keine großen Unterschiede zwischen den Tageszeitungen ›La Repubblica‹ (35), ›Bild‹-Zeitung (37), ›Kronen Zeitung‹ (43), ›El País‹ (39) und ›Zaman‹ (38) erkennen lassen, sehr wohl jedoch was die Anzahl der identifizierten Frame-Elemente betrifft.

Abbildung 17: Anzahl der analysierten Artikel pro Tageszeitung und Anzahl der zugeordneten Aussagen zu den Frame-Elementen

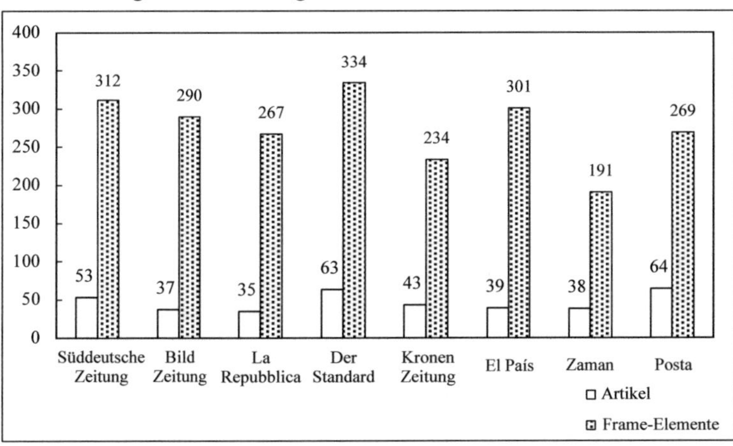

Quelle: Eigene Darstellung

Es ist davon auszugehen, je mehr Frame-Elemente bestimmt werden können, desto größer ist die Möglichkeit potenziell unterschiedliche Deutungsmuster festzustellen. Als Gegner eines türkischen Beitrittes weisen die deutschen und österreichischen Qualitätszeitungen die höchste Zahl an Frame-Elementen (›Süddeutsche Zeitung‹: 312; ›Der Standard‹: 334) auf, während die nach dem gescheiterten Putschversuch eingestellte, Gülen-nahe türkischsprachige Zeitung ›Zaman‹ mit 191 identifizierten Frame-Elementen die kleinste Anzahl an verfügbaren Frame-Elementen darstellt (siehe Abbildung 17). Auffällig ist, dass die türkische Boulevardzeitung ›Posta‹ im Vergleich zu den anderen untersuchten Tageszeitungen trotz hoher Anzahl an Artikeln (64) eine niedrige Zahl an Frame-Elementen (269) bietet.

Im Hinblick auf die Anteile der Ausprägungen der einzelnen Frame-Elemente wird deutlich, dass in der Berichterstattung zur Gezi-Park-Bewegung fast alle Artikel (352 Artikel; 31,1 Prozent aller Frame-Elemente) eine deutlich erkennbare Tendenz der Berichterstattung aufweisen. Das zweithäufigste Frame-Element ist die Problemdefinition mit insgesamt 327 Artikel (28,9 Prozent aller Frame-Elemente), daran schließt die Ursachenzuschreibung mit 323 Artikel (28,5 Prozent aller Frame-Elemente) an. Eine Handlungsempfehlung kann lediglich in einem Drittel (131 Artikel; 11,6 Prozent aller Frame-Elemente) aller analysierten Artikel festgestellt werden.

Abbildung 18: Häufigkeiten der einzelnen Frame-Elemente

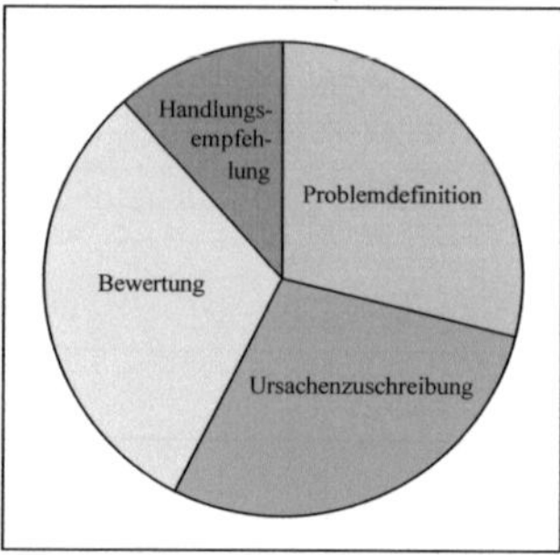

Quelle: Eigene Darstellung

Auf die Zusammensetzung der Frame-Elemente Problemdefinition, Ursachenzuschreibung, Bewertung und Handlungsempfehlung wird im Folgenden eingegangen.

Problemdefinition

Im Rahmen des Frame-Elementes Problemdefinition können in der Berichterstattung der Gezi-Park-Bewegung in insgesamt 327 Artikeln 876 Aussagen festgestellt werden, die auf die Selbstbeschreibungen Europas Bezug nehmen. Dabei liegt jeder dieser Aussagen folgenden Problemdefinitionen zugrunde (siehe Tabelle 7):

Tabelle 7: Häufigkeiten des Frame-Elementes Problemdefinition und ihre Variablen (n = 876)

Problemdefinition: Variablen	**Aussagen**	
	Anzahl	**Prozent**
Politische Werte	343	39,2
Menschenrechte	264	30,1
Christlich, religiöse Gemeinschaft	115	13,1
Wirtschaftsraum	86	9,8
Bevölkerung	32	3,6
Militärunion	15	1,7
Geographie	13	1,5
Einheit der kulturellen Vielfalt	7	0,8
Historische Erinnerungsgemeinschaft	1	0,2
Gesamt	**876**	**100 %**

Das Framing in der Berichterstattung zu Konstruktionen europäischer Identität erfolgt mit 343 Aussagen (39,2 Prozent) am häufigsten unter dem Gesichtspunkt ›Politische Werte‹. Dabei nimmt das gewaltsame Vorgehen der Polizei gegen die Gezi-Park-Bewegung mit 171 Aussagen (49,9 Prozent) den größten Anteil aller Aussagen zur Missachtung der politischen Werte ein. An zweiter Stelle wird in den Artikeln Kritik am Umgang der türkischen Sicherheitskräfte mit den Demonstrantinnen und Demonstranten geäußert (64 Aussagen; 18,7 Prozent). Darüber hinaus wird in den Tageszeitungen auf das Demokratiedefizit verwiesen (46 Aussagen; 13,4 Prozent). Ein weiteres wichtiges Thema, das in den Artikeln diskutiert wird, ist die Zensur der türkischen Medien (29 Aussagen; 8,5 Prozent). Dies hängt damit zusammen, dass bei den Gezi-Park-Protesten offizielle Medien zum Großteil durch die türkische Regierung zensiert wurden und diese staatliche Repression für internationale Kritik sorgte.[3] Weiter werden in den analysierten Tageszeitungen die Missachtung der rechtsstaatlichen Prinzipien im Allgemeinen (zehn Aussagen; 2,9 Prozent), die Instabilität der türkischen Politik (neun Aussagen; 2,6 Prozent), sowie der Zypern-Konflikt erwähnt. Anzumerken ist jedoch, dass die Berichterstattung zur Gezi-Park-Bewegung nicht nur durch Aussagen zu negativen Entwicklungen der Türkei beherrscht wird, sondern es wird auch die Bedeutung der geopolitischen Lage der Türkei für die Europäische Union thematisiert (13 Aussagen; 3,8 Prozent).

Die Diskussion über Konstruktionen europäischer Identität erfolgt in der Berichterstattung zur Gezi-Park-Bewegung an zweiter Stelle vor dem Hintergrund der Selbstbeschreibung Europas als ›Hort der Menschenrechte‹. Diesbezüglich sind insgesamt 264 Aussagen (30,1 Prozent) von 876 Aussagen festzuhalten, die die Nichtbeachtung der Menschenrechte in der Türkei thematisieren. In den untersuchten Artikeln werden insgesamt 200 Aussagen (75,6 Prozent) erfasst, die sich auf die Missachtung der bürgerlichen Rechte in der Türkei beziehen. Hierzu zählen vor allem die Verletzung der freien Meinungsäußerung (73 Aussagen; 27,6 Prozent), das Alkoholverbot (45 Aussagen; 17,0 Prozent), die eingeschränkte Möglichkeit der Nutzung von Medien (23 Aussagen; 8,7 Prozent), die Missachtung der bürgerlichen Rechte im Allgemeinen (20 Aussagen; 7,6 Prozent) und die Missachtung der Grundfreiheiten (17 Aussagen; 6,4 Prozent). Darüber hinaus wird in einigen Aussagen auch auf Anordnungen der türkischen Regierung, wie zum Beispiel das Kussverbot in der Öffentlichkeit (neun Aussagen; 3,4 Prozent) die 3-Kinder-Bürgerpflicht (acht Aussagen; 3,0 Prozent), die Kleiderordnung (drei Aussagen; 1,1 Prozent) und das Abtreibungsverbot (zwei Aussagen; 0,8 Prozent) eingegangen.

3 Siehe hierzu auch Kapitel 5.4.3 ›Rolle der Medien in der Gezi-Park-Bewegung‹.

Doch nicht nur die Missachtung der bürgerlichen Rechte, sondern auch die Nichteinhaltung des politischen Rechtes der Demonstrationsfreiheit (acht Aussagen; 3,0 Prozent), die Verletzung der kulturellen Rechte durch die Unterdrückung ethnischer und kultureller Rechte (29 Aussagen; 11,0 Prozent) sowie Rassismus (zwei Aussagen; 0,8 Prozent) werden in den untersuchten Artikeln kritisiert. Nicht zuletzt wird dort auch auf die Nichtbeachtung der Menschenrechte im Allgemeinen verwiesen, ohne ein konkretes Thema anzuführen (25 Aussagen; 9,5 Prozent).

Daneben werden in den untersuchten Artikeln 115 Aussagen (13,1 Prozent) zu religiösen Aspekten getätigt. Die Islamisierung der Türkei nimmt im Hinblick auf die Diskussionen um Konstruktionen europäischer Identität mit 104 Aussagen (90,4 Prozent) den größten Anteil aller Aussagen zur Selbstbeschreibung Europas als christliche und religiöse Gemeinschaft ein. Laut der untersuchten Artikel kommt es zur Islamisierung der Türkei insbesondere durch die Verordnung eines neuen Alkoholgesetzes (48 Aussagen; 41,7 Prozent) und aufgrund des vermehrten Kopftuchtragens als politisches und religiöses Symbol (26 Aussagen; 22,6 Prozent). Weiter wird auch erwähnt, dass sich die türkische Regierung für getrennte Räume für Frauen und Männer in öffentlichen Gebäuden einsetzt. Neben der zunehmenden Islamisierung der Türkei lassen sich 25 Aussagen (21,7 Prozent) finden, in denen die Türkei bereits als ein islamisch geprägtes Land bezeichnet wird. Nicht zuletzt wird in fünf Aussagen (4,3 Prozent) auf die Nichtbeachtung der Trennung von Staat und Religion in der Türkei eingegangen.

An vierter Stelle folgen Aussagen mit Bezug zu Europa als gemeinsamer Wirtschaftsraum. Es können 86 Aussagen (9,8 Prozent) zu wirtschaftlichen Themen erfasst werden. Dabei werden in mehr als der Hälfte aller Aussagen zur Problemdefinition Wirtschaft (53 Aussagen; 61,6 Prozent) die wirtschaftlichen Fortschritte der Türkei und der damit einhergehenden Vorteile für die Europäische Union hervorgehoben. Weiter wird auf die Wichtigkeit der Türkei als Handelspartner Europas (elf Aussagen; 12,8 Prozent) verwiesen, daneben jedoch auch auf die instabile wirtschaftliche Entwicklung der Türkei eingegangen (22 Aussagen; 25,6 Prozent).

In den Artikeln über die Gezi-Park-Bewegung kann neben den im theoretischen Teil herausgearbeiteten Selbstbeschreibungen Europas eine weitere Bestimmung Europas festgestellt werden, die auf der Entwicklung der türkischen Bevölkerung beruht. Insgesamt 32 Aussagen (3,6 Prozent) beschäftigten sich mit der Türkei im Hinblick auf Konstruktionen europäischer Identität. Die Spaltung der türkischen Gesellschaft nimmt mit 22 Aussagen (68,8 Prozent) den größten Anteil aller Aussagen zur Problemdefinition ›Bevölkerung‹ ein. Darüber hinaus wird auf das schnelle Bevölkerungswachstum (acht Aussagen; 25,0 Prozent) sowie der daraus resultierenden hohen Anzahl an Jugendlichen (zwei Aussagen; 6,3 Prozent) Bezug genommen.

An sechster Stelle folgen Aussagen zur Problemdefinition ›Militärunion‹. Hier lassen sich insgesamt 15 Aussagen (1,7 Prozent) finden, in denen in zehn Aussagen (66,7 Prozent) klar zum Ausdruck kommt, dass die Europäische Union den Einfluss des Militärs auf die Politik in der Türkei nicht unterstützt, während in fünf Aussagen (33,3 Prozent) auf die bedeutende Rolle der Türkei als Mitglied der NATO verwiesen wird.

Im Hinblick auf die Selbstbeschreibung Europas als geographisches Gebilde lassen sich 13 Aussagen (1,5 Prozent) finden, in denen zum einen die Türkei von Europa exkludiert wird (sieben Aussagen; 53,8 Prozent); zum anderen wird nur ein kleiner Teil der Türkei (3,0 Prozent) zu Europa gezählt (sechs Aussagen; 46,2 Prozent).

Bemerkenswert ist, dass in der Berichterstattung auf die Selbstbeschreibung Europas als eine Einheit der kulturellen Vielfalt in nur sieben Aussagen (0,8 Prozent) Bezug genommen wird. Dies hängt damit zusammen, dass in den untersuchten Artikeln weniger die kulturellen als vielmehr die religiösen Unterschiede angesprochen werden und diese Aussagen der Selbstbeschreibung Europas als christliche und religiöse Gemeinschaft zugeordnet worden sind.

Die Selbstbeschreibung Europas als eine historische Erinnerungsgemeinschaft wird in den untersuchten Artikeln nur ein einziges Mal vor dem Hintergrund des angeblichen türkischen Genozids an den Armeniern diskutiert.

Ursachenzuschreibung

Dem Frame-Element Ursachenzuschreibung können aus 323 Artikeln insgesamt 739 Aussagen zugeordnet werden. Die Berichterstattung zur Gezi-Park-Bewegung wird mit 590 Aussagen klar von ›situativen Ursachen‹ (79,8 Prozent) dominiert. Doch auch ›Akteurinnen und Akteure‹ nehmen einen hohen Anteil in der Berichterstattung ein. Fast ein Viertel der Aussagen des Frame-Elementes Ursachenzuschreibung (149 Aussagen; 20,2 Prozent) beziehen sich auf ›Akteurinnen und Akteure‹.[4]

4 Zu erwähnen sei an dieser Stelle, dass in der Untersuchung mit der Variable ›Akteurinnen und Akteure‹ keine Wortmeldungen von diesen gemeint sind, sondern Aussagen, die sich auf bestimmte Akteurinnen und Akteure beziehen. So wurden Aussagen, in denen beispielsweise auf den autoritären Führungsstil des damaligen türkischen Premierministers Bezug genommen wurde, dieser Variable zugeordnet.

In 372 untersuchten Artikeln konnten insgesamt 590 Aussagen gefunden werden, die als Ursachen für die Gezi-Park-Bewegung und für die instabile Entwicklung der Türkei vor dem Hintergrund eines türkischen Beitrittes zur Europäischen Union angeführt werden. Dabei lassen sich die Ursachen in fünf Gruppen zusammenfassen: politische Ursachen, rechtliche Ursachen, kulturelle Ursachen, wirtschaftliche Ursachen und gesellschaftliche Ursachen (siehe Tabelle 8).

Tabelle 8: Häufigkeiten des Frame-Elementes Ursachenzuschreibung und ihre Variablen (n = 739)

Ursachenzuschreibung: Variablen	**Aussagen**	
	Anzahl	**Prozent**
Situative Ursachen: - Politische Ursachen (277 Aussagen) - Rechtliche Ursachen (232 Aussagen) - Kulturelle Ursachen (34 Aussagen) - Wirtschaftliche Ursachen (24 Aussagen) - Gesellschaftliche Ursachen (23 Aussagen)	590	79,8
Akteurinnen und Akteure	149	20,2
Gesamt	**739**	**100 %**

Die Berichterstattung zur Gezi-Park-Bewegung wird mit insgesamt 277 Aussagen deutlich durch politische Ursachen dominiert. Angesichts des hohen Anteils der Berichterstattung zum gewaltsamen Vorgehen der türkischen Sicherheitskräfte (siehe Problemdefinition) wird die Missachtung der rechtsstaatlichen Prinzipien mit 174 Aussagen (62,8 Prozent) am häufigsten genannt. Als zweithäufigste politische Ursache (49 Aussagen; 17,7 Prozent) sind Aussagen zur Islamisierung der Türkei thematisiert. Danach folgen Aussagen zur Missachtung der demokratischen Werte (41 Aussagen; 14,8 Prozent). Darüber hinaus werden in der Berichterstattung auch die Instabilität der innenpolitischen Entwicklung (zehn Aussagen; 3,6 Prozent) sowie die türkische Syrienpolitik (drei Aussagen; 1,1 Prozent) als politische Ursachen angesprochen.

Nach politischen Ursachen wird die Berichterstattung von Aussagen zu rechtlichen Ursachen dominiert. Dabei können insgesamt 232 Aussagen festgestellt werden, in denen rechtliche Probleme der Türkei hinsichtlich eines Beitrittes zur Europäischen Union artikuliert werden.

In mehr als einem Viertel aller Aussagen zu rechtlichen Ursachen (72 Aussagen; 31,0 Prozent) wird die Missachtung der Meinungsfreiheit als Ursache für die Protestbewegung und die instabile Entwicklung der Türkei angeführt. Danach folgen Aussagen zum Alkoholverbot in der Türkei (44 Aussagen; 19,0 Prozent), die Missachtung der Menschenrechte (32 Aussagen; 13,8 Prozent), Zensur der Medien (30 Aussagen; 12,9 Prozent), Missachtung der bürgerlichen Rechte (18 Aussagen; 7,8 Prozent) und die Nichteinhaltung der Freiheitsrechte (16 Aussagen; 6,9 Prozent). Darüber hinaus werden in manchen Artikeln auch Themen wie zum Beispiel das Kussverbot in der Öffentlichkeit (neun Aussagen; 3,9 Prozent), die 3-Kinder-Bürgerpflicht (acht Aussagen; 3,4 Prozent), das mögliche neue Gesetz zur Abtreibung (zwei Aussagen; 0,9 Prozent) und in einem Artikel die neue Gesetzesverordnung zum Kaiserschnitt erwähnt.[5]

Neben politischen und rechtlichen Ursachen lassen sich in den Artikeln auch Aussagen zu kulturellen Ursachen finden. Die untersuchten Artikel weisen insgesamt 34 Aussagen auf, die sich auf die Missachtung der kulturellen Rechte (27 Aussagen; 79,4 Prozent) und auf die Nichtkompatibilität der kulturellen Ordnungsvorstellungen der Türkei mit den Werten der Europäischen Union (sieben Aussagen; 20,6 Prozent) beziehen.

Des Weiteren können Aussagen zu wirtschaftlichen und gesellschaftlichen Ursachen festgestellt werden. Innerhalb aller Aussagen zu wirtschaftlichen Ursachen (24 Aussagen) wird insbesondere auf die Instabilität der wirtschaftlichen Entwicklung der Türkei (21 Aussagen; 87,5 Prozent) verwiesen. Daneben wird auch die Privatisierung als wirtschaftliche Ursache in drei Aussagen (12,5 Prozent) angesprochen. Im Hinblick auf gesellschaftliche Ursachen (23 Aussagen) ist die Spaltung der türkischen Gesellschaft (21 Aussagen; 91,3 Prozent) und die Bevölkerungsgröße der Türkei (zwei Aussagen; 8,7 Prozent) vor dem Hintergrund des Beitrittes der Türkei zur Europäischen Union thematisiert.

Unter den Aussagen zu ›Akteurinnen und Akteure‹ nimmt der autoritäre Führungsstil der türkischen Regierung den höchsten Anteil ein. In knapp drei Viertel aller Akteursaussagen (107 Aussagen; 71,8 Prozent) wird der autoritäre Führungsstil der türkischen Regierung behandelt. Dies ist nicht verwunderlich, da aus den Demonstrationen gegen die Bebauung des Gezi-Parks eine Protestbewegung gegen die zunehmend als autoritär empfundene türkische Regierung entstand.[6] Die Aussagen richten sich nicht nur auf den Führungsstil, sondern auch auf die Regierung (22 Aussagen; 14,8 Prozent). Diesbezüglich wird die türkische Regierung aufgrund ihres autoritär ausgerichteten Regierungsstils und ihrer ›Islamisierungspolitik‹ insbesondere von Politikerinnen und Politikern aus den Europäischen Ländern sowie aus den Vereinigten Staaten kritisiert. Die türkische Regierung spricht sich in der Presse gegen diese Kritiken aus (15 Aussagen; 10,1 Prozent).

Darüber hinaus wird in den untersuchten Artikeln, wenn auch nur in jeweils zwei Aussagen (1,3 Prozent), der ehemalige türkischer Premierminister als Re-

5 Für nähere Informationen sei auf das Kapitel 5.3 ›Gesellschaftliche Entwicklung der Türkei‹ verwiesen.

6 Siehe hierzu auch Kapitel 5.4.3 ›Rolle der Medien in der Gezi-Park-Bewegung‹.

former und zweiter ›Vater des Vaterlandes‹ thematisiert, der wie der türkische Republikgründer Mustafa Kemal Atatürk Reformen durchführt. Dementsprechend kommt in zwei Aussagen (1,3 Prozent) zum Ausdruck, dass die Proteste zur Erhaltung der laizistisch ausgerichteten Türkei Kemal Atatürks geführt wurden.

Bewertung

Bei dem Frame-Element der Bewertung lässt sich eine Tendenz hin zu einer sehr negativen Berichterstattung erkennen (siehe Abbildung 19). Knapp drei Viertel der 372 untersuchten Artikel (268 Artikel; 72,0 Prozent) weisen eine negative bis sehr negative Bewertung auf, was im Hinblick auf die angesprochenen Problemdefinitionen nicht überraschend ist. Im Vergleich dazu lässt sich in nur 23 Artikeln (6,1 Prozent) eine eher positive bis sehr positive Tendenz der Berichterstattung erkennen. Ambivalente Bewertungen können in 60 Artikeln (16,1 Prozent) festgestellt werden, während 21 Artikel keine Bewertung aufweisen (5,6 Prozent).

Abbildung 19: Häufigkeiten des Frame-Elementes Bewertung (n = 372)

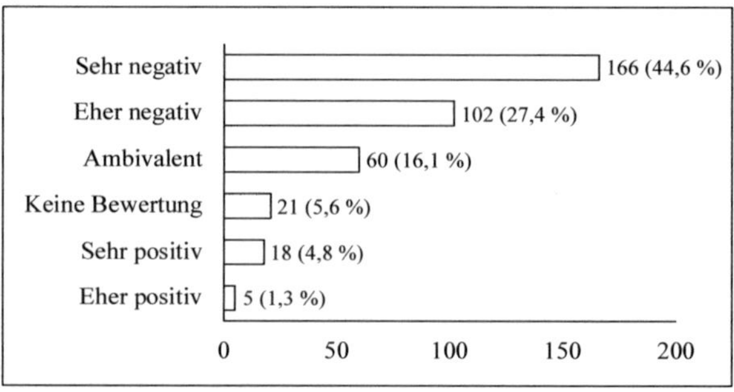

Quelle: Eigene Darstellung

Inwieweit die Tendenz der Berichterstattung für die Frames wichtig ist, wird im Rahmen der Identifikation der Frames diskutiert.[7]

Handlungsempfehlung

Dem Frame-Element Handlungszusammenhang können insgesamt 178 Aussagen zugeordnet werden (siehe Tabelle 9). Diese Aussagen sind in 131 Artikeln

7 Siehe hierzu Kapitel 8.3 ›Inhaltliche Zusammensetzung der Medienframes‹.

enthalten, in denen vor allem europäische Politikerinnen und Politiker aus Deutschland, Italien, Österreich und Spanien Forderungen an die Türkei stellen. Hier dominiert klar die Forderung nach der Aussetzung der Beitrittsverhandlungen mit der Türkei (30 Aussagen; 16,9 Prozent) sowie die Forderung nach der Wahrung der türkischen Demokratie (29 Aussagen; 16,3 Prozent). Wie dem Frame-Element Ursachenzuschreibung zu entnehmen ist, nahm der damalige türkische Premierminister in der Gezi-Park-Bewegung die Rolle eines Akteurs ein. Angesichts der festgestellten Ursachenzuschreibungen ist es deshalb nicht überraschend, dass in der Berichterstattung zur Gezi-Park-Bewegung die Forderung nach einem Rücktritt des Premierministers artikuliert wird (26 Aussagen; 14,6 Prozent).

Tabelle 9: Häufigkeiten des Frame-Elementes Handlungsempfehlung und ihre Variablen (n = 178)

Handlungsempfehlung: Variablen	**Aussagen**	
	Anzahl	**Prozent**
Aussetzung der Beitrittsverhandlungen	30	16,9
Wahrung der türkischen Demokratie	29	16,3
Forderung nach Rücktritt des türkischen Premierministers	26	14,6
Schutz der Menschenrechte im Allgemeinen	22	12,4
Kein Beitritt	14	7,9
Einhaltung rechtsstaatlicher Prinzipien	13	7,3
Schutz der Menschenrechte – Meinungsfreiheit	10	5,6
Einhaltung der Trennung von Staat und Religon	9	5,1
Privilegierte Partnerschaft	6	3,4
Fortsetzung der Beitrittsverhandlungen	6	3,4
Schutz von Minderheiten	5	2,8
Umsetzung weiterer Reformen	5	2,8
Erfüllung der Kopenhagener Kriterien	3	1,7
Gesamt	**178**	**100 %**

Weiter wird der Schutz der Menschrechte (22 Aussagen; 12,4 Prozent), die Einhaltung rechtsstaatlicher Prinzipien (13 Aussagen; 7,3 Prozent) sowie die Beachtung der Meinungsfreiheit (zehn Aussagen; 5,6 Prozent) gefordert, was in Anbetracht der klar dominierenden Problemdefinition des gewaltsamen Vorgehens der türkischen Sicherheitskräfte gegen die Demonstrantinnen und Demonstranten nicht verwunderlich ist. Darüber hinaus können in der Berichterstattung geforderte Maßnahmen, wie die Trennung von Staat und Religion (neun Aussagen; 5,1 Prozent) und der Schutz von Minderheiten (fünf Aussagen; 2,8 Prozent) festgestellt werden. Bemerkenswert an dieser Stelle ist die Meinungsverschiedenheit in Bezug auf eine Mitgliedschaft der Türkei in der Europäischen Union. Diesbezüglich lassen sich verschiedene Aussagen finden, in denen kein Beitritt (14 Aussagen; 7,9 Prozent), nur eine privilegierte Partnerschaft (sechs Aussagen; 3,4

Prozent) oder die Fortsetzung der Beitrittsverhandlungen (sechs Aussagen; 3,4 Prozent) artikuliert werden. Nicht zuletzt sind in den Artikeln auch Forderungen nach der Umsetzung weiterer Reformen in der Türkei (fünf Aussagen; 2,6 Prozent) oder die Erfüllung der Kopenhagener Kriterien (drei Aussagen; 1,7 Prozent) thematisiert.

8.2 IDENTIFIKATION VON MEDIENFRAMES

Nachdem nun die Ausprägungen der einzelnen Frame-Elemente dargestellt sind, wird nun die erste Forschungsfrage nach der Existenz von Frames auf der Grundlage der erhobenen Frame-Elemente beantwortet. Hierfür wird zunächst das datenreduzierende clusteranalytische Auswertungsverfahren der Framing-Analyse aufgezeigt, anhand dessen die einzelnen Frame-Elemente zu kompletten Frames zusammengeführt werden. Die Untersuchungseinheit der Frame-Elemente von insgesamt 2.198 Fällen bildet dabei die Datenbasis für die Clusteranalyse zur Bestimmung von Frames.

Eine erste Einführung in die Clusteranalyse erfolgte bereits im Kapitel 7.3 ›Quantitative Inhaltsanalyse als Verfahren der Framing-Analyse‹. Nun geht es darum, die Vorgehensweise bei der datenanalytischen Zusammenführung der einzelnen Frame-Elemente zu Frames zu begründen.[8] Mit der Clusteranalyse wird festgestellt, wie viele Frames bestimmt werden können. Die für diese Untersuchung konzipierte Clusteranalyse orientiert sich dabei an den Klaus Backhaus (2006, 456ff.) vorgeschlagenen drei Arbeitsschritten.[9] In Anlehnung an Backhaus (ebd., 456ff.) werden in einem ersten Schritt die Ähnlichkeiten von Aussagen bestimmt, die den einzelnen Frame-Elemente zugeordnet wurden. Ziel ist es dabei, jene Aussagen zu Clustern zusammenzufassen, die eine Homogenität aufweisen (vgl. ebd., 456). Die Cluster sollten jedoch untereinander möglichst heterogen respektive unterschiedlich sein (vgl. ebd., 456ff.). Für die Messung der Unterschiedlichkeit bei kategorialen Klassifizierungsmerkmalen bieten sich eine Vielzahl von Ähnlichkeits- und Distanzmaßen, auch genannt Proximi-

8 Im Folgenden wird nur auf jenes Verfahren zur Clusteranalyse eingegangen, das in der Untersuchung angewendet wird. Für Informationen über die verschiedenen Verfahren siehe: Backhaus, Klaus/Erichson, Bernd/Plinke, Wulff/Weiber, Rolf (2015). Multivariate Analysemethoden. Eine anwendungsorientierte Einführung. Springer-Lehrbuch. Berlin: Springer Verlag, 455ff.

9 Siehe hierzu auch Kapitel 7.3 ›Quantitative Inhaltsanalyse als Verfahren der Framing-Analyse‹.

tätsmaßen, an (vgl. ebd., 458ff.). Zu Beginn der Clusteranalyse wird in einem ersten Arbeitsschritt das Maß für die Ähnlichkeit respektive Distanz der zu clusternden Aussagen bestimmt. Dabei gilt: »Je größer der Wert eines Ähnlichkeitsmaßes wird, desto ähnlicher sind sich zwei Objekte« und »je größer die Distanz wird, desto unähnlicher sind sich zwei Objekte« (vgl. ebd., 458).

Welches Proximitätsmaß in Anwendung kommt, hängt maßgeblich von der Variablenstruktur ab. In SPSS werden die Proximitätsmaßen nach Variablen mit dichotomen, polytomen und ordinal skalierten Merkmalsausprägungen unterschieden. Da in dieser Untersuchung die zu den Frame-Elementen gehörigen Merkmalsausprägungen, abgesehen vom Frame-Element Bewertung, jeweils einzeln auf Nicht-Vorkommen respektive Vorkommen (0 = Kein Vorkommen; 1 = Vorkommen) kodiert wurden, schlägt Backhaus (2015, 459ff.) für die Bestimmung von Ähnlichkeiten bei binären Merkmalsausprägungen das Proximitätsmaß ›Euklidische Distanz‹ vor. Die ›Euklidische Distanz‹ ist ein weit verbreitetes Maß bei empirischen Untersuchungen zur Erhebung der Differenzen zwischen zwei Objekten (vgl. ebd., 469). Hierfür werden die Differenzwerte von Objekten quadriert und anschließend summiert (vgl. ebd., 469). Dieses Proximitätsmaß wurde insbesondere im Hinblick auf den zweiten Schritt der Clusteranalyse der Fusionierung von Objekten mit ähnlichen oder gleichen Beschreibungsmerkmalen in einer Gruppe gewählt. Um eine Verzerrung der Ergebnisse zu vermeiden, wurden für das Frame-Element Bewertung die ursprünglichen Kategorien zu dichotomen Variablen (0 = Kein Vorkommen; 1 = Vorkommen) umkodiert.

In einem zweiten Schritt gilt es nun, den Fusionierungsalgorithmus für die Clusteranalyse zu bestimmen. Wie bereits erwähnt, ist das Ziel der Clusteranalyse die Komplexität von Daten zu vermindern, indem ähnliche Fälle zu einem Cluster zusammengefasst werden. Hierfür bietet das Statistikprogramm SPSS drei verschiedene Arten von Clusteranalysen an: die hierarchische Clusteranalyse für binäre, ordinale und intervallskalierte Variablen; die K-Means-Clusteranalyse (auch genannt: Clusterzentrenanalyse oder Quick-Cluster) für intervallskalierte Variablen und die Two-Step-Clusteranalyse für kategoriale intervallskalierte und kategoriale Variablen (vgl. ebd., 476ff.).[10]

Für diese Untersuchung fiel die Entscheidung auf die hierarchische agglomerative Clusteranalyse, zumal es sich bei den Merkmalsausprägungen um binäre

10 Für Informationen über die einzelnen Möglichkeiten zur Durchführung von Clusteranalysen sei auf folgendes Lehrbuch verwiesen: Backhaus, Klaus/Erichson, Bernd/Plinke, Wulff/Weiber, Rolf (2015). Multivariate Analysemethoden. Eine anwendungsorientierte Einführung. Springer-Lehrbuch. Berlin: Springer Verlag, 476ff.

Variablen handelt und die einzelnen Schritte der mehrstufigen Clusteranalyse sehr gut nachvollziehbar sind. Darüber hinaus liefert sie Informationen darüber, wie viele Cluster abgeleitet werden können. Die hierarchische agglomerative Clusteranalyse fasst »sukzessiv je zwei Objekte [...] in einem neuen Cluster zusammen, bis sich letztlich alle Objekte in einem Cluster befinden« (Schendera 2010, 9). Zu erwähnen ist an dieser Stelle, dass sich die hierarchische Clusteranalyse meist nur für Untersuchungen mit einer kleinen Fallzahl (~100) durchführen lässt (vgl. Backhaus 2015, 478ff.). Demzufolge wäre ein solches Vorgehen bei der vorliegenden Artikelzahl (372) praktisch nicht durchführbar. Da aber in dieser Untersuchung für eine bessere Nachvollziehbarkeit und Übersicht die Clusterbildung für jede Tageszeitung einzeln durchgeführt wird, kann die hierarchische Clusteranalyse angewendet werden (vgl. Matthes/Kohring 2004, 65).

In Anlehnung an Matthes und Kohring (2004, 65) wurde als Fusionierungsalgorithmus das Ward-Verfahren gewählt, das in der Praxis am häufigsten in Anwendung kommt (vgl. Backhaus 2015, 484f.). Das Ward-Verfahren ermöglicht eine homogene Clusterbildung, indem jene Objekte zusammengefasst werden, »die die Streuung (Varianz) in einer Gruppe möglichst wenig erhöhen« (vgl. ebd., 484f.). So werden für jedes Cluster die quadrierten euklidischen Distanzen zwischen den Objekten berechnet und die Quadratsummen der Distanzen aller Objekte von den jeweiligen Clusterzentren ermittelt (vgl. ebd., 484f.). In einem nächsten Schritt erfolgt dann das Zusammenfügen von jeweils zwei Clustern, deren Fusionierung die geringste Erhöhung der quadrierten eudklidischen Distanzen ergibt (vgl. ebd., 484f.). Dabei bilden die am häufigsten vorkommenden Ausprägungen in einem Cluster die Basis für die Bestimmung der Frames. Kurzum, alle Ausprägungen bilden vorerst ein eigenständiges Cluster und werden am Ende der Clusteranalyse in einem großen Cluster zusammengefasst.

Um ein möglichst datennahes Ergebnis zu erhalten, erfolgt in einem dritten und letzten Arbeitsschritt nach Backhaus (ebd., 494ff.) die Festlegung der optimalen Clusteranzahl, um ein möglichst datennahes Ergebnis zu erhalten. Dabei »sollen so viele Cluster wie statisch nötig bestimmt werden, aber nur so wenige, wie es von der Interpretierbarkeit her möglich ist« (Dahinden 2006, 251). Mithilfe der Clusteranalyse soll zwar eine Reduktion der Komplexität und Datenmenge erzielt werden, allerdings wird die Zusammenfassung aller Ausprägungen in einem einzigen Cluster nicht als sinnvoll betrachtet (vgl. Dahinden 2006, 250). Deshalb ist die Ausgabe aller Ausprägungen als einzelne Cluster sowie die Fusion aller Ausprägungen zu einem homogenen Cluster von geringster Interpretierbarkeit. Backhaus (2015, 495ff.) führt zur statistischen Bestimmung der optimalen Clusteranzahl das sogenannte ›Elbow‹-Kriterium (Ellenbogen-Kriterium) an. Beim ›Elbow‹-Kriterium werden die einzelnen Abstände des Heterogenitätsmaßes der quadrierten euklidischen Distanz als Koeffizienten dargestellt. Diese Koeffizienten werden in ein Diagramm übertragen, um feststellen zu können, ab welcher Stelle des Algorithmus eine überdurchschnittliche Differenz vorliegt. Bei größeren Differenzen zwischen den einzelnen Clusterlösungen, bei denen das Heterogenitätsmaß einen Sprung macht, wird die Bildung von neuen Clustern abgebrochen (vgl. ebd., 495ff.). So lässt das ›Elbow‹-Kriterium darauf schließen, wie viele Cluster respektive Frames bestimmt werden können.

Die Vorgehensweise der Clusteranalyse soll im Folgenden am Beispiel der ›Bild‹-Zeitung veranschaulicht werden.[11]

Tabelle 10: Einzelne Fusionierungsschritte der ›Bild‹-Zeitung

Schritt	Zusammengeführte Cluster		Koeffizienten	Erstes Vorkommen des Clusters		Nächster Schritt	Differenz: CL 1 – CL 2	Clusteranzahl
	CL 1	CL 2		CL 1	CL 2			
79	6	76	69,11	54	0	88	6,16	10
80	12	29	76,02	77	65	84	6,91	9
81	4	77	83,10	72	0	83	7,08	8
82	22	45	93,77	19	0	85	10,67	7
83	4	7	106,65	81	73	85	12,88	6
84	12	16	120,45	80	37	86	13,80	5
85	4	22	138,07	83	82	86	17,62	**4**
86	4	12	157,12	85	84	87	19,05	**3**
87	1	4	190,12	78	86	88	33,00	**2**
88	1	6	254,72	87	79	0	64,60	**1**

Wie der Tabelle 10 zu entnehmen ist, sind die letzten zehn Schritte der Clusterbildung dargestellt. Die Heterogenitätsmaße werden in der Spalte ›Koeffizienten‹ angeführt. Dabei sind zum Ende der Fusionierung die großen Sprünge zwischen den einzelnen Clustern erkennbar. Die Heterogenitätsmaße lauten: 69,11 (10 Cluster), 76,02 (9 Cluster), 83,10 (8 Cluster), 93,77 (7 Cluster), 106,65 (6 Cluster), 120,45 (5 Cluster), 138,07 (4 Cluster), 157,12 (3 Cluster), 190,12 (2 Cluster) und 254,72 (1 Cluster). Um eine exakte Bestimmung aller möglichen Cluster vornehmen zu können, wurden am Ende der Tabelle die Differenzen zwischen den einzelnen Koeffizienten ausgerechnet. Der Wert zwischen den Clustern zehn und fünf steigt immer zwischen 0,2 und 3,6. Die großen Sprünge

11 Aus Gründen der besseren Übersichtlichkeit und Lesbarkeit, wird auf eine Gesamtdarstellung der Fusionierungsschritte der einzelnen Tageszeitungen sowie die Bestimmung der optimalen Clusteranzahl mithilfe des ›Elbow‹-Kriteriums in einem Diagramm für jede Tageszeitung verzichtet.

lassen sich zwischen dem 84sten und 85sten Schritt (5,46), 86sten und 87sten (13,95) als auch zwischen dem 87sten und 88sten Schritt (31,60) erkennen. Werden die Differenzen nun in ein Diagramm übertragen, so ist anhand des ›Elbow‹-Kriteriums festzuhalten, dass nach dem vierten Cluster im Kurvenverlauf eine leichte Abflachung zu beobachten ist (siehe Abbildung 20).

Abbildung 20: Bestimmung der Clusteranzahl nach dem ›Elbow‹-Kriterium für die ›Bild‹-Zeitung

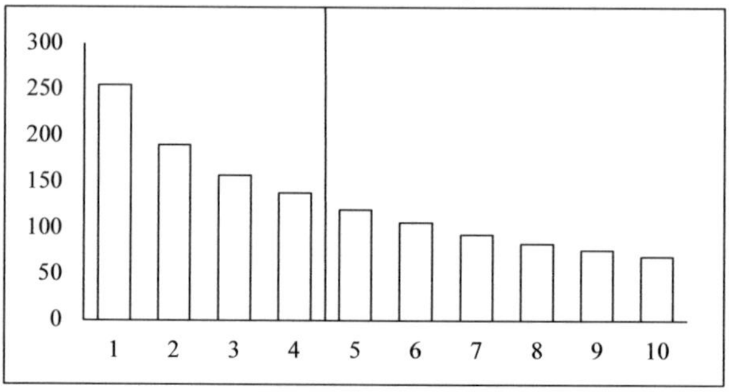

Quelle: Eigene Darstellung

Das bedeutet, dass in der ›Bild‹-Zeitung bei insgesamt 88 Fusionierungsschritten eine optimale Clusterlösung von vier Clustern zu identifizieren ist.

In der deutschen Qualitätszeitung ›Süddeutsche Zeitung‹ sind die größten Sprünge ebenfalls in den letzten vier Fusionierungsschritten erkennbar. Auch hier liegt die optimale Clusterlösung bei vier Clustern.

In der italienischen Tageszeitung ›La Repubblica‹ sowie in der spanischen Tageszeitung ›El País‹ unterscheiden sich die Werte der Heterogenitätsmaße zwischen den einzelnen Clustern im Vergleich zu deutschen Tageszeitungen nur gering voneinander. Es kann von einer relativ homogenen Berichterstattung gesprochen werden. Die optimale Clusteranzahl liegt bei der italienischen und spanischen Tagezeitung bei zwei.

Ähnlich wie die deutschen Tageszeitungen weisen österreichische Tageszeitungen eine eher heterogene Berichterstattung auf. Als optimale Clusterlösung wird in der ›Kronen Zeitung‹ und in der Qualitätszeitung ›Der Standard‹ von drei Clustern ausgegangen.

Auch in der türkischen Berichterstattung lässt sich die Anzahl der Cluster unter Berücksichtigung der höchsten Steigerung der Heterogenität bestimmen. Hier können jeweils vier Cluster bestimmt werden.

So können in den Untersuchungsländern insgesamt 26 Cluster festgestellt werden. Dabei ist jedoch zu beachten, dass die Anzahl von 26 Clustern nicht die eigentliche Anzahl von identifizierbaren Frames wiedergibt. Da die Berechnungen pro Tageszeitung durchgeführt wurden, können innerhalb dieser Cluster Frames vorkommen, die sich in mehr als einem Untersuchungsland finden lassen. Um die eigentliche Anzahl von Frames für die gesamte Berichterstattung herauszufinden, werden in den folgenden Kapiteln auf Basis dieser Cluster die identifizierbaren Frames interpretiert und deren Zusammensetzung dargestellt.

8.3 INHALTLICHE ZUSAMMENSETZUNG DER MEDIENFRAMES

Nachdem in den Untersuchungsländern die optimale Clusteranzahl festgestellt wurde, wird in diesem Kapitel untersucht, aus welchen Frame-Elementen die identifizierten Frames bestehen und welche Frames in der Berichterstattung zur Mediendebatte der Gezi-Park-Bewegung hinsichtlich eines Beitrittes der Türkei zur Europäischen Union identifiziert werden können. Um die Frage nach der Zusammensetzung von Frames zu beantworten, erfolgt ein kurzer Rückblick auf die theoretischen Überlegungen zur Zusammensetzung eines Frames.[12] Wie schon in den vorherigen Kapiteln erläutert, wird in der Untersuchung davon ausgegangen, dass sich ein Frame aus vier Elementen (Problemdefinition, Ursachenzuschreibung, Bewertung und Handlungszusammenhang) zusammensetzt, dessen bestimmtes Muster eines Textes empirisch erhoben werden kann. Dass die erfassten Frame-Elemente sich zu einem Frame zusammenführen lassen, wurde bereits mithilfe der hierarchischen Clusteranalyse aufgezeigt. Dabei ist zu unterscheiden zwischen einem expliziten Frame, der aus allen Frame-Elementen besteht und einem implizierten Frame, der mindestens zwei Frame-Elemente enthält.[13] Es wurden also keine kompletten Frames kodiert, sondern die Aussagen den jeweiligen Frame-Elementen zugeordnet. Anzumerken ist, dass die Frames auf der Grundlage von 2.198 Fällen identifiziert wurden. Durch das Gruppierungsverfahren können grundsätzlich nur jene Frames bestimmt werden, die in der Berichterstattung am häufigsten auftreten und somit den öffentlichen Diskurs über europäische Identitätskonstruktionen vor dem Hintergrund des Beitrittes der Türkei zur Europäischen Union prägen. Durch die datenanalytische Bestimmung der Cluster sollen sich die Frames so zusammensetzen, dass sie innerhalb des eigenen Clusters möglichst homogen sind und sich von den anderen Frames klar abgrenzen.

---

12 Vergleiche hierzu Kapitel 6.7 ›Framing-Analyse als theoretische Grundlage der empirischen Datenerhebung‹.

13 Siehe auch Kapitel 6.7.1 ›Framing-Analyse nach Entman‹.

Im Folgenden werden die Ergebnisse der Frame-Analyse für die deutsche, italienische, österreichische, spanische und türkische Berichterstattung einzeln dargestellt, um im anschließenden Kapitel die Gemeinsamkeiten, Ähnlichkeiten respektive Unterschiede zwischen den einzelnen Ländern und Zeitungen gegenüberzustellen. Aus Gründen der besseren Übersichtlichkeit werden nur jene Variablen dargestellt, aus denen sich die jeweiligen Frames zusammensetzen. Die Frames der jeweiligen Zeitungen werden so bezeichnet, dass ein aussagekräftiger Vergleich zwischen den Untersuchungsländern und den Zeitungen möglich ist. So werden Frames mit gleicher Problemdefinition, aber unterschiedlicher Aussagen etwa zu geforderten Maßnahmen, gleich benannt.

Medienframes in der deutschen Berichterstattung

Wie bereits im vorherigen Kapitel angeführt, sind in der deutschen Berichterstattung vier Cluster festzustellen. Nun gilt es herauszuarbeiten, aus welchen Frame-Elementen sich die einzelnen Cluster zusammensetzen und in Folge einen Frame bilden. Beginnend mit der deutschen Berichterstattung zeigt Tabelle 11 einen Ausschnitt über die Zusammensetzung der einzelnen Cluster in der ›Bild‹-Zeitung.

Mittels der hierarchischen Clusteranalyse wurden die Beiträge der deutschen Boulevardzeitung in vier Cluster eingeteilt, die das Framing der Berichterstattung widerspiegeln. Der erste Cluster stellt in der deutschen Berichterstattung der ›Bild‹-Zeitung den am häufigsten thematisierten Frame dar. In 40,5 Prozent aller analysierten Artikel wird das gewaltsame Vorgehen der türkischen Sicherheitskräfte während der Gezi-Park-Bewegung thematisiert. Dieser Frame wird ›Missachtung rechtsstaatlicher Prinzipien‹ genannt, da in den analysierten Artikeln überwiegend rechtsstaatliche Themen in Bezug auf Europa als die Europäische Union mit gemeinsamen politischen Werten auf eine sehr negative Art und Weise problematisiert werden. Als geforderte Maßnahmen hierfür wird in den Beiträgen vor allem die Einhaltung rechtsstaatlicher Prinzipien angesprochen.

Tabelle 11: Zusammensetzung der Cluster in der deutschen Berichterstattung: ›Bild‹-Zeitung (Auszug)

Frame-Elemente	Cluster 1	Cluster 2	Cluster 3	Cluster 4
	Häufigkeit	Häufigkeit	Häufigkeit	Häufigkeit
Problemdefinition:				
Politische Werte – Gewaltsames Vorgehen der Polizei	**13**	4	3	1
Menschenrechte – Missachtung der bürgerlichen Rechte – Alkoholverbot	0	4	**5**	0
Menschenrechte – Missachtung der bürgerlichen Rechte – Verletzung der freien Meinungsäußerung	5	3	2	**3**
Christliche, religiöse Gemeinschaft – Islamisierung der Türkei im Allgemeinen	0	**8**	0	0
Ursachenzuschreibung:				
Akteurinnen und Akteure – Autoritärer Führungsstil der Regierung	7	4	0	**6**
Situative Ursachen – Politische Ursachen – Missachtung der rechtsstaatlichen Prinzipien	**14**	3	4	1
Situative Ursachen – Rechtliche Ursachen – Alkoholverbot	0	**8**	0	0
Situative Ursachen – Rechtliche Ursachen – Missachtung der Grundrechte der Freiheit	0	0	**6**	0
Bewertung:				
Sehr Negativ	**12**	**6**	**5**	**4**
Handlungsempfehlung:				
Wahrung der türkischen Demokratie	3	**3**	2	**3**
Einhaltung rechtsstaatlicher Prinzipien	**8**	2	0	0
Schutz der Menschenrechte im Allgemeinen	1	1	**4**	1
n = 37 Artikel	**15**	**8**	**6**	**8**
% = 100	**40,5**	**21,6**	**16,2**	**21,6**

Im zweiten Cluster befinden sich vor allem Aussagen zur Islamisierung der Türkei. Als Ursache für die Entwicklung der Türkei zu einem islamisch geprägten Land wird in den Artikeln vor allem die neue Verordnung zur Einschränkung von Alkoholverkauf und -ausschank genannt, welche in den Beiträgen als sehr negativ bewertet wird. Innerhalb dieses Clusters wird zudem auf die damit verbundene Missachtung der Meinungsfreiheit der türkischen Anhängerinnen und Anhänger der oppositionellen Republikanischen Volkspartei verwiesen. Diesbezüglich empfehlen europäische Politikerinnen und Politiker die Rückbesinnung und Wahrung der Demokratie, da die zunehmende ›Islamisierungspolitik‹ mit den Werten der Europäischen Union nicht vereinbar scheint. Somit kann dieser Cluster als ›Islamisierungs‹-Frame bezeichnet werden, der in der deutschen Berichterstattung durch Äußerungen zur Islamisierung der Türkei durch die türkische Regierung stark vertreten ist. Fast ein Viertel (21,6 Prozent) aller analysierten Artikel der deutschen Boulevardzeitung beinhalten den Frame ›Islamisierung‹.

Der dritte Frame kann als ›Verletzung der bürgerlichen Rechte‹ bezeichnet werden. In 16,2 Prozent aller analysierten Artikel der ›Bild‹-Zeitung wird die neue türkische Alkoholverordnung nicht nur im Hinblick auf die Islamisierung der Türkei diskutiert, sondern auch vor dem Hintergrund Europas als ›Hort der Menschenrechte‹. Hierbei wird die Missachtung der Freiheitsrechte als rechtliche Ursache thematisiert. Dementsprechend fällt auch die Tendenz der Berichterstattung sehr negativ aus, da die durch die türkische Regierung eingeführte Gesetzesverordnung von europäischen Politikerinnen und Politikern sowie auch zum Teil vom türkischen Volk stark kritisiert wird. Sie empfehlen der Türkei den Schutz der Menschenrechte.

Nicht zuletzt widmet sich knapp ein Viertel (21,6 Prozent) der analysierten Artikel der deutschen Boulevardzeitung dem vierten Frame, der als ›Verletzung der freien Meinungsäußerung‹ bezeichnet wird. In diesen Artikeln beziehen sich die Aussagen zum Beitritt der Türkei zur Europäischen Union auf den autoritären Regierungsstil der türkischen Regierung, welcher in den Beiträgen sehr negativ bewertet wird. Als Maßnahme für die Gewährleistung der Meinungsfreiheit wird die Wahrung der türkischen Demokratie gefordert.

In der ›Süddeutschen Zeitung‹ lassen sich ebenso vier Frames erkennen und auch hier ist der am häufigsten vorkommende die ›Missachtung rechtsstaatlicher Prinzipien‹ (siehe Tabelle 12, Cluster 2). Die Artikel weisen eine eher negative Berichterstattung auf. Europäische Politikerinnen und Politiker sprechen sich gegen einen Beitritt der Türkei zur Europäischen Union aus, da sie der Meinung sind, dass die aktuellen politischen Vorgaben in der Türkei mit den Werten der Europäischen Union nicht vereinbar wären.

Der erste Cluster bildet den am zweithäufigsten vorkommenden Frame. In mehr als einem Drittel aller analysierten Artikel der ›Süddeutschen Zeitung‹ wird die Zensur der Medien durch die türkische Regierung thematisiert. Da während der Gezi-Park-Bewegung vor allem über soziale Medien rechtswidrige respektive verfälschte Nachrichten verbreitet wurden, zensierte die türkische Regierung den Zugang zu diesen Netzwerken, was sowohl in der Türkei als auch in Europa negative Reaktionen auslöste. Dementsprechend ist auch die Tendenz der Berichterstattung eher negativ, so dass sogar in den Aussagen die Aussetzung der Beitrittsverhandlungen artikuliert wird. Daher wird dieser Frame als ›Medienzensur‹ bezeichnet.

Tabelle 12: Zusammensetzung der Cluster in der deutschen Berichterstattung: ›Süddeutsche Zeitung‹ (Auszug)

Frame-Elemente	**Cluster 1**	**Cluster 2**	**Cluster 3**	**Cluster 4**
	Häufigkeit	Häufigkeit	Häufigkeit	Häufigkeit
Problemdefinition:				
Politische Werte – Gewaltsames Vorgehen der Polizei	0	**17**	3	2
Politische Werte – Zensur der Medien	**3**	1	2	2
Menschenrechte – Missachtung der bürgerlichen Rechte – Alkoholverbot	1	0	**5**	0
Menschenrechte – Missachtung der bürgerlichen Rechte – Verletzung der freien Meinungsäußerung	1	2	3	**4**
Christliche, religiöse Gemeinschaft – Islamisierung der Türkei – Alkoholverbot	1	0	**5**	0
Ursachenzuschreibung:				
Situative Ursachen – Politische Ursachen – Demokratische Werte	0	0	0	**8**
Situative Ursachen – Politische Ursachen – Missachtung der rechtsstaatlichen Prinzipien	0	**17**	4	2
Situative Ursachen – Rechtliche Ursachen – Alkoholverbot	1	0	**5**	0
Situative Ursachen – Rechtliche Ursachen – Zensur der Medien	**3**	1	2	2
Bewertung:				
Eher Negativ	**9**	**9**	1	4
Sehr Negativ	5	4	**5**	**5**
Handlungsempfehlung:				
Schutz der Menschenrechte – Meinungsfreiheit	0	1	**3**	**2**
Kein Beitritt	1	**4**	0	1
Aussetzung der Beitrittsverhandlungen	**7**	1	0	1
n = 53 Artikel	**18**	**20**	**6**	**9**
% = 100	**34,0**	**37,8**	**11,3**	**17,0**

Nicht nur in der ›Bild‹-Zeitung, sondern auch in der ›Süddeutschen Zeitung‹ lässt sich ein ›Islamisierungs‹-Frame erkennen, vor allem durch Aussagen über die Islamisierung der Türkei im dritten Cluster. Als Ursache für die Entwicklung der Türkei zu einem islamisch geprägten Land werden Themen, wie etwa die neue Alkoholverordnung genannt, die in den Beiträgen sehr negativ bewertet sind. Dazu gehört innerhalb dieses Clusters auch die damit verbundene Missachtung der bürgerlichen Rechte. Im Hinblick auf diese Tatsache empfehlen europäische Politikerinnen und Politiker den Schutz der Menschenrechte, die auch das Recht auf freie Meinungsäußerung beinhalten.

Medienframes in der italienischen Berichterstattung

Wie in der deutschen Berichterstattung wird auch in der italienischen Tageszeitung ›La Repubblica‹ der Frame ›Missachtung rechtsstaatlicher Prinzipien‹ am häufigsten thematisiert und dabei das gewaltsame Vorgehen der Polizei in fast drei Viertel (68,6 Prozent) der analysierten italienischen Artikel problematisiert. Die Ursache hierfür wird vor allem dem autoritären Führungsstil der türkischen Regierung zugeschrieben und darüber hinaus diese Thematik auch in Bezug auf die Europäische Union mit gemeinsamen politischen Werten debattiert. Das Vorgehen der türkischen Sicherheitskräfte gegen Demonstrantinnen und Demonstranten in der Gezi-Park-Bewegung wird seitens europäischer Politikerinnen und Politiker stark kritisiert, dementsprechend negativ besetzt ist die Berichterstattung darüber. Als Maßnahme fordern sie von der türkischen Regierung die Wahrung der Demokratie.

Tabelle 13: Zusammensetzung der Cluster in der italienischen Berichterstattung: ›La Repubblica‹ (Auszug)

Frame-Elemente	Cluster 1	Cluster 2
	Häufigkeit	Häufigkeit
Problemdefinition:		
Politische Werte – Gewaltsames Vorgehen der Polizei	**13**	7
Menschenrechte – Missachtung der bürgerlichen Rechte – Alkoholverbot	0	**8**
Christliche, religiöse Gemeinschaft – Islamisierung der Türkei im Allgemeinen	0	**8**
Ursachenzuschreibung:		
Akteur – Autoritärer Führungsstil der Regierung	**13**	6
Situative Ursachen – Politische Ursachen – Missachtung rechtsstaatlicher Prinzipien	**13**	6
Situative Ursachen – Rechtliche Ursachen – Alkoholverbot	0	**8**
Bewertung:		
Sehr Negativ	**8**	**7**
Handlungsempfehlung:		
Wahrung der türkischen Demokratie	**3**	0
Einhaltung der Trennung von Staat und Religion	2	**2**
Forderung nach Rücktritt des türkischen Premierministers	1	**2**
n = 35 Artikel	**24**	**11**
% = 100	**68,6**	**31,4**

Der zweite Cluster ist am stärksten von der Missachtung der bürgerlichen Rechte im Hinblick auf die neue Alkoholverordnung geprägt. Die Regelung zum Alkoholkonsum wird dabei meist vor dem Hintergrund einer voranschreitenden Islamisierung der Türkei diskutiert und sehr negativ bewertet. In Folge wird dieser Cluster als ›Islamisierungs‹-Frame bezeichnet und ist in fast einem Drittel (31,4 Prozent) aller analysierten italienischen Artikel enthalten. Hauptverantwortlich für die sehr negative Bewertung der Berichterstattung wird vielmehr in der radikalen Einführung von neuen Gesetzesverordnungen durch die türkische Regierung gesehen. Als Maßnahme gegen die Islamisierung der Türkei wird in den einzelnen Artikeln die Forderung nach der Einhaltung der Trennung von Staat und Religion gesehen. Darüber hinaus wird auch der Rücktritt des türkischen Premierministers gefordert.

Medienframes in der österreichischen Berichterstattung

Tabelle 14 ist zu entnehmen, dass in der österreichischen Boulevardzeitung drei Frames zu identifizieren sind. Der erste Cluster beinhaltet vor allem Aussagen zur Nichtzugehörigkeit der Türkei zu Europa. Auffallend ist, dass diese Thematik in der Regel mit dem autoritären Führungsstil der türkischen Regierung in Verbindung gebracht wird. Dies könnte damit zusammenhängen, dass trotz der drei Prozent Zugehörigkeit der Türkei zu Europa, die Türkei aufgrund des Regierungsstils und der damit einhergehenden Instabilität der türkischen Politik von Europa exkludiert wird. Aufgrund der eher negativen Berichterstattung ist es nicht verwunderlich, dass in den Artikeln über eine Aussetzung der Beitrittsverhandlungen mit der Türkei diskutiert wird. Entsprechend kann dieser Frame als ›Geographische Exklusion der Türkei‹ bezeichnet werden.

Als zweithäufigster Frame mit 16 Artikeln in der österreichischen Boulevardzeitung ist der Frame ›Missachtung rechtsstaatlicher Prinzipien‹ festzuhalten. Fast die Hälfte der gesamten österreichischen Berichterstattung beinhaltet sehr negative Formulierungen zum gewaltsamen Vorgehen der türkischen Sicherheitskräfte gegen die Demonstrantinnen und Demonstranten. Dementsprechend wird in den Beiträgen als geforderte Maßnahme statt einer türkischen Vollmitgliedschaft in der Europäischen Union, vielmehr eine privilegierte Partnerschaft vorgeschlagen.

Der zweite Cluster kann als ›Islamisierungs‹-Frame bezeichnet werden. In fast einem Viertel (23,3 Prozent) aller analysierten Artikel der ›Kronen Zeitung‹, wird der Beitritt der Türkei zur Europäischen Union vor dem Hintergrund der Islamisierung diskutiert. Diese Artikel nehmen Bezug auf das neue Alkoholgesetz und sind eher negativ geprägt. Als Lösung für eine ›Nicht-Islamisierung‹ der Türkei wird die Wahrung der türkischen Demokratie angeführt.

Tabelle 14: Zusammensetzung der Cluster in der österreichischen Berichterstattung: ›Kronen Zeitung‹ (Auszug)

Frame-Elemente	**Cluster 1**	**Cluster 2**	**Cluster 3**
	Häufigkeit	Häufigkeit	Häufigkeit
Problemdefinition:			
Geographie – Nichtzugehörigkeit der Türkei zu Europa	**3**	1	2
Politische Werte – Gewaltsames Vorgehen der Polizei	0	3	**16**
Christliche, religiöse Gemeinschaft – Islamisierung der Türkei im Allgemeinen	0	**8**	1
Christliche, religiöse Gemeinschaft – Islamisierung der Türkei – Alkoholverbot	1	**5**	0
Ursachenzuschreibung:			
Akteurinnen und Akteure – Autoritärer Führungsstil der Regierung	**5**	2	7
Situative Ursachen – Politische Ursachen – Islamisierung der Türkei	1	**8**	0
Situative Ursachen – Politische Ursachen – Missachtung der rechtsstaatlichen Prinzipien	0	3	**15**
Bewertung:			
Eher Negativ	**9**	4	0
Sehr Negativ	5	**6**	**12**
Handlungsempfehlung:			
Wahrung der türkischen Demokratie	0	**4**	0
Privilegierte Partnerschaft	0	0	**3**
Aussetzung der Beitrittsverhandlungen	**3**	2	0
n = 43 Artikel	**17**	**10**	**16**
% = 100	**39,5**	**23,3**	**37,2**

Im Vergleich zur ›Kronen Zeitung‹ beinhaltet ›Der Standard‹ erwartungsgemäß Artikel zur wirtschaftlichen Entwicklung der Türkei (Tabelle 15). In der österreichischen Qualitätszeitung lässt sich in mehr als die Hälfte (61,9 Prozent) der analysierten Artikel Aussagen über die instabile Entwicklung der türkischen Wirtschaft finden. Es werden aber nicht nur Aussagen zu negativen Entwicklungen gemacht, sondern es wird auch auf die wirtschaftlichen Fortschritte der Türkei Bezug genommen. Dieser Cluster kann somit allgemein als ›Wirtschafts‹-Frame bezeichnet werden. Bemerkenswert ist, dass der wirtschaftliche Aufschwung der Türkei mit dem autoritären Regierungsstil in Verbindung gebracht wird und somit eine durchaus positive Erscheinung eher ambivalent bis zu sehr negativ bewertet und als Handlungsempfehlung in den Artikeln der Rücktritt der türkischen Regierung artikuliert wird.

Ein weiterer Frame, der in allen bereits erwähnten Zeitungen vorkommt, ist der Frame ›Missachtung rechtsstaatlicher Prinzipien‹. Ein Drittel (33,3 Prozent) aller analysierten Artikel berichtet über das Vorgehen der türkischen Sicherheitskräfte gegen die Demonstrantinnen und Demonstranten eher negativ. Als Handlungsempfehlung wird in den Artikeln über die Aussetzung der Beitrittsverhandlungen mit der Türkei diskutiert.

Tabelle 15: Zusammensetzung der Cluster in der österreichischen Berichterstattung: ›Der Standard‹ (Auszug)

Frame-Elemente	Cluster 1	Cluster 2	Cluster 3
	Häufigkeit	Häufigkeit	Häufigkeit
Problemdefinition:			
Politische Werte – Gewaltsames Vorgehen der Polizei	1	**22**	1
Politische Werte – Kritik am Umgang mit Demonstrierenden	1	**11**	0
Wirtschaftsraum – Instabile wirtschaftliche Entwicklung – Proteste als Ursache für Unsicherheiten am Finanzmarkt	**5**	1	0
Wirtschaftsraum – Wirtschaftlicher Fortschritt	**4**	2	1
Christliche, religiöse Gemeinschaft – Islamisierung der Türkei im Allgemeinen	3	1	**3**
Ursachenzuschreibung:			
Akteurinnen und Akteure – Autoritärer Führungsstil der Regierung	**13**	10	1
Situative Ursachen – Politische Ursachen – Islamisierung der Türkei	3	1	**3**
Situative Ursachen – Politische Ursachen – Missachtung der rechtsstaatlichen Prinzipien	1	**22**	1
Bewertung:			
Ambivalent	**11**	2	0
Eher Negativ	8	**12**	0
Sehr Negativ	**14**	7	**3**
Handlungsempfehlung:			
Forderung nach Rücktritt des türkischen Premierministers	**5**	3	0
Aussetzung der Beitrittsverhandlungen	1	**5**	**3**
n = 63 Artikel	**39**	**21**	**3**
% = 100	**61,9**	**33,3**	**4,8**

Im letzten Cluster der Tageszeitung ›Der Standard‹ lassen sich Aussagen über die Islamisierung der Türkei erfassen, allerdings nur mit geringem Anteil, das heißt nur drei von 63 Artikel weisen einen ›Islamisierungs‹-Frame auf. Dennoch wird in allen drei Artikeln sehr negativ berichtet und als Handlungsempfehlung die Aussetzung der Beitrittsverhandlungen mit der Türkei artikuliert.

Medienframes in der spanischen Berichterstattung

Wie Tabelle 16 zeigt, dominieren in mehr als der Hälfte (59,0 Prozent) der analysierten Artikel der spanischen Tageszeitung ›El País‹ Aussagen zur Islamisierung der Türkei. Dabei wird auf die strikte Einführung der neuen Alkoholverordnung verwiesen, die zum einen als Missachtung der bürgerlichen Rechte wahrgenommen wird und zum anderen als eine Regelung, die die Türkei in Richtung Islamisierung führt. Als Ursache wird insbesondere auf die türkische Innenpolitik Bezug genommen. In Folge wird dieser Cluster als ›Islamisierungs‹-Frame bezeichnet. Die Berichterstattung kann dabei als eher negativ geprägt bewertet werden, da vor allem negative Aussagen im Vordergrund stehen und die Aussetzung der Beitrittsverhandlungen von politischen Akteurinnen und Akteuren gefordert wird.

Tabelle 16: Zusammensetzung der Cluster in der spanischen Berichterstattung: ›El País‹ (Auszug)

Frame-Elemente	Cluster 1	Cluster 2
	Häufigkeit	Häufigkeit
Problemdefinition:		
Politische Werte – Gewaltsames Vorgehen der Polizei	5	**13**
Menschenrechte – Missachtung der bürgerlichen Rechte – Alkoholverbot	**7**	4
Christliche, religiöse Gemeinschaft – Islamisierung der Türkei im Allgemeinen	**7**	5
Christliche, religiöse Gemeinschaft – Islamisierung der Türkei – Alkoholverbot	**7**	4
Ursachenzuschreibung:		
Situative Ursachen – Politische Ursachen – Islamisierung der Türkei	**8**	5
Situative Ursachen – Politische Ursachen – Missachtung rechtsstaatlicher Prinzipien	6	**13**
Bewertung:		
Eher Negativ	**14**	2
Sehr Negativ	2	**13**
Handlungsempfehlung:		
Forderung nach Rücktritt des türkischen Premierministers	2	**5**
Aussetzung der Beitrittsverhandlungen	**4**	0
n = 39 Artikel	**23**	**16**
% = 100	**59,0**	**41,0**

Innerhalb des zweiten Clusters (41,0 Prozent) befinden sich sehr negative Aussagen zum gewaltsamen Vorgehen der türkischen Sicherheitskräfte gegen die Demonstrantinnen und Demonstranten in der Gezi-Park-Bewegung. Wie in den bereits erwähnten Tageszeitungen, wird dieser Frame als ›Missachtung rechtsstaatlicher Prinzipien‹ benannt und in Bezug auf die Selbstbeschreibung Europas als die Europäische Union mit gemeinsamen politischen Werten diskutiert. Da die Hauptverantwortung für dieses Problem der türkischen Regierung zugeschrieben wird, ist es nicht verwunderlich, dass in den meisten Artikeln der Rücktritt des türkischen Premierministers gefordert wird.

Medienframes in der türkischen Berichterstattung

In der türkischen Boulevardzeitung ›Posta‹ lassen sich vier Frames identifizieren. Im ersten Cluster wird der Frame ›Missachtung rechtsstaatlicher Prinzipien‹ thematisiert. Ein besonderes Augenmerk gilt hier auch der Kritik am Umgang mit den Demonstrantinnen und Demonstranten durch internationale Politikerinnen und Politikern. Sie fordern die Aussetzung der Beitrittsverhandlungen mit der Türkei, dementsprechend weist die Berichterstattung eine sehr negative Tendenz auf.

Tabelle 17: Zusammensetzung der Cluster in der türkischen Berichterstattung: ›Posta‹ (Auszug)

Frame-Elemente	Cluster 1	Cluster 2	Cluster 3	Cluster 4
	Häufigkeit	Häufigkeit	Häufigkeit	Häufigkeit
Problemdefinition:				
Politische Werte – Gewaltsames Vorgehen der Polizei	**18**	5	2	1
Politische Werte – Kritik am Umgang mit Demonstrierenden	10	4	1	**8**
Menschenrechte – Missachtung der bürgerlichen Rechte – Verletzung der freien Meinungsäußerung	0	**7**	0	0
Bevölkerung – Spaltung der türkischen Gesellschaft	1	0	**6**	0
Ursachenzuschreibung:				
Situative Ursachen – Politische Ursachen – Missachtung der rechtsstaatlichen Prinzipien	**18**	6	**4**	**4**
Situative Ursachen – Rechtliche Ursachen – Missachtung der bürgerlichen Rechte	1	0	**4**	0
Situative Ursachen – Rechtliche Ursachen – Missachtung der Meinungsfreiheit	0	**8**	2	**4**
Bewertung:				
Ambivalent	0	0	**15**	0
Sehr Negativ	**15**	**7**	1	**14**
Handlungsempfehlung:				
Wahrung der türkischen Demokratie	0	0	0	**4**
Einhaltung rechtsstaatlicher Prinzipien	0	0	1	**3**
Schutz der Menschenrechte im Allgemeinen	0	1	0	**3**
Schutz der Menschenrechte – Meinungsfreiheit	0	**3**	0	2
Fortsetzung der Beitrittsverhandlungen	0	0	**2**	0
Aussetzung der Beitrittsverhandlungen	**2**	0	0	1
n = 64 Artikel	**18**	**8**	**23**	**15**
% = 100	**28,1**	**12,5**	**35,9**	**23,4**

Der zweite Cluster beinhaltet Aussagen zum Thema Meinungsfreiheit in der Türkei. Dieser Frame kann als ›Verletzung der freien Meinungsäußerung‹ bezeichnet werden, da vor allem Aussagen zur Missachtung der Meinungsfreiheit in der Türkei überwiegen, die grundsätzlich als sehr negativ bewertet werden. Als Handlungsempfehlung wird hier die Einhaltung der Meinungsfreiheit artikuliert.

Der dritte Cluster stellt mit 35,9 Prozent (23 Artikel) den am häufigsten vorkommenden Frame in der türkischen Boulevardzeitung dar, nämlich der Frame ›Gesellschaftlicher Umbruch‹. Die Spaltung der türkischen Gesellschaft kommt insbesondere in den Aussagen zur Verletzung der bürgerlichen Rechte sowie

Missachtung der rechtsstaatlichen Prinzipien zum Ausdruck. Dabei wird faktisch berichtet ohne eine positive oder negative Stellung einzunehmen. Um diesem Umbruch entgegenzuwirken, wird auf die Fortsetzung der Beitrittsverhandlungen mit der Türkei Bezug genommen.

In fast einem Viertel der Artikel wird Kritik am Umgang mit Demonstrantinnen und Demonstranten aufgrund von Vorgaben der türkischen Regierung geäußert. Auch in den bisher vorgestellten Tageszeitungen wird die Türkei hinsichtlich des Vorgehens der türkischen Sicherheitskräfte kritisiert, doch beziehen sich diese Aussagen explizit auf die türkische Regierung und deren Führungsstil. Der Auslöser hierfür wird in der Missachtung der rechtsstaatlichen Prinzipien und der Meinungsfreiheit gesehen und als geforderte Maßnahmen in den Beiträgen gefordert: Wahrung der türkischen Demokratie, Einhaltung rechtsstaatlicher Prinzipien sowie der Schutz der Menschenrechte. Da die Kritik in den meisten Fällen sehr negativ ausfällt, wird dieser Frame ›Negative Kritik an der türkischen Regierung‹ bezeichnet.

Ähnliche Frames lassen sich auch in der Qualitätszeitung ›Zaman‹ feststellen (Tabelle 18). So sind die Frames ›Missachtung rechtsstaatlicher Prinzipien‹ und ›Verletzung der freien Meinungsäußerung‹ auch in den Artikeln der türkischen Qualitätszeitung enthalten. Fast ein Drittel (28,9 Prozent) aller analysierten Artikel weist den Frame ›Missachtung rechtsstaatlicher Prinzipien‹ auf. Die Tendenz der Berichterstattung ist eher negativ. Als Forderung wird nicht, wie in der Boulevardzeitung ›Posta‹, die Aussetzung der Beitrittsverhandlungen artikuliert, sondern der Schutz der Menschenrechte.

Der Frame ›Verletzung der freien Meinungsäußerung‹ kommt in fast einem Viertel (23,7 Prozent) der Artikel vor. In diesen Artikeln beziehen sich die Aussagen über den Beitritt der Türkei zur Europäischen Union auf die Missachtung der Meinungsfreiheit in der Türkei, wobei die Artikel eine eher negative Konnotation aufweisen. Als Maßnahme für die Nichtbeachtung der Meinungsfreiheit wird die Aussetzung der Beitrittsverhandlungen geäußert.

Weiter beinhalten knapp 20,0 Prozent aller analysierten Artikel der türkischen Tageszeitung ›Zaman‹ einen ›Demokratiedefizit‹-Frame. In den Aussagen wird im Hinblick auf die politischen Werte der Europäischen Union auf die Nichteinhaltung der demokratischen Werte durch die türkische Regierung Bezug genommen. Die analysierten Aussagen können dabei als ambivalent bewertet werden, da neutral berichtet und argumentiert wird. In den Artikeln wird vor allem die Forderung nach der Wahrung der türkischen Demokratie artikuliert.

Tabelle 18: Zusammensetzung der Cluster in der türkischen Berichterstattung: ›Zaman‹ (Auszug)

Frame-Elemente	Cluster 1	Cluster 2	Cluster 3	Cluster 4
	Häufigkeit	Häufigkeit	Häufigkeit	Häufigkeit
Problemdefinition:				
Politische Werte – Demokratiedefizit	**4**	0	2	0
Politische Werte – Gewaltsames Vorgehen der Polizei	0	0	**9**	0
Menschenrechte – Missachtung der bürgerlichen Rechte – Verletzung der freien Meinungsäußerung	1	**4**	3	0
Wirtschaftsraum – Wirtschaftlicher Fortschritt	0	0	3	**8**
Ursachenzuschreibung:				
Situative Ursachen – Politische Ursachen – Demokratische Werte	**3**	0	2	0
Situative Ursachen – Politische Ursachen – Missachtung der rechtsstaatlichen Prinzipien	0	0	**9**	0
Situative Ursachen – Rechtliche Ursachen – Missachtung der Meinungsfreiheit	1	**4**	2	0
Bewertung:				
Sehr Positiv	0	0	0	**9**
Ambivalent	**6**	0	1	0
Eher Negativ	0	**7**	**5**	0
Handlungsempfehlung:				
Wahrung der türkischen Demokratie	**4**	0	1	0
Schutz der Menschenrechte im Allgemeinen	0	0	**2**	1
Umsetzung weiterer Reformen	0	0	1	**3**
Aussetzung der Beitrittsverhandlungen	0	**2**	0	0
n = 38 Artikel	**7**	**9**	**11**	**11**
% = 100	**18,4**	**23,7**	**28,9**	**28,9**

Knapp ein Drittel der Artikel (28,9 Prozent) beinhaltet einen ›Wirtschafts‹-Frame, der vor allem von der türkischen Regierung, aber auch von internationalen Politikerinnen und Politikern als positiv bewertet wird. In Bezug auf die Selbstbeschreibung Europas als wirtschaftlicher Gemeinschaftsraum wird die Fortsetzung der Beitrittsverhandlungen mit der Türkei von beiden Seiten befürwortet, allerdings wird auf die Umsetzung weiterer Reformen der Türkei hingewiesen. Anzumerken sei an dieser Stelle, dass der ›Wirtschafts‹-Frame im Vergleich zu den bisher feststellbaren Frames, einen impliziten Frame darstellt, da keine Ursachenzuschreibungen vorliegen.

8.4 VERGLEICHENDE GEGENÜBERSTELLUNG DER MEDIENFRAMES

Nach Definition der Frames, geht es im Folgenden darum, die Forschungsfragen in Schritt drei zu beantworten. Zu diesem Zweck werden die für jede Tageszeitung getrennt identifizierten Frames zueinander in Beziehung gesetzt und in Abhängigkeit von formalen Kriterien miteinander verglichen. So vergleicht die erste Forschungsfrage in diesem Schritt die einzeln ermittelten Frames der Untersuchungsländer und Tageszeitungen miteinander. Damit wird herausgefunden, welche Frames in der Berichterstattung zum Beitritt der Türkei zur Europäischen Union thematisiert werden.

Darüber hinaus wird in einem zweiten Schritt ein Vergleich zwischen den ermittelten induktiven Frames und den aus dem theoretischen Teil der Arbeit abgeleiteten deduktiven Frames gezogen.

In einer dritten Forschungsfrage geht es darum, welche Gemeinsamkeiten, Ähnlichkeiten und Unterschiede hinsichtlich der Frames in der Nachrichtenberichterstattung zur Gezi-Park-Bewegung zwischen den einzelnen Untersuchungsländern und der einzelnen Tageszeitungen festzustellen sind. Diese Ergebnisse der Beziehungen werden zwischen jeweils zwei verschiedenen Variablen dargestellt. Weiter wird ermittelt, inwieweit sich die Frames in der Qualitätspresse von der Boulevardpresse insgesamt und in denen der einzelnen Länder unterscheiden. Anzumerken sei an dieser Stelle, dass für die Beantwortung dieser Forschungsfragen keine datenanalytische Auswertung mehr notwendig ist. Zudem wird für die Darstellung der Ergebnisse auf visuelle Darstellungsformen, wie zum Beispiel Grafiken, aus Gründen der besseren Übersichtlichkeit bewusst verzichtet und die Präsentation der Untersuchungsergebnisse mithilfe von Kreuztabellen gewählt.

Verteilung der Medienframes in der internationalen Berichterstattung

Um Gemeinsamkeiten und Unterschiede in der internationalen Berichterstattung zu Konstruktionen europäischer Identität im Hinblick auf den Beitritt der Türkei zur Europäischen Union feststellen zu können, bedarf es zunächst einer Gegenüberstellung der ermittelten Frames in den einzelnen Tageszeitungen. Von dieser Überlegung ausgehend wird im Folgenden die Verteilung der Frames auf die acht analysierten Tageszeitungen der fünf Untersuchungsländer erfasst. Die Tabelle 19 zeigt eine Übersicht über die Existenz von Frames pro Zeitungstitel. Dabei fallen Unterschiede in der Berichterstattung zur Gezi-Park-Bewegung hinsichtlich der festgestellten Textmuster auf.

Der Frame ›Missachtung rechtsstaatlicher Prinzipien‹ lässt sich in der Berichterstattung aller analysierten Tageszeitungen erkennen. Die Ergebnisse der Clusteranalyse zeigen, dass dieser Frame mit knapp 40,0 Prozent (139 Artikel) aller festgestellten Frames, den am häufigsten thematisierten Frame darstellt. Themen über die Missachtung der rechtsstaatlichen Aspekte nehmen mit 68,6 Prozent den größten Anteil in der italienischen Berichterstattung und mit 40,5 Prozent in der ›Bild‹-Zeitung ein. Den niedrigsten Anteil mit diesem Deutungsmuster weist die türkische Boulevardzeitung ›Posta‹ mit knapp einem Drittel (28,1 Prozent; 18 Artikel) aller analysierten Artikel dieser Tageszeitung auf.

Ebenso wird dem ›Islamisierungs‹-Frame in der internationalen Berichterstattung sowohl in Qualitäts- als auch in Boulevardzeitungen eine hohe Bedeutung zugewiesen. Dieser Frame ist ein Deutungsmuster, das nur in den analysierten europäischen Tageszeitungen auftritt und in der türkischen Berichterstattung nicht verwendet wird. So werden in insgesamt 64 von 372 Artikeln (17,2 Prozent) Konstruktionen europäischer Identität anhand von Debatten über die ›Islamisierungspolitik‹ der Türkei geführt. Dabei fällt auf, dass die spanische (23 Artikel) und italienische Berichterstattung (elf Artikel) die größte Anzahl an Artikeln aufweisen, in denen die Türkei als islamisch geprägtes Land dargestellt wird.

An dritter Stelle liegt der ›Wirtschafts‹-Frame, der mit einer Gesamtanzahl von 50 Artikeln in der österreichischen Qualitätszeitung (61,9 Prozent; 39 Artikel) deutlich häufiger vorhanden ist als in der türkischen (28,9 Prozent; elf Artikel).

Danach folgt der Frame ›Verletzung der freien Meinungsäußerung‹ mit insgesamt 31 Artikeln der Untersuchungsländer Deutschland und Türkei. Dieses Deutungsmuster tritt in der türkischen Berichterstattung (36,2 Prozent; 17 Artikel) häufiger auf als in der deutschen (32,9 Prozent; 14 Artikel).

Tabelle 19: Verteilung der Medienframes in der internationalen Berichterstattung zur Gezi-Park-Bewegung (n = 372)

Tageszeitung / Frames	Bild Zeitung	Süddeutsche Zeitung	La Repubblica	Kronen Zeitung	Der Standard	El País	Posta	Zaman	Frames gesamt
Missachtung rechtsstaatlicher Prinzipien	40,5 % (n = 15)	34,0 % (n= 18)	**68,6 % (n = 24)**	37,2 % (n = 16)	33,3 % (n = 21)	41,0 % (n = 16)	28,1 % (n = 18)	28,9 % (n = 11)	**37,4 % (n = 139)**
Islamisierung	21,6 % (n = 8)	17,0 % (n = 9)	31,4 % (n = 11)	23,3 % (n = 10)	4,8 % (n = 3)	**59,0 % (n = 23)**	–	–	**17,2 % (n = 64)**
Wirtschaft	–	–	–	–	**61,9 % (n = 39)**	–	–	28,9 % (n = 11)	**13,4 % (n = 50)**
Verletzung der freien Meinungsäußerung	21,6 % (n = 8)	11,3 % (n = 6)	–	–	–	–	12,5 % (n = 8)	**23,7 % (n = 9)**	**8,3 % (n = 31)**
Gesellschaftlicher Umbruch	–	–	–	–	–	–	**35,9 % (n = 23)**	–	**6,2 % (n = 23)**
Medienzensur	–	**37,7 % (n = 20)**	–	–	–	–	–	–	**5,4 % (n = 20)**
Geographische Exklusion der Türkei	–	–	–	**39,5 % (n = 17)**	–	–	–	–	**4,6 % (n = 17)**
Negative Kritik an der türkischen Regierung	–	–	–	–	–	–	**23,4 % (n = 15)**	–	**4,0 % (n = 15)**
Demokratiedefizit	–	–	–	–	–	–	–	**18,4 % (n = 7)**	**1,9 % (n = 7)**
Verletzung der bürgerlichen Rechte	**16,2 % (n = 6)**	–	–	–	–	–	–	–	**1,6 % (n = 6)**
Gesamt % = 100 n = 372	**100 % (n = 37)**	**100 % (n = 53)**	**100 % (n = 35)**	**100 % (n = 43)**	**100 % (n = 63)**	**100 % (n = 39)**	**100 % (n = 64)**	**100 % (n = 38)**	**100 % (n = 372)**

Anzumerken ist, dass nicht alle bestimmten Frames in der Berichterstattung aller hier analysierten Länder und Tageszeitungen zu beobachten sind. So treten die soeben erwähnten Frames mit gewissen Unterschieden in mindestens zwei oder sogar in vielen Untersuchungsländern auf, doch es können auch Frames identifiziert werden, die exklusiv nur in einem bestimmten Untersuchungsland vorkommen, wie die Frames ›Gesellschaftlicher Umbruch‹, ›Medienzensur‹, ›Geographische Exklusion der Türkei‹, ›Negative Kritik an der türkischen Regierung‹, ›Demokratiedefizit‹ sowie ›Verletzung der bürgerlichen Rechte‹. Bekanntlich befindet sich die Türkei in einem gesellschaftlichen Umbruch, was sich auch in einer dementsprechenden Thematisierung der Problematiken in den analysierten Artikeln der türkischen Boulevardzeitung niederschlägt.[14] Über die ›Medienzensur‹ in der Türkei wird nur in der deutschen Qualitätszeitung (37,7 Prozent; 20 Artikel) berichtet, während der Frame ›Geographische Exklusion der Türkei‹ lediglich in der österreichischen Boulevardzeitung (39,5 Prozent; 17 Artikel) auftritt. Bemerkenswert ist, dass eine explizite ›Negative Kritik an der türkischen Regierung‹ nur in der türkischen Boulevardzeitung (23,4 Prozent; 15 Artikel) artikuliert wird. Auch in den anderen untersuchten Tageszeitungen wird die türkische Regierung im Umgang mit den Demonstrierenden in der Gezi-Park-Bewegung kritisiert, doch diese Aussagen beziehen sich vielmehr auf die ›Missachtung rechtsstaatlicher Prinzipien‹.

Die Frames ›Demokratiedefizit‹ sowie ›Verletzung der bürgerlichen Rechte‹ können ebenfalls jeweils in nur einem Untersuchungsland erfasst werden, deren Deutungsmuster in der Qualitäts- beziehungsweise Boulevardzeitung verwendet wird. Der ›Demokratiedefizit‹-Frame tritt lediglich in der türkischen Qualitätszeitung (18,4 Prozent; sieben Artikel) auf, während der Frame ›Verletzung der bürgerlichen Rechte‹ in der deutschen Boulevardzeitung (16,2 Prozent; sechs Artikel) thematisiert wird.

Die identifizierten induktiven Frames lassen sich dabei fünf deduktiv herausgearbeiteten Selbstbeschreibungen und einer induktiv ermittelten Selbstidentifikation Europas (›Bevölkerung‹) zuordnen (siehe Abbildung 21).

14 Für nähere Informationen siehe hierzu Kapitel 5.4 ›Gezi-Park-Bewegung als Indikator des gesellschaftlichen Umbruches‹.

Abbildung 21: Zuordnung der Medienframes zu den Selbstbeschreibungen Europas

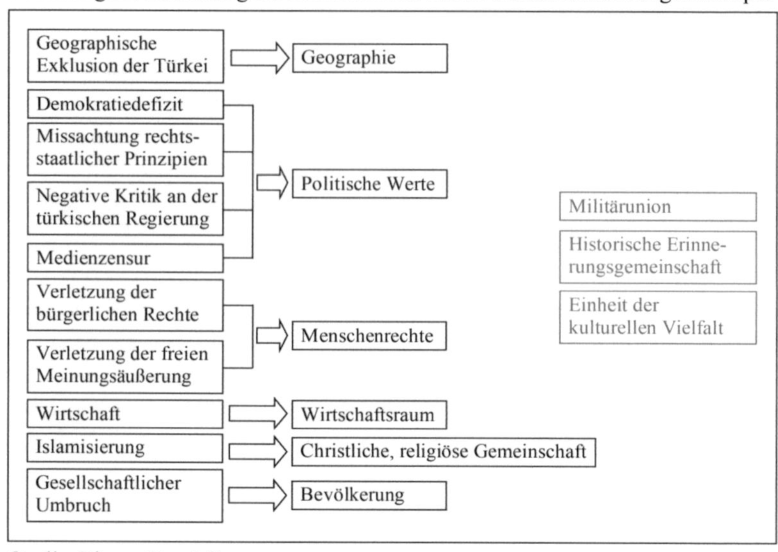

Quelle: Eigene Darstellung

So zeigt die Abbildung 21, dass der induktiv ermittelte Frame ›Geographische Exklusion der Türkei‹ der Selbstbeschreibung Europas als geographisches Gebilde zugeordnet werden kann. Die Frames ›Demokratiedefizit‹, ›Missachtung rechtsstaatlicher Prinzipien‹, ›Negative Kritik an der türkischen Regierung‹ sowie der Frame ›Medienzensur‹ werden im Rahmen der Selbstbeschreibung Europas als die Europäische Union mit gemeinsamen politischen Werten diskutiert. Die Selbstbeschreibung Europa als ›Hort der Menschenrechte‹ differenziert sich in der Berichterstattung zum Beitritt der Türkei zur Europäischen Union in zwei Frames: ›Verletzung der bürgerlichen Rechte‹ und ›Verletzung der freien Meinungsäußerung‹. Weiter wird der Beitritt der Türkei zur Europäischen Union auch vor dem Hintergrund Europas als gemeinsamer Wirtschaftsraum diskutiert und darüber hinaus in den analysierten Tageszeitungen auf die Selbstbeschreibung Europas als christliche und religiöse Gemeinschaft Bezug genommen. Hier steht vor allem die Debatte über die Islamisierung der Türkei im Vordergrund. Nicht zuletzt wird im Frame ›Gesellschaftlicher Umbruch‹ die Entwicklung der türkischen Bevölkerung im Hinblick auf den Beitritt der Türkei zur Europäischen Union thematisiert.

Auffallend ist, dass nicht alle deduktiv und induktiv ermittelten Variablen Bestandteil der festgestellten Frames sind, jedoch kommen alle definierten Variablen in den analysierten Artikeln vor. Lediglich die Ausprägungen ›Verletzung der wirtschaftlichen Rechte‹ sowie ›Verletzung der sozialen Rechte‹ der Variable ›Menschenrechte‹ werden in der Literatur zum Beitritt der Türkei zur Europäischen Union diskutiert.

Im Folgenden wird nun aufgezeigt, wie sich die ermittelten Frames in Verbindung mit formalen Kriterien zusammensetzen.

Medienframes in Abhängigkeit vom Artikelumfang

Der Artikelumfang gibt Aufschluss darüber, in welchem Ausmaß über Konstruktionen europäischer Identität vor dem Hintergrund des Beitrittes der Türkei zur Europäischen Union berichtet wird. In der nachfolgenden Tabelle 20 ist der Artikelumfang der ermittelten Frames dargestellt. Die Ergebnisse machen deutlich, dass alle identifizierten Frames, außer der ›Demokratiedefizit‹-Frame, in mehr als der Hälfte (51,1 Prozent; 190 Nennungen) der analysierten Artikel am häufigsten in Beiträgen ›bis zu einer Viertelseite‹ vorkommt.

Knapp ein Drittel (29,3 Prozent; 109 Nennungen) aller erfassten Frames sind in Artikeln ›bis zu einer halben Seite‹ enthalten. Eine Ausnahme bilden die Frames ›Negative Kritik an der türkischen Regierung‹ und ›Verletzung der bürgerlichen Rechte‹, die in Artikeln ›bis zu einer halben Seite‹ als auch ›bis zu einer dreiviertel Seite‹ gleich oft vorkommen.

An dritter Stelle (11,6 Prozent; 43 Nennungen) sind Frames in Artikeln mit einem Umfang von ›bis zu einer dreiviertel Seite‹ vorhanden, daneben können sie auch in längeren Artikeln ›bis zu einer Seite‹ festgestellt werden. Diese weisen eine Häufigkeit von insgesamt 24 Nennungen (6,5 Prozent) auf. Weiter gibt es nur wenige Artikel mit Deutungsmuster (1,6 Prozent; sechs Nennungen), die sich über mehr als eine Seite erstrecken. Hierbei fällt auf, dass mit zunehmendem Artikelumfang die Häufigkeit von Frames abnimmt. Darüber hinaus wird die ›Geographische Exklusion der Türkei‹ als einziger Frame in nur kurzen Artikeln ›bis zu einer halben Seite‹ thematisiert, während die Berichterstattung aller anderen ermittelten Frames einen Artikelumfang von mindestens ›bis zu einer dreiviertel Seite‹ aufweisen.

Tabelle 20: Artikelumfang der Medienframes (n = 372)

Artikelumfang / Frame	bis zu ¼ Seite	bis zu ½ Seite	bis zu ¾ Seite	bis zu 1 Seite	länger als 1 Seite	Gesamt
Missachtung rechtsstaatlicher Prinzipien	**18,8 % (n = 70)**	11,8 % (n = 44)	3,5 % (n = 13)	2,7 % (n = 10)	0,5 % (n = 2)	37,4 % (n = 139)
Islamisierung	**6,5 % (n = 24)**	5,4 % (n = 20)	3,0 % (n = 11)	2,2 % (n = 8)	0,3 % (n = 1)	17,2 % (n = 64)
Wirtschaft	**7,3 % (n = 27)**	5,1 % (n = 19)	1,1 % (n = 4)	–	–	13,4 % (n = 50)
Verletzung der freien Meinungsäußerung	**4,0 % (n = 15)**	2,2 % (n = 8)	1,1 % (n = 4)	1,1 % (n = 4)	–	8,3 % (n = 31)
Gesellschaftlicher Umbruch	**3,0 % (n = 11)**	1,6 % (n = 6)	1,1 % (n = 4)	0,3 % (n = 1)	0,3 % (n = 1)	6,2 % (n = 23)
Medienzensur	**3,5 % (n = 13)**	1,1 % (n = 4)	0,8 % (n = 3)	–	–	5,4 % (n = 20)
Geographische Exklusion der Türkei	**4,0 % (n = 15)**	0,5 % (n = 2)	–	–	–	4,6 % (n = 17)
Negative Kritik an der türkischen Regierung	**2,7 % (n = 10)**	0,5 % (n = 2)	0,5 % (n = 2)	–	0,3 % (n = 1)	4,0 % (n = 15)
Demokratiedefizit	0,5 % (n = 2)	**0,8 % (n = 3)**	0,3 % (n = 1)	–	0,3 % (n = 1)	1,9 % (n = 7)
Verletzung der bürgerlichen Rechte	**0,8 % (n = 3)**	0,3 % (n = 1)	0,3 % (n = 1)	0,3 % (n = 1)	–	1,6 % (n = 6)
Gesamt % = 100 n = 372	**51,1 % (n = 190)**	**29,3 % (n = 109)**	**11,6 % (n = 43)**	**6,5 % (n = 24)**	**1,6 (n = 6)**	**100 % (n = 372)**

Bezogen auf die Zeitungstypen der Tageszeitungen ist festzustellen, dass die erfassten Frames hinsichtlich ihres Vorkommens in allen acht Tageszeitungen keine großen Unterschiede in der Darstellungsform aufweisen. Am häufigsten kommen die ermittelten Frames in fast allen analysierten Tageszeitungen in kurzen Artikeln vor. Eine Ausnahme bilden die italienischen, spanischen und türkischen Qualitätszeitungen sowie die deutsche Boulevardzeitung, wo Frames am häufigsten in längeren Artikel von einer halben ›bis zu einer dreiviertel Seite‹ artikuliert werden. Die hohe Anzahl der Frames in längeren Artikeln der deutschen Boulevardpresse könnte damit zusammenhängen, dass die ›Bild‹-Zeitung auf die optische Aufmachung großen Wert legt und in Folge ihre Berichte mit Fotos, Grafiken etc. unterstreicht, um die Aufmerksamkeit der Leserinnen und Leser zu erregen.

Mit Blick auf die Frames ist festzuhalten, dass der Frame ›Missachtung rechtsstaatlicher Prinzipien‹ und der ›Islamisierungs‹-Frame in Artikeln ›bis zu einer Viertelseite‹ in den Qualitätszeitungen häufiger thematisiert werden als in den Boulevardzeitungen. So kann beispielsweise der Frame ›Missachtung rechtsstaatlicher Prinzipien‹ in kurzen Artikeln ›bis zu einer Viertelseite‹ in Qualitätszeitungen (44 Nennungen) fast doppelt so oft erfasst werden wie dies in Boulevardzeitungen (26 Nennungen) der Fall ist. Im Vergleich dazu ist der ›Islamisierungs‹-Frame in Artikeln ›bis zu einer halben Seite‹ in den analysierten Boulevardzeitungen (23 Nennungen) häufiger vertreten als in den Qualitätszeitungen (17 Nennungen).

Darüber hinaus lassen sich auch geringe länderspezifische Unterschiede festhalten.[15] Frames treten in Artikeln mit einem Umfang von einer Viertelseite am häufigsten in der türkischen Berichterstattung (72 Nennungen) auf. Die höchste Anzahl an Frames in Artikeln ›bis zu einer dreiviertel Seite‹ ist mit 15 Nennungen in Spanien erfasst. Bei der deutschen, italienischen, österreichischen und türkischen Berichterstattung variiert diese Zahl von eins bis 13 Artikeln. Frames in Artikeln mit einem Umfang ›bis zu einer Seite‹ treten am häufigsten (15 Nennungen) in Deutschland auf. In den anderen untersuchten Ländern beträgt die Höchstzahl von längeren Artikeln, in denen auf Frames Bezug genommen wird lediglich maximal drei. Ein weiterer Unterschied zwischen den untersuchten Ländern kann letztlich in Bezug auf Artikel festgestellt werden, die sich über mehr als eine Seite erstrecken. Hier ist auf türkische Artikel (fünf Nennungen) zu verweisen, deren Artikelumfang länger als eine Seite ist.

Insgesamt ist festzustellen, dass die identifizierten Frames nicht nur in kurzen Artikeln der Boulevardpresse enthalten sind, sondern dass auch in den Qualitätszeitungen Frames oft nur in Artikeln mit geringem Umfang vorkommen.

Medienframes und ihre Verfasserinnen und Verfasser

Mit der Kategorie Verfasserinnen und Verfasser der untersuchten Artikel wird die Nachrichtenquelle der Frames erfasst. Durch die verschiedenen Verfasserinnen und Verfasser der einzelnen Artikel wurde eine Unterscheidung der Nachrichtenquellen für die Untersuchung als sinnvoll betrachtet, um die Art und Weise der Informationsgewinnung für die Artikel durchleuchten zu können.

Tabelle 21 zeigt, dass fast die Hälfte der ermittelten Frames (48,1 Prozent; 179 Nennungen) von Korrespondentinnen und Korrespondenten stammt. Knapp

15 Bei dem Ländervergleich ist darauf hinzuweisen, dass ein Vergleich mit allen untersuchten Ländern eine Verzerrung der Ergebnisse zur Folge hätte, da Boulevardzeitungen nur in den Ländern Deutschland, Österreich und Türkei analysiert wurden. Angesichts dieser Tatsache erfolgt der Ländervergleich hauptsächlich zwischen den Ländern Deutschland, Österreich und der Türkei sowie zwischen den Ländern Italien und Spanien.

ein Drittel (28,8 Prozent; 107 Nennungen) aller Frames werden von Journalistinnen und Journalisten aus der eigenen Stammredaktion der einzelnen untersuchten Tageszeitungen eingesetzt. Auch in Artikeln von Nachrichtenagenturen sind Frames vorhanden (8,6 Prozent; 32 Nennungen). Viel seltener sind Frames in Artikeln zu finden, deren Verfasserin beziehungsweise Verfasser aus dem politischen, historischen oder schriftstellerischen Bereich stammt[16], während im Vergleich dazu in wissenschaftlichen Artikeln vermehrt Textmuster anzutreffen sind. Dies könnte damit zusammenhängen, dass Frames in langen wissenschaftlichen Beiträgen eine Orientierungsfunktion für die Leserin respektive den Leser übernehmen, um so den roten Faden des Artikels nicht zu verlieren. Darüber hinaus weist die Berichterstattung zum Beitritt der Türkei zur Europäischen Union auch Frames in Texten von Leserbriefschreiberinnen und -schreibern auf.

In Bezug auf die identifizierten Frames ist festzustellen, dass in den Artikeln der Korrespondentinnen und Korrespondenten der Frame ›Missachtung rechtsstaatlicher Prinzipien‹ am häufigsten vorkommt. Mehr als die Hälfte (79 von 139 Nennungen) der analysierten Artikel, die diesen Frame thematisieren, wurde von dieser Nachrichtenquelle verfasst. An zweiter Stelle wird dieser Frame von Journalistinnen und Journalisten produziert.

Daneben werden die Frames ›Islamisierung‹, ›Verletzung der freien Meinungsäußerung‹, ›Medienzensur‹ und ›Demokratiedefizit‹ ebenfalls am häufigsten von Korrespondentinnen und Korrespondenten eingesetzt, während bei den Frames ›Wirtschaft‹, ›Gesellschaftlicher Umbruch‹ und ›Negative Kritik an der türkischen Regierung‹ als Nachrichtenquelle eher Journalistinnen und Journalisten aus der Stammredaktion der einzelnen Tageszeitungen dominieren.

Neben den erwähnten Nachrichtenquellen werden Frames auch von Nachrichtenagenturen oder in Leserbriefen thematisiert. So stammt der Frame ›Verletzung der bürgerlichen Rechte‹ am ehesten von diesem Verfassertyp. In den Leserbriefen wird vor allem der Frame ›Geographische Exklusion der Türkei‹ diskutiert.

16 Diese Verfassertypen wurden aufgrund der sehr niedrigen Anzahl der Nennungen unter Sonstige zusammengefasst.

Tabelle 21: Medienframes und ihre Verfasserinnen und Verfasser (n = 372)

Frame \ Verfasser	Korrespondent	Journalist	Nachrichtenagentur	Wissenschaftler	Leser	Sonstige	Gesamt
Missachtung rechtsstaatlicher Prinzipien	**21,2 % (n = 79)**	8,9 % (n = 33)	2,4 % (n = 9)	1,9 % (n = 7)	1,3 % (n = 5)	1,6 % (n = 6)	**37,4 % (n = 139)**
Islamisierung	**9,4 % (n = 35)**	3,2 % (n = 12)	2,7 % (n = 10)	0,3 % (n = 1)	0,8 % (n = 3)	0,8 % (n = 3)	**17,2 % (n = 64)**
Wirtschaft	4,0 % (n = 15)	**4,8 % (n = 18)**	1,1 % (n = 4)	3,0 % (n = 11)	–	0,6 % (n = 2)	**13,4 % (n = 50)**
Verletzung der freien Meinungsäußerung	**3,5 % (n = 13)**	3,0 % (n = 11)	1,1 % (n = 4)	–	–	0,8 % (n = 3)	**8,3 % (n = 31)**
Gesellschaftlicher Umbruch	1,6 % (n = 6)	**4,6 % (n = 17)**	–	–	–	–	**6,2 % (n = 23)**
Medienzensur	**4,6 % (n = 17)**	0,3 % (n = 1)	0,3 % (n = 1)	–	–	0,3 % (n = 1)	**5,4 % (n = 20)**
Geographische Exklusion der Türkei	1,3% (n = 5)	1,3 % (n = 5)	–	–	**1,9 % (n = 7)**	–	**4,6 % (n = 17)**
Negative Kritik an der türkischen Regierung	1,1 % (n = 4)	**2,2 % (n = 8)**	–	–	–	0,8 % (n = 3)	**4,0 % (n = 15)**
Demokratiedefizit	**0,8 % (n = 3)**	0,5 % (n = 2)	–	–	–	0,5 % (n = 2)	**1,9 % (n = 7)**
Verletzung der bürgerlichen Rechte	0,5 % (n = 2)	–	**1,1 % (n = 4)**	–	–	–	**1,6 % (n = 6)**
Gesamt % = 100 n = 372	**48,1 % (n = 179)**	**28,8 % (n = 107)**	**8,6 % (n = 32)**	**5,1 % (n = 19)**	**4,0 % (n = 15)**	**5,4 % (n = 20)**	**100 % (n = 372)**

Mit Blick auf die Zeitungstypen der analysierten Tageszeitungen ist festzuhalten, dass sich nicht nur im Hinblick auf den Artikelumfang, sondern auch hinsichtlich der Nachrichtenquelle zwischen den analysierten Qualitäts- und Boulevardzeitungen kaum Unterschiede feststellen lassen. In allen Zeitungstypen sind Frames von Korrespondentinnen und Korrespondenten sowie Journalistinnen und Journalisten zu finden. Dabei weisen die Qualitätszeitungen im Vergleich zu Boulevardzeitungen insgesamt mehr Artikeln von Korrespondentinnen und Korrespondenten (136 Nennungen) auf, in denen Frames thematisiert werden. Die deutliche Mehrheit an Frames von Korrespondentinnen und Korrespondenten ist vor allem in der ›Süddeutschen Zeitung‹ mit 45 Nennungen zu erfassen. In den Boulevardzeitungen liegt dieser Wert bei insgesamt 48 Nennungen.

Beim Verfassertyp Journalistin und Journalist ist eine einheitliche Verteilung festzustellen. In beiden Zeitungstypen ist der Anteil an Frames von Journalistinnen und Journalisten fast gleich groß (Boulevardpresse: 54 Nennungen; Qualitätszeitungen: 59 Nennungen). Hier weist die türkische Boulevardzeitung ›Posta‹ die höchste Anzahl von Frames auf (44 Nennungen).

Bei den Untersuchungsländern können Unterschiede hinsichtlich der Nachrichtenquellen der analysierten Artikel zwischen den einzelnen Ländern erfasst werden. In allen untersuchten Ländern, mit Ausnahme der Türkei, werden Frames am häufigsten vom Verfassertyp Korrespondentin und Korrespondent eingesetzt. Dabei liegt der Anteil der Frames in der deutschen (58 Nennungen), italienischen (26 Nennungen) und spanischen Berichterstattung (25 Nennungen) bei jeweils mehr als der Hälfte der analysierten Artikel der erwähnten Länder, die von dieser Nachrichtenquelle stammt.

In der Türkei dominieren dagegen Frames, die von Journalistinnen und Journalisten ausgehen (64 Nennungen) und an zweiter Stelle (36 Nennungen) Korrespondentinnen und Korrespondenten. In der deutschen Berichterstattung ist der Anteil der Frames in Artikeln von Nachrichtenagenturen (24 Nennungen) deutlich höher, als in denen von Journalistinnen und Journalisten (vier Nennungen).

Auffällig ist, dass der Verfassertyp Wissenschaftlerin und Wissenschaftler Frames häufiger (17 Nennungen) in österreichischen Artikeln einsetzt als dies in den untersuchten Artikeln der anderen Untersuchungsländer (Deutschland, Italien, Spanien und die Türkei) der Fall ist. Darüber hinaus sind Frames von Leserinnen und Lesern nur in der österreichischen Berichterstattung anzutreffen. Hinsichtlich der anderen Verfassertypen (Politikerin/Politiker, Historikerin/Historiker) sind länderspezifisch keine signifikanten Unterschiede festzustellen, da der Anteil der Frames in diesen Artikel nur sehr gering ist.

Medienframes und Ressorts der Berichterstattung

Als nächstes wird untersucht, in welchen Ressorts über die identifizierten Frames am häufigsten berichtet wird. Dabei ist auffällig, dass die Hälfte der Frames in Artikeln über den Beitritt der Türkei zur Europäischen Union in der Rubrik Politik Inland und/oder Ausland der einzelnen Tageszeitungen vorhanden ist (50,0 Prozent; 186 Nennungen) (siehe Tabelle 22).

An zweiter Stelle sind Frames in Form von Leserbriefen in den Tageszeitungen zu finden (18,0 Prozent; 67 Nennungen) und ebenso häufig werden sie in den Tageszeitungen auf der Titelseite (15,3 Prozent; 57 Nennungen) thematisiert.

Weiter werden Frames auch im Themateil (8,1 Prozent; 30 Nennungen) und innerhalb der Sparte Wirtschaft (4,8 Prozent; 18 Nennungen) eingesetzt. Der geringste Anteil ist innerhalb der Rubriken Kultur (3,5 Prozent; 13 Nennungen) und Sonstige[17] (0,3 Prozent; eine Nennung) festzustellen.

Tabelle 22: Medienframes und Ressorts der Berichterstattung (n = 372)

Ressort / Frame	Seite 1/ News	Thema	Politik	Wirt-schaft	Kultur	Mei-nung	Sons-tige	Gesamt
Missachtung rechtsstaatlicher Prinzipien	4,8 % (n = 18)	1,3 % (n = 5)	**21,8 % (n = 81)**	1,1 % (n = 4)	1,9 % (n = 7)	6,5 % (n = 24)	–	37,4 % (n = 139)
Islamisierung	3,2 % (n = 12)	0,8 % (n = 3)	**8,6 % (n = 32)**	0,8 % (n = 3)	0,5 % (n = 2)	3,0 % (n = 11)	0,3 % (n = 1)	17,2 % (n = 64)
Wirtschaft	1,3 % (n = 5)	1,1 % (n = 4)	**4,0 % (n = 15)**	2,7 % (n = 10)	0,5 % (n = 2)	3,8 (n = 14)	–	13,4 % (n = 50)
Verletzung der freien Meinungsäußerung	1,1 % (n = 4)	**3,5 % (n = 13)**	1,6 % (n = 6)	–	0,5 % (n = 2)	1,6 % (n = 6)	–	8,3 % (n = 31)
Gesellschaftlicher Umbruch	–	–	**5,4 % (n = 20)**	0,3 % (n = 1)		0,5 % (n = 2)	–	6,2 % (n = 23)
Medienzensur	**3,5 % (n = 13)**	1,1 % (n = 4)	0,8 % (n = 3)	–	–	–	–	5,4 % (n = 20)
Geographische Exklusion der Türkei	–	–	**2,7 % (n = 10)**	–	–	1,9 % (n = 7)	–	4,6 % (n = 17)
Negative Kritik an der türkischen Regierung	0,5 % (n = 2)	–	**3,5 % (n = 13)**	–	–	–	–	4,0 % (n = 15)
Demokratiedefizit	–	0,3 % (n = 1)	**0,8 % (n = 3)**	–	–	**0,8 % (n = 3)**	–	1,9 % (n = 7)
Verletzung der bürgerlichen Rechte	**0,8 % (n = 3)**	–	**0,8 % (n = 3)**	–	–	–	–	1,6 % (n = 6)
Gesamt % = 100 n = 372	**15,3 % (n = 57)**	**8,1 % (n = 30)**	**50,0 % (n = 186)**	**4,8 % (n = 18)**	**3,5 % (n = 13)**	**18,0 % (n = 67)**	**0,3 % (n = 1)**	**100 % (n = 372)**

Bei näherer Betrachtung der einzelnen Ressorts ist erkennbar, dass alle identifizierten Frames mit Ausnahme des Frames ›Verletzung der freien Meinungsäußerung‹, ›Medienzensur‹ und ›Verletzung der bürgerlichen Rechte‹ am häufigsten im Politikteil vorhanden sind. So wurde beispielsweise über die Islamisierung der Türkei und die Missachtung rechtsstaatlicher Prinzipien in sechs bis sieben verschiedenen Rubriken berichtet, am häufigsten jedoch in den Sparten Innen- und Außenpolitik, Kommentar und auf der Titelseite beziehungsweise in der

17 Unter Sonstige wurden jene Artikel kodiert, die der angeführten Kategorien nicht zuzuordnen waren, wie zum Beispiel Wissenschaft, Medien, Sport etc.

Sparte News. Der Frame ›Verletzung der freien Meinungsäußerung‹ wird hingegen in der Rubrik Thema und der Frame ›Medienzensur‹ auf der Titelseite (jeweils 3,5 Prozent; 13 Nennungen) am häufigsten eingesetzt. Der Beitritt der Türkei zur Europäischen Union ist vor dem Hintergrund des Frames ›Verletzung der bürgerlichen Rechte‹ neben dem Ressort Politik auch auf der Titelseite (0,8 Prozent; drei Nennungen) im Fokus.

Dabei fällt auf, dass der ›Wirtschafts‹-Frame im Ressort Politik präsenter ist, als im Wirtschaftsteil. Über die wirtschaftlichen Fortschritte respektive Defizite der Türkei wird neben den Sparten Innen- und Außenpolitik öfter im Kommentarteil (3,8 Prozent; 14 Nennungen) debattiert. Nicht zuletzt tritt der ›Demokratiedefizit-Frame‹ am häufigsten neben dem Ressort Politik auch im Kommentarteil (jeweils 0,8 Prozent; drei Nennungen) auf.

Im Hinblick auf die Zeitungstypen ist grundsätzlich festzustellen, dass die Berichterstattung zum Beitritt der Türkei zur Europäischen Union innerhalb verschiedener Ressorts sowohl Unterschiede als auch Gemeinsamkeiten aufweist. Gemeinsam ist ihnen, dass in allen Zeitungen Frames häufiger im Ressort Politik festgestellt werden können. Beginnend mit dem Frame ›Missachtung rechtsstaatlicher Prinzipien‹ lässt sich feststellen, dass dieser am häufigsten in Qualitätszeitungen (89 von 139 Nennungen), insbesondere im Ressort Politik (46 Nennungen) vorkommt, als dies in Boulevardzeitungen der Fall ist (35 Nennungen). Augenscheinlich ist auch, dass dieser Frame im Thementeil (fünf Nennungen) und in dem Ressort Kultur (sieben Nennungen) nur in den Qualitätszeitungen thematisiert wird.

Über die ›Islamisierung‹ berichten Qualitätszeitungen (43 von 63 Nennungen) im Vergleich zu Boulevardzeitungen (20 von 63 Nennungen) häufiger, jedoch weisen beide Zeitungstypen in den Sparten Politik In- und Ausland eine fast identische Häufigkeit auf (Qualitätszeitung: 17 Nennungen; Boulevardzeitung: 15 Nennungen). Bemerkenswert ist, dass über die Islamisierung der Türkei innerhalb der Sparte Innen- und Außenpolitik am häufigsten in der spanischen Zeitung ›El País‹ (12 von 17 Nennungen) berichtet wird. Außerdem kommt dieser Frame im Thementeil und in den Ressorts Wirtschaft, Kultur und Sonstige nur in den Qualitätszeitungen vor.

Der Frame ›Wirtschaft‹ findet vor allem in der österreichischen Qualitätszeitung ›Der Standard‹ innerhalb der Rubriken Politik und Meinung (jeweils 13 Nennungen) Erwähnung. In der türkischen Tageszeitung ›Zaman‹ wird die Entwicklung der Türkei meist in der Rubrik Wirtschaft (fünf von elf Nennungen) diskutiert.

Der Frame ›Verletzung der freien Meinungsäußerung‹ wird in Boulevardzeitungen (16 von 31 Nennungen) und in Qualitätszeitungen (15 von 31 Nennungen) fast gleich oft thematisiert, wobei dieser Frame in den Boulevardzeitungen auf der Titelseite und im Themateil häufiger eingesetzt wird als in den Qualitätszeitungen.

Die bisher vorgestellten Ergebnisse der Framing-Analyse schlagen sich auch in der Gegenüberstellung der untersuchten Länder nieder. In allen Untersuchungsländern werden Frames meist im Ressort Politik thematisiert. An zweiter Stelle folgt, mit Ausnahme der Länder Österreich und Spanien, die Berichterstattung auf der Titelseite der Tageszeitungen. Die österreichischen Tageszeitungen setzen Frames am zweithäufigsten im Kommentarteil (35 von 106 Nennungen) ein. In den anderen untersuchten Ländern ist der Anteil an Frames in der Rubrik Meinung gering (drei bis zehn Nennungen). Allerdings lassen sich auch Gemeinsamkeiten zwischen den einzelnen Untersuchungsländern erkennen, insbesondere hinsichtlich der Berichterstattung in den Ressorts Kultur und Sonstige. In diesen beiden Ressorttypen werden Frames wenig bis gar nicht thematisiert.

Medienframes und journalistische Formen

In der Kategorie Art der Berichterstattung wird definiert, in welchen journalistischen Darstellungsformen die erfassten Frames am häufigsten eingesetzt werden, um zu untersuchen, ob die Berichterstattung zum Beitritt der Türkei zur Europäischen Union eine strukturelle Vielfalt aufweist. Die Verteilung in der gesamten Stichprobe ist anhand der Tabelle 23 dargestellt. Demnach wird mehr als die Hälfte der ermittelten Frames (53,2 Prozent; 198 Nennungen) in der Textgattung Bericht eingesetzt. Fast ein Viertel (22,0 Prozent; 82 Nennungen) aller Frames kommt in der Berichterstattung in Form von Meldungen vor, in denen die einzelnen Frames kurz und prägnant in nur wenigen Sätzen umrissen werden. An dritter Stelle (12,6 Prozent; 47 Nennungen) werden Frames in Form von Kommentaren von politischen und wissenschaftlichen Akteurinnen und Akteuren sowie vom türkischen Schriftsteller Orhan Pamuk thematisiert und subjektiv bewertet. Eine weitere meinungsbetonte Stilform, in der Frames eingesetzt werden, ist der Leserbrief (9,4 Prozent; 35 Nennungen). Weiter werden Frames auch in Reportagen, Interviews und Glossen aufgegriffen. Hier lässt sich jedoch nur ein geringer Anteil von insgesamt 2,7 Prozent (zehn Nennungen) aller erfassten Frames feststellen und sind deshalb in der folgenden Tabelle unter Sonstige zusammengefasst.

Die Verteilung der journalistischen Darstellungsformen im Hinblick auf die einzelnen identifizierten Frames ist folgendermaßen festgehalten (siehe Tabelle 23):

Tabelle 23: Medienframes und journalistische Formen (n = 372)

Journalistische Form / Frame	Meldung	Bericht	Kommentar	Leserbrief	Sonstige	Gesamt
Missachtung rechtsstaatlicher Prinzipien	8,9 % (n = 33)	**19,9 % (n = 74)**	4,6 % (n = 17)	3,2 % (n = 12)	0,8 % (n = 3)	**37,4 % (n = 139)**
Islamisierung	1,3 % (n = 5)	**11,8 % (n = 44)**	1,9 % (n = 7)	1,3 % (n = 5)	0,8 % (n = 3)	**17,2 % (n = 64)**
Wirtschaft	2,4 % (n = 9)	**6,7 % (n = 25)**	0,8 % (n = 3)	3,0 % (n = 11)	0,5 % (n = 2)	**13,4 % (n = 50)**
Verletzung der freien Meinungsäußerung	1,9 % (n = 7)	**4,3 % (n = 16)**	2,2 % (n = 8)	–	–	**8,3 % (n = 31)**
Gesellschaftlicher Umbruch	2,2 % (n = 8)	**3,2 % (n = 12)**	0,8 % (n = 3)	–	–	**6,2 % (n = 23)**
Medienzensur	1,1 % (n = 4)	**3,0 % (n = 11)**	1,1 % (n = 4)	–	0,3 % (n = 1)	**5,4 % (n = 20)**
Geographische Exklusion der Türkei	1,6 % (n = 6)	1,1 % (n = 4)	–	**1,9 % (n = 7)**	–	**4,6 % (n = 17)**
Negative Kritik an der türkischen Regierung	**1,9 % (n = 7)**	1,6 % (n = 6)	0,5 % (n = 2)	–	–	**4,0 % (n = 15)**
Demokratiedefizit	–	**1,1 % (n = 4)**	0,8 % (n = 3)	–	–	**1,9 % (n = 7)**
Verletzung der bürgerlichen Rechte	**0,8 % (n = 3)**	0,5 % (n = 2)	–	–	0,3 % (n = 1)	**1,6 % (n = 6)**
Gesamt % = 100 n = 372	**22,0 % (n = 82)**	**53,2 % (n = 198)**	**12,6 % (n = 47)**	**9,4 % (n = 35)**	**2,7 % (n = 10)**	**100 % (n = 372)**

Es ist festzuhalten, dass Frames zu Konstruktionen europäischer Identität tatsächlich als verfestigte Deutungsmuster wahrgenommen werden können, die unabhängig von der journalistischen Darstellungsform einer bestimmten Textgattung auftreten. So kommen fast alle identifizierten Frames am häufigsten in längeren Berichten vor. Lediglich die Frames ›Negative Kritik an der türkischen Regierung‹ und ›Verletzung der bürgerlichen Rechte‹ werden in der Textgattung Meldung und der Frame ›Geographische Exklusion der Türkei‹ in Leserbriefen häufiger thematisiert als in Berichten, doch der Unterschied ist nicht sehr groß und somit nicht signifikant.

In Meldungen, Kommentaren und Leserbriefen wird meist über die ›Missachtung rechtsstaatlicher Prinzipien‹ berichtet. Zu erwähnen sei an dieser Stelle, dass in den Leserbriefen auch auf die Frames ›Wirtschaft‹ (3,0 Prozent; elf von 35 Nennungen), ›Islamisierung‹ (1,3 Prozent; fünf Nennungen) und ›Geographische Exklusion der Türkei‹ (1,9 Prozent; sieben Nennungen) Bezug genommen wird.

Entsprechend des niedrigen Vorkommens von Frames in den Textgattungen Reportage, Interview und Glosse insgesamt, werden die einzelnen Frames in diesen Textgattungen wenig bis gar nicht eingesetzt.

Bei Betrachtung der Frames und ihrer Textgattungen in Bezug auf die Zeitungstypen ist festzuhalten, dass in den Boulevardzeitungen vor allem in der türkischen Tageszeitung ›Posta‹ am häufigsten Frames in der Textgattung Meldung (26 von 82 Nennungen) eingesetzt werden, während in Qualitätszeitungen längere Berichte (126 von 198 Nennungen) präsenter sind. Weiter kommen Frames in Kommentaren der Qualitätszeitungen (39 von 47 Nennungen) häufiger vor als in den analysierten Boulevardzeitungen (acht Nennungen), auch in Leserbriefen der Qualitätszeitungen (20 von 35 Nennungen) werden sie häufiger thematisiert als in Boulevardzeitungen.

Länderbezogen weist die deutsche Berichterstattung (53 von 198 Nennungen) die höchste Anzahl an verfügbaren Frames in Form von Berichten auf; an zweiter Stelle liegt die Türkei (52 Nennungen), gefolgt von österreichischen Zeitungen (33 Nennungen). Im Vergleich zu den analysierten Ländern überwiegt in türkischen Zeitungen auch die Anzahl der Meldungen (32 Nennungen) und Kommentare (18 Nennungen). Frames in Reportagen, Interviews und Glossen werden von allen untersuchten Ländern nur sehr spärlich eingesetzt.

Medienframes und Zentralität des Themas Konstruktionen europäischer Identität

Im Folgenden wird in diesem Kapitel der Bezug zu Konstruktionen europäischer Identität innerhalb der Untersuchungseinheit analysiert, um im anschließenden Kapitel auf inhaltliche Aspekte von Frames und europäische Identitätskonstruktionen eingehen zu können. Dabei wird der Frage nachgegangen, ob Konstruktionen europäischer Identität vor dem Hintergrund des Beitrittes der Türkei zur Europäischen Union als ein Hauptthema im Artikel behandelt werden, oder als ein Nebenthema, welches nur beiläufig behandelt wird (siehe Tabelle 24).

Den Ergebnissen nach werden Frames in mehr als drei Viertel (87,6 Prozent; 326 Nennungen) aller analysierten Artikel mit direktem Bezug auf europäische Identitätskonstruktionen thematisiert, während in nur 46 der Artikel (12,4 Prozent) Frames lediglich am Rande erwähnt werden. Auffällig ist dabei, dass am häufigsten die Frames ›Missachtung rechtsstaatlicher Prinzipien‹ (128 Nennungen), ›Islamisierung‹ (61 Nennungen), ›Verletzung der freien Meinungsäußerung‹ (30 Nennungen) sowie der ›Wirtschafts‹-Frame (29 Nennungen) als Hauptthemen hinsichtlich europäischer Identitätskonstruktionen debattiert werden.

Tabelle 24: Medienframes und Relevanz des Themas (n = 372)

Frames / Relevanz	Hauptthema	Nebenthema	Gesamt
Missachtung rechtsstaatlicher Prinzipien	**34,4 % (n = 128)**	3,0 % (n = 11)	37,4 % (n = 139)
Islamisierung	16,4 % (n = 61)	0,8 % (n = 3)	17,2 % (n = 64)
Wirtschaft	7,8 % (n = 29)	5,6 % (n = 21)	13,4 % (n = 50)
Verletzung der freien Meinungsäußerung	8,1 % (n = 30)	0,3 (n = 1)	8,3 % (n = 31)
Gesellschaftlicher Umbruch	5,9 % (n = 22)	0,3 % (n = 1)	6,2 % (n = 23)
Medienzensur	5,1 % (n = 19)	0,3 % (n = 1)	5,4 % (n = 20)
Geographische Exklusion der Türkei	3,2 % (n = 12)	1,3 % (n = 5)	4,6 % (n = 17)
Negative Kritik an der türkischen Regierung	4,0 % (n = 15)	–	4,0 % (n = 15)
Demokratiedefizit	1,1 % (n = 4)	0,8 % (n = 3)	1,9 % (n = 7)
Verletzung der bürgerlichen Rechte	1,6 % (n = 6)	–	1,6 % (n = 6)
Gesamt % = 100 n = 372	**87,6 % (n = 326)**	**12,4 % (n = 46)**	**100 % (n = 372)**

Bemerkenswert ist, dass alle ermittelten Frames in Artikeln mit direktem Bezug zum Thema des Buches präsenter sind als in Artikeln, in denen die europäische Identitätsdebatte als Nebenthema dargestellt wird. Weiter erfolgt die Thematisierung der Frames ›Negative Kritik an der türkischen Regierung‹ und ›Verletzung der bürgerlichen Rechte‹ nur in Artikeln mit Schwerpunkt zum Thema.

Zeitungstypisch ist anzumerken, dass die Anzahl an erfassten Frames mit direktem Bezug zum Thema höher ist (Boulevardpresse: 136 Nennungen; Qualitätspresse: 190 Nennungen) als dies in Artikeln der Fall ist (Boulevardpresse: acht Nennungen; Qualitätspresse: 38 Nennungen), in denen das Thema nur am Rande behandelt wird. Dabei weist die deutsche Boulevardzeitung als einziges Printmedium aller analysierten Tageszeitungen nur Frames mit zentralem Themenbezug auf. Daneben setzen die türkische Boulevardzeitung (98,4 Prozent), die deutsche (98,1 Prozent) und die spanische Qualitätszeitung (89,7 Prozent) viel häufiger Frames mit Themenrelevanz ein als die Gülen-nahe Zeitung ›Zaman‹ (73,7 Prozent) und ›Der Standard‹ (74,6 Prozent). Auffällig ist, dass Boulevardzeitungen im Allgemeinen einen höheren Anteil an Frames mit zentralem Themenbezug aufweisen als die Qualitätszeitungen.

Bezogen auf die untersuchten Länder kann ein ähnliches Verteilungsmuster festgestellt werden. Auf Grundlage der analysierten Artikel zeigt sich, dass die erfassten Frames in allen untersuchten Ländern am häufigsten in Artikeln mit Hauptbezug zum Thema Konstruktionen europäischer Identitäten vorkommen. Den höchsten Anteil mit direktem Themenbezug enthalten deutsche Tageszeitungen (99,0 Prozent). Im Vergleich ist in österreichischen Zeitungen (20,9 Prozent) und in Italien (20,0 Prozent) die höchste Fallzahl an Frames festzustellen, die in den untersuchten Artikeln als Teilaspekt aufgegriffen und nur am Rande erwähnt werden. Zusammenfassend lässt sich sagen, dass die identifizierten Frames deutlich häufiger in Artikeln auftreten, in denen Konstruktionen europäischer Identität hinsichtlich des Beitrittes der Türkei zur Europäischen Union als zentrales Thema diskutiert werden.

8.5 ZUSAMMENFASSUNG DER QUANTITATIVEN ERGEBNISSE

In diesem Kapitel werden die wichtigsten Erkenntnisse der Framing-Analyse auf der Grundlage der Forschungsfragen zusammengefasst, um daraus resultierende Rückschlüsse für europäische Identitätskonstruktionen in der Berichterstattung zum möglichen Beitritt der Türkei zur Europäischen Union ziehen zu können. Die Beantwortung der Forschungsfragen erfolgte dabei in drei Schritten im Hinblick auf folgende Themenschwerpunkte:

1. Identifikation von Medienframes
2. Inhaltliche Zusammensetzung der Medienframes
3. Vergleichende Gegenüberstellung der Länder und Zeitungen

In einem ersten Schritt wurde analysiert, ob und in welchem Ausmaß sich in der Berichterstattung zur Mediendebatte der Gezi-Park-Bewegung im Hinblick auf den Beitritt der Türkei zur Europäischen Union Frames zu europäischen Identitätskonstruktionen identifizieren lassen. Die Identifikation der Frames erfolgte mithilfe des statistischen Verfahrens der hierarchischen agglomerativen Clusteranalyse, die die Gruppierung von Ausprägungen der einzelnen Frame-Elemente und in Folge deren Zusammenführung zu Frames ermöglichte. Die Anzahl von Frames der einzelnen Tageszeitungen wurde unter Anwendung des ›Elbow‹-Kriteriums bestimmt, um herauszufinden, wie viele unterschiedliche potenzielle Deutungsmuster in der Berichterstattung zur Gezi-Park-Bewegung erfasst werden können. Den Ergebnissen der Untersuchung nach können insgesamt zehn unterschiedliche Frames festgestellt werden, in denen auf den Beitritt der Türkei zur Europäischen Union Bezug genommen wird und eine Tendenz zu europäischen Identitätskonzeptionen erkennbar ist.

Zweitens wurde die inhaltliche Zusammensetzung der zehn Frames mithilfe der zugeordneten Aussagen zu den Frame-Elementen herausgearbeitet, um in Folge die Frames benennen zu können. Zu diesem Zweck wurden die Häufigkeiten der Merkmalsausprägungen der Frame-Elemente ermittelt und in Tabellen dargestellt. In der gesamten analysierten Berichterstattung zu den Beziehungen der Türkei zur Europäischen Union lässt sich vor dem Hintergrund europäischer Identitätskonstruktionen eine Struktur festhalten, die sich in folgende Medienframes niederschlägt:

- Missachtung rechtsstaatlicher Prinzipien
- Islamisierung
- Wirtschaft
- Verletzung der freien Meinungsäußerung
- Gesellschaftlicher Umbruch
- Medienzensur
- Geographische Exklusion der Türkei
- Negative Kritik an der türkischen Regierung
- Demokratiedefizit
- Verletzung der bürgerlichen Rechte

Bei Analyse der Zusammensetzung der erfassten Frames lässt sich Folgendes festhalten:

Beginnend mit dem Frame ›Missachtung rechtsstaatlicher Prinzipien‹, der in allen Tageszeitungen thematisiert wird, dominieren in diesem Frame Aussagen über das Vorgehen der türkischen Sicherheitskräfte gegen die Demonstrantinnen und Demonstranten in der Gezi-Park-Bewegung, die im Hinblick auf Europa als die Europäische Union mit gemeinsamen politischen Werten sehr negativ bewertet werden. Die Ursache dafür wird laut Printmedien dem autoritären Führungsstil der türkischen Regierung zugeschrieben. Maßnahmen, die am häufigsten gefordert werden, sind: die Einhaltung rechtsstaatlicher Prinzipien, Wahrung der Demokratie und Schutz der Menschenrechte. Statt eine Vollmitgliedschaft der Türkei in der Europäischen Union zu diskutieren, überlegen europäische Politikerinnen und Politikern eine privilegierte Partnerschaft oder sogar die Aussetzung der Beitrittsverhandlungen.

Der Frame ›Islamisierung‹ wird nur in den europäischen analysierten Tageszeitungen thematisiert, in denen eine voranschreitende Islamisierung der Türkei artikuliert und sehr negativ bewertet wird. Die Ursachen scheinen insbesondere in der neuen Verordnung zur Einschränkung von Alkoholverkauf und -ausschank und in der damit einhergehenden Missachtung der bürgerlichen Rechte gesehen zu werden. Als Maßnahmen werden die Einhaltung der Trennung von Staat und Religion, der Rücktritt des damaligen türkischen Premierministers, die Wahrung der türkischen Demokratie und der Schutz der Menschenrechte im Hinblick auf die Gewährleistung der bürgerlichen Rechte angeführt. Zudem wird von politischen Akteurinnen und Akteuren auch über eine Aussetzung der Beitrittsverhandlungen mit der Türkei diskutiert.

Der ›Wirtschafts‹-Frame kann in der österreichischen und der Gülen-nahen Qualitätszeitung identifiziert werden. Dabei kommen sowohl die instabile Entwicklung der türkischen Wirtschaft während der Gezi-Park-Bewegung als auch der wirtschaftliche Aufschwung der Türkei zum Ausdruck. In Bezug auf eine Fortsetzung der Beitrittsverhandlungen mit der Türkei wird von europäischen Politikerinnen und Politiker auf die Umsetzung weiterer Reformen der Türkei hingewiesen.

Auch der Frame ›Verletzung der freien Meinungsäußerung‹ ist nur in österreichischen und türkischen Printmedien thematisiert und insbesondere im Hinblick auf den autoritären Regierungsstil der Türkei sehr negativ bewertet. Maßnahmen dazu sind die Einhaltung der Meinungsfreiheit, Wahrung der türkischen Demokratie sowie bei fortgesetzter Nichtbeachtung der Meinungsfreiheit die Aussetzung der Beitrittsverhandlungen.

Die ansonsten ermittelten Frames kommen jeweils nur in einer Tageszeitung vor. So wird der Frame ›Gesellschaftlicher Umbruch‹ lediglich in der türkischen Boulevardzeitung ›Posta‹ aufgegriffen, in dem die Spaltung der türkischen Gesellschaft aufgrund der Nichteinhaltung der bürgerlichen Rechte sowie Missachtung der rechtsstaatlichen Prinzipien artikuliert wird. Als Maßnahme dem entgegenzuwirken fordern türkische Politiker die Fortsetzung der Beitrittsverhandlungen mit der Türkei.

Die Zensur der sozialen Medien durch die türkische Regierung während der Gezi-Park-Bewegung wird im Frame ›Medienzensur‹, vor allem in der deutschen Qualitätszeitung ›Süddeutsche Zeitung‹, thematisiert und als Maßnahme die Aussetzung der Beitrittsverhandlungen artikuliert.

Den Frame ›Geographische Exklusion der Türkei‹ setzt hauptsächlich die österreichische Boulevardzeitung ›Kronen Zeitung‹ ein. Die geographische Abgrenzung zur Türkei erfolgt jedoch im Zusammenhang mit dem autoritären Regierungsstil sowie der politischen Instabilität der Türkei, wobei auch in diesem Frame die Aussetzung der Beitrittsverhandlungen mit der Türkei als Maßnahme genannt wird.

Die Frames ›Negative Kritik an der türkischen Regierung‹ und ›Demokratiedefizit‹ sind den türkischen Tageszeitungen zu entnehmen. Bei Ersterem wird insbesondere negative Kritik an der türkischen Regierung geäußert, während im zweiten Frame die Nichtbeachtung der demokratischen Werte in der Türkei im Fokus steht. In den Artikeln beider Zeitungen wird vor allem die Forderung nach der Wahrung der türkischen Demokratie artikuliert.

Nicht zuletzt wird in der deutschen Boulevardzeitung die neue türkische Alkoholverordnung vor dem Hintergrund der ›Verletzung der bürgerlichen Rechte‹ diskutiert und dabei die Missachtung der Grundrechte als rechtliche Ursache erhoben. Infolgedessen fordern politische Akteurinnen und Akteure eine Anpassung der Türkei an die politischen Werte der Europäischen Union, das heißt den Schutz der Menschenrechte im Allgemeinen und der Meinungsfreiheit im Spezifischen.

Nach der Identifizierung der Frames in den Printmedien wurden in einem dritten Schritt Gemeinsamkeiten und Unterschiede zwischen den einzelnen acht Tageszeitungen und fünf untersuchten Ländern herausgearbeitet. Zunächst wurde ein Vergleich von empirisch ermittelten induktiven Frames und die aus dem theoretischen Teil ausgearbeiteten Selbstbeschreibungen Europas vorgenommen. Dabei ist festzustellen, dass die ermittelten Frames fünf von acht Selbstbeschreibungen Europas zugeordnet werden können:

- Kontinent Europa als geographisches Gebilde
- Europa als die Europäische Union mit gemeinsamen politischen Werten
- Europa als ›Hort der Menschenrechte‹
- Europa als gemeinsamer Wirtschaftsraum
- Europa als christliche und religiöse Gemeinschaft

Der Frame ›Gesellschaftlicher Umbruch‹ ist dem der anhand der qualitativen Vorstudie erfassten Selbstidentifikation der ›Bevölkerung‹ zuzuordnen. Frames zu den anderen erfassten Selbstbeschreibungen Europas (Europa als Einheit kultureller Vielfalt, Europa als historische Erinnerungsgemeinschaft und Europa als eine Militärunion) finden in der Berichterstattung kaum Beachtung. Es können zwar einzelne Aussagen zu diesen Themen erfasst werden, insbesondere über religiös-kulturelle Aspekte oder den militärischen Einfluss auf die Politik, jedoch sind keine potenziellen Deutungsmuster festzustellen.

In einer weiteren Forschungsfrage wurden die identifizierten Frames der einzelnen Zeitungen und Untersuchungsländer im Hinblick auf formale Kriterien (Artikelumfang, Verfassertyp, Ressort, journalistische Form, Themenrelevanz) analysiert und verglichen, um Gemeinsamkeiten und Unterschiede zwischen der

Qualitätspresse und der Boulevardpresse sowie den untersuchten Ländern herauszuarbeiten.

Den Ergebnissen der Untersuchung nach, treten Frames am häufigsten in kurzen Artikeln aller Tageszeitungen auf. Allerdings verwenden die Qualitätszeitungen hinsichtlich ihres Artikelumfanges auch längere Texte, als dies in Boulevardzeitungen der Fall ist. Länderbezogen fällt auf, dass Frames in deutschen, österreichischen sowie türkischen Zeitungen am häufigsten in kurzen Artikel mit einer Länge von einer Viertelseite thematisiert werden, während italienische und spanische Zeitungen längere Artikel ›bis zu einer dreiviertel Seite‹ vorziehen.

Mit Blick auf die Nachrichtenquelle ist erkennbar, dass die identifizierten Frames in allen Zeitungstypen am häufigsten von Korrespondentinnen und Korrespondenten sowie Journalistinnen und Journalisten verfasst werden. Dabei weisen die Qualitätszeitungen am häufigsten Artikel auf, die von Korrespondentinnen und Korrespondenten stammen, während Frames in Boulevardzeitungen am häufigsten von Journalistinnen und Journalisten eingesetzt werden. Zwischen den Zeitungen der untersuchten Länder können Unterschiede dahingehend festgestellt werden, dass alle europäischen Länder am häufigsten auf Korrespondentinnen und Korrespondenten zurückgreifen, während in der Türkei Frames vermehrt von Journalistinnen und Journalisten thematisiert werden. Bemerkenswert ist auch, dass der Verfassertyp Wissenschaftlerin und Wissenschaftler Frames vergleichsweise in österreichischen Artikel am häufigsten einsetzt.

Bezogen auf das Ressort der Berichterstattung ist erkennbar, dass in allen Zeitungstiteln, vor allem aber in Boulevardzeitungen, die identifizierten Frames am häufigsten in der Rubrik Politik vorkommen. Weiter ist zu erwähnen, dass Frames auf der Titelseite und in den Rubriken Thema, Wirtschaft sowie Kultur in den Qualitätszeitungen häufiger thematisiert werden als in Boulevardzeitungen. Auffällig ist auch, dass identifizierte Frames im Ressort Meinung häufiger in Qualitätszeitungen festzustellen sind. Diese Ergebnisse sind auch in der Gegenüberstellung der untersuchten Länder sichtbar. So werden Frames in allen Ländern am häufigsten in der Rubrik Politik und am seltensten in den Ressorttypen Kultur und Sonstige eingesetzt.

Im Hinblick auf Unterschiede und Gemeinsamkeiten in der journalistischen Form der identifizierten Frames, lässt sich eine strukturelle Vielfalt der Berichterstattung erkennen. Es ist festzustellen, dass in Qualitätszeitungen Frames häufiger in längeren Berichten auftreten, während sie in Boulevardzeitungen in der Textgattung Meldung überwiegen. Länderspezifisch werden Frames in Form von Berichten am häufigsten in der deutschen und türkischen Berichterstattung eingesetzt. Gemeinsam ist den untersuchten Ländern, dass Frames in Reportagen, Interviews und Glossen kaum thematisiert werden.

Des Weiteren wurde analysiert, ob europäische Identitätskonstruktionen in den identifizierten Frames als ein Haupt- oder Nebenthema in den einzelnen Artikeln behandelt werden. Es fällt auf, dass in allen Zeitungen Frames mit Hauptbezug zum Thema Konstruktionen europäischer Identitäten dominieren. Bemerkenswert ist, dass die Anzahl an erfassten Frames mit zentralem Themenbezug in Boulevardzeitungen höher ist als in Qualitätszeitungen. Länderbezogen zeigt sich eine ähnliche Verteilung, wenn etwa in allen untersuchten Ländern Frames mit zentralem Hauptbezug dominieren. Der höchste Anteil an Frames mit Nebenbezug zum Thema ist in Österreich und in Italien festzustellen.

Vor dem Hintergrund der identifizierten Frames kann nun im folgenden Kapitel die Fragestellung nach Konstruktionen europäischer Identität beantwortet werden.

9 Medienframes und Konstruktionen europäischer Identität

Dieses Kapitel widmet sich der Frage nach europäischen Identitätskonzeptionen auf der Grundlage der für die qualitative Vorstudie aufbereiteten Daten und ermittelten Frames.

Das Europa-Bewusstsein wird, wie bereits im theoretischen Teil der Arbeit aufgezeigt, im Selbstvergleich mit ›Anderen‹ durch die Betonung auf Unterschiede zu ›nichteuropäischen‹ Ländern gestärkt.[1] Vor dem Hintergrund der dargestellten acht Selbstbeschreibungen Europas und zehn identifizierten Frames können in der Berichterstattung zur Gezi-Park-Bewegung Tendenzen hinsichtlich kollektiver Identitätskonstruktionen zwischen den europäischen Untersuchungsländern festgestellt werden. Da in türkischen Zeitungen Fremdkonstruktionen des ›Eigenen‹ nicht möglich sind, werden in diesen Zeitungen die Aussagen analysiert, die Konstruktionen des ›Eigenen‹ andeuten.

Wie der folgenden Tabelle 25 zu entnehmen ist, sind in der Berichterstattung vier Identitätskonzeptionen zu bestimmen: politische, religiös-kulturelle, wirtschaftliche und geographische Identitätskonzeptionen. Die Ergebnisse der türkischen Zeitungen sind in den untersten Zeilen der Tabelle dargestellt.

In diesen Identitätskonzeptionen lassen sich Konstruktionen von Europas Grenzen und somit auch Abgrenzungsversuche der Europäischen Union zur Türkei erkennen. Der Konstruktion von Grenzen und der damit einhergehenden »Inklusion des ›Eigenen‹ und Exklusion des ›Anderen‹« (Klaus/Drüeke 2010, 113) wird bei kollektiven Identitätskonstruktionen eine besondere Bedeutung beigemessen. Inwieweit sich Europa von der Türkei in der Berichterstattung zur

1 Siehe hierzu Kapitel 3 ›Ansätze zur Bestimmung europäischer Identität‹ sowie Kapitel 4 ›Europa und das ›Andere‹‹.

Gezi-Park-Bewegung abgrenzt und von welchen Fremdbildern diese Grenzdefinition begleitet wird, ist in den einzelnen Identitätskonzeptionen dargestellt.

Tabelle 25: Europäische Identitätskonzeptionen (n = 349)

Identitätskonzepte / Tageszeitung	politisch	religiös-kulturell	wirtschaftlich	geographisch	Gesamt
Bild Zeitung	78,4 % (n = 29)	21,6 % (n = 8)	–	–	100 % (n = 37)
Süddeutsche Zeitung	83,0 % (n = 44)	17,0 % (n = 9)	–	–	100 % (n = 53)
La Repubblica	68,6 % (n = 24)	31,4 % (n = 11)	–	–	100 % (n = 35)
Kronen Zeitung	37,2 % (n = 16)	23,3 % (n = 10)	–	39,5 % (n = 17)	100 % (n = 43)
Der Standard	33,3 % (n = 21)	4,8 % (n = 3)	61,9 % (n = 39)	–	100 % (n = 63)
El País	41,0 % (n = 16)	59,0 % (n = 23)	–	–	100 % (n = 39)
Posta[2]	64,1 % (n = 41)	–	–	–	64,1 % (n = 41)
Zaman	71,1 % (n = 27)	–	28,9 % (n = 11)	–	100 % (n = 38)
Gesamt % = 100 n = 349	**62,5 % (n = 218)**	**18,3 % (n = 64)**	**14,3 % (n = 50)**	**4,9 % (n = 17)**	**100 % (n = 349)**

Die Ergebnisse der Untersuchung zeigen, dass in den identifizierten Frames die Frage nach den Grenzen Europas vor allem im Kontext der Andersartigkeit oder sogar Fremdheit der Türkei thematisiert wird. Dabei gilt es herauszufinden, welche Stereotypisierungen, Vorurteile etc. artikuliert werden, die die Formierung europäischer Identitätskonzeptionen begünstigen. Hierfür werden mithilfe der Aufbereitung des Datenmaterials für die qualitative Vorstudie einzelne Substantive, Adjektive und Redewendungen aus den Artikeln herausgefiltert. Anzumerken ist, dass nur einige Beispiele für Bezeichnungen und Ausdrücke dargestellt werden, die in den erfassten Frames für die Türkei genutzt werden und eine Stereotypisierung andeuten.

2 Da der Frame ›Gesellschaftlicher Umbruch‹ keine Aussagen zu Identitätskonstruktionen enthält, werden diese Artikel nicht beachtet. Dieser Frame weist in der türkischen Boulevardzeitung eine Anzahl von 23 auf. So wurde die Artikelanzahl von insgesamt 372 auf 349 Artikeln reduziert.

9.1 POLITISCHE WERTE ZUR FORMIERUNG EINER KOLLEKTIVEN EUROPÄISCHEN IDENTITÄT

Den Ergebnissen der Untersuchung zufolge ist festzuhalten, dass in der Berichterstattung zur Gezi-Park-Bewegung europäische Identitätskonzeptionen insbesondere auf politischer Ebene (62,5 Prozent; 218 Nennungen) erfolgen. In den analysierten Artikeln dominieren Vorstellungen von Europa als einer politischen Wertegemeinschaft, die sich durch bestimmte politische Aspekte von der Türkei unterscheiden. Gemeint sind Werte wie die Achtung der Demokratie, Rechtsstaatlichkeit und Wahrung der Menschenrechte, die in folgenden sechs von insgesamt zehn identifizierten Frames thematisiert werden: ›Missachtung rechtsstaatlicher Prinzipien‹, ›Verletzung der freien Meinungsäußerung‹, ›Medienzensur‹, ›Negative Kritik an der türkischen Regierung‹, ›Demokratiedefizit‹ und ›Verletzung der bürgerlichen Rechte‹. Die inhaltliche Zusammensetzung der einzelnen Frames sowie ihr Vorkommen in den Tageszeitungen wurden im Kapitel 8.3 bereits ausgeführt. Gemeinsam ist ihnen, dass in den Aussagen vor allem die mangelnde Achtung der politischen Werte durch die türkische Regierung betont wird. Somit erfolgt die Abgrenzung zur Türkei in der Berichterstattung zur Gezi-Park-Bewegung vorrangig im Zusammenhang mit den Selbstbeschreibungen Europas als die Europäische Union mit gemeinsamen politischen Werten sowie Europa als ›Hort der Menschenrechte‹.

Die Nichteinhaltung der politischen Werte ist ein kollektiver Abgrenzungsversuch zur Türkei von allen untersuchten europäischen Ländern. Mehr als die Hälfte der analysierten Zeitungen (62,5 Prozent; 218 Nennungen) weisen Aussagen zu politischen Identitätskonzeptionen auf. Der größte Anteil an Aussagen von allen Zeitungen ist auf dieser Ebene in deutschen Tageszeitungen festzustellen. So weisen mehr als je drei Viertel aller analysierten Artikel der ›Süddeutschen Zeitung‹ (83,0 Prozent; 44 Nennungen) und der ›Bild‹-Zeitung (78,4 Prozent; 29 Nennungen) politische Identitätskonzeptionen auf. Bemerkenswerterweise lassen sich auch in türkischen Tageszeitungen, vor allem in der Tageszeitung ›Zaman‹ am häufigsten (71,1 Prozent; 27 Nennungen) Identitätskonzeptionen auf dieser Ebene erkennen. Darüber hinaus überwiegen politische Identitätskonstruktionen in der ›La Repubblica‹ (68,6 Prozent; 24 Nennungen). Im Vergleich dazu treten politische Identitätskonstruktionen innerhalb österreichsicher Tageszeitungen und in der spanischen Qualitätszeitung an zweiter Stelle auf. In der ›Kronen Zeitung‹ dominieren zwar Aussagen zur geographischen Abgrenzung von der Türkei (39,5 Prozent; 17 Nennungen)[3], jedoch ist der Anteil an Aussagen zu Konstruktionen politischer Identität nahezu gleich (37,2 Prozent; 16 Nennungen). Auch länderbezogen dominieren europäisch-politische Identitätskonzeptionen in Deutschland (81,1 Prozent; 73 Nennungen).

Auffallend ist, dass in den Artikeln aller untersuchten Länder wiederkehrende Bezeichnungen beziehungsweise Stereotypisierungen über die Türkei zu finden sind, die sich auf die politische Situation beziehen. So kommen im Frame ›Missachtung rechtsstaatlicher Prinzipien‹ in allen untersuchten europäischen Tageszeitungen Bezeichnungen vor wie zum Beispiel ›gewaltsames/hartes/brutales Vorgehen der türkischen Sicherheitskräfte‹ oder ›unverhältnismäßige/exzessive Gewaltanwendung der Polizei‹. Diese Bezeichnungen sind nicht nur im Nachrichtentext der jeweiligen Artikel zu finden, sondern auch in den Artikelüberschriften, allerdings nur in den europäischen Tageszeitungen. Als Beispiele sind folgende Überschriften genannt: »Polizei räumt Istanbuler Park gewaltsam für umstrittenes Bauprojekt« (›Bild‹-Zeitung, 31. Mai 2013), »Die Polizei vertreibt gewaltsam Demonstrierende aus dem Park in Istanbul«[4] (›El País‹, 16. Juni 2013), »Gewalt-Exzesse in Istanbul!« (›Kronen Zeitung‹, 02. Juni 2013) etc. In den türkischen Tageszeitungen wird zwar über den Polizeieinsatz gegen die Demonstrierenden berichtet, jedoch ist die Tendenz der Berichterstattung neutral.

Weitere Bezeichnungen, die als Stereotype gedeutet werden können, lassen sich in Bezug auf die Unzufriedenheit des Führungsstils der türkischen Regierung erkennen. Hier überwiegen Begriffe wie ›autoritär‹ und ›diktatorisch‹, mit denen der türkische Regierungsstil in allen untersuchten Tageszeitungen beschrieben wird. Diese Begriffe werden auch in den Artikelüberschriften eingesetzt, um die Aufmerksamkeit der Leserinnen und Leser zu erzielen. Beispiele sind etwa: »Wut-Wochenende in der Türkei – Die Masse rief: ›Diktator, tritt zurück!‹« (›Bild‹-Zeitung, 03. Juni 2013), »Endstation Autokratie« (›Süddeutsche Zeitung‹, 12. Juni 2013), »Ich liebe mein Istanbul, das gegen den Autoritarismus kämpft«[5] (›La Repubblica‹, 20. Juni 2013), »Massenproteste gegen den autoritären Regierungsstil von Türken« (›Kronen Zeitung‹, 05. Juni 2013), »Ein Autokrat demontiert sich selbst« (›Der Standard‹, 12. Juni 2013), »Türkei kämpft gegen die ›Autorität‹« (›El País‹, 03. Juni 2013) etc. In den untersuchten türkischen

3 Siehe hierzu Kapitel 9.4 ›Europäische Identitätskonstruktionen durch geographische Abgrenzung zur Türkei‹.

4 Die Artikelüberschrift »La policía desaloja a los indignados del parque de Estambul« wurde von der Autorin der Publikation ins Deutsche übersetzt.

5 Die Artikelüberschrift des italienischen Zeitungsartikels »Amo la mia Istanbul che si è ribellata all'autoritarismo« wurde von der Autorin dieses Buches übersetzt.

Tageszeitungen werden diese Bezeichnungen nicht in den Artikelüberschriften, sehr wohl aber im Nachrichtentext eingesetzt.

Daneben lassen sich in den analysierten Artikeln Ausdrücke wie »Die Show des Sultans« (›Süddeutsche Zeitung‹, 08./09. Juni 2013) oder »Der Sultan«[6] (›La Repubblica‹, 20. Juni 2013) finden, in denen der Türkei Demokratiedefizite vorgeworfen werden. In einem Artikel der ›Bild‹-Zeitung (11. Juni 2013) wird beispielsweise berichtet, dass die Türkei noch einen langen Weg in Richtung Demokratie hätte. In der ›Süddeutschen Zeitung‹ werden für die Beschreibung der türkischen Politik sogar Neologismen verwendet, um die Türkei von Europa abzugrenzen. So wird in einem Artikel (13. Juni 2013) argumentiert, dass in Ankara keine Demokratie, sondern eine ›Demokratur‹ (Zusammensetzung der Begriffe Demokratie und Diktatur) herrsche.

Darüber hinaus erfolgen Konstruktionen von Grenzen auch im Hinblick auf Europa als ›Hort der Menschenrechte‹, die in den erfassten Frames ›Verletzung der freien Meinungsäußerung‹ und ›Verletzung der bürgerlichen Rechte‹ sichtbar sind. In den untersuchten Artikeln werden beispielsweise Verhaftungen und Verurteilungen von Journalistinnen und Journalisten, Schriftstellerinnen und Schriftstellern etc. diskutiert, die ihr Recht auf Meinungsäußerung wahrgenommen hatten (›Süddeutsche Zeitung‹, 11. Juni 2013; ›Der Standard‹, 22. Juni 2013; ›El País‹, 22. Juni 2013 u.v.m.).

Weiter wird in den Artikeln der untersuchten europäischen Länder die Unterdrückung der ethnischen Minderheit in der Türkei artikuliert (›Süddeutsche Zeitung‹, 05. Juni 2013; ›Bild‹-Zeitung, 11. Juni 2013; ›Der Standard‹, 22. Juni 2013; ›El País‹, 03. Juni 2013). In den Artikeln wird die Missachtung der Menschenrechte hervorgehoben, indem über Verletzte, Gefangene oder sogar Tote in der Gezi-Park-Bewegung berichtet wird.

Demzufolge ist festzuhalten, dass Europa als politische Wertegemeinschaft hohe Zustimmung findet, da in den erfassten Frames am häufigsten politische Werte in Zusammenhang mit dem türkischen Beitritt zur Europäischen Union artikuliert werden. Dabei wird explizit für eine Exklusion der Türkei argumentiert, weil die Anpassung an die europäischen Werte seitens der Türkei für eher unwahrscheinlich gehalten wird.

---

6 Die Bezeichnung »Der Sultan« wurde aus dem italienischen »Il sultano« übersetzt.

9.2 Europäische Identitätskonstruktionen auf Basis religiös-kultureller Unterschiede

Neben europäisch-politischen Identitätskonzeptionen, sind in der Berichterstattung zur Gezi-Park-Bewegung am zweithäufigsten religiös-kulturelle Identitätskonzeptionen Europas (18,3 Prozent; 64 Nennungen) dargestellt, allerdings nicht in der Türkei, sondern nur in den untersuchten europäischen Tageszeitungen. Innerhalb der europäischen Tageszeitungen werden Identitätskonzeptionen auf dieser Ebene am häufigsten in der spanischen Berichterstattung dargestellt. In mehr als der Hälfte aller spanischen Artikel (59,0 Prozent; 23 Nennungen) wird auf religiös-kulturelle Aspekte gegenüber der Türkei Bezug genommen, während der geringste Anteil innerhalb der österreichischen Qualitätszeitung bei knapp fünf Prozent (drei Nennungen). Daraus geht hervor, dass Spaniens trotz positiver Position zum Beitritt der Türkei zur Europäischen Union den Islam nicht als Teil der kulturellen Vielfalt Europas Teilung impliziert. Die deutsche (21,6 Prozent; acht Nennungen) und österreichische Boulevardpresse (23,3 Prozent; zehn Nennungen) weisen eine fast identische Häufigkeit von Artikeln auf, die eine religiös-kulturelle Identitätskonzeption andeuten.

In den Artikeln, in denen der ›Islamisierungs‹-Frame thematisiert wird, kommt klar zum Ausdruck, dass in den untersuchten europäischen Ländern Europa als christliche und religiöse Gemeinschaft dargestellt wird, in der die Türkei mit ihrer islamisch geprägten Kultur mit den Werten einer auf christlicher Kultur basierenden Identität nicht vereinbar ist. So stellt der ›Islamisierungs‹-Frame mit Bezug auf die Präsenz des Islam im öffentlichen Raum in den untersuchten europäischen Tageszeitungen ein wichtiges Abgrenzungskriterium dar. Im Rahmen des ›Islamisierungs‹-Frame erfolgt eine Abgrenzung von der Türkei allerdings nicht explizit im Hinblick auf religiöse Unterschiede zwischen Europa und der Türkei. Da in diesem Frame der Islam mit einer mangelnden Verankerung der türkischen Demokratie sowie mit dem Autoritarismus in Verbindung gebracht wird, ist davon auszugehen, dass es unter anderem um die ›Islamisierungspolitik‹ der türkischen Regierung geht. Als Beispiele werden in den Tageszeitungen die neue Verordnung zum Alkoholkonsum, das Kussverbot in der Öffentlichkeit, die Diskussion über den Aufenthalt von Frauen und Männern in getrennten Räumen etc. genannt.

Bemerkenswert ist, dass in der Berichterstattung kein Bezug auf subtile kulturelle Unterschiede innerhalb der Mitgliedstaaten der Europäischen Union genommen wird. Ein Grund könnte sein, dass das Konstrukt der europäischen Identität, kulturell betrachtet, so facettenreich ist, dass sich die Kulturgrenze der Europäischen Union nicht eindeutig bestimmen lässt und in Folge auch keine klare Abgrenzung zur Türkei erfolgen kann. In der Berichterstattung zur Gezi-Park-Bewegung erfolgt diese Abgrenzung lediglich in Bezug auf die islamische Religion.

Weiter sind in den Tageszeitungen Aussagen zu finden, die zwar aufgrund der niedrigen Fallzahl nicht im ›Islamisierungs‹-Frame thematisiert werden, aber für europäische Identitätskonstruktionen eine bedeutende Rolle spielen. So wird in den analysierten Artikeln die Debatte über die Verschleierung der türkischen Frauen in der Öffentlichkeit aufgegriffen, die die Andersartigkeit der Türkei zu Europa markiert. In einer Aussage der ›Bild‹-Zeitung (03. Juni 2013) schlägt sich diese Darstellung nieder, indem beispielsweise betont wird, dass die Türkei dem Iran vergleichbar wird. Der Schleier gerät zum Synonym für etwas Bedrohliches, um die Türkei und den Islam aus dem europäischen Raum auszuschließen. Die mediale Darstellung des Islam in dieser Art führt in Folge auch zu negativen Stereotypisierungen der Musliminnen und Muslime. Ein weiteres Beispiel für die Darstellung der Türkei als das ›Andere‹ Europas liefert eine Aussage der österreichischen Qualitätszeitung ›Der Standard‹ (22. Juni 2013), dass die türkische Regierung die Verschleierung der Frauen anstreben würde. Diese Identitätskonzeption ist auch der spanischen Tageszeitung ›El País‹ zu entnehmen.

Darüber hinaus ist die heutige türkische Regierung in den untersuchten europäischen Tageszeitungen als ein kulturell konservativ ausgerichteter Staat dargestellt, in dem der islamischen Religion im Alltag eine hohe Bedeutung zukommt. Dies schlägt sich vor allem in den analysierten Boulevardzeitungen nieder. In einem Artikel der ›Kronen Zeitung‹ (13. Juni 2013) etwa wird berichtet, dass die türkische Regierung »die moderne, laizistisch ausgerichtete Türkei Kemal Atatürk in einen islamistischen Staat umwandeln« möchte und eine religiöse Generation anstrebe. In der ›Süddeutschen Zeitung‹ wird als Folge dieser Tatsache sogar über einen »Kulturkampf am Bosporus« (24. Juni 2013) berichtet, was einen Umbruch der Gesellschaft zur Folge hätte. Dies kommt auch in der italienischen Zeitung ›La Repubblica‹ (20. Juni 2013) zum Ausdruck, in der die Türkei zwar als ein Land mit einer langen Geschichte der Verwestlichung, Modernisierung und des Säkularismus beschrieben wird, das aber zwischen den sogenannten ›Kemalisten‹ und ›Islamisten‹ gespalten sei.

So könnte ein auf andersartiger kultureller und religiöser Basis beruhendes Land wie die Türkei das Zusammengehörigkeitsgefühl respektive das europäische Identitätsbewusstsein nicht stärken, da die Türkei mit dem christlichen Wertesystem Europas nicht kompatibel wäre. Nach den Ergebnissen der analysierten Tageszeitungen, wäre der innere Zusammenhalt der Europäischen Union durch einen Beitritt der Türkei aufgrund ihrer Andersartigkeit erschwert. Nur weil der Großteil der Bevölkerung innerhalb der Europäischen Union dem Christentum angehört, muss die islamische Bevölkerung nicht als ›Andere‹ beziehungsweise ›Fremde‹ wahrgenommen werden. Würde die Türkei vielmehr als ein Brückenland betrachtet, so könnte sie eine Mittlerrolle zwischen unterschiedlichen Kulturen einnehmen und durch ihre Einzigartigkeit zu einem gemeinsamen Europa der kulturellen Vielfalt beitragen.

9.3 KONSTRUKTIONEN EUROPÄISCHER IDENTITÄT AUF WIRTSCHAFTLICHER EBENE

Neben politischen und religiös-kulturellen Identitätskonzeptionen sind in der Berichterstattung zur Gezi-Park-Bewegung auch europäische Identitätskonstruktionen auf wirtschaftlicher Ebene festzustellen. Diese beruhen nicht nur auf Abgrenzungen zur Türkei, vielmehr wird ein Beitritt der Türkei zur Europäischen Union in der österreichischen Qualitätspresse (61,9 Prozent; 39 Nennungen) in wirtschaftlicher Hinsicht implizit befürwortet. Dabei lassen sich im ›Wirtschafts‹-Frame Argumente mit Verweisen auf die wirtschaftlichen Fortschritte der Türkei und demographische Entwicklung der türkischen Bevölkerung verzeichnen. So könnte die Europäische Union ihre internationalen Handelsbeziehungen erweitern und aufgrund der jungen Bevölkerungsstruktur der Türkei die wirtschaftliche Handlungsfähigkeit stärken. Doch das schnelle Bevölkerungswachstum in der Türkei wird in den analysierten Artikeln nicht nur positiv bewertet, sondern auch hinsichtlich des eher abschwächenden Bevölkerungswachstums und der Überalterung in den Gesellschaften der Mitgliedstaaten der Europäischen Union mit Besorgnis betrachtet, da zu befürchten ist, dass die türkische Bevölkerung zahlenmäßig innerhalb der Europäischen Union die Mehrheit übernehmen könnte. Allerdings sind auch Argumente angeführt, die sich nicht nur mit dem wirtschaftlichen Aufschwung der Türkei, sondern auch mit negativen Entwicklungen der türkischen Wirtschaft befassen. So wird beispielsweise in einem Artikel im ›Der Standard‹ (04. Juni 2017) die Gezi-Park-Bewegung als Ursache für Unsicherheiten am internationalen Finanzmarkt dargestellt. Auch im Titel des erwähnten Artikels »Unsicherheit hat Börsen wieder im Griff« ist die negative Haltung der Europäischen Union gegenüber der türkischen Wirtschaft deutlich erkennbar. Doch nicht nur in Österreich, sondern auch in Deutschland (›Süddeutsche Zeitung‹, 04. Juni 2013), Italien (12. Juni 2013) und Spanien (23. Juni 2013) wird die wirtschaftliche Instabilität der Türkei während der Proteste thematisiert, jedoch nur in einem geringen Umfang.

Aussagen, die eine explizite Zugehörigkeit der Türkei zu Europa und somit auf eine gemeinsame Wirtschaft mit der Europäischen Union hindeuten, sind nur in der Gülen-nahen türkischen Zeitung ›Zaman‹ (28,9 Prozent; elf Nennungen) erkennbar, wo die Fortschritte der türkischen Wirtschaft hervorgehoben werden.

Zusammenfassend kann gesagt werden, dass in den analysierten Artikeln generell eine positive Stellung zur türkischen Wirtschaft eingenommen wird und Vorurteile beziehungsweise Stereotype nicht erkennbar sind. Die Ergebnisse machen jedoch deutlich, dass die Türkei trotz ihrer wirtschaftlichen Fortschritte aus Europa ausgegrenzt wird, indem etwa die Instabilität der türkischen Wirtschaft während der Gezi-Park-Bewegung hervorgehoben wird, die eine eher negative Assoziation aufweist, weil die Türkei in diesem Zeitraum wirtschaftliche Verluste am internationalen Aktienmarkt zu verzeichnen hatte.

9.4 EUROPÄISCHE IDENTITÄTSKONSTRUKTIONEN DURCH GEOGRAPHISCHE ABGRENZUNG ZUR TÜRKEI

Nicht zuletzt sind Identitätskonzeptionen eng mit geographischen Rahmenbedingungen verknüpft. Wie im theoretischen Teil der Arbeit schon aufgezeigt, liegt nur drei Prozent der türkischen Landfläche auf der europäischen Seite, der Rest der Türkei (97 Prozent) gehört zu Asien. Dementsprechend wird auch in den Tageszeitungen, insbesondere in der österreichischen ›Kronen Zeitung‹ (39,5 Prozent; 17 Nennungen) davon ausgegangen, dass die Türkei kein europäisches Land sei und in Folge nicht der Europäischen Union beitreten soll. So wird in einem Artikel der österreichischen Boulevardzeitung (11. Juni 2013) hervorgehoben, dass die Türkei in Asien liegt und ›niemals‹ ein Teil von Europa war.

Im Zusammenhang mit der geographischen Abgrenzung zur Türkei wird in den analysierten Tageszeitungen auch auf geostrategische Aspekte Bezug genommen. Die geostrategische Bedeutung der Türkei für die europäische Sicherheit wird zwar in keinem der erfassten Frames thematisiert, jedoch wird in einigen Artikeln der untersuchten Qualitätszeitungen dieses Argument aufgegriffen. Aufgrund ihrer geostrategischen Lage und als ein wichtiges sicherheitspolitisches Mitglied der NATO ist die Türkei für die europäische Sicherheits- und Verteidigungspolitik nicht außer Acht zu lassen. Doch es wird auch betont, dass allein die geostrategische Relevanz für eine Vollmitgliedschaft nicht ausreichend sei. Als Handlungsempfehlung wird anstelle einer Vollmitgliedschaft eine privilegierte Partnerschaft vorgeschlagen. In den untersuchten Zeitungen lassen sich zwar keine Stereotype beziehungsweise negative Bezeichnungen in geographischer Hinsicht erkennen, da faktisch berichtet und argumentiert wird, allerdings ist festzuhalten, dass die Türkei von Europa exkludiert wird, weil das Land in den analysierten Artikeln grundsätzlich als Teil des asiatischen Kontinentes beschrieben wird.

9.5 ZUSAMMENFASSUNG DER QUALITATIVEN ERGEBNISSE

In diesem letzten Analyseschritt wurden auf Grundlage der Ergebnisse zu den einzelnen Tageszeitungen europäische Identitätskonzeptionen herausgearbeitet. Allgemein lässt sich feststellen, dass Abgrenzungsversuche zur Türkei hauptsächlich auf der Ebene der politischen Werte, Menschenrechte, Religion und Geographie erfolgen, die gleichzeitig auch als Gründe gegen den Beitritt der Türkei zur Europäischen Union angeführt werden. Die ablehnende Haltung der Tagezeitungen gegenüber der Türkei ist somit vorrangig durch die erfassten Frames sichtbar. Den Ergebnissen der Untersuchung zufolge, können somit kollektive Identitätsbildungen der Europäischen Union grundsätzlich auf vier Ebenen festgestellt werden. Auf Ebene eins nehmen Aussagen zu europäisch-politischen Identitätskonstruktionen den größten Anteil in der Berichterstattung zur Gezi-Park-Bewegung ein, die in allen analysierten Tageszeitungen zu finden sind. Auf Ebene zwei folgen Aussagen, die sich auf religiös-kulturelle Aspekte der Türkei beziehen und nur in europäischen Tageszeitungen artikuliert werden. Auf Ebene drei sind in der österreichischen und türkischen Qualitätszeitung europäische Identitätskonstruktionen auch auf wirtschaftlicher Ebene zu finden. Eine geographische Dimension von Identitätskonzeption lässt sich auf Ebene vier lediglich in der österreichischen Boulevardpresse feststellen.

Anzumerken ist, dass in den Aussagen zu Grenzkonstruktionen Europas und Abgrenzungen zur Türkei vor allem im Hinblick auf politische und religiös-kulturelle Identitätskonzeptionen negative Bezeichnungen über die Türkei erfasst werden, die auf Fremdbilder und Stereotypisierungen hinweisen.

Zusammenfassend ist festzuhalten, dass in der medialen Diskussion über die Gezi-Park-Bewegung die Türkei ein Land ist, vom dem sich die untersuchten europäischen Länder abgrenzen. Dementsprechend wird in den erfassten Frames eine Nichtzugehörigkeit der Türkei zu Europa artikuliert. Allerdings ist anzumerken, dass Aussagen zu Grenzkonstruktionen Europas und somit europäische Identitätskonstruktionen in keiner der türkischen Tageszeitungen thematisiert werden; sie finden lediglich in den analysierten Zeitungen der Mitgliedstaaten der Europäischen Union Niederschlag.

10 Fazit und Ausblick

Ziel der Untersuchung war es, anhand einer länderübergreifenden, qualitativen und quantitativen Framing-Analyse der alltäglichen Berichterstattung über den Beitritt der Türkei zur Europäischen Union Frames zu identifizieren, in denen europäische Identitätskonzeptionen und somit eine Selbstidentifikation Europas thematisiert werden.

Es wurde ermittelt, wie die Bedeutung und Identität Europas in Qualitäts- und Boulevardzeitungen aus insgesamt fünf Ländern exemplarisch an der Medienberichterstattung zur Gezi-Park-Bewegung, eine der weltweit bekanntesten ›Occupy‹-Bewegungen, neu beurteilt werden. Vor diesem Hintergrund erfolgte nach der Einleitung eine Darstellung, die allgemeine Grundkenntnisse über die Europäische Union und einen Einblick in die Beziehungen zwischen der Türkei und der Europäischen Union vermittelt.

Angesichts der Tatsache, dass Europa ein Konstrukt ist, dass sich, je nachdem in welchem Kontext es verwendet wird, immer wieder neu darstellt, ist es schwierig seine Identität zu bestimmen. Einer ersten Auseinandersetzung mit dem Problem einer eindeutigen Identitätsbestimmung Europas widmete sich Kapitel 3, in dem Ansätze zur Bestimmung europäischer Identität auf der Grundlage von Ebenen der kollektiven, kulturellen, politischen und nationalen Identität im Kontext von europäischen Identitätskonstruktionen diskutiert wurden. Dabei konnte nachgezeichnet werden, dass europäische Identitätskonstruktionen im Verhältnis zum ›Nichteuropäischen‹ beziehungsweise zum ›Anderen‹ durch Hervorhebungen von Gemeinsamkeiten und Differenzen zwischen ›Wir‹ und den ›Anderen‹ entstehen. Durch die Festlegung von imaginären Grenzen wird somit bestimmt, was als das europäisch ›Eigene‹ und ›Andere‹ bewertet wird.

Identitätskonstruktionen geben Anlass zu Selbstbeschreibungen, die jedoch zu Differenzierungen des ›Eigenen‹ führen, welche die Entstehung von Stereotypen bewirken. Auf Basis dieser Annahme wurde im Kapitel 4 der Fokus auf die Selbstbeschreibung Europas im Verhältnis zu Europas ›Andere‹ gelegt. In den Selbstbeschreibungen Europas kommt klar zum Ausdruck, dass bei der Bestimmung gemeinsamer europäischer Werte, zugleich auch konstitutive Merkmale eines ›Europäisch-Seins‹ bestimmt werden, die eine Abgrenzung Europas von den ›Anderen‹ mit sich bringen und diesen Ausschluss durch identitätsstiftende Faktoren untermauern. So impliziert die Suche nach Gemeinsamkeiten auch die Unterscheidung von den ›Anderen‹, nach der Devise ›Selbstbeschreibung durch Fremdbeschreibung‹. Die ausgearbeiteten Selbstbeschreibungen Europas bildeten den Ausgangspunkt für das Forschungsdesign der Framing-Analyse.

Als eine weitere Grundlage für die empirische Erhebung diente das Kapitel 5, das den Übergang vom theoretischen zum empirischen Teil der Arbeit darstellt. Hier wurden ausgewählte Informationen zur politischen und wirtschaftlichen Entwicklung der Türkei aufgezeigt. Darüber hinaus wurde die gesellschaftliche Entwicklung der Türkei untersucht, insbesondere die Gezi-Park-Bewegung als Indikator des gesellschaftlichen Umbruches, die weltweit im Fokus der Medien stand. Dabei wurden die Gezi-Park-Proteste in der Berichterstattung der Massenmedien inhaltlich unterschiedlich gedeutet beziehungsweise ›geframt‹. Ergebnisse dieser Arbeit zeigen, dass beispielsweise in der europäischen Berichterstattung die Gezi-Park-Bewegung überwiegend als ›zivilgesellschaftliche Widerstandsbewegung gegen die türkische Regierung‹ interpretiert wurde, während in der türkischen Medienberichterstattung der Tageszeitungen dasselbe Ereignis als ein ›Komplott gegen die Türkei‹ galt. Daraus geht hervor, dass die Deutung und Bewertung von Ereignissen maßgeblich von der Sichtweise der Betrachterin oder des Betrachters beziehungsweise der Position des Mediums abhängt. Die Framing-Analyse ermöglichte hierzu eine ausdifferenzierte Erfassung der im Medientext verborgenen Deutungsmuster.

Auf der Grundlage der verschiedenen Methoden der Frame-Identifikation wurde in dieser Untersuchung erstmals die induktiv-quantitative Methode der Frame-Identifikation mit der qualitativ-induktiven Methode verknüpft, um eine vollständige Ermittlung der Frame-Elemente zu bieten. Basierend auf theoretischen Vorüberlegungen und einer qualitativen Vorstudie konnten alle verfügbaren Frame-Elemente direkt am empirischen Datenmaterial im Hinblick auf verborgene Muster und tiefer liegende Bedeutungen erhoben und mithilfe der Clusteranalyse zu Frames zusammengefasst werden. Voraussetzung war, dass von einem Frame nur dann gesprochen werden kann, wenn sich ein Deutungsmuster über mehrere Artikel hinweg bestimmen lässt. Diese Vorgehensweise bietet eine höhere Reliabilität der Untersuchungsergebnisse, da die Identifikation von Frames durch die Zusammenfassung der einzelnen kodierten Frame-Elemente leichter nachvollziehbar ist, als die Kodierung eines kompletten Frames.

Die Ergebnisse der Untersuchung machen deutlich, dass die europäische Identitätsdebatte durch die Bestimmung von Zugehörigkeit und einen Ausschlusscharakter gegenüber ›nichteuropäischen‹ Staaten gekennzeichnet ist. Dabei ist die Türkei ein Land, von dem sich Europa abgrenzt. Mithilfe der Framing-Analyse konnte festgestellt werden, von welchen Werten, die dem Konstrukt Europa zugrunde liegen, diese Grenzdefinitionen medial in der Berichterstattung zur Gezi-Park-Bewegung bestimmt werden. In der empirischen Untersuchung war das theoretisch hergeleitete Schema zur Selbstidentifikation Europas im Großen und Ganzen zu bestätigen, da alle Selbstbeschreibungen auch im Datenmaterial der Arbeit enthalten sind. Lediglich einzelne Merkmalsausprägungen der jeweiligen Selbstbeschreibungen fanden keinen Niederschlag in der Berichterstattung. So konnten in der gesamten analysierten Berichterstattung folgende zehn Frames festgestellt werden, in denen ein möglicher Beitritt der Türkei zur Europäischen Union thematisiert wird: ›Missachtung rechtsstaatlicher Prinzipien‹, ›Islamisierung‹, ›Wirtschaft‹, ›Verletzung der freien Meinungsäußerung‹, ›Gesellschaftlicher Umbruch‹, ›Medienzensur‹, ›Geographische Exklusion der Türkei‹, ›Negative Kritik an der türkischen Regierung‹, ›Demokratiedefizit‹ und ›Verletzung der bürgerlichen Rechte‹. Diese identifizierten Frames wurden hinsichtlich formaler Kategorien analysiert, um einen Vergleich von Gemeinsamkeiten und Unterschieden zwischen der Qualitätspresse und der Boulevardpresse sowie in den untersuchten Ländern darzustellen. Dabei konnten sowohl zeitungstypisch als auch länderbezogen Gemeinsamkeiten und Unterschiede im Hinblick auf den Artikelumfang, Verfassertyp, das Ressort, die Textgattung sowie Themenrelevanz festgestellt werden.

In welchen dieser ermittelten Frames sich eine Zugehörigkeit respektive eine Nichtzugehörigkeit der Türkei zu Europa erkennen lassen, wurde auf der Grundlage von Ansätzen zur europäischen Identitätsbestimmung und Selbstbeschreibungen Europas aufgezeigt. Dabei konnte dargelegt werden, dass europäische Identität in der Berichterstattung zur Gezi-Park-Bewegung auf politischer, religiös-kultureller, wirtschaftlicher und geographischer Ebene konstruiert wird und einen Ausschluss der Türkei aus der Europäischen Union implizieren.

Grafisch lassen sich die Ergebnisse der Untersuchung wie folgt zusammenfassen (siehe Abbildung 22):

Abbildung 22: Europäische Identitätskonzeptionen in der europäisch-türkischen Debatte

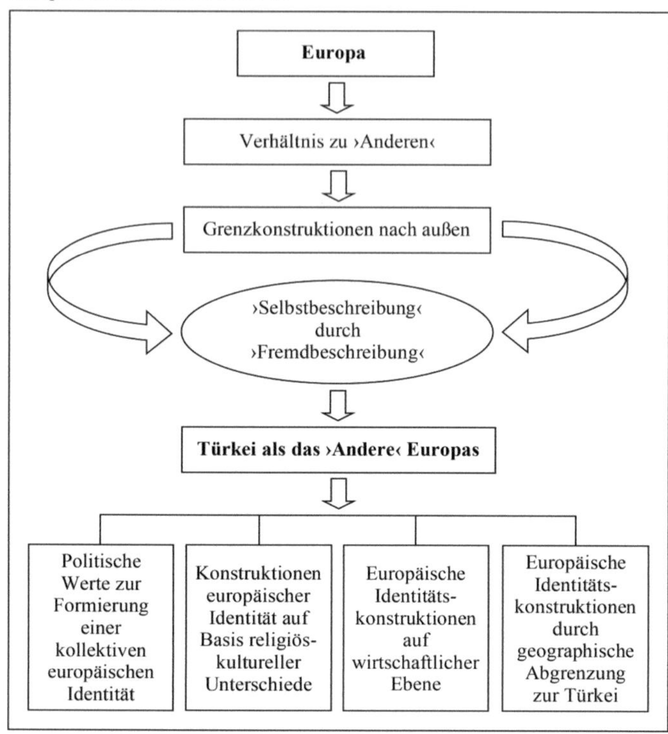

Quelle: Eigene Darstellung

Bemerkenswert ist, dass die aktuelle Mediendebatte zum möglichen Beitritt der Türkei zur Europäischen Union auch auf diesen Ebenen geführt wird. Dabei wird das europäische Selbstverständnis insbesondere als eine Gemeinschaft mit politischen Werten hervorgehoben, in dem vor allem die politischen Beurteilungskriterien der Europäischen Union für eine Zugehörigkeit der Türkei zu Europa diskutiert werden. Der medialen Debatte zufolge bedarf die Türkei in den Bereichen Demokratie und Rechtsstaatlichkeit, in der Ausübung der Grundfreiheiten sowie in der Einhaltung der Menschen- und Minderheitenrechte Reformarbeit. Dies widerspiegelt sich auch in den Ergebnissen der Untersuchung. So sind in den Frames Werte der Europäischen Union, wie die Rechtsstaatlichkeit, Achtung der Menschenrechte und Demokratie im Hinblick auf einen möglichen Beitritt der Türkei zur Europäischen Union thematisiert. Die Türkei verfolgt seit Mitte des 20. Jahrhunderts eine Politik der konsequenten West-Anbindung, jedoch können in der Türkei trotz der Annäherungsversuche an Europa Probleme und Hindernisse in Bezug auf die politischen Werte beobachtet werden, die eine Mitgliedschaft in der Europäischen Union erschweren.

Weiter wird Europa auch über eine religiös-kulturelle Identität definiert, das die Türkei als ›nichtchristlich‹ und ›nichteuropäisch‹ exkludiert, indem die Identität Europas auf den christlichen Kern reduziert wird. Den Ergebnissen der Framing-Analyse nach, wurden religiös-kulturelle Unterschiede immer wieder nur in den untersuchten europäischen Printmedien hervorgehoben, in der Türkei fanden diese keine Beachtung. Hierzu wird im ›Islamisierungs‹-Frame die Präsenz des Islam im öffentlichen Raum in Bezug auf eine mangelnde Verankerung der türkischen Demokratie thematisiert und weniger die religiösen Unterschiede zwischen dem Christentum und dem Islam. So wurde beispielsweise auf die neue Alkoholverordnung, das Kussverbot in der Öffentlichkeit, die Diskussion über den Aufenthalt von Frauen und Männern in öffentlich getrennten Räumen etc. hingewiesen. Allerdings sind diese keine zwingenden Gründe, um die Türkei nicht in die Europäische Union aufzunehmen, da strenge Alkoholregelungen oder das Kussverbot in öffentlichen Räumen auch in europäischen Ländern, wie zum Beispiel in Frankreich, bekannt sind. Nicht zuletzt wurde in den deutschen, österreichischen und spanischen Printmedien auch auf die Verschleierung der türkischen Frauen in der Öffentlichkeit Bezug genommen, in der die Andersartigkeit der Türkei zu Europa unterstrichen wird. Dabei wird der Schleier in den Printmedien als etwas Bedrohliches dargestellt, das auch mit negativen Stereotypisierungen der Musliminnen und Muslimen in Verbindung gebracht wird. Die Verschleierung, insbesondere die Vollverschleierung (Burka) wird in öffentlichen Räumen Europas sogar als Sicherheitsrisiko wahrgenommen, weshalb auch in europäischen Ländern, wie etwa in Belgien, Frankreich und in den Niederlanden, bereits ein Burka-Verbot verordnet wurde. Seit 1. Oktober 2017 gilt das Burka-Verbot nun auch in Österreich.

Die Überwindung der ablehnenden Haltung der europäischen Länder gegenüber dem Islam stellt heutzutage eine große Herausforderung dar. Die Türkei wäre unter den heutigen Mitgliedstaaten das einzige Land, dessen Bevölkerung dem Islam und nicht dem Christentum angehört. Doch einzig die islamische Religionszugehörigkeit der Mehrheit der türkischen Bevölkerung sollte kein Argument gegen einen Beitritt der Türkei zur Europäischen Union sein. Zudem gibt es weitere offiziell ernannte Beitrittskandidaten mit islamischer Ausprägung, wie zum Beispiel Albanien und die ehemalige jugoslawische Republik Mazedonien sowie potentielle Kandidatenländer, wie zum Beispiel Bosnien und Herzegowina. Darüber hinaus ist der Islam, nach dem Christentum, die zweitgrößte Religionsgemeinschaft in der Europäischen Union und es leben in den Mitgliedsländern der Europäischen Union bereits Millionen von Musliminnen und Muslimen.

Unter der Voraussetzung, dass Werte wie Toleranz und Verständnis für andere Glaubensrichtungen und Kulturen gegeben sind, können die Angehörigen des Christentums und des Islam, nebeneinander in einem facettenreichen Konglomerat leben, ohne dass es eine der Religionen einschränkt. Zudem würde ein Beitritt der Türkei zur Europäischen Union die ›Vielfalt der Kulturen‹ Europas unterstreichen und zeigen, dass die Europäische Union keinen Kampf der Religionen respektive Kulturen anstrebt und die Grundidee eines vereinten Europas keine christliche Idee ist.

Die dritte europäische Identitätskonzeption basiert sowohl auf Argumenten mit Hinweisen auf die wirtschaftlichen Fortschritte der Türkei als auch auf die negativen Entwicklungen der türkischen Wirtschaft. Der Eintritt der Türkei in die Zollunion im Jahr 1996 war vor allem aus wirtschaftlicher Sicht ein großer Schritt auf dem Weg in die Europäische Union. Festzuhalten ist jedoch, dass die Türkei unter wirtschaftlichen Aspekten trotz ihrer Fortschritte und funktionierender Marktwirtschaft aus Europa ausgeschlossen wird. Das europäische Medien-Bild der türkischen Wirtschaft ist geprägt durch Berichte über negative Entwicklungen, wie zum Beispiel die wirtschaftliche Instabilität während der Gezi-Park-Bewegung oder auch nach dem gescheiterten Putschversuch, während die Berichterstattung über wirtschaftliche Erfolge nur sehr kurz ausfällt. Auch der Anstieg der Inflationsrate im August 2018 sorgte in den Medien weltweit für Negativschlagzeilen. Allerdings erklärten sich europäische Länder, insbesondere Deutschland, solidarisch mit der Türkei, um einer möglichen Wirtschaftskrise entgegenzusteuern. Diese Solidaritätsbekundung zeigt, dass die wirtschaftliche Lage der Türkei für Europa und auch für die weltweite Stabilität von großer Bedeutung ist.

Des Weiteren erfolgt die kollektive Identitätsbildung Europas auch im Hinblick auf die geographische Abgrenzung zur Türkei. Insbesondere Österreich spricht sich für eine Exklusion der Türkei aus Europa aus, da sie das Land mit nur drei Prozent Landfläche auf der europäischen Seite einordnen und somit als Teil des asiatischen Kontinentes betrachten. Diese ablehnende Haltung gegenüber der Türkei könnte damit zusammenhängen, dass sich Österreich selbst unter anderem über geographische Abgrenzungen definiert. Allerdings ist darauf hinzuweisen, dass beispielsweise Zypern östlicher als die Türkei liegt, jedoch niemand die geographische Zugehörigkeit Zyperns zu Europa in Frage stellt. Geographisch betrachtet sind neben Zypern auch noch andere Abgrenzungen Europas möglich, da die Grenzen in Osteuropa nicht eindeutig bestimmt werden können. Darüber hinaus ist anzumerken, dass die bisherigen Beitritte der Europäischen Union nicht auf geographische Grenzen beruhen, sondern eine Aufnahme in die Europäische Union vor allem auf der Grundlage politischer Kriterien erfolgt.

Zusammenfassend ist festzuhalten, dass Europa ein Konstrukt ist, das keine eindeutigen Grenzdefinitionen aufweist. Einerseits wird Europa als eine Einheit mit kultureller Vielfalt und somit mit Differenzen betrachtet; andererseits zeigt sich Europa in der Öffentlichkeit mit einer eher skeptischen Haltung gegenüber ›Anderen‹. Anstatt die Andersartigkeit und Vielfalt als etwas Besonderes und Bereicherndes wahrzunehmen wird sie oft als desintegrierend und als bedrohlich erfahren. Doch ist zu bedenken, dass die Europäische Union zu keinem Zeitpunkt eine einheitliche Wertegemeinschaft war. Dies betrifft nicht nur die Vielfalt der Sprachen, Kulturen und Religionen, sondern die Europäische Union verfügt auch weder über ein gemeinsames politisches System noch über eine einheitliche Wirtschaftspolitik. Die Problematik der Identitätsbestimmung lässt sich auf das Fehlen einer klaren Definition Europas zurückführen, welches sich auch im defizitären Identitätsgefühl innerhalb der europäischen Gesellschaft niederschlägt. So können lediglich Definitionsversuche zur Bestimmung der Grenzen von Europa angeführt werden.

Als Fazit der Beschäftigung mit europäischen Konstruktionen in der Berichterstattung über den Beitritt der Türkei zur Europäischen Union ist abschließend zu betonen, dass die am 3. Oktober 2005 offiziell begonnenen Beitrittsverhandlungen mit der Türkei ein, in den Medien, viel diskutiertes und sehr umstrittenes Thema sind und eine Bewertung für oder gegen eine Aufnahme der Türkei in die Europäische Union anhand der analysierten Medieninhalte nicht eindeutig ablesbar ist. Allerdings zeigen die Ergebnisse der Untersuchung überzeugend, dass die Aussichten auf eine mögliche Mitgliedschaft der Türkei in der Europäischen Union steigen, je mehr Gemeinsamkeiten und je weniger Unterschiede in den Selbstbeschreibungen Europas gegenüber der Türkei erfasst werden können. Doch auch wenn ein möglicher Beitritt der Türkei zur Europäischen Union beide Seiten vor Herausforderungen stellt, wäre dieser ebenfalls eine historische Chance für alle Beteiligten. Mit dem Beitritt der Türkei zur Europäischen Union würde sich die Europäische Union nicht nur geographisch und zahlenmäßig verändern, sondern sie würde auch einen Zuwachs an Heterogenität hinsichtlich historischer, kultureller, politischer und wirtschaftlicher Traditionen erfahren.

Quellenverzeichnis

Literaturverzeichnis

Adam, Armin (2004). Der ideelle Kern. Lässt sich eine Vorstellung von Europa gewinnen, die seine religiöse Geschichte nicht verfälscht? In: Leggewie, Claus (Hrsg.) (2004). Die Türkei und Europa. Die Positionen. Frankfurt am Main: Suhrkamp Verlag.

Adanır, Fikret (1995). Geschichte der Republik Türkei. Mannheim/Leipzig/Wien/Zürich: B.I.-Taschenbuchverlag.

Agostini, Angelo (2004). Giornalismi. Media e giornalisti in Italia. Bologna: Società editrice il Mulino.

Ahmad, Feroz (2005). Geschichte der Türkei. Essen: Magnus Verlag.

Aksan, Akil (1981). Mustafa Kemal Atatürk. Aus Reden und Gesprächen. Heidelberg: Julius Groos Verlag.

Anderson, John Robert (2001). Kognitive Psychologie. Heidelberg: Spektrum Akademischer Verlag.

Angelucci von Bogdandy, Orietta (2002). Europäische Identitätsbildung aus sozialpsychologischer Sicht. In: Elm, Ralf (Hrsg.) (2002). Europäische Identität. Paradigmen und Methodenfragen. Baden-Baden: Nomos Verlagsgesellschaft.

Atteslander, Peter (2000). Methoden der empirischen Sozialforschung. Berlin/New York: Walter de Gruyter Verlag.

Aydemir, Şevket Süreyya (1980). İkinci Adam. Band III. İstanbul: Remzi Kitapevi.

Aydemir, Şevket Süreyya (1979). İkinci Adam. Band II. İstanbul: Remzi Kitapevi.

Backhaus, Klaus/Erichson, Bernd/Plinke, Wulff/Weiber, Rolf (2015). Multivariate Analysemethoden. Eine anwendungsorientierte Einführung. Springer-Lehrbuch. Berlin: Springer Verlag.

Backhaus, Klaus/Erichson, Bernd/Plinke, Wulff/Weiber, Rolf (2006). Multivariate Analysemethoden. Eine anwendungsorientierte Einführung. Springer-Lehrbuch. Berlin: Springer Verlag.

Bateson, Gregory (1972). Steps to an ecology of mind. Collected essays in anthropology, psychiatry, evolution and epistemology. Chicago, Illinois: Chicago University Press.

Bauböck, Rainer/Mokre, Monika/Weiss, Gilbert (Hrsg.) (2003). Europas Identitäten. Mythen, Konflikte, Konstruktionen. Frankfurt/New York: Campus Verlag.

Beck, Ulrich/Grande, Edgar (2004). Das kosmopolitische Europa. Gesellschaft und Politik in der Zweiten Moderne. Frankfurt am Main: Suhrkamp Verlag.

Benhabib, Seyla (2004a). Das türkische Mosaik. Ein Irrtum zu meinen, Europa müsse am Bosporus enden. In: Leggewie, Claus (Hrsg.) (2004). Die Türkei und Europa. Die Positionen. Frankfurt am Main: Suhrkamp Verlag.

Benhabib, Seyla (2004b). The Rights of Others: Aliens, Residents and Citizens. Cambridge: Cambridge University Press.

Berger, Peter (2008). Kurze Geschichte Österreichs im 20. Jahrhundert. Wien: Facultas Universitätsverlag.

Bingöl, Vasfı (Hrsg.) (1970). Atatürk'ün Milli Eğitimizle ile İlgili Düşünce ve Buyrukları. Ankara: Türk Dil Kurumu Yayınları.

Böttger, Katrin (2011). Erweiterung. In: Weidenfeld, Werner/Wessels, Wolfgang (Hrsg.) (2011). Europa von A bis Z. Taschenbuch der europäischen Integration. 12. Auflage. Baden-Baden: Nomos Verlagsgesellschaft.

Brague, Rémi (2002). Europäische Kulturgeschichte. In: Elm, Ralf (Hrsg.) (2002). Europäische Identität. Paradigmen und Methodenfragen. Schriften des Zentrums für Europäische Integrationsforschung der Rheinischen Friedrich-Wilhelms-Universität Bonn. Baden-Baden: Nomos Verlagsgesellschaft.

Brague, Rémi (1996). Orient und Okzident. Modelle ›römischer‹ Christenheit. In: Kallscheuer, Otto (Hrsg.) (1996). Das Europa der Religionen. Ein Kontinent zwischen Säkularisierung und Fundamentalismus. Frankfurt am Main: Fischer Verlag.

Brasche, Ulrich (2008). Europäische Integration. Wirtschaft, Erweiterung und regionale Effekte. München: Oldenbourg Wissenschaftsverlag.

Brosius, Hans-Bernd (1991). Schema-Theorie. Ein Ansatz in der Wirkungsforschung? In: Publizistik 36. Heft 3. Wiesbaden: Springer Verlag.

Brosius, Hans-Bernd/Eps, Peter (1995). Framing auch beim Rezipienten? Der Einfluss der Medienberichterstattung über fremdenfeindliche Anschläge auf die Vorstellungen der Rezipienten. In: Medienpsychologie: Zeitschrift für

Individual- und Massenkommunikation. Volume 7. Wiesbaden: Westdeutscher Verlag.

Brosius, Hans-Bernd/Koschel, Friederike (2005). Methoden der Empirischen Kommunikationsforschung. Eine Einführung. Studienbücher zur Kommunikations- und Medienwissenschaft. Wiesbaden: VS Verlag für Sozialwissenschaften.

Brosius, Hans-Bernd/Koschel, Friederike (2001). Methoden der Empirischen Kommunikationsforschung. Eine Einführung. Studienbücher zur Kommunikations- und Medienwissenschaft. Wiesbaden: Westdeutscher Verlag.

Brosius, Hans-Bernd/Koschel, Friederike/Haas, Alexander (2008). Methoden der Empirischen Kommunikationsforschung. Eine Einführung. Studienbücher zur Kommunikations- und Medienwissenschaft. Wiesbaden: VS Verlag für Sozialwissenschaften.

Bruha, Thomas/Rau, Markus (2004). Europäische Identitätsbildung: die internationale Dimension. In: Franzius, Claudio/Preuß, Ulrich Klaus (Hrsg.) (2004). Europäische Öffentlichkeit. Baden-Baden: Nomos Verlagsgesellschaft.

Bruha, Thomas/Vogt, Oliver (1997). Rechtliche Grundfragen der EU-Erweiterung. In: Verfassung und Recht in Übersee. Law and politics in Africa, Asia and Latin America. Band 30. Baden-Baden: Nomos Verlagsgesellschaft.

Brunn, Georg (2006). Die europäische Einigung von 1945 bis heute. Bonn: bpb-Bundeszentrale für politische Bildung.

Burgdorf, Wolfgang (2004). Die europäische Antwort. Wir sind der Türkei verpflichtet. In: Leggewie, Claus (Hrsg.) (2004). Die Türkei und Europa. Die Positionen. Frankfurt am Main: Suhrkamp Verlag.

Buzzi, Carlo/Livolsi, Marino (1984). Atteggiamenti e motivazioni nei lettori della stampa d'élite. In: Livolsi, Marino (Hrsg.) (1984). La fabbrica delle notizie. Una ricerca sul ›Corriere della Sera‹ e ›La Repubblica‹. Milano: Franco Angeli.

Campbell, David (1992). Writing Security. Minneapolis: University of Minnesota Press.

Cappellini, Benedetta (2006). Dall'approfonimento all'ampliamento. Il lungo percorso di riposizionamento del quotidiano italiano. In: Sorrentino, Carlo (Hrsg.) (2006). Il campo giornalistico. I nuovi orizzonti dell'informazione. Roma: Carocci editore.

Castells, Manuel (2002). Die Macht der Identität. Teil 2 der Trilogie. Das Informationszeitalter. Opladen: Leske + Budrich.

Chomsky, Noam (2012). Occupy. London: Penguin.

Cohen, Bernhard C. (1963). The Press and Foreign Policy. Princeton: Princeton University Press.

Collier, Mary Jane/Thomas, Milt (1988). Cultural Identity. An Interpretive Perspective. In: Kim, Young Yun/Gudykunst, William (Hrsg.) (1988). Theories in Intercultural Communication. Newbury Park, California: Sage Publications.

Converse, Philip Ernest (1964). The Nature of Belief Systems in Mass Publics. In: Apter, David (Hrsg.) (1964). Ideology and Discontent. New York: Free Press.

Cooley, Charles Horton (1902). Human nature and the social order. New York: Scribner.

Dagtoglou, Prodromos (1980). Die Süderweiterung der Europäischen Gemeinschaft, insbesondere der Beitritt Griechenlands. In: Europarecht. Band 15.

Dahinden, Urs (2006). Framing. Eine integrative Theorie der Massenkommunikation. Konstanz: UVK-Verlags GmbH.

Davutoğlu, Ahmet (2009). Stratejik Derinlik. Türkiye'nin Uluslararası Konumu. İstanbul: Küre Yayınları.

Davutoğlu, Ahmet (2008). Turkey's foreign policy. An assessment of 2007. In: Insight Turkey. Myth of a christian Europe. Towards a post-kemalist Turkey? Middle east between revolution and reform. Volume 10 (1). Ankara: Siyaset, Ekonomi ve Toplum Araştırmaları Vakfı (SETA).

Delanty, Gerard (1995). Inventing Europe. Idea, Identity, Reality. Houndsmills/Basingstoke/Hampshire/London: Macmillan Press.

Dembinski, Matthias (2001). Bedingt handlungsunfähig? Eine Studie zur Türkeipolitik der Europäischen Union. Frankfurt am Main: Hessische Stiftung Friedens- und Konfliktforschung.

Derrida, Jacques (1967). La voix et le phénomène. Paris: Presses Universitaires de France.

Doğan, Orhan (2013). Atatürk İlkeleri ve İnkılap Tarihi (IX.-XX. Yüzyıl Türkiye Tarihi). İstanbul: Beta Yayınları.

Donald, James (1988). How English is it? Popular literature and national culture. In: New Formations Journal (1988). The blues. Volume 6. London: Lawrence & Wishart.

Dorau, Christoph (1999). Die Öffnung der Europäischen Union für europäische Staaten. ›Europäisch‹ als Bedingung für einen EU-Beitritt nach Art. 49 EUV. In: Europarecht. Band 34.

Duda, Herbert Wilhelm (1948). Vom Kalifat zur Republik. Die Türkei im 19. und 20. Jahrhundert. Wien: Verlag für Jugend und Volk.

Dunwoody, Sharon (1992). The media and public perceptions of risk: How journalists frame risk stories. In: Bromley, Daniel W./Segerson, Kathleen (Hrsg.)

(1992). The social response to environmental risk: Policy formulation in an age of certainty. Boston: Kluwer Academic Publisher.

Duymaz, Sema/König, Wolf (1998). Tatsachen über die Türkei. Im Auftrag der Generaldirektion des Presse- und Informationsamtes des Ministerpräsidiums von der Türkischen Nachrichtenagentur. Türkei.

Eder, Klaus (1999). Integration durch Kultur? Das Paradox der Suche nach einer europäischen Identität. In: Viehoff, Reinhold/Segers, Rien T. (Hrsg.) (1999). Kultur, Identität, Europa. Über die Schwierigkeiten und Möglichkeiten einer Konstruktion. Frankfurt am Main: Suhrkamp Verlag.

Ehlermann, Claus-Dieter (1984). Mitgliedschaft in der Europäischen Gemeinschaft – Rechtsprobleme der Erweiterung, der Mitgliedschaft und der Verkleinerung. In: Europarecht. Band 19.

Elwert, Georg (1989). Nationalismus und Ethnizität. Über die Bildung von Wir-Gruppen. In: Ethnizität und Gesellschaft. Occasional Papers Nr. 22. Berlin: Verlag Das Arabische Buch.

Entman, Robert Mathew (2004). Projections of Power. Framing News, Public Opinion, and U.S. Foreign Policy. Chicago/London: The University of Chicago Press.

Entman, Robert Mathew (1993). Framing. Toward Clarification of a Fractured Paradigm. In: Journal of Communication. Volume 43. Hoboken, New Jersey: Wiley-Blackwell.

Erikson, Homburger Erik (1973). Identität und Lebenszyklus. Frankfurt am Main: Suhrkamp Verlag.

Europa-Archiv (1951). Zeitschrift für internationale Politik. Band 6. Bonn: Verlag für Internationale Politik.

Fehl, Caroline (2005). Europäische Identitätsbildung in Abgrenzung von den USA? Eine Untersuchung des deutschen und britischen Mediendiskurses über das transatlantische Verhältnis. Münster: Lit Verlag.

Flohr, Anne Katrin (1991). Feindbilder und Abrüstung. Die gegenseitige Einschätzung der UdSSR und der USA. München: Verlag C. H. Beck.

Fokkema, Douwe (1999). Okzidentalismus als Antwort auf Saids Orientalismus. Argumente für einen neuen Kosmopolitismus. In: Viehoff, Reinhold/Segers, Rien T. (Hrsg.) (1999). Kultur, Identität, Europa. Über die Schwierigkeiten und Möglichkeiten einer Konstruktion. Frankfurt am Main: Suhrkamp Verlag.

Foucault, Michel (1984). Eine Ästhetik der Existenz. Gespräch mit Alessandro Fontana. In: Foucault, Michel (1984). Von der Freundschaft als Lebensweise. Michel Foucault im Gespräch. Berlin: Merve Verlag.

Friedrichs, Jürgen (1980). Methoden der empirischen Sozialforschung. Opladen: Westdeutscher Verlag.

Früh, Werner (2007). Inhaltsanalyse. Theorie und Praxis. Konstanz: UVK-Verlags GmbH.

Fuchs, Dieter/Gerhards, Jürgen/Roller, Edeltraud (1993). Wir und die Anderen ›Imagined Communities‹ im westeuropäischen Vergleich. Veröffentlichungsreihe des Forschungsschwerpunkts Sozialer Wandel, Institutionen und Vermittlungsprozesse. Berlin: Wissenschaftszentrum Berlin für Sozialforschung.

Fuchs-Heinritz, Werner/Lautmann, Rüdiger/Rammstedt, Ottheim/Wienold, Hanns (1995). Lexikon zur Soziologie. Opladen: Westdeutscher Verlag.

Gallie, Walter Bryce (1956). ›Essentially Contested Concepts‹. Proceedings of the Aristotelian Society. New Series 56, 1955/6.

Gehler, Michael (2005). Europa. Ideen – Institutionen – Vereinigung. München: Olzog Verlag.

Gerhards, Jürgen (2005). Kulturelle Unterschiede in der Europäischen Union. Ein Vergleich zwischen Mitgliedsländern, Beitrittskandidaten und der Türkei. Wiesbaden: VS Verlag für Sozialwissenschaften.

Gerhards, Jürgen (2003). Identifikation mit Europa. Einige begriffliche Vorklärungen. In: Allmendinger, Jutta (Hrsg.) (2003). Entstaatlichung und soziale Sicherheit. Verhandlungen des 31. Kongresses der Deutschen Gesellschaft für Soziologie in Leipzig 2002. Opladen: Leske + Budrich.

Gerhards, Jürgen (2000). Regionale Identifikation und Loyalität zu Gruppennormen: Empirische Befunde aus der Umfrageforschung. In: Metze, Regina/Mühler, Kurt/Opp, Karl-Dieter (2000). Normen und Institutionen: Entstehung und Wirkungen. Leipzig: Leipziger Universitätsverlag.

Gerhards, Jürgen/Neidhardt, Friedhelm/Rucht, Dieter (1998). Zwischen Palaver und Diskurs. Strukturen öffentlicher Meinungsbildung am Beispiel der deutschen Diskussion zur Abtreibung. Opladen: Westdeutscher Verlag.

Gerhards, Jürgen/Rucht, Dieter (1992). Mesomobilization. Organizing and Framing in Two Protest Campaigns in West Germany. In: American Journal of Sociology. Volume 98 (3). Chicago, Illinois: University of Chicago Press.

Giannakopoulos, Angelos/Maras, Konstadinos (Hrsg.) (2005). Die Türkei-Debatte in Europa. Ein Vergleich. Wiesbaden: VS Verlag für Sozialwissenschaften.

Giesen, Bernhard (2002). Europäische Identität und transnationale Öffentlichkeit. Eine historische Perspektive. In: Kaelble, Hartmut/Kirsch, Martin/Schmidt-Gernig, Alexander (Hrsg.) (2002). Transnationale Öffentlichkeiten und Identitäten im 20. Jahrhundert. Frankfurt am Main/New York: Campus.

Giesen, Bernhard (1999). Europa als Konstruktion der Intellektuellen. In: Viehoff, Reinhold/Segers, Rien T. (Hrsg.) (1999). Kultur, Identität, Europa. Über die Schwierigkeiten und Möglichkeiten einer Konstruktion. Frankfurt am Main: Suhrkamp Verlag.

Goethe, Johann Wolfgang von (1819). West-östlicher Divan. Stuttgart: Cotta Verlag.

Goffman, Erving (1993). Rahmen-Analyse. Ein Versuch über die Organisation von Alltagserfahrungen. Frankfurt am Main: Suhrkamp Verlag.

Goffman, Erving (1974). Frame Analysis. New York: Harper and Row.

Goffman, Erving (1963). Stigma. Notes on the Management of Spoiled Identity. New Jersey: Prentice Hall.

Gottschlich, Jürgen (2008). Türkei. Ein Land jenseits der Klischees. Berlin: Christoph Links Verlag.

Gronau, Dietrich (1994). Mustafa Kemal Atatürk oder Die Geburt der Republik. Frankfurt am Main: Fischer Taschenbuch Verlag GmbH.

Grothusen, Klaus-Detlev (Hrsg.) (1985). Türkei. Südosteuropa-Handbuch IV. Göttingen: Vandenhoeck & Ruprecht Verlag.

Guibernau, Montserrat (2003). Katalonien zwischen Autonomie und Sezession: Politische Optionen für Nationen ohne Staat. In: Bauböck, Rainer/Mokre, Monika/Weiss, Gilbert (Hrsg.) (2003). Europas Identitäten. Mythen, Konflikte, Konstruktionen. Frankfurt/New York: Campus Verlag.

Habermas, Jürgen (1994). Staatsbürgerschaft und nationale Identität. Überlegungen zur europäischen Zukunft. In: Dewandre, Nicole/Lenoble, Jacques (Hrsg.) (1994). Projekt Europa. Postnationale Identität: Grundlage für eine europäische Demokratie? Berlin: Schelzky & Jeep.

Hafez, Kai (2002). Die politische Dimension der Auslandsberichterstattung. Band 1: Theoretische Grundlagen. Baden-Baden: Nomos Verlagsgesellschaft.

Hafez, Kai (Hrsg.) (1997). Der Islam und der Westen. Anstiftung zum Dialog. Frankfurt am Main: Fischer Taschenbuch Verlag GmbH.

Hahn, Hans Henning/Hahn Eva (2002). Nationale Stereotypen. Plädoyer für eine historische Sterotypenforschung. In: Hahn, Hans Henning (Hrsg.) (2002). Stereotyp, Identität und Geschichte. Die Funktion von Stereotypen in gesellschaftlichen Diskursen. Frankfurt am Main/Berlin/Bern/New York/Paris/Wien: Peter Lang Verlag.

Hair, Joseph F./Black, William C. (2008). Cluster Analysis. In: Grimm, Laurence G./Yarnold, Paul R. (Hrsg.) (2008). Reading and understanding more multivariate statistics. Washington, D.C.: American Psychological Association.

Hall, Stuart (2004). Ideologie – Identität – Repräsentation. Ausgewählte Schriften 4. Hamburg: Argument Verlag.

Hall, Stuart (1999). Ethnizität: Identität und Differenz. In: Engelmann, Jan (Hrsg.) (1999). Die kleinen Unterschiede. Der Cultural Studies-Reader. Frankfurt/New York: Campus Verlag.

Hall, Stuart (1996). Who needs ›Identity‹? In: Hall, Stuart/du Gay, Paul (Hrsg.) (1996). Question of Cultural Identity. London: Sage Publications.

Hall, Stuart (1994). Rassismus und kulturelle Identität. Ausgewählte Schriften 2. Hamburg: Argument Verlag.

Hallahan, Kirk (1999). Seven Models of Framing: Implications for Public Relations. In: Journal of Public Relations Research. Volume 11 (3). Hillsdale, New Jersey: Lawrence Erlbaum Associates.

Hanioğlu, Mehmet Şükrü (2015). Atatürk. Visionär einer modernen Türkei. Darmstadt: Konrad Theiss Verlag.

Harden, Lars (2002). Rahmen der Orientierung. Eine Längsschnittanalyse von Frames in der Philosophieberichterstattung deutscher Qualitätsmedien. Wiesbaden: Springer Verlag.

Harder, Theodor (1974). Werkzeuge der Sozialforschung. München: Fink Verlag.

Hartleb, Florian (2012). Die Occupy-Bewegung. Globalisierungskritik in neuer Maskerade. Berlin: Konrad Adenauer Stiftung.

Hay, Denys (1968). Europe. The Emergence of an Idea. Edinburgh: Edinburgh University Press.

Hedetoft, Ulf (1998). Political Symbols, Symbolic Politics. European identities in transformation. Aldershot: Ashgate.

Herkner, Werner (1974). Inhaltsanalyse. In: Van Koolwijk, Jürgen/Wieken-Mayser, Maria (Hrsg.) (1974). Techniken der empirischen Sozialforschung. Band 3. Erhebungsmethoden. Beobachtung und Analyse von Kommunikation. München: Oldenburg Verlag.

Hermann, Rainer (2004a). Der Status der nichtmuslimischen Minderheiten in der Türkei. In: Leggewie, Claus (Hrsg.) (2004). Die Türkei und Europa. Die Positionen. Frankfurt am Main: Suhrkamp Verlag.

Hermann, Rainer (2004b). Die türkische Wirtschaft macht sich fit für die EU. In: Leggewie, Claus (Hrsg.) (2004). Die Türkei und Europa. Die Positionen. Frankfurt am Main: Suhrkamp Verlag.

Hettner, Alfred (1893). Über den Begriff der Erdteile und seine geographische Bedeutung. In: Kollm, Georg (Hrsg.) (1893). Verhandlungen des zehnten Deutschen Geographentages zu Stuttgart. Berlin: Dietrich Reimer Verlag.

Hillmann, Karl-Heinz (1994). Wörterbuch der Soziologie. Stuttgart: Kröner Verlag.

Hofstede, Geert (1993). Interkulturelle Zusammenarbeit. Kulturen – Organisation – Management. Wiesbaden: Gabler Verlag.

Höhfeld, Volker (1995). Türkei. Schwellenland der Gegensätze. Gotha: Justus Perthes Verlag Gotha GmbH.

Holsti, Ole Rudolf (1969). Content Analysis for the Social Sciences and Humanities. Reading, Massachusetts: Addison-Wesley Publication.

Huntington, Samuel Phillip (2002). Kampf der Kulturen. Die Neugestaltung der Weltpolitik im 21. Jahrhundert. München: Wilhelm Goldmann Verlag.

Jäger, Siegfried (2001). Diskurs und Wissen. Theoretische und methodische Aspekte einer Kritischen Diskurs- und Dipositivanalyse. In: Keller, Reiner/ Hirseland, Andreas/Schneider, Werner/Viehöver, Willy (Hrsg.). Handbuch sozialwissenschaftliche Diskursanalyse. Band 1: Theorien und Methoden. Opladen: Leske + Budrich.

Kaelble, Hartmut (2007). Das europäische Selbstverständnis im 19. und 20. Jahrhundert. In: Deger, Petra/Hettlage, Robert (Hrsg.) (2007). Der europäische Raum. Die Konstruktion europäischer Grenzen. Wiesbaden: VS Verlag für Sozialwissenschaften.

Kahraman, Hasan Bülent (2002). İçselleştirilmiş, açık ve gizli oryantalizm ve kemalizm. In: Doğu Batı (2002). Oryantalizm I. Volume 20. Ankara: Doğu Batı Yayınları.

Kaliber, Alper (2002). Türk modernleşmesini sorunsallaştıran üç ana paradigma. In: Modern Türkiye'de siyasi düşünce, modernleşme ve batıcılık. Band 3. İstanbul: İletişim Yayınları.

Kant, Immanuel (1795). Zum ewigen Frieden. In: Königlich Preußische Akademie der Wissenschaften (Hrsg.) (1912). Immanuel Kant: Gesammelte Werke. Berlin: Verlag Georg Reimer.

Karaalioğlu, Seyit Kemal (1981). Resimlerle Atatürk – Hayatı, İlkeleri. İstanbul: İnkılap ve Aka Kitabevi.

Karal, Enver Ziya (1969). Atatürk'ten Düşünceler. İstanbul: M.E.G.S.B. Yayınları.

Kelley, Harold Harding (1967). Attribution theory in social psychology. In: Levine, David (Hrsg.) (1967). Nebraska symposium on motivation. Volume 15. Lincoln, Nebraska: University of Nebraska Press.

Kili, Suna (1982). Türk Devrim Tarihi. İstanbul: Tekin Yayınevi.

Klaus, Elisabeth/Drüeke, Ricarda (2010). Inklusion und Exklusion in medialen Identitätsräumen. In: Klaus, Elisabeth/Sedmak, Clemens/Drüeke, Ricarda/

Schweiger, Gottfried (Hrsg.) (2010). Identität und Inklusion im europäischen Raum. Wiesbaden: VS Verlag für Sozialwissenschaften.

Kocka, Jürgen (2004). Wo liegst du, Europa? In: Leggewie, Claus (Hrsg.) (2004). Die Türkei und Europa. Die Positionen. Frankfurt am Main: Suhrkamp Verlag.

Kohring, Matthias/Matthes, Jörg (2002). The face(t)s of biotech in the nineties. How the German press framed modern biotechnology. In: Public Understanding of Science. Volume 11 (2). Newbury Park, California: Sage Publications.

Kont, Mehmet Sait (1987). Türkei weiter gen Okzident? Einführung zur Landeskunde (I). Frankfurt am Main: Peter Lang Verlag.

Kramer, Heinz (2004). EU-kompatibel oder nicht? Zur Debatte um die Mitgliedschaft der Türkei in der Europäischen Union. In: Leggewie, Claus (Hrsg.) (2004). Die Türkei und Europa. Die Positionen. Frankfurt am Main: Suhrkamp Verlag.

Krappmann, Lothar (1993). Soziologische Dimensionen der Identität. Strukturelle Bedingungen für die Teilnahme an Interaktionsprozessen. Stuttgart: Klett-Cotta Verlag.

Kreckel, Reinhard (1994). Soziale Integration und nationale Identität. In: Berliner Journal für Soziologie 1994, Heft 1/1994. Berlin: Akademie Verlag GmbH.

Kreiser, Klaus (2008). Atatürk. Eine Biographie. München: Verlag C. H. Beck.

Kristeva, Julia (1991). Strangers to Ourselves. New York: Harveser Wheatsheaf.

Küçük, Bülent (2008). Die Türkei und das andere Europa. Phantasmen der Identität im Beitrittsdiskurs. Bielefeld: transcript Verlag.

Kundera, Milan (1984). A kidnapped west or culture bows out. In: Granta Magazine. Volume 11. London: Granta Publications.

Kuschel, Karl-Josef (2004). Die ›christliche Identität‹ Europas und die Zukunft der Türkei. In: Leggewie, Claus (Hrsg.) (2004). Die Türkei und Europa. Die Positionen. Frankfurt am Main: Suhrkamp Verlag.

Laclau, Ernesto/Mouffe, Chantal (1985). Hegemony and Socialist Strategy. Towards a Radical Democratic Politics. London: Verso.

Landwehr, Achim/Stockhorst, Stefanie (2004). Einführung in die Europäische Kulturgeschichte. Paderborn: Verlag Ferdinand Schöningh.

Lasswell, Harold Dwight (1948). The Structure and Function of Communication in Society. In: Bryson, Lyman (Hrsg.) (1948). The Communication of Ideas. A Series of Addresses. New York: Cooper Square Publishers.

Leggewie, Claus (Hrsg.) (2004). Die Türkei und Europa. Die Positionen. Frankfurt am Main: Suhrkamp Verlag.

Leonarz, Martina (2006). Gentechnik im Fernsehen. Eine Framing-Analyse. Konstanz: UVK-Verlags GmbH.

Lepsius, Rainer Mario (1999). Die Europäische Union. Ökonomisch-politische Integration und kulturelle Pluralität. In: Viehoff, Reinhold/Segers, Rien T. (Hrsg.) (1999). Kultur, Identität, Europa. Über die Schwierigkeiten und Möglichkeiten einer Konstruktion. Frankfurt am Main: Suhrkamp Verlag.

Liebhart, Karin/Menasse, Elisabeth/Steinert, Heinz (Hrsg.) (2002). Fremdbilder – Feindbilder – Zerrbilder. Zur Wahrnehmung und diskursiven Konstruktion des Fremden. Klagenfurt: Drava Verlag.

Lippert, Barbara (2004). Bilanz und Folgeprobleme der EU-Erweiterung. Baden-Baden: Nomos Verlagsgesellschaft.

Lippmann, Walter (1990). Die öffentliche Meinung. Reprint des Publizistik-Klassikers. Bochum: Universitätsverlag Brockmeyer.

Lobinger, Katharina (2012). Visuelle Kommunikationsforschung. Medienbilder als Herausforderung für die Kommunikations- und Medienwissenschaft. Wiesbaden: Springer Verlag.

Loth, Wilfried (2008). Identität durch Verfassung? Der Verfassungsvertrag zwischen europäischer Identität und europäischen Bewusstsein. In: Kadelbach, Stefan (Hrsg.) (2008). Europäische Identität. Baden-Baden: Nomos Verlagsgesellschaft.

Loth, Wilfried (2002). Die Mehrschichtigkeit der Identitätsbildung in Europa. Nationale, regionale und europäische Identität im Wandel. In: Elm, Ralf (Hrsg.) (2002). Europäische Identität. Paradigmen und Methodenfragen. Schriften des Zentrums für Europäische Integrationsforschung der Rheinischen Friedrich-Wilhelms-Universität Bonn. Baden-Baden: Nomos Verlagsgesellschaft.

Maletzke, Gerhard (1996). Interkulturelle Kommunikation. Zur Interaktion zwischen Menschen verschiedener Kulturen. Opladen: Westdeutscher Verlag.

Mango, Andrew (2002). Ataturk: The Biography of the founder of Modern Turkey. New York: Overlook Press.

Mardin, Şerif (1998). Modern türk sosyal bilimleri üzerine bazı düşünceler. In: Bozdoğan, Sibel/Kasaba, Reşat (Hrsg.) (1998). Türkiye'de modernleşme ve ulusal kimlik. İstanbul: Tarih Vakfı.

Matthes, Jörg (2007). Framing-Effekte. Zum Einfluss der Politikberichterstattung auf die Einstellungen der Rezipienten. München: Verlag Reinhard Fischer.

Matthes, Jörg/Kohring, Matthias (2004). Die empirische Erfassung von Medien-Frames. In: M&K Medien und Kommunikationswissenschaft. Volume 52 (1). Baden-Baden: Nomos Verlagsgesellschaft.

Mayring, Philipp (2008). Qualitative Inhaltsanalyse. Grundlagen und Techniken. Weinheim/Basel: Beltz Verlag.

Mayring, Philipp (2002). Einführung in die qualitative Sozialforschung. Weinheim/Basel: Beltz Verlag.

Mayring, Philipp/Hurst, Alfred (2005). Qualitative Inhaltsanalyse. In: Mikos, Lothar/Wegener, Claudia (Hrsg.) (2005). Qualitative Medienforschung. Ein Handbuch. Kostanz: UVK-Verlags GmbH.

McCombs, Maxwell E./Ghanem, Salma (2001). The Convergence of Agenda Setting and Framing. In: Reese, Stephen/Gandy, Oscar/Grant, August (Hrsg.) (2001). Framing Public Life – Perspectives on Our Understanding of the Social World. Mahwah/New Jersey/London: Lawrence Erlbaum Associates.

McCombs, Maxwell E./Shaw, Donald L. (1972). The Agenda-Setting Function of Mass Media. In: Public Opinion Quarterly. Volume 36. Chicago, Illinois: The University of Chicago Press.

Mead, George Herbert (1934). Mind, Self, and Society from the Standpoint of a Social Behaviorist. Chicago/London: The University of Chicago Press.

Meier, Christian (2004). Wo liegt Europa? Historische Reflexionen aus gegebenem Anlass. In: Leggewie, Claus (Hrsg.) (2004). Die Türkei und Europa. Die Positionen. Frankfurt am Main: Suhrkamp Verlag.

Merten, Klaus (1995). Inhaltsanalyse. Einführung in Theorie, Methode und Praxis. Opladen: Westdeutscher Verlag.

Metzeltin, Michael/Wallmann, Thomas (2010). Wege zur Europäischen Identität. Individuelle, nationalstaatliche und supranationale Identitätskonstrukte. Berlin: Frank & Timme Verlag.

Meyer, Thomas (2004). Die Identität Europas. Der EU eine Seele? Frankfurt am Main: Suhrkamp Verlag.

Meyer, Thomas (2002). Identitätspolitik. Vom Missbrauch kultureller Unterschiede. Frankfurt am Main: Suhrkamp Verlag.

Meyn, Hermann (2001). Massenmedien in Deutschland. Konstanz: UVK Medien.

Mikkeli, Heikki (1998). Europe as an Idea and an Identity. Houndmills/Basingstoke/Hampshire/London: Palgrave Macmillan Press.

Morley, David/Robins, Kevin (1995). Spaces of Identity. Global Media, Electronic Landscapes and Cultural Boundaries. London/New York: Routledge.

Moser, Brigitte/Weithmann, Michael (2008). Landeskunde Türkei. Geschichte, Gesellschaft und Kultur. Hamburg: Helmut Buske Verlag.

Mühleisen, Hans-Otto (1998). Zur Geschichte der Grundrechte. In: Informationen zur politischen Bildung. Heft 239 Grundrechte. Bonn: Bundeszentrale für politische Bildung.

Murialdi, Paolo (1984). Breve storia dell Corriere della Sera e de La Repubblica. In: Livolsi, Marino (Hrsg.) (1984). La fabbrica delle notizie. Una ricerca sul Corriere della Sera e La Repubblica. Milano: Franco Angeli.

Neumann, Brynild Iver (1999). Use of the other. ›The East‹ in European identity formation. Manchester: Manchester University Press.

Pagden, Anthony (2002). Europe. Conceptualizing a Continent. In: Pagden, Anthony (Hrsg.) (2002). The Idea of Europe. From Antiquity to the European Union. Washington: Woodrow Wilson Press/Cambridge University Press.

Pan, Zhongdang/Kosicki, Gerald M. (1993). Framing Analysis: An Approach to News Discourse. In: Political Communication. Volume 10 (1). London: Routledge Taylor & Francis Group.

Pazarkaya, Yüksel (1983). Die Türkei – eine politische Landeskunde. In: Meier-Braun, Karl-Heinz/Pazarkaya, Yüksel (Hrsg.) (1983). Berichte und Informationen zum besseren Verständnis der Türken in Deutschland. Berlin: Ullstein Verlag.

Pfetsch, Frank (2001). Die Europäische Union. Geschichte, Institutionen Prozesse. 2. erweiterte und aktualisierte Auflage. München: Wilhelm Fink GmbH & Co. Verlags-KG.

Pieterse, Jan Nederveen (2000). Europe and its Others. In: Passerini, Luisa/Nordera, Marina (Hrsg.) (2000). Images of Europe. Florenz: European University Institute.

Plattner, Hans (1999). Die Türkei. Eine Herausforderung für Europa. München: Herbig.

Podraza, Antoni (1998). Das eine und geteilte Europa in der Neuzeit. In: Timmermann, Heiner (Hrsg.) (1998). Die Idee Europa in Geschichte, Politik und Wirtschaft. Berlin: Duncker & Humboldt.

Prommer, Elisabeth (2005). Codierung. In: Mikos, Lothar/Wegener, Claudia (Hrsg.) (2005). Qualitative Medienforschung. Ein Handbuch. Konstanz: UVK-Verlags GmbH.

Pürer, Heinz (1993). Einführung in die Publizistikwissenschaft. Systematik – Fragestellungen – Theorieansätze – Forschungstechniken. München: Ölschläger Verlag.

Quenzel, Gudrun (2005). Konstruktionen von Europa. Die europäische Identität und die Kulturpolitik der Europäischen Union. Bielefeld: transcript Verlag.

Reese, Stephen/Gandy, Oscar/Grant, August (2001). Framing Public Life – Perspectives on Our Understanding of the Social World. Mahwah/New Jersey/London: Lawrence Erlbaum Associates.

Rémond, René (1998). Religion und Gesellschaft in Europa. Von 1789 bis zur Gegenwart. München: Beck Verlag.

Rill, Bernd (1985). Kemal Atatürk. Mit Selbstzeugnissen und Bilddokumenten. Reinbeck bei Hamburg: Rowohlt Taschenbuch Verlag GmbH.

Risse, Thomas (2001). A European identity? Europeanization and the evolution of Nation-State identities. In: Cowles Green, Maria/Caporaso, James/Risse Thomas (Hrsg.) (2001). Transforming Europe. Ithaca/New York: Cornell University Press.

Roose, Jochen (2007). Die Identifikation der Bürger mit der EU und ihre Wirkung für die Akzeptanz von Entscheidungen. In: Nida-Rümelin, Julian/ Weidenfeld, Werner (Hrsg.) (2007). Europäische Identität: Voraussetzungen und Strategien. Münchner Beiträge zur europäischen Einigung 18. Baden-Baden: Nomos Verlagsgesellschaft.

Rössler, Patrick (2005). Inhaltsanalyse. Konstanz: UVK-Verlags GmbH.

Rössler, Patrick (1997). Agenda-Setting. Theoretische Annahmen und empirische Evidenzen einer Medienwirkungshypothese. Wiesbaden: VS Verlag für Sozialwissenschaften.

Roth, Jürgen/Taylan, Kâmil (1981). Die Türkei. Republik unter Wölfen. Bornheim: Lamuv Verlag.

Roth, Klaus (1998). Bilder in den Köpfen. Stereotypen, Mythen, Identitäten aus ethnologischer Sicht. In: Heuberger, Valeria/Suppan, Arnold/Vyslonzil, Elisabeth (Hrsg.) (1998). Das Bild vom Anderen. Identitäten, Mentalitäten, Mythen und Stereotypen in multiethnischen europäischen Regionen. Frankfurt am Main/Berlin/Bern/New York/Paris/Wien: Peter Lang Verlag.

Ruano-Borbalan, Jean-Claude (Hrsg.) (1998). L'identité. L'individu, le groupe, la societé. Paris: Sciences Humaines Éditions.

Said, Wadie Edward (1979). Orientalism. New York: Vintage Books Edition.

Saint Pierre, Abbé Castel de (1922). Der Traktat zum ewigen Frieden 1713. Deutsche Bearbeitung von Friederich von Oppeln-Bronikowski. Berlin: Verlag von Reimar Hobbing.

Sakai, Naoki (1988). Modernity and its critique. The problem of universalism and particularism. In: The South Atlantic Quarterly. Volume 87 (3).

Sardar, Ziauddin (2002). Der fremde Orient. Geschichte eines Vorurteils. Berlin: Klaus Wagenbach Verlag.

Schäfers, Bernhard (2003). Grundbegriffe der Soziologie. Opladen: Leske + Budrich Verlag.

Schendera, Christian FG (2010). Clusteranalyse mit SPSS. Mit Faktorenanalyse. München: Oldenbourg Verlag

Schenk, Michael (1987). Medienwirkungsforschung. Tübingen: J. C. B. Mohr Verlag.

Scheufele, Bertram (2003). Frames – Framing – Framing-Effekte. Theoretische und methodische Grundlegung des Framing-Ansatzes sowie empirische Befunde zur Nachrichtenproduktion. Wiesbaden: Westdeutscher Verlag.

Scheufele, Bertram/Brosius, Hans-Bernd (1999). The frame remains the same? Stabilität und Kontinuität journalistischer Selektionskriterien am Beispiel der Berichterstattung über Anschläge auf Ausländer und Asylbewerber. In: Rundfunk & Fernsehen (Medien & Kommunikationswissenschaft). Volume 47. Baden-Baden: Nomos Verlagsgesellschaft.

Schilling, Heinz (1999). Der religionssoziologische Typus Europas als Bezugspunkt inner- und interzivilisatorischer Gesellschaftsvergleiche. In: Kaelble, Hartmut/Schriewer, Jürgen (Hrsg.) (1999). Gesellschaften im Vergleich. Forschungen aus Sozial- und Geschichtswissenschaften. Frankfurt am Main/ Berlin: Peter Lang Verlag.

Schlesinger, Philip (1987). On national identity: some conceptions and misconceptions criticised. In: Social Science Information Journal. Volume 26 (2). Paris: Sage Publications.

Schmale, Wolfgang (2007). Eckpunkte einer Geschichte Europäischer Identität. In: Nida-Rümelin, Julian/Weidenfeld, Werner (Hrsg.) (2007). Europäische Identität: Voraussetzungen und Strategien. Münchner Beiträge zur europäischen Einigung 18. Baden-Baden: Nomos Verlagsgesellschaft.

Schmidt, Siegfried Johannes (1999). Kultur als Programm. Zur Diskussion gestellt. In: Viehoff, Reinhold/Segers, Rien T. (Hrsg.) (1999). Kultur, Identität, Europa. Über die Schwierigkeiten und Möglichkeiten einer Konstruktion. Frankfurt am Main: Suhrkamp Verlag.

Schmitt, Eberhard (1985). Türkei. Politik – Ökonomie – Kultur. Berlin: Berlin Express Edition.

Schnell, Rainer/Hill, Paul Bernhard/Esser, Elke (1995). Methoden der empirischen Sozialforschung. München: Oldenbourg Verlag.

Schultz, Hans Dietrich (2004). Die Türkei: (k)ein Teil des geographischen Europas? In: Leggewie, Claus (Hrsg.) (2004). Die Türkei und Europa. Die Positionen. Frankfurt am Main: Suhrkamp Verlag.

Schulz, Winfried (1976). Die Konstruktion von Realität in den Nachrichtenmedien. Analyse der aktuellen Berichterstattung. Freiburg/München: Verlag Karl Alber.

Sedmak, Clemens (2010). Inklusion und Exklusion in Europa. In: Klaus, Elisabeth/Sedmak, Clemens/Drüeke, Ricarda/Schweiger, Gottfried (Hrsg.) (2010). Identität und Inklusion im europäischen Raum. Wiesbaden: VS Verlag für Sozialwissenschaften.

Semetko, Holli A./Valkenburg, Patti M. (2000). Framing European Politics. A content analysis of press and television news. In: Journal of Communication. Volume 50 (2). New Jersey: Wiley-Blackwell.

Şen, Faruk (1992). Türkei und Europäische Gemeinschaft. Eine Untersuchung zu positiven Aspekten eines potentiellen EG-Beitritts der Türkei für die Europäische Gemeinschaft. Opladen: Leske + Budrich Verlag.

Şen, Faruk (1983). Gescheiterte Reformen. Die wirtschaftliche Entwicklung der Türkei. In: Meier-Braun, Karl-Heinz/Pazarkaya, Yüksel (Hrsg.) (1983). Die Türken. Berichte und Informationen zum besseren Verständnis der Türken in Deutschland. Frankfurt am Main/Berlin/Wien: Verlag Ullstein.

Servaes, Jan (1989). Cultural Identity and Modes of Communication. In: Anderson, James (Hrsg.) (1989). Communication Yearbook 12. Newbury Park, California: Sage Publications.

Seufert, Günter/Kubaseck, Christopher (2004). Die Türkei. Politik, Geschichte, Kultur. München: Verlag C. H. Beck.

Siliato, Francesco (1984). I contenuti, le forme e i modi in due quotidiani di prestigio. In: Livolsi, Marino (Hrsg.) (1984). La fabbrica delle notizie. Una ricerca sul Corriere della Sera e Repubblica. Milano: Franco Angeli.

Spillmann, Kurt/Spillmann, Kati (1989). Feindbilder – Hintergründe, Funktion und Möglichkeiten ihres Abbaus. In: Beiträge zur Konfliktforschung. Band 19/1989. Heft Nr. 4. Köln: Markus-Verlag.

Staab, Joachim Friedrich (1990). Nachrichtenwert-Theorie. Formale Struktur und empirischer Gehalt. Freiburg/München: Verlag Karl Alber.

Steinbach, Udo (2002). Stationen der Innenpolitik seit 1945. In: Türkei. Informationen zur politischen Bildung. 4. Quartal 2002. Bonn: Bundeszentrale für politische Bildung.

Steinbach, Udo (2000). Die Geschichte der Türkei. München: Verlag C. H. Beck.

Steinbach Udo (1996). Die Türkei im 20. Jahrhundert. Schwierige Partner Europas. Bergisch Gladbach: Gustav Lübbe Verlag.

Steinbach, Udo (1979). Kranker Wächter am Bosporus. Die Türkei als Riegel zwischen Ost und West. Würzburg: Ploetz Verlag.

Steinhaus, Kurt (1969). Soziologie der Türkischen Revolution. Frankfurt am Main: Europäische Verlagsanstalt.

Steinmaurer, Thomas (2002). Konzentriert und verflochten. Österreichs Mediensystem im Überblick. Innsbruck: Studien Verlag.

Straßner, Erich (2002). Text-Bild-Kommunikation – Bild-Text-Kommunikation. Grundlagen der Medienkommunikation. Tübingen: Niemeyer Verlag.

Straub, Jürgen (1998). Personale und kollektive Identitäten. Zur Analyse eines theoretischen Begriffs. In: Assmann, Aleida/Friese, Heidrun (Hrsg.) (1998). Identitäten. Frankfurt am Main: Suhrkamp Verlag.

Strauss, Anselm L. (1987). Qualitative Analysis for Social Scientist. Cambridge: University of Cambridge Press.

Taylor, Shelley Elizabeth/Crocker, Jennifer (1981). Schematic Bases of Social Information Processing. In: Higgins, Edward Tory/Herman, C. Peter/Zanna, Mark P. (Hrsg.) (1981). Social Cognition. The Ontario Symposium. Volume 1. Hillsdale, New Jersey: Lawrence Erlbaum Associates.

Thiele, Martina (2015). Medien und Stereotype. Konturen eines Forschungsfeldes. Bielefeld: transcript Verlag.

Todorova, Maria Nikolaeva (1999). Die Erfindung des Balkans. Europas bequemes Vorurteil. Darmstadt: Wissenschaftliche Buchgesellschaft.

Tuchman, Gaye (1976). Telling Stories. In: Journal of Communication. Volume 26. Hoboken, New Jersey: Wiley-Blackwell.

Üçüncü, Şadi (1984). Die Stellung der Frau in der Geschichte der Türkei. Ein historischer Überblick von den alten Turkvölkern bis heute. Frankfurt am Main: Fischer Verlag.

Uygun, Hasan Emre (2006). Der EU-Beitritt der Türkei. Wendepunkte einer langjährigen bilateralen Beziehung. Eine Analyse der türkischen Printmedien in den Jahren 1998 und 1999. Berlin: Dissertation.

Viehoff, Reinhold/Segers, Rien T. (1999). Kultur, Identität, Europa. Über die Schwierigkeiten und Möglichkeiten einer Konstruktion. Frankfurt am Main: Suhrkamp Verlag.

Vike-Freiberga, Vaira (2008). Der Wert der Vielfalt. Die baltischen Staaten und ihre europäische Erfahrung. In: Kadelbach, Stefan (Hrsg.) (2008). Europäische Identität. Baden-Baden: Nomos Verlagsgesellschaft.

Voss, Cornelia (1999). Textgestaltung und Verfahren der Emotionalisierung in der Bild-Zeitung. Münchner Studien zur literarischen Kultur in Deutschland. Frankfurt am Main: Peter Lang Verlag.

Wæver, Ole (1998). Explaining Europe by Decoding Discourses. In: Anders, Wivel (Hrsg.) (1998). Explaining European Integration. Copenhagen: Copenhagen Political Studies Press.

Wagner, Peter (2005). Hat Europa eine kulturelle Identität? In: Joas, Hans/ Wiegandt, Klaus (Hrsg.) (2005). Die kulturellen Werte Europas. Frankfurt am Main: Fischer Taschenbuch Verlag.

Wagner, Peter (1998). Fest-Stellungen. Beobachtunggen zur sozialwissenschaftlichen Diskussion über Identität. In: Assmann, Aleida/Friese, Heidrun

(Hrsg.) (1998). Identitäten. Erinnerung, Geschichte, Identität. Frankfurt am Main: Suhrkamp Verlag.

Walter, Jochen (2008). Die Türkei – ›Das Ding auf der Schwelle‹. (De-)Konstruktionen der Grenzen Europas. Wiesbaden: VS Verlag für Sozialwissenschaften.

Waswo, Richard (2000). Europe: From Dark Continent to the State of Mind. In: Passerini, Luisa/Nordera, Marina (Hrsg.) (2000). Images of Europe. Florence: European University Institute.

Weaver, David H./McCombs, Maxwell E./Shaw, Donald L. (1998). International Trends in Agenda-Setting Research. In: Holtz-Bacha, Christina/Scherer, Helmut/Waldmann, Norbert (Hrsg.) (1998). Wie die Medien die Welt erschaffen und wie die Menschen darin leben. Wiesbaden: Westdeutscher Verlag.

Weber, Robert Philip (1990). Basic Content Analysis. Newbury Park, California: Sage Publications.

Weber, Stefan (1995). Nachrichtenkonstruktion im Boulevardmedium. Die Wirklichkeit der ›Kronen Zeitung‹. Wien: Passagen Verlag.

Wehler, Hans-Ulrich (2004). Die türkische Frage. Europas Bürger müssen entscheiden. In: Leggewie, Claus (Hrsg.) (2004). Die Türkei und Europa. Die Positionen. Frankfurt am Main: Suhrkamp Verlag.

Weidenfeld, Werner (2011). Europäische Einigung im historischen Überblick. In: Weidenfeld, Werner/Wessels, Wolfgang (2011). Europa von A bis Z. Taschenbuch der europäischen Integration. 12. Auflage. Baden-Baden: Nomos Verlagsgesellschaft.

Weidenfeld, Werner (2010). Die Europäische Union. Paderborn: Wilhelm Fink Verlag.

Weidenfeld, Werner (2007). Reden über Europa – die Neubegründung des europäischen Integrationsprojekts. In: Nida-Rümelin, Julian/Weidenfeld, Werner (Hrsg.) (2007). Europäische Identität: Voraussetzungen und Strategien. Münchner Beiträge zur europäischen Einigung 18. Baden-Baden: Nomos Verlagsgesellschaft.

Weidenfeld, Werner (2006). Die Bilanz der Europäischen Integration. In: Weidenfeld, Werner/Wessels, Wolfgang (Hrsg.) (2006). Jahrbuch der Europäischen Integration 2005. Baden-Baden: Nomos Verlagsgesellschaft.

Weidenfeld, Werner (2002). Europa – aber wo liegt es? In: Bundeszentrale für politische Bildung (Hrsg.) (2002). Europa-Handbuch. Gütersloh: Verlag Bertelsmann Stiftung.

Weidenfeld, Werner (Hrsg.) (1985). Die Identität Europas. München: Carl Hanser Verlag.

Weiss, Hilde (2002). Ethnische Stereotype und Ausländerklischees. Formen und Ursachen von Fremdwahrnehmungen. In: Liebhart, Karin/Menasse, Elisabeth/Steinert, Heinz (Hrsg.) (2002). Fremdbilder – Feindbilder – Zerrbilder. Zur Wahrnehmung und diskursiven Konstruktion des Fremden. Klagenfurt: Drava Verlag.

Wendt, Alexander (1999). Social Theory of International Politics. Cambridge: Cambridge University Press.

Wessler, Hartmut (1999). Öffentlichkeit als Prozess. Deutungsstrukturen und Deutungswandel in der deutschen Drogenberichterstattung. Opladen: Westdeutscher Verlag.

Williams, Raymond (1966). Culture and Society: 1780 – 1950. Harmondsworth: Penguin Books.

Wilson, Kevin/van der Dussen, Jan (Hrsg.) (1993). What is Europe? The history of the idea of Europe. London/New York: Routledge.

Wimmel, Andreas (2005). Transnationale Diskurse in der europäischen Medienöffentlichkeit. Die Debatte zum EU-Beitritt der Türkei. In: Politische Vierteljahresschrift 46 (2005). Zeitschrift der Deutschen Vereinigung für Politische Wissenschaft. Baden-Baden: Nomos Verlagsgesellschaft.

Winkler, Heinrich August (2004). Ehehindernisse. Gegen einen EU-Beitritt der Türkei. In: Leggewie, Claus (Hrsg.) (2004). Die Türkei und Europa. Die Positionen. Frankfurt am Main: Suhrkamp Verlag.

Winkler, Heinrich August (2003). Europa am Scheideweg. In: Frankfurter Allgemeine Zeitung, 12. November 2003.

Yazıcıoğlu, Ümit (2005). Erwartungen und Probleme hinsichtlich der Integrationsfrage der Türkei in die Europäische Union. Berlin: Tenea Verlag.

Onlineverzeichnis

Afet ve Acil Durum Yönetimi Başkanlığı (2018). Barınma merkezlerinde son durum. Online unter: https://www.afad.gov.tr/upload/Node/2374/files/15_10_2018_Suriye_GBM_Bilgi_Notu_1.pdf, abgerufen am 10. November 2018.

Akademie der bildenden Künste Wien (2015). Ausstellung ›Moment.Movement‹. Online unter: https://www.akbild.ac.at/Portal/institute/bildende-kunst/ausstellungen-vermittlung/2016/moment.movement, abgerufen am 10. November 2018.

Akgün, Mensur (2014). Was bleibt von den Gezi-Protesten? In: TagesWoche (2014). Türkei. Online unter: http://www.tageswoche.ch/de/2014_45/international/672753/, abgerufen am 10. November 2018.

Akşam Haberler (2013). Gezi Parkı olayları nedir? Nasıl başladı, neler yaşandı? İşte gün gün Gezi eylemleri. Online unter: http://www.aksam.com.tr/guncel/gezi-parki-olaylari-nedir-nasil-basladi-neler-yasandi-iste-gun-gun-gezi-eylemleri/haber-212253, abgerufen am 10. November 2018.

Aljazeera Turk (2016). Fehmi Koru Gülen'in mektubunu anlattı. Online unter: http://www.aljazeera.com.tr/al-jazeera-ozel/fehmi-koru-gulenin-mektubunu-anlatti, abgerufen am 10. November 2018.

Amnesty International (2013). Gezi Park Protests. Brutal denial of the right to peaceful assembly in Turkey. Online unter: https://www.amnestyusa.org/sites/default/files/eur440222013en.pdf, abgerufen am 10. November 2018.

Amtsblatt der Europäischen Gemeinschaften (1972). Assoziation EWG – Türkei. Zusatzprotokoll. Finanzprotokoll. EGKS-Abkommen. Schlussakte (Nr. L 293/3). Online unter: http://eur-lex.europa.eu/legal-content/DE/TXT/PDF/?uri=CELEX:21970A1123%2801%29&from=DE, abgerufen am 10. November 2018.

Amtsblatt der Europäischen Gemeinschaften (1964). Abkommen zur Gründung einer Assoziation zwischen der Europäischen Wirtschaftsgemeinschaft und der Türkei (64/733/EWG). Online unter: http://eur-lex.europa.eu/legal-content/DE/TXT/PDF/?uri=CELEX:21964A1229%2801%29&from=DE, abgerufen am 10. November 2018.

Amtsblatt der Europäischen Union (2012). Entwurf. Vertrag über die Europäische Union (Konsolidierte Fassung). Online unter: http://eur-lex.europa.eu/legal-content/DE/TXT/?uri=celex%3A12012M%2FTXT, abgerufen am 10. November 2018.

Amtsblatt der Europäischen Union (2006). Beschluss des Rates vom 23. Januar 2006 über die Grundsätze, Prioritäten und Bedingungen der Beitrittspartnerschaft mit der Türkei (2006/35/EG). Online unter: http://eur-lex.europa.eu/legal-content/DE/TXT/PDF/?uri=CELEX:32006D0035&from=EN, abgerufen am 10. November 2018.

Ataç, Ilker/Dursun, Ayşe (2013). Gezi-Park-Proteste in der Türkei: Neue Möglichkeiten, alte Grenzen? In: Österreichische Zeitschrift für Politikwissenschaft (2013). Online unter: http://www.ssoar.info/ssoar/bitstream/handle/document/36101/Atac_Dursun_2013.pdf?sequence=3, abgerufen am 10. November 2018.

Audipress (2013/III). Indagine sulla lettura dei quotidiani e dei periodici in Italia. Scarica i dati di sintesi Audipress 2013/III. Online unter: http://audipress.it/audipress-sito-2017/wp-content/uploads/2014/10/Audip-2013_III-dati-sintesi.xlsx, abgerufen am 10. November 2018.

Audipress (2013/II). Indagine sulla lettura dei quotidiani e dei periodici in Italia. Scarica i dati di sintesi Audipress 2013/II. Online unter: http://audipress.it/audipress-sito-2017/wp-content/uploads/2014/10/Audip-2013_II-dati-sintesi.xlsx, abgerufen am 10. November 2018.

Auswärtiges Amt (2017). Länderinformationen Türkei. Berlin. Online unter: https://www.auswaertiges-amt.de/de/aussenpolitik/laender/tuerkei-node/tuerkei/201834, abgerufen am 10. November 2018.

Aver, Caner (2013). Proteste gegen die Regierung in der Türkei: Eine Zwischenbilanz. In: Aktuell (2013). Stiftung Zentrum für Türkeistudien und Integrationsforschung (ZfTI). Institut an der Universität Duisburg-Essen. Online unter: http://www.zfti.de/downloads/zfti-aktuell-1.pdf, abgerufen am 10. November 2018.

Axel Springer Verlag (2012). Daten und Fakten zu Europas größter Tageszeitung. Online unter: http://www.axelspringer.de/artikel/cw_artikel_nv_de_3171989.html, abgerufen am 10. November 2018.

Aydın, Yaşar (2014). Beitritt oder nicht? Die Türkei als Thema im Europawahlkampf. In: Bundeszentrale für politische Bildung (2014). Online unter: https://www.bpb.de/dialog/europawahlblog-2014/181926/beitritt-oder-nicht-die-tuerkei-als-thema-im-europawahlkampf, abgerufen am 10. November 2018.

Bernecker, Roland (2002). 30-jähriges Bestehen der UNESCO-Welterbekonvention. Worin besteht der Erfolg der Welterbeliste? Online unter: http://deposit.ddb.de/ep/netpub/28/34/66/972663428/_data_dync/_stand_Dezember_2006/402/welterbe.htm, abgerufen am 10. November 2018.

BThaber Yayıncılık ve Etkinlik A.Ş. (2013). Gezi Tweet'leri nedeniyle 35 kişi savcılığa bildirildi. Online unter: http://www.btnet.com.tr/internet/gezi-tweetleri-nedeniyle-35-kisi-savciliga-bildirildi/1/15402, abgerufen am 10. November 2018.

Bundesministerium für Europa, Integration und Äußeres (2015). Die Erweiterung der EU. Online unter: http://www.bmeia.gv.at/europa-aussenpolitik/europapolitik/die-erweiterung-der-eu/, abgerufen am 10. November 2018.

Bundeszentrale für politische Bildung (2015). Euro Topics. Europas Presse kommentiert. Bild. Online unter: https://www.eurotopics.net/de/148423/bild, abgerufen am 10. November 2018.

Bundeszentrale für politische Bildung (2013). Protestwelle in der Türkei. Online unter: http://www.bpb.de/politik/hintergrund-aktuell/162735/protestwelle-tuerkei-06-06-2013, abgerufen am 10. November 2018.

Bundeszentrale für politische Bildung (2012a). Türkei und ihre Nachbarn. Online unter: http://www.bpb.de/izpb/135244/karten, abgerufen am 10. November 2018.

Bundeszentrale für politische Bildung (2012b). Vom Reich zur Republik: die ›kemalistische‹ Revolution. Online unter: http://www.bpb.de/izpb/77030/vom-reich-zur-republik-die-kemalistische-revolution?p=all, abgerufen am 10. November 2018.

Bundeszentrale für politische Bildung (2002). Der 11. September: Neues Feindbild Islam? Anmerkungen über tief greifende Konfliktstrukturen. Online unter: http://www.bpb.de/apuz/27150/der-11-september-neues-feindbild-islam, abgerufen am 10. November 2018.

Centrum für angewandte Politikforschung (2007). Einbindung in die internationale Gemeinschaft. Türkei – Außenpolitik. Online unter: http://www.cap-lmu.de/themen/tuerkei/aussenpolitik/, abgerufen am 10. November 2018.

Charta der Europäischen Identität (1995). Beschlossen in Lübeck am 28. Oktober 1995 vom 41. Ordentlichen Kongress der Europa-Union Deutschland. Online unter: http://www.europa-union.de/fileadmin/files_eud/PDF-Dateien_EUD/CHARTA_DER_EUROP_ISCHEN_IDENTIT_T.pdf, abgerufen am 10. November 2018.

Chislett, William (2014). Should the EU suspend Turkey's accession negotiations? Real Instituto Elcano. Online unter: http://www.realinstitutoelcano.org/wps/portal/web/rielcano_en/contenido?WCM_GLOBAL_CONTEXT=/elcano/elcano_in/zonas_in/europe/commentary-chislett-should-the-eu-suspend-turkeys-accession-negotiations#.VeM3kHjN8tx, abgerufen am 10. November 2018.

Churchill, Winston (1950). Address given by Winston Churchill to the Council of Europe. In: Council of Europe – Consultative Assembly (1950). Reports. Second session. 7th-28th August 1950. Part I. Sittings 1 to 12. Strasbourg: Council of Europe. ›Speech by Winston Churchill‹. Online unter: http://www.cvce.eu/de/education/unit-content/-/unit/02bb76df-d066-4c08-a58a-d4686a3e68ff/cd375010-6bef-4ad4-a5df-7ac8ced47464/Resources#ed9e513b-af3b-47a0-b03c-8335a7aa237d_en&overlay, abgerufen am 10. November 2018.

Classora (2014). Ranking de los periódicos españoles con mayor tirada (2013). Online unter: http://es.classora.com/reports/o64901/ranking-de-los-periodicos-espanoles-con-mayor-tirada, abgerufen am 10. November 2018.

CNN Türk (2016). Taraf ve Zaman'ın yanı sıra 16 televizyon kanalı da kapatıldı Online unter: http://www.cnnturk.com/turkiye/taraf-gazetesi-de-dahil-16-televizyon-kapatildi, abgerufen am 10. November 2018.

CNN Türk (2013a). Kadıköy'de Gazdanadam festivali. Online unter: http://www.cnnturk.com/2013/turkiye/07/07/kadikoyde.gazdanadam.festivali/714484.0/index.html, abgerufen am 10. November 2018.

CNN Türk (2013b). Topçu Kışlası'na durdurma kararı. Online unter: http://www.cnnturk.com/2013/turkiye/05/31/topcu.kislasina.durdurma.karari/710259.0/index.html, abgerufen am 10. November 2018.

Commission of the European Communities (1989). Commission opinion on Turkey's request for accession to the community. Online unter: http://aei.pitt.edu/4475/1/4475.pdf, abgerufen am 10. November 2018.

Commission of the European Communities (1987). A fresh boost for culture in the European Community. Bulletin of the European Communities. Supplement 4/87. Brussels: Commission of the European Communities. Online unter: http://aei.pitt.edu/6854/1/6854.pdf, abgerufen am 10. November 2018.

Commission of the European Communities (1983). The Community and culture. European File. 5/83. Brussels: Commission of the European Communities. Online unter: http://aei.pitt.edu/14648/1/Eur_File_5-83.PDF, abgerufen am 10. November 2018.

Council of Europe (2017). European Commission for Democracy through Law (Venice Commission). Turkey. Opinion on the amendments to the constitution. Online unter: http://www.venice.coe.int/webforms/documents/default.aspx?pdffile=CDL-AD(2017)005-e, abgerufen am 10. November 2018.

Cremer, Jan (2004). Türkei und EU. Debatte 2004. Die Türkei und die europäische Identität. Online unter: http://www.bpb.de/themen/C7YEJL,0,Die_T%FCrkei_und_die_europ%E4ische_Identit%E4t.html, abgerufen am 10. November 2018.

Der große illustrierte Atlas (2006). Erde und Weltraum. Nürnberg: Tessloff Verlag. Online unter: https://books.google.com.tr/books?id=R39a3W9hUL8C&pg=PA112&lpg=PA112&dq=der+illustrierte+weltatlas+t%C3%BCrkei&source=bl&ots=4otnwdomX7&sig=jcC3IUqTUSCaLl2opKFfF0Ka09o&hl=de&sa=X&ved=0ahUKEwjuyOWc0ObNAhUMDCwKHVssBWwQ6AEIMjAF#v=onepage&q&f=false, abgerufen am 10. November 2018.

Der Standard (2016a). Kein Land ist so sehr gegen einen EU-Beitritt der Türkei wie Österreich. Online unter: http://derstandard.at/2000042638039/Kein-Land-ist-so-sehr-gegen-einen-EU-Beitritt-der, abgerufen am 10. November 2018.

Der Standard (2016b). Türkei. Online unter: http://derstandard.at/r1214/Tuerkei, abgerufen am 10. November 2018.

Der Standard (2015a). Die Chronologie des Standard und derStandard.at. Online unter: http://derstandard.at/2000012204759/Die-Chronologie-des-STANDARD?_slide=1, abgerufen am 10. November 2018.

Der Standard (2015b). Die Chronologie des Standard und derStandard.at. Online unter: http://derstandard.at/2000012204759/Die-Chronologie-des-STANDARD?_slide=7, abgerufen am 10. November 2018.

Der Standard (2015c). Die Köpfe. Online unter: http://derstandard.at/2000012844114/Die-Koepfe-des-STANDARD-und-derStandardat, abgerufen am 10. November 2018.

Der Standard (2014). Blattlinie. Online unter: http://derstandard.at/2000008949975/Blattlinie-standard, abgerufen am 10. November 2018.

Der Standard (2013). ›Journalistische Macht hat nur, wer sie missbraucht‹. Online unter: http://derstandard.at/1381368793895/Journalistische-Macht-hat-nur-wer-sie-missbraucht, abgerufen am 10. November 2018.

Der Standard (2010). Spanien forciert EU-Beitrittsgespräche mit Türkei. Online unter: http://derstandard.at/1262209135813/Spanien-forciert-EU-Beitrittsgespraeche-mit-Tuerkei, abgerufen am 10. November 2018.

Die Welt (2014). Der ›Stehende Mann‹ vom Taksim: Resignierte Ikone der Gezi-Proteste. Online unter: http://www.welt.de/newsticker/dpa_nt/infoline_nt/thema_nt/article128587206/Resignierte-Ikone-der-Gezi-Proteste.html, abgerufen am 10. November 2018.

Diercke Weltatlas (2018a). Europa – Physische Übersicht. Online unter: http://www.diercke.de/content/europa-physische-%C3%BCbersicht-978-3-14-100800-5-86-1-1?&stichwort=physische, abgerufen am 10. November 2018.

Diercke Weltatlas (2018b). Südosteuropa/Türkei – physisch. Online unter: https://www.diercke.de/content/s%C3%BCdosteuropat%C3%BCrkei-physisch-978-3-14-100770-1-126-1-0, abgerufen am 10. November 2018.

Doğan Gazetecilik A.Ş. (2004). Yıllık Faaliyet Raporu 2004. Online unter: http://kurumsal. dogangazetecilik.com.tr/pdfs/MFR2004_resimsiz.pdf, abgerufen am 22. Juni 2017.

Doğan Haber Ajansı (2016). Darbe girişimine karşı ›demokrasi‹ nöbeti. Online unter: http://www.dha.com.tr/darbe-girisimine-karsi-demokrasi-nobeti_1282066.html, abgerufen am 10. November 2018.

El País (2014). Manual de Estilo del Diario ›El País‹ de España. Online unter: http://blogs.elpais.com/files/manual-de-estilo-de-el-pa%C3%ADs.pdf, abgerufen am 10. November 2018.

El País (2007). Breve historia de El País. Online unter: http://elpais.com/elpais/2004/10/11/media/1097461146_720215.html, abgerufen am 10. November 2018.

EU-Info.Deutschland (2018a). EU in Stichworten. Binnenmarkt. Online unter: http://www.eu-info.de/europa/EU-Binnenmarkt/, abgerufen am 10. November 2018.

EU-Info.Deutschland (2018b). EU in Stichworten. Die drei Stufen der Wirtschafts- und Währungsunion. Online unter: http://www.eu-info.de/euro-waehrungsunion/5009/5228/5574/, abgerufen am 10. November 2018.

EU-Info.Deutschland (2018c). EU in Stichworten. Erweiterung. Kopenhagener-Kriterien. Online unter: http://www.eu-info.de/europa/EU-Erweiterung/kopenhagen-beitrittskriterien/, abgerufen am 10. November 2018.

EU-Info.Deutschland (2018d). EU in Stichworten. Euro-Einführung. Online unter: http://www.eu-info.de/euro-waehrungsunion/5300/Euro-Zahlungsmittel-Zuwachs/, abgerufen am 10. November 2018.

EU-Info.Deutschland (2018e). EU in Stichworten. Europarat. Online unter: http://www.eu-info.de/europa/europarat/, abgerufen am 10. November 2018.

EU-Info.Deutschland (2018f). EU in Stichworten. Vertrag von Nizza. Online unter: http://www.eu-info.de/europa/eu-vertraege/6961/, abgerufen am 10. November 2018.

EU-Vertrag (2014). Präambel. Online unter: http://dejure.org/gesetze/EU/Praeambel.html, abgerufen am 10. November 2018.

EU-Vertrag (2009a). Titel I – Gemeinsame Bestimmungen (Art. 1-8). Artikel 2. Online unter: http://dejure.org/gesetze/EU/2.html, abgerufen am 10. November 2018.

EU-Vertrag (2009b). Titel I – Gemeinsame Bestimmungen (Art. 1-8). Artikel 3 (ex-Artikel 2 EUV). Online unter: http://dejure.org/gesetze/EU/3.html, abgerufen am 10. November 2018.

EU-Vertrag (2009c). Titel VI – Schlussbestimmungen (Art. 47-55). Artikel 49 (ex-Artikel 49 EUV). Online unter: http://dejure.org/gesetze/EU/49.html, abgerufen am 10. November 2018.

Euractiv mit Agence France Press (AFP) (2016). Neuanfang für bilaterale Beziehungen zwischen Russland und der Türkei. Online unter: https://www.euractiv.de/section/eu-aussenpolitik/news/putin-und-erdogan-legen-grundstein-fuer-neuanfang-der-bilateralen-beziehungen/, abgerufen am 10. November 2018.

Euractiv mit Agence France Press (AFP) (2015). Junckers Vorschlag für EU-Armee: Kleine Schritte statt großer Wurf? Online unter: http://www.euractiv.de/section/eu-innenpolitik/news/junckers-vorschlag-fur-eu-armee-kleine-schritte-statt-grosser-wurf/, abgerufen am 10. November 2018.

Europa-Manifest der Christlich Demokratischen Union (2004). Beschluss des Bundesvorstands der Christlich Demokratischen Union Deutschlands am 22.

März 2004. Online unter: https://www.kas.de/c/document_library/get_file?uuid=6be1c975-efd2-a714-0406-7d5cedb494c4&groupId=252038, abgerufen am 10. November 2018.

Europäische Gemeinschaften (1973). Dokument über die europäische Identität (Kopenhagen, 14. Dezember 1973). European Navigator. Die Multimedia-Referenz zur Geschichte Europas. 1969-1979 Krisen und ein neuer Anlauf für die EWG. Die politische Zusammenarbeit. Die Europäische Politische Zusammenarbeit in der Praxis. Online unter: http://www.cvce.eu/viewer/-/content/02798dc9-9c69-4b7d-b2c9-f03a8db7da32/de, abgerufen am 10. November 2018.

Europäische Kommission (2017). Amtssprachen der EU. Online unter: http://ec.europa.eu/dgs/translation/translating/officiallanguages/index_de.htm, abgerufen am 10. November 2018.

Europäische Kommission (2015). Strategiepapiere und Fortschrittsberichte. Online unter: http://ec.europa.eu/enlargement/countries/strategy-and-progress-report/index_de.htm, abgerufen am 10. November 2018.

Europäische Kommission (2013). Fakten zur EU-Erweiterung. Online unter: http://ec.europa.eu/enlargement/pdf/publication/20131025_some_t3_factsheet_de.pdf, abgerufen am 10. November 2018.

Europäische Kommission (2005). Türkei Fortschrittsbericht. Brüssel. Online unter: http://ec.europa.eu/enlargement/archives/pdf/key_documents/2005/package/sec_1426_final_progress_report_tr_de.pdf, abgerufen am 10. November 2018.

Europäische Kommission (2004). Gemeinsamer Bericht über die soziale Eingliederung. Online unter: http://ec.europa.eu/employment_social/social_inclusion/docs/final_joint_inclusion_report_2003_de.pdf, abgerufen am 10. November 2018.

Europäische Kommission (2002). Strategiepapier und Bericht der Europäischen Kommission über die Fortschritte jedes Bewerberlandes auf dem Weg zum Beitritt. Online unter: http://eur-lex.europa.eu/legal-content/DE/TXT/PDF/?uri=CELEX:52002DC0700&from=DE, abgerufen am 10. November 2018.

Europäische Kommission (o. J.). Die Europäische Union und die Vereinigten Staaten. Globale Partner, globale Verantwortung. Online unter: https://eeas.europa.eu/us/docs/infopack_06_de.pdf, abgerufen am 10. November 2018.

Europäische Union (2018). Grundlegende Informationen über die Europäische Union. Online unter: https://europa.eu/european-union/about-eu/countries_de#others, abgerufen am 10. November 2018.

Europäischer Konvent (2003). Entwurf eines Vertrags über eine Verfassung für Europa. CONV 820/1/03 REV 1, vom 27. Juni 2003. Brüssel. Online unter:

http://european-convention.eu.int/docs/Treaty/cv00820-re01.de03.pdf, abgerufen am 10. November 2018.

Europäischer Rat (2002). Schlussfolgerungen des Vorsitzes. Tagung in Kopenhagen, am 12. und 13. Dezember 2002. Online unter: http://www.europarl.europa.eu/summits/pdf/cop1_de.pdf, abgerufen am 10. November 2018.

Europäischer Rat (1999). Schlussfolgerungen des Vorsitzes. Tagung in Helsinki, am 10. und 11. Dezember 1999. Online unter: http://www.europarl.europa.eu/summits/hel1_de.htm, abgerufen am 10. November 2018.

Europäischer Rat (1997). Schlussfolgerungen des Vorsitzes. Tagung in Luxemburg, am 12. und 13. Dezember 1997. Online unter: http://www.consilium.europa.eu/lv/uedocs/cms_data/docs/pressdata/de/ec/00400.d7.htm, abgerufen am 10. November 2018.

Europäisches Parlament (2015a). Die Erweiterung der Europäischen Union. Kurzdarstellung über die Europäische Union. Online unter: http://www.europarl.europa.eu/ftu/pdf/de/FTU_6.5.1.pdf, abgerufen am 10. November 2018.

Europäisches Parlament (2015c). Vertrag zur Gründung der Europäischen Atomgemeinschaft. Online unter: http://www.europarl.europa.eu/brussels/website/media/Basis/Vertraege/Pdf/EURATOM-Vertrag.pdf, abgerufen am 10. November 2018.

Europäisches Parlament (2013). Türkei-Unruhen: Parlament ruft zur Versöhnung auf und warnt vor harten Maßnahmen. Online unter: http://www.europarl.eu/news/de/news-room/20130606FCS11209/1/T%C3%BCrkei-Unruhen-Parlament-ruft-zur-Vers%C3%B6hnung-auf-und-warnt-vor-harten-Ma%C3%9Fnahmen, abgerufen am 10. November 2018.

Europäisches Parlament (1994). Abkommen über den Europäischen Wirtschaftsraum Online unter: http://www.europarl.europa.eu/brussels/website/media/Basis/Vertraege/Pdf/EWR_Abkommen.pdf, abgerufen am 10. November 2018.

European Commission (2018a). Standard Eurobarometer 89. Die öffentliche Meinung in der Europäischen Union. Anlage. Online unter: https://ec.europa.eu/commfrontoffice/publicopinion/index.cfm/ResultDoc/download/DocumentKy/83138, abgerufen am 10. November 2018.

European Commission (2018b). Standard Eurobarometer 89. Die öffentliche Meinung in der Europäischen Union. Bericht. Online unter: http://ec.europa.eu/commfrontoffice/publicopinion/index.cfm/ResultDoc/download/DocumentKy/83550, abgerufen am 10. November 2018.

European Commission (2018c). Standard Eurobarometer 89. Die europäische Bürgerschaft. Online unter: http://ec.europa.eu/commfrontoffice/publicopin

ion/index.cfm/ResultDoc/download/DocumentKy/83539, abgerufen am 10. November 2018.

European Commission (2016a). Conditions for membership. Chapters of the acquis. Online unter: https://ec.europa.eu/neighbourhood-enlargement/policy/conditions-membership/chapters-of-the-acquis_en, abgerufen am 10. November 2018.

European Commission (2016b). Implementing the EU-Turkey Agreement – Questions and Answers. Online unter: http://europa.eu/rapid/press-release_MEMO-16-1221_de.htm, abgerufen am 10. November 2018.

European Commission (2016c). Public Opinion. Online unter: http://ec.europa.eu/COMMFrontOffice/publicopinion/index.cfm/Survey/index#p=1&instruments=STANDARD&surveyKy=831, abgerufen am 10. November 2018.

European Commission (2015). Public Opinion. Methodology – Instrument description. Online unter: http://ec.europa.eu/public_opinion/description_en.htm, abgerufen am 10. November 2018.

European Commission (2014). Turkey Progress Report. Online unter: http://ec.europa.eu/enlargement/pdf/key_documents/2014/20141008-turkey-progress-report_en.pdf, abgerufen am 10. November 2018.

European Comission (2011a). Standard Eurobarometer 75. Die öffentliche Meinung in der Europäischen Union. Online unter: http://ec.europa.eu/public_opinion/archives/eb/eb75/eb75_publ_de.pdf, abgerufen am 10. November 2018.

European Commission (2011b). Table of Results. Standard Eurobarometer 74. Online unter: http://ec.europa.eu/COMMFrontOffice/publicopinion/index.cfm/ResultDoc/download/DocumentKy/63113, abgerufen am 10. November 2018.

European Comission (2007). Standard Eurobarometer 67. Die öffentliche Meinung in der Europäischen Union. Online unter: http://ec.europa.eu/public_opinion/archives/eb/eb67/eb67_de.pdf, abgerufen am 10. November 2018.

European Commission (2005). Standard Eurobarometer 64. Die öffentliche Meinung in der Europäischen Union. Online unter: http://ec.europa.eu/public_opinion/archives/eb/eb64/eb64_de.pdf, abgerufen am 10. November 2018.

European Commission (2003a). Standard Eurobarometer 60. Die öffentliche Meinung in der Europäischen Union. Online unter: http://ec.europa.eu/public_opinion/archives/eb/eb60/eb60_de.pdf, abgerufen am 10. November 2018.

European Commission (2003b). Standard Eurobarometer 59. Die öffentliche Meinung in der Europäischen Union. Online unter: http://ec.europa.eu/public

_opinion/archives/eb/eb59/eb59_rapport_final_de.pdf, abgerufen am 10. November 2018.

European Communities (1973). Official Journal of the European Communities. Information and Notices. Volume 16. Online unter: http://ec.europa.eu/en largement/pdf/turkey/association_agreement_1964_en.pdf, abgerufen am 10. November 2018.

European Parliament (2018). Democracy on the move. European elections – one year to go. Part II: Complete survey results. Eurobarometer survey 89.2 of the European Parliament. Online unter: http://www.euroeuroparl.europa.eu/at-your-service/files/be-heard/eurobarometer/2018/eurobarometer-2018-demo cracy-on-the-move/top-results/en-one-year-before-2019-eurobarometer-resul ts-annex.pdf, abgerufen am 10. November 2018.

Friedrich Ebert Stiftung (2013). Türkei Nachrichten. Newsletter 2. Quartal/2013. Online unter: http://www.fes-tuerkei.org/media/pdf/newsletter/2013/FES%2 0Newsletter%20Juli%202013.pdf, abgerufen am 10. November 2018.

Generaldirektion Kommunikation der Europäischen Kommission (2018a). Außen- und Sicherheitspolitik. Online unter: https://europa.eu/european-union/topics/foreign-security-policy_de, abgerufen am 10. November 2018.

Generaldirektion Kommunikation der Europäischen Kommission (2018b). Europäischer Rat Kopenhagen: 21.-22. Juni 1993. Schlussfolgerungen des Vorsitzes. Online unter: http://europa.eu/rapid/press-release_DOC-93-3_de.htm, abgerufen am 10. November 2018.

Generaldirektion Kommunikation der Europäischen Kommission (2018c). Geschichte der Europäischen Union. Online unter: http://europa.eu/about-eu/eu-history/index_de.htm, abgerufen am 10. November 2018.

Generaldirektion Kommunikation der Europäischen Kommission (2018d). Geschichte der Europäischen Union 1959. Online unter: http://europa.eu/about-eu/eu-history/1945-1959/1959/index_de.htm, abgerufen am 10. November 2018.

Generaldirektion Kommunikation der Europäischen Kommission (2018e). Grundlegende Informationen über die Europäische Union. Die EU und das Geld. Online unter: http://europa.eu/european-union/about-eu/money/euro_de, abgerufen am 10. November 2018.

Generaldirektion Kommunikation der Europäischen Kommission (2018f). Wie funktioniert die Europäische Union? Mitgliedstaaten der Europäischen Union. Online unter: http://europa.eu/about-eu/countries/member-countries/index_de.htm, abgerufen am 10. November 2018.

Generaldirektion Kommunikation der Europäischen Kommission (2018g). Zusammenfassung der EU-Gesetzgebung. Glossar. Beitrittskriterien (Kopenhagener Kriterien). Online unter: http://europa.eu/legislation_summaries/glossary/accession_criteria_copenhague_de.htm, abgerufen am 10. November 2018.

Generaldirektion Kommunikation der Europäischen Kommission (1967). Amtsblatt der Europäischen Union. Europäische Gemeinschaft für Kohle und Stahl, Europäische Wirtschaftsgemeinschaft, Europäische Atomgemeinschaft. Ausgabe in deutscher Sprache. 10. Jahrgang Nr. 152. Online unter: http://eur-lex.europa.eu/legal-content/DE/TXT/PDF/?uri=OJ:P:1967:152:FULL&from=DE, abgerufen am 10. November 2018.

Gezi Partisi (2013). Resmi Web Sitesi. Online unter: http://www.gezipartisi.org.tr/haberler/, abgerufen am 10. November 2018.

Giscard d'Estaing, Valéry (2004). A better European bridge to Turkey. Financial Times, 25. 11. 2004. Online unter: http://www.ft.com/cms/s/0/5b422f66-3e86-11d9-a9d7-00000e2511c8.html?ft_site=falcon&desktop=true#axzz4Dv14rWnv, abgerufen am 10. November 2018.

Gottschlich, Jürgen (2012). Protest in der Türkei: Erdoğan will Abtreibungsrecht verschärfen. Online unter: http://www.spiegel.de/politik/ausland/tuerkei-erdogan-will-liberales-abtreibungsrecht-verschaerfen-a-836738.html, abgerufen am 10. November 2018.

Gürbey, Gülistan (2012). Davutoğlu's Plan: Das Konzept der strategischen Tiefe. In: Rill, Bernd (Hrsg.) (2012). Türkische Außenpolitik. München: Hanns-Seidel-Stiftung. Online unter: https://www.hss.de/download/publications/00_AMZ-80_Online-Version_1_03.pdf, abgerufen am 10. November 2018.

Güsten, Susanne (2014). Wie der Gezi-Protest die Türkei verändert. In: Die Presse. Online unter: http://diepresse.com/home/ausland/aussenpolitik/813746/Wie-der-GeziProtest-die-Türkei-veraendert-hat, abgerufen am 10. November 2018.

Güsten, Susanne (2013). Türkei: Nach tagelangen Straßenschlachten ›Das Volk hat gesiegt‹. Online unter: http://www.tagesspiegel.de/politik/tuerkei-nach-tagelangen-strassenschlachten-das-volk-hat-gesiegt/8286054.html, abgerufen am 10. November 2018.

Haager Abkommen (1907). Haager Abkommen betreffend die Rechte und Pflichten der neutralen Mächte und Personen im Falle eines Landkriegs. Online unter: https://www.admin.ch/opc/de/classified-compilation/19070029/191007110000/0.515.21.pdf, abgerufen am 10. November 2018.

Haber3 (2016). Asker TRT binasında: İşte ›darbe‹ bildirisi. Online unter: http://www.haber3.com/asker-trt-binasinda-iste-darbe-bildirisi-3977124h.htm, abgerufen am 10. November 2018.

Hafez, Kai (2014). Der Islam in den Medien. Ethno-religiöse Wahrnehmungen von Muslimen und Nicht-Muslimen in Deutschland. In: Rohe, Mathias/ Engin, Havva/Khorchide, Mouhanad/Özsoy, Ömer/Schmid, Hansjörg (Hrsg.) (2014). Handbuch Christentum und Islam in Deutschland. Grundlagen, Erfahrungen und Perspektiven des Zusammenlebens. Freiburg im Breisgau: Verlag Herder GmbH. Online unter: https://books.google.com.tr/books?id=cv5DDAAAQBAJ&pg=PA931&dq=#v=onepage&q&f=false, abgerufen am 10. November 2018.

Hafez, Kai (2002). Die politische Dimension der Auslandsberichterstattung. Band 1. Theoretische Grundlagen. Online unter: https://www.uni-erfurt.de/fileadmin/user-docs/philfak/kommunikationswissenschaft/files_publikationen/hafez/hafez_band1.pdf, abgerufen am 10. November 2018.

Hakan, Ahmet (2013). En deli en şahane 20 Gezi sloganı. Online unter: http://www.hurriyet.com.tr/en-deli-en-sahane-20-gezi-slogani-23570457, abgerufen am 10. November 2018.

Hallstein, Walter (1979). Rede von Walter Hallstein anlässlich der Unterzeichnung des Assoziationsabkommens zwischen der EWG und der Türkei (Ankara, 12. September 1963). In: Oppermann, Thomas (Hrsg.) (1979). Europäische Reden. Stuttgart: Deutsche Verlagsanstalt. Online unter: http://www.cvce.eu/content/publication/2005/2/4/c79fccb6-6c2e-4d9d-86aa-5e830da3ac9e/publishable_de.pdf, abgerufen am 10. November 2018.

Hermann, Rainer (2008). Die Karriere des Tayyip Erdoğan. Der Realo aus dem Hafenviertel. In: Frankfurter Allgemeine Zeitung, 05. August 2008. Online unter: http://www.faz.net/aktuell/feuilleton/die-karriere-des-tayyip-erdogan-der-realo-aus-dem-hafenviertel-1679307-p4.html, abgerufen am 10. November 2018.

Hinz, Paul-Nikolas (2013). Mit Gasmaske im Tränengasmeer. Demonstrantin in Istanbul: »Ich habe Angst vor einem Bürgerkrieg«. Online unter: http://www.focus.de/politik/ausland/tid-31775/mit-gasmaske-im-traenengasmeer-demonstrantin-in-istanbul-ich-habe-angst-vor-einem-buergerkrieg_aid_1010839.html, abgerufen am 10. November 2018.

Hürriyet (2017). Ve Türkiye AB'ye rest çekti: Oyalamayın, gereğini yapacağız. Online unter: http://www.hurriyet.com.tr/turkiyeden-abye-vize-resti-40394981, abgerufen am 10. November 2018.

Hürriyet (2013). Anneler Gezi Parkı'nda. Online unter: http://www.hurriyet.com.tr/anneler-gezi-parkinda-23501216, abgerufen am 10. November 2018.

Hürriyet Daily News (2013a). Crowds denounce police crackdowns in ›Man Made of Tear Gas‹ Festival on Istanbul's Asian shore. Online unter: http://www.hurriyetdailynews.com/crowds-denounce-police-crackdowns-in-man-made-of-tear-gas-festival-on-istanbuls-asian-shore.aspx?pageID=238&nID=50236&NewsCatID=341, abgerufen am 10. November 2018.

Hürriyet Daily News (2013b). Gezi Park ›chapullers‹ unleash humor in graffiti style. Online unter: http://www.hurriyetdailynews.com/Default.aspx?pageID=447&GalleryID=1459, abgerufen am 10. November 2018.

Hürriyet Daily News (2013c). Official Gezi Party founded after summer protests. Online unter: http://www.hurriyetdailynews.com/official-gezi-party-founded-after-summer-protests.aspx?pageID=238&nID=56754&NewsCatID=338, abgerufen am 10. November 2018.

Hürriyet Daily News (2013d). ›Standing man‹ inspires a new type of civil disobedience in Turkey. Online unter: http://www.hurriyetdailynews.com/standing-man-inspires-a-new-type-of-civil-disobedience-in-turkey-.aspx?pageID=238&nID=48999&NewsCatID=339, abgerufen am 10. November 2018.

Hürriyet Daily News (2013e). Taksim stages exuberant gay pride march joined by Gezi protesters. Online unter: http://www.hurriyetdailynews.com/taksim-stages-exuberant-gay-pride-march-joined-by-gezi-protesters.aspx?PageID=238&NID=49779&NewsCatID=339, abgerufen am 10. November 2018.

Hürriyet Daily News (2013f). Timeline of Gezi Park protests. Online unter: http://www.hurriyetdailynews.com/timeline-of-gezi-park-protests-.aspx?pageID=238&nID=48321&NewsCatID=341, abgerufen am 10. November 2018.

Hürriyet Daily News (2013g). Turkish protester's civil disobedience act in Taksim ends in custody. Online unter: http://www.hurriyetdailynews.com/turkish-protester-starts-new-civil-disobedience-act-in-taksim.aspx?pageID=238&nID=48998&NewsCatID=339, abgerufen am 10. November 2018.

Hürriyet Daily News (2013h). Woman in black, one of the Gezi Park heroes, wanted to show protests' peacefulness. Online unter: http://www.hurriyetdailynews.com/woman-in-black-one-of-the-gezi-park-heroes-wanted-to-show-to-show-protests-peacefulness-.aspx?pageID=238&nid=49431, abgerufen am 10. November 2018.

İhlas Haber Ajansı (2013). Taksim Meydanı'nda ilginç eylem. Online unter: http://www.iha.com.tr/haber-taksim-meydaninda-ilginc-eylem-281165/, abgerufen am 10. November 2018.

Jacobsen, Lenz (2013). Sie nehmen Erdoğan die Worte weg. Online unter: http://www.zeit.de/politik/ausland/2013-06/capulcus-pluenderer-istanbul-proteste-erdogan, abgerufen am 10. November 2018.

Jäger, Siegfried (2007). In der Falle der Synthetisierung von Diskursanalyse und soziologischer Feldtheorie. In: Forum Qualitative Sozialforschung. Volume 8 (2). Online unter: http://www.qualitative-research.net/index.php/fgs/rt/printerFriendly/260/571, abgerufen am 10. November 2018.

Jung, Julia (2013). Konstanzer Pianist auf Taksim-Platz: »Die Stimmung war gigantisch«. Online unter: http://www.spiegel.de/panorama/leute/pianist-martello-spielt-auf-dem-taksim-platz-in-istanbul-a-905685.html, abgerufen am 10. November 2018.

Junkers, Dorothée (2004). Türkei-Verhandlungen. Die Positionen der 25 EU-Länder im Überblick. In: Spiegel Online (2004). Online unter: http://www.spiegel.de/politik/ausland/tuerkei-verhandlungen-die-positionen-der-25-eu-laender-im-ueberblick-a-333068.html, abgerufen am 10. November 2018.

Kálnoky, Boris (2013). Bannmeilen: Die Türkei gibt sich strenge Regeln gegen Alkohol. Online unter: http://www.welt.de/politik/deutschland/article116485906/Die-Tuerkei-gibt-sich-strenge-Regeln-gegen-Alkohol.html, abgerufen am 10. November 2018.

Kämmer, Hans-Joachim (2014). Bevölkerungsgruppen in der Türkei. Bundeszentrale für politische Bildung. Online unter: http://www.bpb.de/internationales/europa/tuerkei/187953/bevoelkerungsgruppen, abgerufen am 10. November 2018.

Kara, Ceyhun (2007). Welchen Weg schlägt die AKP ein? Die Türkei zwischen traditionellem Kemalismus und liberalen Reformen. In: Deutsche Gesellschaft für Auswärtige Politik e.V. (2007). IP-Zeitschrift. Online unter: https://zeitschrift-ip.dgap.org/de/ip-die-zeitschrift/archiv/jahrgang-2007/november/welchen-weg-schl%C3%A4gt-die-akp-ein, abgerufen am 10. November 2018.

Kommission der Europäischen Gemeinschaften (2007). Mitteilung der Kommission an das Europäische Parlament, den Rat, den Europäischen Wirtschafts- und Sozialausschuss und den Ausschuss der Regionen über eine europäische Kulturagenda im Zeichen der Globalisierung. Online unter: http://eurlex.europa.eu/LexUriServ/LexUriServ.do?uri=COM:2007:0242:FIN:DE:PDF, abgerufen am 10. November 2018.

Kommission der Europäischen Gemeinschaften (2005). Mitteilung der Kommission. Strategiepapier 2005 zur Erweiterung. Online unter: http://eur-lex.europa.eu/legal-content/DE/TXT/PDF/?uri=CELEX:52005DC0561&from=EN, abgerufen am 10. November 2018.

Kommission der Europäischen Gemeinschaften (2004a). Mitteilung der Kommission an den Rat und das Europäische Parlament vom 6. Oktober 2004: Empfehlung der Europäischen Kommission zu den Fortschritten der Türkei auf dem Weg zum Beitritt. Online unter: http://eur-lex.europa.eu/legal-content/DE/TXT/PDF/?uri=CELEX:52004DC0656&from=EN, abgerufen am 10. November 2018.

Kommission der Europäischen Gemeinschaften (2004b). Regelmäßiger Bericht über die Fortschritte der Türkei auf dem Weg zum Beitritt. Online unter: http://www.libertas-institut.com/de/Mittel-Osteuropa/rr_tr_2004_de.pdf, abgerufen am 10. November 2018.

Kommission der Europäischen Gemeinschaften (2003). Gemeinsamer Bericht über die soziale Eingliederung als Fazit der Auswertung der Nationalen Aktionspläne für soziale Eingliederung (2003-2005). Brüssel. Online unter: http://eur-lex.europa.eu/LexUriServ/LexUriServ.do?uri=COM:2003:0773:FIN:DE:PDF, abgerufen am 10. November 2018.

Kommission der Europäischen Gemeinschaften (1992). Standard Eurobarometer 37. Die öffentliche Meinung in der Europäischen Gemeinschaft. Online unter: http://ec.europa.eu/COMMFrontOffice/PublicOpinion/index.cfm/ResultDoc/download/DocumentKy/62854, abgerufen am 10. November 2018.

Kommission der Europäischen Gemeinschaften (1982). Standard Eurobarometer 17. Die öffentliche Meinung in der Europäischen Gemeinschaft. Online unter: http://ec.europa.eu/public_opinion/archives/eb/eb17/eb17_de.pdf, abgerufen am 10. November 2018.

Kommission der Europäischen Gemeinschaften (1979). Standard Eurobarometer 12. Die öffentliche Meinung in der Europäischen Gemeinschaft. Online unter: http://ec.europa.eu/public_opinion/archives/eb/eb12/eb12_de.pdf, abgerufen am 10. November 2018.

KONDA – Kamuoyu Araştırmaları ve Danışmanlık Şirketi (2014). Gezi Report. Public perception of the ›Gezi protests‹. Who were the people at Gezi Park? Online unter: http://konda.com.tr/en/raporlar/KONDA_Gezi_Report.pdf, abgerufen am 10. November 2018.

Kramer, Heinz (2005). EU – Türkei: Vor schwierigen Beitrittsverhandlungen. Berlin: Stiftung Wissenschaft und Politik Deutsches. Online unter: http://www.swp-berlin.org/fileadmin/contents/products/studien/2005_S11_krm_ks.pdf, abgerufen am 10. November 2018.

Kronen Zeitung (2015). Printausgabe. Kronen Zeitung/Krone Bunt – Offenlegung. Online unter: http://www.krone.at/ueber-krone.at/kronen-zeitungkrone-bunt-offenlegung-printausgabe-story-324550, abgerufen am 10. November 2018.

Kronen Zeitung (2011). Damals und heute. Die Geschichte der Kronen Zeitung. Online unter: http://www.krone.at/kronen-zeitung/die-geschichte-der-kronen-zeitung-damals-und-heute-story-263526, abgerufen am 10. November 2018.

Kulaksız, Serdar (2015). ›Gezi olaylarının çıkış nedeni ağaç, karar manidar‹. Online unter: http://www.haberturk.com/gundem/haber/1097391-gezi-olaylarin-in-cikis-nedeni-agac-kara-manidar, abgerufen am 10. November 2018.

Kurban, Dilek (2015). Parlamentswahlen Türkei: Auf dem Weg zur Demokratie. Online unter: http://www.delorsinstitut.de/publikationen/themen/aussenbeziehungen-und-sicherheitspolitik/parlamentswahlen-tuerkei-auf-dem-weg-zur-demokratie/, abgerufen am 10. November 2018.

La Porte, Amy/Watson, Ivan/Tüysüz, Gül (2016). Who is Fethullah Gülen, the man blamed for coup attempt in Turkey? Online unter: http://edition.cnn.com/2016/07/16/middleeast/fethullah-gulen-profile/, abgerufen am 10. November 2018.

La Repubblica (2017). La Redazione. Online unter: http://www.repubblica.it/static/servizi/gerenza.html?ref=RHFT, abgerufen am 10. November 2018.

ListeList (2013). Kırmızılısı, Duranı ve Çıplağı: Gezi Parkı Eylemlerinin 15 Kahramanı. Online unter: http://listelist.com/gezi-parki-eylemlerinin-kahramanlari/, abgerufen am 10. November 2018.

Llaudes, Salvador (2015). EU-28 Watch. Spain. Online unter: http://eu-28watch.org/issues/issue-no-11/spain/, abgerufen am 10. November 2018.

Major, Claudia (2012). Viele europäische Soldaten, aber keine europäische Armee. Genshagener Papiere Nr. 10. Online unter: http://www.stiftung-genshagen.de/fileadmin/Dateien/Publikationen/Genshagener_Papiere/Genshagener_Papiere_2012_10.pdf, abgerufen am 10. November 2018.

Major, Claudia/Mölling Christian (2015). Debatte um die Europäische Armee: Pragmatismus statt Zukunftsvisionen. In: Stiftung Wissenschaft und Politik. Deutsches Institut für Internationale Politik und Sicherheit (2015). Online unter: http://www.swp-berlin.org/de/publikationen/kurz-gesagt/debatte-um-die-europaeische-armee-pragmatismus-statt-zukunftsvisionen.html, abgerufen am 10. November 2018.

Mangold, Ijoma (2013). Türkei: Der Sommer der Liebe. Online unter: http://www.zeit.de/2013/26/istanbul-murathan-mungan-gezi-park/komplettansicht, abgerufen am 10. November 2018.

Mantel, Uwe (2015). Leading European Newspaper Alliance. ›Die Welt‹ ist Mitgründer der Zeitungs-Allianz LENA. Online unter: http://www.dwdl.de/nachrichten/50077/die_welt_ist_mitgruender_der_zeitungsallianz_lena/, abgerufen am 10. November 2018.

Martens, Michael (2013). Türkei: Die Schlacht um den Gezi-Park. Online unter: http://www.faz.net/aktuell/politik/ausland/europa/tuerkei-die-schlacht-um-den-gezi-park-12205380.html, abgerufen am 10. November 2018.

Media-Analyse (2017a). Media-Analyse 2017. Online unter: https://www.media-analyse.at/table/2997, abgerufen am 10. November 2018.

Media-Anaylse (2017b). Methodeninformation. Online unter: http://www.media-analyse.at/files/MA_2017/Methodeninformationen.pdf, abgerufen am 10. November 2018.

Media-Analyse (2014). Media-Analyse 2013/2014. Online unter: http://www.media-analyse.at/table/1941, abgerufen am 10. November 2018.

Media-Analyse Pressemedien (2018). MA 2018 Pressemedien II. Online unter: http://www.ma-reichweiten.de/index.php?fm=1&tt=1&mt=1&vs=3&m0=0&m1=-1&m2=-1&m3=-1&b2=0&vj=1&ms=38&mg=a0&bz=0&d0=0&rs=32&d1=-1&vr=1&d2=-1&sc=000&d3=-1, abgerufen am 10. November 2018.

Medya Dünyası (2013). Haziran 2013 – İstanbul Tiraj Raporu. Online unter: http://www.medyadunyasi.com/yerel-gazete-tirajlari/istanbul/mayis-2013, abgerufen am 10. November 2018.

Merrick, Sebastian (2013). Art pours out of Gezi Park. Protests in Turkey have fuelled artists, musicians, bloggers and satirists. Online unter: https://theartsdesk.com/visual-arts/theartsdesk-istanbul-art-pours-out-gezi-park, abgerufen am 10. November 2018.

Mevzuatı Geliştirme ve Yayın Genel Müdürlüğü (1983). Milletvekili seçimi kanunu. Online unter: http://www.mevzuat.gov.tr/MevzuatMetin/1.5.2839.pdf, abgerufen am 10. November 2018.

Middel, Andreas (2003). Silvio Berlusconi trifft in der EU auf Misstrauen. In: Welt 24N (2003). Online unter: https://www.welt.de/print-welt/article243321/Silvio-Berlusconi-trifft-in-der-EU-auf-Misstrauen.html, abgerufen am 10. November 2018.

Milliyet (2015). Kürtaj olmak isteyen kadının devlet hastaneleriyle imtihanı. Online unter: http://www.milliyet.com.tr/kurtaj-olmak-isteyen-kadinin-/pazar/haberdetay/14.06.2015/2073520/default.htm, abgerufen am 10. November 2018.

Neue Gesellschaft für bildende Künste (2015). Ausstellung: ›Politische Kunst im Widerstand in der Türkei‹. Online unter: http://ngbk.de/de/component/contact/contact/10-geschaeftstelle/352-77-13?Itemid=328, abgerufen am 10. November 2018.

n-tv (2016). Botschafter der ›neuen Türkei‹: Die Mega-Bauprojekte des Recep Tayyip Erdoğan. Online unter: http://www.n-tv.de/mediathek/bilderserien/politik/Die-Mega-Bauprojekte-des-Recep-Tayyip-Erdogan-article17742836.html, abgerufen am 10. November 2018.

n-tv (2013a). Proteste weiten sich aus: Türkische Polizisten begehen Suizid. Online unter: http://www.n-tv.de/politik/Tuerkische-Polizisten-begehen-Suizid-article10790921.html, abgerufen am 10. November 2018.

n-tv (2013b). Stiller Protest in der Türkei: Der stehende Mann vom Taksim-Platz. Online unter: http://amp.n-tv.de/mediathek/bilderserien/politik/Derstehende-Mann-vom-Taksim-Platz-article10841171.html, abgerufen am 10. November 2018.

n-tv (2013c). Zehntausende protestieren in Istanbul. Taksim-Platz mit Wasserwerfern geräumt. Online unter: http://www.n-tv.de/politik/Taksim-Platz-mit-Wasserwerfern-geraeumt-article10872191.html, abgerufen am 10. November 2018.

o. V. (2013a). #DuvardaGeziParki. Online unter: http://duvardageziparki.tumblr.com/, abgerufen am 10. November 2018.

o. V. (2013b). Yenilmezler. In: Domaniç Yelçe, Ayşegül (2013). Bu aslında bir Gezi Parkı yazısı değil... Online unter: http://www.hurriyet.com.tr/bu-aslinda-bir-gezi-parki-yazisi-degil-23553659, abgerufen am 10. November 2018.

Organization for Security and Co-operation in Europe (2015). Table of imprisoned journalists and examples of legislative restrictions on freedom of expression and media freedom in Turkey. Office of the OSCE Representative on Freedom of the Media. Online unter: http://www.osce.org/fom/173036?download=true, abgerufen am 10. November 2018.

Orsal, Osman (2013). Turkey's lady in red. Online unter: https://www.reuters.com/news/picture/turkeys-lady-in-red-idUSRTX10BDX, abgerufen am 10. November 2018.

Otto, Karl-Heinz (2012). EWR (Europäischer Wirtschaftsraum). In: Bergmann, Jan (Hrsg.) (2012). Handlexikon der Europäischen Union. Baden-Baden: Nomos Verlagsgesellschaft. Online unter: http://www.europarl.europa.eu/brussels/website/media/Lexikon/Pdf/EWR.pdf, abgerufen am 10. November 2018.

Özgenç, Meltem (2013). RTÜK'ten Halk TV ve Ulusal Kanal'a ceza. Online unter: http://www.hurriyet.com.tr/rtuk-ten-halk-tv-ve-ulusal-kanal-a-ceza-23486445, abgerufen am 10. November 2018.

Penguen (2013). Karikatür Yıllığı. Online unter: http://www.dr.com.tr/Kitap/Penguen-Karikatur-Yilligi-2013/Mizah/Karikatur/urunno=0000000574190, abgerufen am 10. November 2018.

Pew Research Center (2017). Europe's Growing Muslim Population. Muslims are projected to increase as a share of Europe's population – even with not future migration. Online unter: http://assets.pewresearch.org/wp-content/uploads/sites/11/2017/11/06105637/FULL-REPORT-FOR-WEB-POSTING.pdf, abgerufen am 10. November 2018.

Piramid Sanat/UPSD Sanat (2014). Sıkıyorsa Gel! #direnkalbim. Seni paylaşıyorum. 28. Mai – 15. Juli. Online unter: http://kolajart.com/wp/2014/05/23/sikiyorsa-gel-direnkalbim-seni-paylasiyorum-gezinin-1-yilinda-sergi-piramid

-sanat-upsd-sanat-galerisi-28-mayis-15-temmuz-2014/, abgerufen am 10. November 2018.

Pons Online Wörterbuch (2016). Frame. Online unter: http://de.pons.com/%C3%BCbersetzung/englisch-deutsch/frame#examples-Adeen968206, abgerufen am 10. November 2018.

Popp, Maximilian (2013). »Pfeffergas ist unser Parfum«. Online unter: http://www.spiegel.de/spiegel/print/d-101368256.html, abgerufen am 10. November 2018.

Popp, Maximilian/Trenkamp, Oliver (2013a). Aufstand gegen Erdoğan: Türkischer Frühling. Online unter: http://www.spiegel.de/politik/ausland/aufstand-gegen-premier-erdogan-tuerkischer-fruehling-in-istanbul-a-903257.html, abgerufen am 10. November 2018.

Popp, Maximilian/Trenkamp, Oliver (2013b). Polizeigewalt in Istanbul: Mit Knüppeln gegen die Wutbürger vom Gezi Park. Online unter: http://www.spiegel.de/politik/ausland/polizeigewalt-in-istanbul-a-903173.html, abgerufen am 10. November 2018.

Posta (2016). Posta Gazetesi Resmi İnternet Sitesi. Online unter: http://www.gazeteposta.net/, abgerufen am 10. November 2018.

Presse- und Informationsamt der Bundesregierung (2016). Die Europäische Wirtschafts- und Finanzpolitik. Online unter: https://www.bundesregierung.de/Webs/Breg/DE/Themen/Europa/EUPolitikfelder/wirtschaft_und_finanzen/_node.html, abgerufen am 10. November 2018.

Reporter ohne Grenzen (2018). Türkei. Online unter: http://www.reporter-ohne-grenzen.de/tuerkei/, abgerufen am 10. November 2018.

Reuters (2013). Turkey's lady in red. Online unter: http://www.reuters.com/news/picture/turkeys-lady-in-red?articleId=USRTX10BDX, abgerufen am 10. November 2018.

Rossi, Matthias (2010). Entwicklung und Struktur der Europäischen Union – eine graphische Erläuterung. Zeitschrift für das Juristische Studium. Online unter: http://www.zjs-online.com/dat/artikel/2010_1_276.pdf, abgerufen am 10. November 2018.

Satzung des Europarates (1949). Artikel 1. Online unter: http://www.conventions.coe.int/Treaty/ger/Treaties/Html/001.htm, abgerufen am 10. November 2018.

Saygılı, Şeref/Cihan, Hasan/Yurtoğlu, Hasan (2002). Türkiye ekonomisinde sermaye birikimi, büyüme ve verimlilik: 1972-2000. In: T.C. Başbakanlık Devlet Planlama Teşkilatı. Ekonomik modeller ve stratejik araştırmalar genel müdürlüğü (2002). Online unter: https://odabashuseyin.files.wordpress.com/2012/12/turkiye.pdf, abgerufen am 10. November 2018.

Schlötzer, Christiane (2016). Militärputsch in der Türkei. Das Unvorstellbare wird Realität. Online unter: http://www.sueddeutsche.de/politik/militaer putsch-in-der-tuerkei-das-unvorstellbare-wird-realitaet-1.3080932, abgerufen am 10. November 2018.

Schubert, Klaus/Martina Klein (2016). Das Politiklexikon. Begriffe, Fakten, Zusammenhänge. Bundeszentrale für politische Bildung. Bonn: Verlag J.H.W. Dietz. Online unter: http://www.bpb.de/nachschlagen/lexika/politiklexikon/ 17150/balkan, abgerufen am 10. November 2018.

Seufert, Günter (2013). Überdehnt sich die Bewegung von Fethullah Gülen? Eine türkische Religionsgemeinde als nationaler und internationaler Akteur. In: Stiftung Wissenschaft und Politik. Deutsches Institut für Internationale Politik und Sicherheit (2013). Online unter: https://www.swp-berlin.org/filead min/contents/products/studien/2013_S23_srt.pdf, abgerufen am 10. November 2018.

Seymour, Richard (2013). Istanbul park protests sow the seeds of a Turkish spring. A protest in a small Istanbul park has become a lightning rod for grievances against the government, and it could be explosive. Online unter: https://www.theguardian.com/commentisfree/2013/may/31/istanbul-park-pro tests-turkish-spring, abgerufen am 10. November 2018.

Sezer, Esra (2007). Das türkische Militär und der EU-Beitritt der Türkei. Online unter: http://www.bpb.de/apuz/30165/das-tuerkische-militaer-und-der-eu-bei tritt-der-tuerkei?p=all, abgerufen am 10. November 2018.

Spiegel Online Politik (2015). Gewalt von Polizei bei Gedenken an Gezi-Opfer. Todestag des 15-jährigen Berkin Elvan: Türkische Polizei setzt Wasserwerfer gegen Gedenkmärsche ein. Online unter: http://www.spiegel.de/politik/ ausland/tuerkei-gewalt-von-polizei-bei-gedenken-an-gezi-opfer-a-1023067. html, abgerufen am 10. November 2018.

Spiegel Online Politik (2013a). Proteste gegen Erdoğan: Uno warnt türkische Regierung vor Gewalteinsatz. Online unter: http://www.spiegel.de/politik/ ausland/uno-fordert-von-tuerkei-ende-der-polizeigewalt-a-906408.html, abgerufen am 10. November 2018.

Spiegel Online Politik (2013b). Proteste in Istanbul: Gezi-Park bleibt trotz Erdoğans Einlenken besetzt. Online unter: http://www.spiegel.de/politik/ausland/ proteste-in-istanbul-gezi-park-bleibt-trotz-einlenken-besetzt-a-905904.html, abgerufen am 10. November 2018.

Spiegel Online Politik (2013c). Proteste in der Türkei: Erdoğan sieht Twitter als Bedrohung. Online unter: http://www.spiegel.de/netzwelt/web/proteste-in-istanbul-erdogan-sieht-twitter-als-bedrohung-a-903435.html, abgerufen am 10. November 2018.

Statista (2018a). Die 20 Länder mit dem größten Bruttoinlandsprodukt (BIP) im Jahr 2018 (in Milliarden US-Dollar). Online unter: http://de.statista.com/statistik/daten/studie/157841/umfrage/ranking-der-20-laender-mit-dem-groessten-bruttoinlandsprodukt/, abgerufen am 10. November 2018.

Statista (2018b). Europäische Union & Euro-Zone: Durchschnittsalter der Bevölkerung von 2006 bis 2016 (Altersmedian in Jahren). Online unter: http://de.statista.com/statistik/daten/studie/361632/umfrage/durchschnittsalter-der-bevoelkerung-in-eu-und-euro-zone/, abgerufen am 10. November 2018.

Statista (2018c). Europäische Union & Euro-Zone: Fertilitätsrate von 2005 bis 2015. Online unter: http://de.statista.com/statistik/daten/studie/248976/umfrage/fertilitaetsrate-in-der-europaeischen-union-eu/, abgerufen am 10. November 2018.

Statista (2018d). Europäische Union & Euro-Zone: Gesamtbevölkerung in EU und Euro-Zone 2018 (in Millionen Einwohner). Online unter: http://de.statista.com/statistik/daten/studie/14035/umfrage/europaeische-union-bevoelkerung-einwohner/, abgerufen am 10. November 2018.

Statista (2018e). Europäische Union & Euro-Zone: Wachstum des realen Bruttoinlandsprodukts von 2006 bis 2018 (gegenüber dem Vorjahr). Online unter: http://de.statista.com/statistik/daten/studie/156282/umfrage/entwicklung-des-bruttoinlandsprodukts-bip-in-der-eu-und-der-eurozone/, abgerufen am 10. November 2018.

Statista (2018f). Truppenstärke der Streitkräfte der NATO nach Staaten von 1990 bis 2017. Online unter: http://de.statista.com/statistik/daten/studie/36914/umfrage/streitkraefte-der-nato/, abgerufen am 10. November 2018.

Statista (2018g). Türkei: Fertilitätsrate von 2005 bis 2016. Online unter: http://de.statista.com/statistik/daten/studie/216097/umfrage/fertilitaetsrate-in-tuerkei/, abgerufen am 10. November 2018.

Statista (2018h). Türkei: Wachstum des realen Bruttoinlandsprodukts (BIP) von 2006 bis 2018 (gegenüber dem Vorjahr). Online unter: http://de.statista.com/statistik/daten/studie/14556/umfrage/wachstum-des-bruttoinlandsprodukts-in-der-tuerkei/, abgerufen am 10. November 2018.

Statista (2015). Türkei. Grad der Urbanisierung von 2004 bis 2014. Online unter: http://de.statista.com/statistik/daten/studie/216176/umfrage/urbanisierung-in-der-tuerkei/, abgerufen am 10. November 2018.

Statistisches Bundesamt (2018). Türkei. Statistisches Länderprofil. Online unter: https://www.destatis.de/DE/ZahlenFakten/LaenderRegionen/Internationales/Staat/Profile/Laenderprofile/Tuerkei.pdf?__blob=publicationFile, abgerufen am 10. November 2018.

Stojentin, Carl Rudolph von (1836). Fundament der Geographie zum Selbststudium und als Handbuch für Diejenigen, welche Militärschulen und Gymnasien besuchen. Minden: Verlag von Ferdinand Eßmann. Online unter: https://books.google.com.tr/books?id=0jBDAAAAcAAJ&pg=PA241&lpg=PA241&dq=geographie+stara+planina&source=bl&ots=wg4eJIvV-_&sig=QASFJ11_Us5k-_WDdjo-OorK0J8&hl=de&sa=X&ved=0ahUKEwjwnPvQ7ubOAhVI7BQKHSD6AdwQ6AEIODAF#v=onepage&q=geographie%20stara%20planina&f=false, abgerufen am 10. November 2018.

Straubhaar, Thomas (2015). Verteidigung: Europäische Armee hätte viele Vorteile. Sieben gute Gründe für eine europäische Armee. Online unter: http://www.welt.de/wirtschaft/article138253485/Sieben-gute-Gruende-fuer-eine-europaeische-Armee.html, abgerufen am 10. November 2018.

Süddeutsche Zeitung (2016). Homepage. Online unter: http://www.sueddeutsche.de/, abgerufen am 10. November 2018.

Süddeutscher Verlag (2016a). Geschichte. Online unter: http://www.sueddeutscher-verlag.de/info/facts/geschichte, abgerufen am 10. November 2018.

Süddeutscher Verlag (2016b). Portrait. Online unter: http://www.sueddeutscher-verlag.de/info/facts/portrait, abgerufen am 10. November 2018.

Taksim Dayanışması (2018). Taksim. Online unter: http://taksimdayanisma.org/, abgerufen am 10. November 2018.

Taksim Dayanışması (2015). Dev Gezi Resminin Sergi Açılışı 30 Mayıs'ta Gerçekleşecek. Online unter: http://taksimdayanisma.org/619, abgerufen am 10. November 2018.

Tanrıverdi, Hakan (2013). Proteste in der Türkei. Medien in der Türkei: Unter der Kontrolle von Erdoğan. Türkische Medien und #Occupygezi »Die Ersten, die es verschweigen«. Online unter: http://www.sueddeutsche.de/medien/tuerkische-medien-und-occupygezi-die-ersten-die-es-verschweigen-1.1687087, abgerufen am 10. November 2018.

T.C. Dışişleri Bakanlığı – Avrupa Birliği Başkanlığı (2017). Katılım müzakerelerinde mevcut durum. Online unter: https://www.ab.gov.tr/katilim-muzakerelerinde-mevcut-durum_65.html, abgerufen am 10. November 2018.

T.C. Resmi gazete (2016). Emniyet hizmetleri sınıfı mensupları kıyafet yönetmeliğinde değişiklik yapılmasına dair yönetmelik. Online unter: http://www.resmigazete.gov.tr/main.aspx?home=http://www.resmigazete.gov.tr/eskiler/2016/08/20160827.htm&main=http://www.resmigazete.gov.tr/eskiler/2016/08/20160827.htm, abgerufen am 10. November 2018.

T.C. Resmi gazete (2013). Kamu Kurum ve Kuruluşlarında Çalışan Personelin Kılık ve Kıyafetine Dair Yönetmelikte Değişiklik Yapılmasına İlişkin Yönetmelik. Online unter: http://www.resmigazete.gov.tr/eskiler/2013/10/20131008-10.htm, abgerufen am 10. November 2018.

T.C. Yüksek Seçim Kurumu (2018a). 27. Dönem Milletvekili Genel Seçimi. Online unter: http://www.ysk.gov.tr/doc/karar/dosya/77781/2018-953.pdf, abgerufen am 10. November 2018.

T.C. Yüksek Seçim Kurumu (2018b). Cumhurbaşkanı Seçimi. Online unter: http://www.ysk.gov.tr/doc/karar/dosya/77779/2018-952.pdf, abgerufen am 10. November 2018.

T.C. Yüksek Seçim Kurumu (2015a). Milletvekili Genel Seçim Arşivi. Gümrük oyları dahil geçerli oyların seçime katılan siyasi partilere ve bağımsız adaylara dağılımı ve bu dağılımın oranları. Online unter: http://www.ysk.gov.tr/ysk/content/conn/YSKUCM/path/Contribution%20Folders/SecmenIslemleri/Secimler/2015MVES/96-D.pdf, abgerufen am 10. November 2018.

T.C. Yüksek Seçim Kurumu (2015b). Milletvekili Genel Seçim Arşivi. Gümrük oyları dahil geçerli oyların seçime katılan siyasi partilere ve bağımsız adaylara dağılımı ve bu dağılımın oranları. Online unter: http://www.ysk.gov.tr/ysk/content/conn/YSKUCM/path/Contribution%20Folders/SecmenIslemleri/Secimler/2015MV/D.pdf, abgerufen am 10. November 2018.

T.C. Yüksek Seçim Kurumu (2011). Milletvekili Genel Seçim Arşivi. Gümrük oyları dahil geçerli oyların seçime katılan siyasi partilere ve bağımsız adaylara dağılımı ve bu dağılımın oranları. Online unter: http://www.ysk.gov.tr/ysk/docs/2011MilletvekiliSecimi/gumrukdahil/gumrukdahil.pdf, abgerufen am 10. November 2018.

T.C. Yüksek Seçim Kurumu (2007). Milletvekili Genel Seçim Arşivi. Gümrük oyları dahil geçerli oyların seçime katılan siyasi partilere ve bağımsız adaylara dağılımı ve bu dağılımın oranları. Online unter: http://www.ysk.gov.tr/ysk/docs/2007MilletvekiliSecimi/gumrukdahil/gumrukdahil.pdf, abgerufen am 10. November 2018.

T.C. Yüksek Seçim Kurumu (2002). Milletvekili Genel Seçim Arşivi. Gümrük oyları dahil geçerli oyların seçime katılan siyasi partilere ve bağımsız adaylara dağılımı ve bu dağılımın oranları. Online unter: http://www.ysk.gov.tr/ysk/docs/2002MilletvekiliSecimi/gumrukdahil/gumrukdahil.pdf, abgerufen am 10. November 2018.

The Guardian (2013). Why Turkey's mainstream media chose to show penguins rather than protests. The government and business interests exercise a pernicious influence over Turkish broadcasters. Online unter: https://www.theguardian.com/commentisfree/2013/jun/09/turkey-mainstream-media-penguins-protests, abgerufen am 10. November 2018.

Thumann, Michael (2013). Protest in Türkei: Erdoğans Optionen. Online unter: http://www.zeit.de/politik/ausland/2013-06/tuerkei-erdogan-optionen, abgerufen am 10. November 2018.

Toprak, Ciğdem (2014). AKP hebt Kopftuchverbot an staatlichen Schulen auf. Online unter: http://www.welt.de/politik/ausland/article132590904/AKP-hebt-Kopftuchverbot-an-staatlichen-Schulen-auf.html, abgerufen am 10. November 2018.

Toprak, Ciğdem (2013). Ein wahrer Sultan demonstriert auch im Gezi-Park. Online unter: http://www.welt.de/kultur/medien/article119963545/Ein-wahrer-Sultan-demonstriert-auch-im-Gezi-Park.html, abgerufen am 10. November 2018.

Türk Dil Kurumu (2016). Güncel Türkçe Sözlük. Online unter: http://www.tdk.gov.tr/index.php?option=com_gts&arama=gts&guid=TDK.GTS.57c446b84bd4b9.98094109, abgerufen am 10. November 2018.

Türk Tabipleri Birliği (2013). Gezi direnişi sürecinde. Online unter: http://www.ttb.org.tr/index.php/gezidirenisi.html, abgerufen am 10. November 2018.

Turkish Statistical Institute (2017a). Exports by Country and Year. Online unter: http://www.turkstat.gov.tr/PreIstatistikTablo.do?istab_id=1545, abgerufen am 10. November 2018.

Turkish Statistical Institute (2017b). Imports by Country and Year. Online unter: http://www.turkstat.gov.tr/PreIstatistikTablo.do?istab_id=1546, abgerufen am 10. November 2018.

Turkish Statistical Institute (2017c). Population by Years, Age Group, and Sex, Census of Population – ABPRS. Online unter: http://www.turkstat.gov.tr/PreIstatistikTablo.do?istab_id=1588, abgerufen am 10. November 2018.

Turkish Statistical Institute (2017d). Population of Provinces by Years. Online unter: http://www.turkstat.gov.tr/PreIstatistikTablo.do?istab_id=1590, abgerufen am 10. November 2018.

Türkiye Barololar Birliği (2014). Gezi hukuki izleme grubu. Gezi raporu (Demokrasi ve totalitarizm sarkacındaki Türkiye). Online unter: http://tbbyayinlari.barobirlik.org.tr/TBBBooks/518.pdf, abgerufen am 10. November 2018.

Türkiye Büyük Millet Meclisi (2016). Genel Kurul Tutanağı. 26. Dönem 1. Yasama Yılı. 106. Birleşim 23 Haziran 2016. Online unter: https://www.tbmm.gov.tr/develop/owa/Tutanak_B_SD.birlesim_baslangic?P4=22673&P5=H&page1=13&page2=13, abgerufen am 10. November 2018.

Türkiye Büyük Millet Meclisi (2013). Bazı kanunlar ile 375 sayılı kanun hükmünde kararnamede. Değişiklik yapılması hakkında kanun. Kanun No. 6487. Online unter: https://www.tbmm.gov.tr/kanunlar/k6487.html, abgerufen am 10. November 2018.

Türkiye Büyük Millet Meclisi (1982). Türkiye Cumhuriyeti Anayasası. Online unter: https://www.tbmm.gov.tr/anayasa/anayasa82.htm, abgerufen am 10. November 2018.

Türkiye Büyük Millet Meclisi (1961). Türk Silahlı Kuvvetleri İç Hizmet Kanunu 1961. Online unter: http://www.mevzuat.gov.tr/MevzuatMetin/1.4.211.pdf, abgerufen am 10. November 2018.

Türkiye Büyük Millet Meclisi (1924). Türkiye Cumhuriyeti Anayasası. Online unter: https://www.tbmm.gov.tr/anayasa/anayasa24.htm, abgerufen am 10. November 2018.

Türkiye Gazeteciler Sendikasi (2018). 142 gazeteci ve medya çalışanı cezaevinde. Online unter: https://tgs.org.tr/cezaevindeki-gazeteciler/, abgerufen am 10. November 2018.

Ünal, Burcu/Akten, Samet (2013). Taksim Gezi Parkı'nın sembolü oldu. Online unter: http://www.milliyet.com.tr/taksim-gezi-parki-nin-sembolu-oldu/gundem/detay/1715978/default.htm, abgerufen am 10. November 2018.

United Nations Educational/Scientific and Cultural Organisation (UNESCO) (1982). Erklärung von Mexiko-City über Kulturpolitik. Weltkonferenz über Kulturpolitik. Mexiko, 26. Juli bis 6. August 1982. Übersetzt im Sekretariat der Ständigen Konferenz der Kultusminister der Länder in der Bundesrepublik Deutschland. Online unter: http://www.unesco.de/infothek/dokumente/konferenzbeschluesse/erklaerung-von-mexiko.html?L=0, abgerufen am 10. November 2018.

United Nations High Commissioner for Refugees (2018). Syria Regional Refugee Response. Regional Overview. Online unter: https://data2.unhcr.org/en/situations/syria, abgerufen am 10. November 2018.

Uzgel, İlhan (2003). Between praetorianism and democracy. The role of the military in Turkish foreign policy. In: The Turkish Yearbook of International Relations (2003). Volume 34. Ankara: Ankara University Press. Online unter: http://dergiler.ankara.edu.tr/dergiler/44/674/8590.pdf, abgerufen am 10. November 2018.

Vereinte Nationen (1948). Resolution der Generalversammlung. 217 A (III). Allgemeine Erklärung der Menschenrechte. Präambel. Online unter: http://www.un.org/depts/german/menschenrechte/aemr.pdf, abgerufen am 10. November 2018.

Weise, Zia (2016). Das Zerissene Land. Online unter: https://www.zeit.de/politik/ausland/2016-06/istanbul-tuerkei-recep-tayyip-erdogan-gezi-park, abgerufen am 10. November 2018.

Welt 24N (2016). Silvio Berlusconi – Informationen und Hintergründe. Online unter: https://www.welt.de/themen/silvio-berlusconi/, abgerufen am 10. November 2018.

Welter, Jean A. (2005). Die Unterzeichnung des Beitrittsvertrags – ein grundlegender Schritt auf dem Wege in die Europäische Union. Rede des außerordentlichen und bevollmächtigten Botschafters des Großherzogtums Luxemburg vor der Europäischen Akademie in Berlin am 18. April 2005. Online unter: http://www.eab-berlin.eu/fileadmin/medias/publikationen/berichtwelter180505.pdf, abgerufen am 10. November 2018.

Yücel, Deniz (2015). Gezi-Proteste: Deshalb droht 35 Fußballfans lebenslange Haft. Online unter: http://www.welt.de/sport/fussball/internationale-ligen/article143075178/Deshalb-droht-35-Fussballfans-lebenslange-Haft.html, abgerufen am 10. November 2018.

Zeit Online (2016a). Erdoğan rät muslimischen Familien von Verhütung ab. Online unter: http://www.zeit.de/gesellschaft/zeitgeschehen/2016-05/tuerkei-recep-tayyip-erdogan-tuerkei-familie-verhuetung, abgerufen am 10. November 2018.

Zeit Online (2016b). Türkei will den EU-Beitritt zum 100. Geburtstag. Online unter: http://www.zeit.de/politik/ausland/2016-08/tuerkei-eu-beitritt-hundert-jahre-geburtstag, abgerufen am 10. November 2018.

Zeit Online (2015). Nach Protesten gegen Erdoğan: 35 Beşiktas-Fans freigesprochen. Online unter: http://www.zeit.de/news/2015-12/29/fussball-nach-protesten-gegen-erdogan-35-besiktas-fans-freigesprochen-29153003, abgerufen am 10. November 2018.

Zeit Online (2013). Proteste gegen Erdoğan: Türkische Polizei nimmt Twitter-Nutzer fest. Online unter: http://www.zeit.de/politik/ausland/2013-06/twitter-tuerkei-festnahmen-erdogan, abgerufen am 10. November 2018.

Abbildungsverzeichnis

Tabellenverzeichnis

Soziologie

Sighard Neckel, Natalia Besedovsky, Moritz Boddenberg, Martina Hasenfratz, Sarah Miriam Pritz, Timo Wiegand

Die Gesellschaft der Nachhaltigkeit

Umrisse eines Forschungsprogramms

Januar 2018, 150 S., kart.
14,99 € (DE), 978-3-8376-4194-3
E-Book kostenlos erhältlich als Open-Access-Publikation
PDF: ISBN 978-3-8394-4194-7
EPUB: ISBN 978-3-7328-4194-3

Sabine Hark, Paula-Irene Villa

Unterscheiden und herrschen

Ein Essay zu den ambivalenten Verflechtungen von Rassismus, Sexismus und Feminismus in der Gegenwart

2017, 176 S., kart.
19,99 € (DE), 978-3-8376-3653-6
E-Book
PDF: 17,99 € (DE), ISBN 978-3-8394-3653-0
EPUB: 17,99 € (DE), ISBN 978-3-7328-3653-6

Anna Henkel (Hg.)

10 Minuten Soziologie: Materialität

Juni 2018, 122 S., kart.
15,99 € (DE), 978-3-8376-4073-1
E-Book: 13,99 € (DE), ISBN 978-3-8394-4073-5

Leseproben, weitere Informationen und Bestellmöglichkeiten finden Sie unter www.transcript-verlag.de

Soziologie

Robert Seyfert, Jonathan Roberge (Hg.)
Algorithmuskulturen
Über die rechnerische Konstruktion der Wirklichkeit

2017, 242 S., kart., Abb.
29,99 € (DE), 978-3-8376-3800-4
E-Book kostenlos erhältlich als Open-Access-Publikation
PDF: ISBN 978-3-8394-3800-8
EPUB: ISBN 978-3-7328-3800-4

Andreas Reckwitz
Kreativität und soziale Praxis
Studien zur Sozial- und Gesellschaftstheorie

2016, 314 S., kart.
29,99 € (DE), 978-3-8376-3345-0
E-Book: 26,99 € (DE), ISBN 978-3-8394-3345-4

Ilker Ataç, Gerda Heck, Sabine Hess, Zeynep Kasli, Philipp Ratfisch, Cavidan Soykan, Bediz Yilmaz (eds.)
movements. Journal for Critical Migration and Border Regime Studies
Vol. 3, Issue 2/2017:
Turkey's Changing Migration Regime and its Global and Regional Dynamics

2017, 230 p., pb.
24,99 € (DE), 978-3-8376-3719-9

Leseproben, weitere Informationen und Bestellmöglichkeiten finden Sie unter www.transcript-verlag.de